Hans-Günter Semsek

IRLAND

Inhalt

Exkurse und Infokästen

Karten

Tourenübersicht

0 — 50 km ©Reise Know-How 2013

Stationen und Highlights der Touren

Verweise auf den Atlas

Die **Kürzel hinter den Ortsnamen** in den Ortskapiteln verweisen auf den Atlas am Ende des Buches (Beispiel: Fowey XII/B3 = Karte S. XII im Planquadrat B3).

Besondere Tipps

Besondere Tipps erkennt man an der **gelben Hinterlegung** in den jeweiligen Ortskapiteln.

dware
Paints
ewware
rocery
nest
BROSNAN'S
THE
ASHMERE
SHOP
FOLEY'S
GUEST
HOUSE
THE
PANTRY

Städte und Landschaften Irlands

Die Grüne Insel hat viel zu bieten: raue Landschaften, Geschichte zum Anfassen und pulsierende Städte. Man kann in die lebendige Kultur- und Musikszene eintauchen oder fernab der Geschäftigkeit die Natur genießen.

⊂ Sommertag in Kenmare, County Kerry

DUBLIN

Dublin, **Hauptstadt** der Republik Irland und Administrationssitz des gleichnamigen County, zählt etwa eine halbe Million Einwohner und ist das wichtigste Industrie- und Handelszentrum der Grünen Insel sowie kultureller Mittelpunkt des Landes.

086IRL hg

HIGHLIGHTS

Besondere Tipps*

***Diese Tipps erkennt man im Buch an der gelben Hinterlegung im Kapitel.**

Der Pub „Temple Bar" im gleichnamigen In-Viertel Dublins

Überblick

XV/C-D2

Der Name Dublin stammt von Gälisch „dubh linn“, schwarzer Tümpel. Die Wikinger übernahmen diesen lokalen Namen (altnordisch: Dyflin), als sie im Jahre 841 hier eine Ansiedlung gründeten. Der gälische Name Dublins ist allerdings **Baile Átha Cliath** (ausgesprochen etwa bajle ah klija), was „Ortschaft an der Hürdenfurt“ bedeutet und ursprünglich eine eigene Siedlung war, die vermutlich mit der Wikingersiedlung zusammenwuchs.

Das 18. und die erste Hälfte des 19. Jahrhunderts waren prägend für den heutigen Charakter der Hauptstadt. Zu dieser Zeit wurden Häuser im **georgianischen Architekturstil** gebaut, der heute als typisch für Dublin gilt. Die Bezeichnung des Baustils bezieht sich übrigens auf die vier Monarchen, die während dieser Zeit das (damals noch) Vereinigte Königreich von Großbritannien und Irland regierten: Sie alle trugen den Namen *George* (*I* bis *IV*).

Dublin erlebte seitdem Perioden kulturellen und wirtschaftlichen Aufschwungs, genauso wie Zeiten von Stagnation, Massenauswanderung und Armut. Vor der Unabhängigkeit Irlands galt die Stadt als *second city of the Empire.* Als Mitte der 1990er Jahre jener Wirtschaftsboom über Irland hereinbrach, der bald als *Celtic Tiger* bezeichnet wurde, hatte die Republik mehr als ein Jahrzehnt von Massenarbeitslosigkeit hinter sich. **Die Jahre des Booms** veränderten Dublin nachhaltig: Ein Bau- und Investitionsschub begann und viele Immigranten aus aller Welt kamen in diese Stadt, aus der bis dahin eher Menschen ausgewandert waren. Polnische Läden sind heute ebenso selbstverständlich wie afrikanische Kirchengemeinden. Dublin wurde weltoffener, wohlhabender, aber auch kommerzieller. Der Ausbau der Infrastruktur konnte mit dem rasanten Wachstum kaum mithalten. Die Stadt breitete sich immer weiter ins Umland aus und der öffentliche Nahverkehr ist bis heute inadäquat. Vor allem stiegen die Grundstückspreise rasant. In Dublin zu wohnen wurde immer teurer und Firmen und Banken, wie auch viele Privatpersonen beteiligten sich an Immobilienspekulationen. Hypotheken waren leicht erhältlich und die Preise schossen immer weiter in die Höhe, bis diese Immobilienblase im Jahre 2008 platzte. Heute sieht man gelegentlich leerstehende Geschäfte und Bauruinen. Die Hauspreise fielen zwischen 2006, als sie ihren Höchststand hatten, und 2011 um 51 %. Den Optimismus lassen sich die Dubliner dennoch nicht nehmen und das Leben in der Stadt pulsiert nach wie vor.

Der innerstädtische Teil der Metropole ist verhältnismäßig klein und überschaubar. Irlands Kapitale umrahmt die Dublin Bay. Eine urbane Achse wird durch den von West nach Ost fließenden Fluss **Liffey** geformt, der im Stadtgebiet kanalisiert ist und die irische Hauptstadt in zwei annähernd gleich große Hälften teilt. Der nördliche Teil ist der ärmere und weniger entwickelte, im südlichen hingegen befindet sich der größte Teil des Zentrums mit den exklusiven Geschäften des gehobenen Einzelhandels, den guten Restaurants, den gemütlichen Pubs, den weitaus meisten Sehenswürdigkeiten und dem Temple Bar-Bezirk, dem Soho oder Greenwich Village von Dublin.

Die zweite innerstädtische Achse verläuft von Nord nach Süd und wird von der O'Connell Street gebildet, die südlich vom Liffey in die verkehrsberuhigte Grafton Street übergeht.

Für den fremden Besucher bietet dieser **südliche Teil der Metopole** sicherlich den Hauptanziehungspunkt. Hier schlägt das Herz der Stadt um die im georgianischen Stil gehaltene Architektur rund um den Merrion und Fitzwilliam Square und um den großen dekorativen Park St. Stephen's Green. Hier liegt auch das altehrwürdige Trinity College, die Universität von Dublin, mit ihrer berühmten Bibliothek. Nahebei beginnt die Grafton Street, eine Einkaufsflaniermeile mit guten Geschäften auch in den kleinen Nebenstraßen. Ebenfalls in der Nähe erstreckt sich direkt am südlichen Ufer des Liffey der Bezirk Temple Bar mit seinen vielfältigen künstlerischen Aktivitäten und einer hohen Kneipen- und Restaurantdichte.

Nördlich vom Fluss verläuft die O'Connell Street. Hier befindet sich das General Post Office, auf dessen Stufen mit einer öffentlich verlesenen Unabhängigkeitserklärung der erfolglose Osteraufstand 1916 seinen Anfang nahm. Am Ende der O'Connell Street liegt der Parnell Square mit der Municipal Gallery of Modern Art und dem Irish Writer's

[>] Viele Dubliner Bürgerhäuser haben prachtvolle, bunte Türen

Museum, das die großen Literaten des keinen Landes umfassend würdigt.

Im Westen der Stadt schließlich befindet sich die **grüne Lunge** der Metropole, der riesige Phoenix Park. Dort findet sich ein Zoo und die Residenz des Präsidenten.

Geschichte

Zwar lebten schon vorher Menschen in der Bucht von Dublin, aber die Ursprünge von Dublin als Stadt sind um das Jahr 841 zu suchen, als **Wikinger** hier eine Siedlung gründeten, die zunächst dazu diente, in Irland überwintern zu können. Die Wikingersiedlung wurde ein wichtiges Handelszentrum, das für drei Jahrhunderte von dem Seefahrervolk aus Skandinavien beherrscht wurde.

Nach der Eroberung Irlands durch ein **normannisches Heer** aus Großbritannien, kamen Siedler aus England und Wales in die Stadt, die nun zum Machtzentrum der englischen Krone auf der Insel wurde.

Theoretisch war der englische König der Herrscher aller irischen Fürsten, aber praktisch fluktuierte der Einflussbereich der Krone stark. Im späten 15. Jahrhundert musste Dublin und sein Umland schließlich durch Befestigungen geschützt werden. Diese Region, genannt **„The Pale"**, unterstand, anders als der Rest Irlands, direkt dem Monarchen in London.

Religiöse Umbrüche im England des 16. Jahrhunderts hatten weit reichende Folgen für Dublin und Irland. Beginnend mit *Heinrich VIII.* stärkten und verteidigten Englands Herrscher ihre Kontrolle über Irland und sie führten, wie in England, eine anglikanische Staatskirche ein. Dublin wurde durch die Zuwanderung englischer Protestanten und durch das Einsetzen einer neuen, englischstämmigen protestantischen Eli-

005IRL ws

Dublin Zentrum

Übernachtung

2 Dergvale Hotel
3 Dublin International Hostel
4 Mount Eccles Court Hostel
5 Academy Hotel
6 Gresham Hotel
7 Marlborough Hostel
11 Abraham House
12 Abbott Lodge
13 Maple Hotel
14 Jacob's Inn
15 Globetrotters Tourist Hostel
16 Isaacs Hostel
17 Abbey Court Hostel
20 Sky Backpackers - The Liffey
24 Generator Hostel Dublin
25 Ashling Hotel
27 Four Courts Hostel
28 Kinlay House Hostel
29 Georg Frederic Handel Hotel
31 Burlington Hotel
32 Lansdowne Hotel
33 Avalon House
34 The Clarence Hotel
38 Barnacles Temple Bar House
39 Bloom's Hotel
40 Gogarty's International Hostel
41 Abigails Hostel
45 Ashfield House
54 Westbury Hotel
69 Hotel Ballsbridge

Essen und Trinken

1 Chapter One Rest.
8 Café Kylemore
9 Madigan's
18 Govinda's Vegetarian Restaurant
22 Slattery's
23 Hughes
26 The Brazen Head
29 The Bull & Castle
30 The Turk's Head
35 Gallagher's Boxty House
36 Botticelli
37 The Temple Bar
40 The Oliver St. John's Gogarty
42 The Palace Bar
43 Bowe's Public House

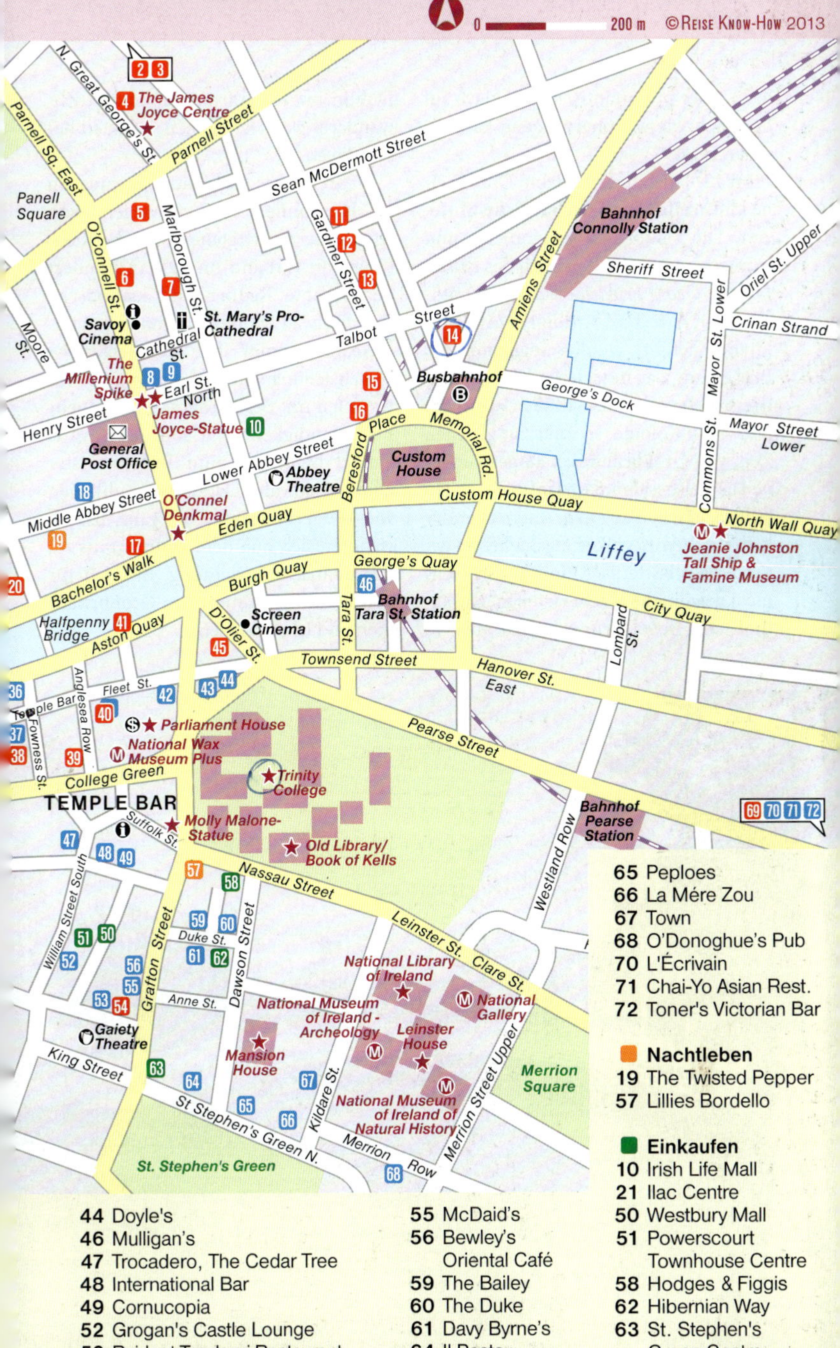

65 Peploes
66 La Mére Zou
67 Town
68 O'Donoghue's Pub
70 L'Écrivain
71 Chai-Yo Asian Rest.
72 Toner's Victorian Bar

Nachtleben

19 The Twisted Pepper
57 Lillies Bordello

Einkaufen

10 Irish Life Mall
21 Ilac Centre
50 Westbury Mall
51 Powerscourt Townhouse Centre
58 Hodges & Figgis
62 Hibernian Way
63 St. Stephen's Green Centre

44 Doyle's
46 Mulligan's
47 Trocadero, The Cedar Tree
48 International Bar
49 Cornucopia
52 Grogan's Castle Lounge
53 Rajdoot Tandoori Restaurant

55 McDaid's
56 Bewley's Oriental Café
59 The Bailey
60 The Duke
61 Davy Byrne's
64 Il Posto

te zu einer protestantischen Enklave auf der nach wie vor überwiegend katholischen Insel.

Im 18. Jahrhundert erlebte Dublin eine **kulturelle wie wirtschaftliche Blütezeit.** Die Hauptstadt expandierte und wurde zur zweitgrößten Stadt des *British Empire. Georg Friedrich Händel's* Oratorium „Der Messias" wurde 1742 in Dublin uraufgeführt. Dublins anglikanisches Bürgertum war in vielerlei Hinsicht anti-englisch und lehnte, ähnlich wie in der britischen Kolonie Amerika zur gleichen Zeit, von Großbritannien aufgezwungene Handelsbeschränkungen ab. Sie sahen sich als irische Patrioten, waren aber der katholischen Bevölkerungsmehrheit gegenüber misstrauisch und größtenteils nicht gewillt, die Macht zu teilen. Die katholische Bevölkerung wuchs aber in Dublin im 18. Jahrhundert durch Zuwanderung aus ländlichen Gebieten beständig an.

Während irischer Nationalismus im 18. Jahrhundert eine vorwiegend von Anglikanern vertretene politische Richtung war, verband im 19. Jahrhundert der begabte Redner und katholische Rechtsanwalt **Daniel O'Connell** den politischen Kampf für die rechtliche Gleichstellung von Katholiken und Protestanten mit der Forderung nach mehr Eigenständigkeit für Irland. 1841 wurde *Daniel O'Connell* zum Bürgermeister Dublins gewählt. Dublins Anglikaner, wie die Protestanten in ganz Irland, wandten sich nun dem **Unionismus** zu, der politischen Richtung, die sich für den Erhalt der Union von Großbritannien und Irland einsetzte.

Viele der Ereignisse, die im 20. Jahrhundert zur Unabhängigkeit Irlands führten, fanden vorwiegend in Dublin statt oder nahmen dort ihren Anfang: der **Osteraufstand von 1916** (siehe Exkurs), der **irische Unabhängigkeitskrieg 1919–1921** sowie der sich anschließende **irische Bürgerkrieg 1922–1923** (siehe „Daten zur Geschichte").

Nach der Unabhängigkeit erlebte die Hauptstadt des neuen irischen Staates Jahre der wirtschaftlichen Stagnation, aber auch immer wieder wirtschaftlichen Aufschwung. Zu Beginn des 21. Jahrhunderts wanderten viele Migranten aus Osteuropa, aber auch aus afrikanischen Ländern und aus Asien in Dublin ein. Irlands Hauptstadt ist heute eine **moderne, multikulturelle Metropole.**

Halfpenny Bridge

087irl hg

Sehenswertes im Stadtzentrum

Unser Spaziergang durch das Stadtzentrum von Dublin beginnt am **Tourist Office** in der Suffolk Street. Hier, in einer säkularisierten Kirche, bekommt der Besucher reichhaltiges Informationsmaterial. Viele der Broschüren allerdings werden nur gegen einen kleinen Obolus ausgegeben, und das Personal beantwortet alle Fragen sachkundig.

Tritt man aus der Tourist Information und wendet sich nach rechts, so ist nach wenigen Schritten die Grafton Street erreicht, die verkehrsberuhigte Haupteinkaufsstraße der Metropole. Wendet man sich nun nach links, erreicht man nach wenigen Metern eine berühmte Irin. Lebensgroß steht da die Statue der Straßenhändlerin **Molly Malone,** die einen Karren mit Muscheln hinter sich herzieht. Doch die Bewohner der Hauptstadt haben diese Statue nicht so recht angenommen und verspotten die dralle Molly als „The tart with the cart" – zu Deutsch: Das Flittchen mit dem Karren.

Wenige Schritte noch und linkerhand droht die festungsartige Fassade der **Bank of Ireland.** Ursprünglich diente das 1729 errichtete Gebäude als irischer Parlamentssitz, 1803, zwei Jahre nach dem *Act of Union,* der offiziellen Vereinigung Irlands mit Großbritannien, richtete die Bank of Ireland hier ihren Hauptsitz ein.

Gegenüber vom Bankgebäude befindet sich der Haupteingang zum **Trinity College.** Vor der rund 100 m langen

Irische Pubs

In Dublin gibt es sage und schreibe rund 775 Pubs, und außerhalb der irischen Metropole buhlen über 10.000 weitere Tavernen um die Gunst des bier- und whiskeytrinkenden Publikums. Da Vergleichszahlen aus anderen europäischen Ländern fehlen, kann hier nicht gesagt werden, wie Irland damit international dasteht.

Allein in Dublin beschäftigt die Alkoholindustrie 10.000 Arbeitnehmer, und im Durchschnitt gibt jeder Hauptstadtbürger pro Jahr 760 Euro für Guinness, Lager oder Whiskey aus.

So gelten die Iren als sehr **trinkfreudig** – zu Unrecht, wenn man die Zahlen im europäischen Vergleich betrachtet. Da nämlich liegt Irland ganz klar im Mittelfeld – an achter Stelle, weit hinter den weintrinkenden Franzosen, Italienern, Luxemburgern und ebenfalls hinter den biertrinkenden Deutschen und Belgiern. Hinzu kommt die starke, Abstinenz predigende Bewegung, der 500.000 Iren angehören sollen; bei einer Gesamtbevölkerung von 4,2 Mio. sind dies immerhin knapp 10 %.

Doch das **Klischee des trinkenden Iren** hält sich seit Jahrhunderten hartnäckig. So schrieb im Jahre 1917 ein gewisser *Douglas Goldring:* „Unglücklicherweise beschränken die Armen Dublins ihre Gewohnheit, sich zu betrinken, nicht auf bestimmte Stunden oder Wochentage; sie scheint ausschließlich von ihrer finanziellen Lage abzuhängen."

Die Pubs haben sich aus den **Verkaufsstellen für schwarzgebrannten** Whiskey, dem so genannten *Potien,* entwickelt; wer nämlich besonders gut mit der Brennblase seiner Destille umgehen konnte, der machte schnell den Nebenerwerb zum Hauptberuf. Im Jahre 1628 stellte ein gewisser *William Petty* fest, dass von Dublins

6025 Häusern 1200 als Whiskeyausschankstellen dienten. Das behördliche Verbot der Schwarzbrennerei im Jahre 1760 veränderte die Lage kaum. Die **hohe Alkoholsteuer** hat bis in die heutigen Tage dazu geführt, dass wie eh und je weiter schwarz gebrannt wird. Die Steuer (52%) ist auch einer der Grunde dafür, dass die Iren ihr Guinness lieber im Pub als zu Hause trinken: In den *Off-Licence-Geschäften* sind alkoholische Getränke nahezu so teuer wie im Pub. Da kann man auch gleich in großer Gesellschaft und sozialer Runde bechern.

Heutzutage sind auch an der Bar die **Frauen** gleichberechtigt, daran ändern selbst die wenigen Wirte nichts, die, von der neuen Situation unbeeinflusst, Damen noch immer in die *Lounge Bar* verbannen und sie nicht an den Tresen lassen. Derlei hat freilich Tradition: Irische Pubs haben, oder vielmehr hatten früher, an den Enden der Theken so genannte *Snugs,* winzige Kammern, in denen Frauen und Priester, der Öffentlichkeit entzogen, Alkoholisches zu sich nahmen.

Diese **Einzelsäuferkojen,** wie sie *Heinrich Böll* in seinem „Irischen Tagebuch" genannt hat, ließen sich nur vom Tresen aus mit einem Hebel öffnen; wollte die Lady hinaus, so musste sie nach dem Wirt klingeln. Auch gibt es immer noch ein paar Wirte, die Frauen ein *Pint* verweigern und einfach stillschweigend *Half a Pint* auf den Tresen knallen – empört ob der Bestellung. In der Regel halten die Männer den Bartresen immer noch für sich besetzt, während ihre Damen auf kleinen Stühlchen an der Wand hocken und an ihrem Sherry oder Gin Tonic nippen.

Zur Ausstattung eines Pubs gehört selbstverständlich ein *Dart*-Spiel, sehr häufig ein Pool Billard, und in irgendeiner Ecke flimmert der Fernseher, dessen Ton leise gedreht ist und auf den kein Mensch achtet. Die Einrichtung kann durchaus schäbig sein, dies sagt nichts über die Kneipe und ihre Besucher aus.

Patina wird sogar sehr gerne gesehen, weist sie doch darauf hin, dass hier ein alteingesessenes Unternehmen residiert. In den letzten Jahren sind umfangreiche Renovierungsarbeiten im so genannten *Pastiche-Stil* in Mode gekommen; dabei kopiert man die klassische Pub-Einrichtung, die ja aus edlen Mahagonihölzern, viel Messing, Kristallspiegeln und rotem Plüsch besteht. Zumeist ist dies die reine Augenwischerei, und das Mahagoni entpuppt sich schnell als furnierter Pressspan.

Da die Bierpreise hoch sind, füllen sich die Kneipen erst sehr spät. Aus diesem Grund auch fangen viele *Life Sessions* erst um 21 Uhr an. Und irgendwann ruft unerbittlich der Barkeeper: *„It's time now. Last order."* Schnell wird dann die **letzte Bestellung** aufgegeben, und nach dem Verschluss der Zapfhähne darf man noch eine halbe Stunde lang sein Bier austrinken – so bestimmt es das Gesetz.

188IRL hg

klassizistischen Fassade grüßen die Standbilder des Schriftstellers *Oliver Goldsmith* (1728–1774) sowie des Schriftstellers und Politikers *Edmund Burke* (1729–1797). Beide machten übrigens nicht in Dublin, sondern in London Karriere. Irlands Elite-Universität wurde von Königin *Elisabeth I.* 1591 gegründet, doch erst rund 200 Jahre später, 1793, wurden die letzten Einschränkungen für Katholiken aufgehoben (z.B. Stipendien bekommen zu können), und seit 1903 herrscht auf dem Campus die geschlechtliche Gleichstellung.

Lang ist die Liste berühmter Personen, die am Trinity College studiert haben: *Oliver Goldsmith, Edmund Burke, Jonathan Swift, Robert Emmet, Henry Grattan, Theobald Wolfe Tone, Oscar Wilde, Bram Stoker, Samuel Beckett* und viele andere mehr.

Hat man den Eingang durchquert und die brausende und lärmende Hektik des Dubliner Straßenverkehrs damit hinter sich gelassen, bietet der 16 Hektar große **Universitätscampus** mit seinen alten Gemäuern und den weiten Rasenflächen dem Besucher eine Oase der Ruhe. Die meisten der Gebäude datieren aus der Zeit von 1722 bis 1787.

Hinweisschilder zeigen den Weg zur **Old Library** (Mo–Fr 9.30–16.30 Uhr, Sa 9.30–12.30 Uhr), die mit dem so genannten **Long Room** eine herausragende Attraktion Dublins darstellt. 200.000 in Schweinsleder gebundene Bände bewahrt allein der 65 m lange Long Room auf, darunter befindet sich eines der schönsten Bücher der Welt: das **„Book of Kells“.** Dieser im 8. Jh. geschriebene und mit vielen Miniaturen ausgestattete Foliant enthält den Text der vier Evangelien. Weitere herausragende Bände sind das „Book of Durrow“ (7. Jh.), das „Book of Dimma“ (8. Jh.) und das „Book of Armagh“ (9. Jh.). Sehenswert ist auch **eine der ältesten irischen Harfen,** eines der Nationalsymbole der Grünen Insel. Auf dem Weg in den Long Room macht eine Ausstellung mit der Geschichte und den Inhalten des Book of Kells vertraut.

Ebenfalls auf dem Campus gibt die 45 Minuten dauernde **audiovisuelle Vorführung** *The Dublin Experience* dem Besucher Informationen zur Stadtgeschichte (zu jeder vollen Stunde zwischen 10 und 17 Uhr).

Man kann nun weiter über den Campus streifen, sich auf einer der Rasenflächen ein wenig ausruhen und das studentische Treiben beobachten. Bereit zu neuen Anstrengungen, verlässt man das geschichtsträchtige Areal auf der gegenüberliegenden Seite vom Haupteingang und biegt links in die Westland Row ein. Hier wurde 1854 in Haus Nummer 21 **Oscar Wilde** geboren, alsbald jedoch zog die Familie zum Merrion Square North Nr. 1 um, wo Klein *Oscar* in schöngeistiger Atmosphäre aufwuchs. Der Vater, *Sir William Wilde,* war ein berühmter Augenarzt jener Tage sowie ein geachteter Altertumsforscher. *Wildes* Mutter verfasste unter dem Pseudonym *Speranza* Gedichte. Der Dichter wird nahe seinem einstigen Wohnhaus mit einer Statue geehrt.

Den im Jahre 1764 angelegten **Merrion Square** umrahmen Häuser im so genannten *Georgian Style,* hier ist die alte georgianische Bausubstanz Dublins am besten erhalten geblieben. Es lohnt sich, die alten Eingangspforten zu vergleichen, denn nur anhand der Türen konnten die Bewohner ihrem Domizil einen individuellen Anstrich innerhalb der vorgeschriebenen Einheitsarchitektur geben. In Haus Nr. 81 lebte übrigens der Dramatiker *William Butler Yeats*, und in Nr. 84 lebte der Poet und Maler *George William Russel.*

Westlich vom Merrion Square entlang der Merrion Street befinden sich die National Gallery, das Natural Museum of Ireland of National History und dazwischen, etwas zurückversetzt, Leinster House, in dem das irische Parlament tagt.

Die **National Gallery** (Mo–Sa 9.30–17.30 Uhr, Do 9.30–20.30 Uhr, So 12–17.30 Uhr, Eintritt frei, www.nationalgallery.ie), 1864 eröffnet, bewahrt bedeutende Kunstwerke aus fast allen Ländern, Epochen und Schulen auf, u.a. sind *Rembrandt, Goya, Tizian, Michelangelo* und *Fra Angelico* mit Gemälden vertreten. Besondere Bedeutung kommt der Sammlung irischer und englischer Maler zu, die Bilder von *Turner, Hogarth, Gainsborough* sowie von *John B. Yeats* (ein Bruder des Dramatiker *William Butler Yeats*) lohnen einen längeren Blick.

Das naturkundliche Museum **National Museum of Ireland of Natural History** (Di–Sa 10–17 Uhr, So 14–17 Uhr, Eintritt frei, www.museum.ie) erinnert – wie eine irische Quelle vermeldet – eher an ein antiquarisches Kuriositätenkabinett denn an ein modernes Museum; hier gibt es viele Exponate zur irischen Tierwelt zu besichtigen, und der Hauptanziehungspunkt ist das Skelett eines prähistorischen Riesenhirsches.

Im Rücken der Nationalgalerie und des Naturkundlichen Museums befin-

⌵ Die Old Library im Trinity College

089IRL til

den sich entlang der Kildare Street zwei weitere Zentren irischer Gelehrsamkeit: das **National Museum of Ireland – Archeology** und die **National Library of Ireland.** Einen Rundgang durch das Archäologiemuseum (Di–Sa 10–17 Uhr, So 14–17 Uhr, Eintritt frei, www.museum.ie) sollte der an Geschichte und Kunst interessierte Besucher auf keinen Fall auslassen; die Ausstellungsstücke aus sieben Jahrtausenden dokumentieren die Vergangenheit der Grünen Insel. Zwischen Archäologiemuseum und Nationalbibliothek befindet sich der Haupteingang zum **Leinster House.** Dort tagt das irische **Parlament,** das sich aus dem *Dáil Éireann* (Abgeordnetenhaus) und dem *Seanad Éireann* (Senat) zusammensetzt. Ursprünglich diente das Gebäude den Herzögen von Leinster als Stadtpalais. 1815 verkaufte der dritte Duke of Leinster den herrschaftlichen Bau an die

090IRL hg

Royal Dublin Society, die ein Kulturzentrum einrichtete, 1924 dann nahm die Regierung des *Irish Free State* seine Arbeit in den Gemächern auf.

Am Eingang des Parlamentes kann man häufig einige wenige Demonstranten mit Transparenten sehen, die ihren Protest gegen die Regierungspolitik richten und die vorbeieilenden Abgeordneten beeinflussen wollen.

In der **National Library of Ireland** (Mo–Sa ab 9.30 Uhr, Mo–Mi bis 21, Do–Fr bis 17 und Sa bis 13 Uhr, www.nli.ie) werden Kopien beinahe sämtlicher in Irland erschienener Bücher aufbewahrt. Zwar kann man die Bibliothek nur mit Leseausweis nutzen, aber der berühmte Lesesaal, in dem bekannte Schriftsteller viel Zeit verbrachten, ist für Besucher geöffnet. Regelmäßig gibt es zudem Ausstellungen und andere Veranstaltungen.

Von der Kildare Street geht es nun die Molesworth Street entlang, die auf die Dawson Street mündet. Südlich, Richtung St. Stephen's Green, ragt auf der linken Straßenseite das architektonisch verspielt wirkende **Mansion House** auf, seit 1715 der offizielle Sitz des Dubliner Oberbürgermeisters. Fünf Jahre zuvor war es von dem Architekten *Joshua Dawson,* nach dem die Straße benannt wurde, errichtet worden. 1919 wurde hier die Unabhängigkeitserklärung proklamiert und das erste Parlament trat hier zu seinen Sitzungen zusammen.

Nur wenige Meter Fußweg entfernt liegt, umtost vom Großstadtverkehr, das große Gartenareal von **St. Stephen's Green.** Den 8,8 ha großen Park ließ 1880 der Biermogul *Arthur Guinness* anlegen; Statuen berühmter Iren schmücken das Gelände, in der Mittagspause nutzen die Angestellten der umliegenden Büros die Grünfläche für ihre Mittagspause, Kauflustige strömen aus der Grafton Street zur Erholung in den Park, und während des Hochsommers kann man im südlichen Teil von St. Stephen's öffentlichen Konzerten lauschen.

Wenn sich der Besucher in Dublins innerstädtischer grüner Lunge ein wenig erholt hat, kann der Besichtigungsgang weitergehen. Nächstes Ziel ist das **Geburtshaus von George Bernard Shaw.** An der südwestlichen Ecke von St. Stephen's Green beginnt die Harcourt Street, die nach wenigen Minuten Fußweg auf die South Circular Road mündet. Dort geht es rechts ab und alsbald nach links in die Synge Street, die von alten georgianischen Hausfassaden geschmückt ist. Hier wurde in Haus Nr. 33 der große irische Autor (1856–1950) geboren und verbrachte unter der schützenden Obhut seiner Eltern die ersten zehn Jahre seines Lebens. Sorgenlos

◁ Oscar Wilde

Bloomsday

Am 16. Juni 1954 beschlossen vier Männer im Pub Bailey's, ab nun jährlich den Tag zu feiern, an dem Mr. *Leopold Bloom,* der Protagonist des „Ulysses", durch Irlands Hauptstadt zog. Wie sich dieses spontane Ereignis wohl zugetragen haben mag, das beschrieb *Reiner Luyken* sehr einfühlsam und aus tiefer Kenntnis der irischen Pub-Kultur in der Wochenzeitung „Die Zeit": „Der Barmann stand auf dem Tresen und teilte über die Köpfe der Zecher hinweg Stout und Lagerbier aus. Die Jungs hinter dem Tresen zogen das Bier wie außer Kontrolle geratene Marionetten von den Hähnen, ließen die Kassenschublade auf- und zufahren, stopften feuchte Geldscheine hinein und zählten hastig das Wechselgeld aus. Der sägemehlbestäubte Steinboden war seimig vom Straßensud und Bier. Dubliner Traulichkeit.

Stattlich und feist stand ein Mann am Tresen, stattlich und feist wie Buck Mulligan. „Ulysses", Kapitel 1. Von meinem Schemel aus betrachtete ich *das in seiner Länge pferdehafte Gesicht und das helle untonsurierte Haar, das fleckig getönt war wie matte Eiche.* Ein kleiner Kerl mit Ziehharmonikaaugen fingerte einen furiosen Spindeltanz auf seinem Instrument. Ein Dudelsackpfeifer traktierte mit derber Entschlossenheit seine blankgewetzte Melodieflöte. Füße tappten den fliegenden Rhythmus auf die Steinfliesen. Unvermittelt brach der Dudelsackspieler ab und deklamierte lallend: *It's Bloomsday tomorrow. Let's get the fucking context right.*

Vielleicht hatte es genauso angefangen, damals, 1954. Ein Zecher sprang auf und schrie: Morgen ist Bloomsday. Das woll'n wir doch mal auf die Reihe bringen!"

So oder so ähnlich wird es wohl gewesen sein. Sicher ist auf alle Fälle, dass die Literaten *John Ryan, Patrick Kavanagh, Flann O'Brien* und *Anthony Cronin* eine Feier zum Bloomsday in Bailey's Pub beschlossen und dass der Tag mit einem allmächtigen Gelage in Sandymount endete. Jahrelang beging man den Bloomsday nur im engsten Kreis, 1977 dann kostümierte sich erstmals der Kunstmaler, Galerist und Verleger *Gerald Davis* als *Leopold Bloom* und spazierte durch Dublin – seither tut er es jedes Jahr und heute mit ihm ein paar tausend mehr.

Bereits 1982, zum 100. Geburtstag von *Joyce,* feierte man das Ereignis schon im großen Stil und nicht nur einen Tag. Dublins Stadtväter hatten erkannt, dass sich die Touristensaison, die eigentlich erst im Juli so richtig in Schwung kommt, durch ein solches Fest rund einen Monat vorverlegen lässt. Damit geht es – so behauptet *Bruce Arnold,* Literaturkritiker der Tageszeitung „Irish Independent" – mit dem Bloomsday langsam zu Ende: „Ein typischer Dubliner Suppentopf, von dem jeder sein Fett abschöpfen möchte. *Joyce* ist nur noch ein Vorwand für Reklame und Konsum, ein Vorwand für Exzesse".

Leider, so muss man feststellen, hat der Mann recht! 1991 – Dublin war die Kulturhauptstadt Europas – verloste *Shell Ireland* an den hauseigenen Tankstellen Freikarten für ein großes Bloomsday-Frühstück im Royal Marine Hotel von Dun Laoghaire, *Dublin Tourism* organisierte ein Festzelt für ausländische Journalisten, wo diese bis zur Bewusstlosigkeit schlemmen und vor allem trinken konnten; die *Guinness*-Brauerei investierte 20.000 Pfund in Freibier und Entertainment, und *Bailey's Irish Cream* finanzierte – zugegebenermaßen zurückhaltender als die protzenden Guinnessbrauer – eine Vorlesungsserie über *Joyce.*

„Die Identifikation mit dem Namen Joyce", so sagte *Lewis Clohessy,* Direktor des Organisationskomitees *Dublin '91 – Kulturhauptstadt Europas,* „erhöht das Qualitätsimage einer Firma." Wie dem auch sei – alljährlich am 16 Juni begehen

› Erinnerung an den berühmten Dichter

die Bürger und die Besucher Dublins den Bloomsday mit großen Feiern, Umzügen und Pub-Besuchen. Da flanieren dann Joyce-Anhänger in edwardianischer Kleidung durch die Metropole, deklamieren Passagen aus dem Ulysses und folgen den Spuren des Romanhelden *Leopold Bloom.* Um den Bloomsday herum, vorher und nachher, finden viele unterschiedliche Festivitäten und Feiern statt, so dass ein Tag nicht mehr ausreicht, um alle Veranstaltungen auch unter einen Hut zu bringen.

Die drei wichtigsten Anlaufstationen beim **Bloomsday-Rundgang** sind der Pub *Davy Byrnes* in 88 Duke Street, von dem es im 8. Kapitel des Romans heißt: „Anständiges Lokal. Kein Schwätzer der Wirt. Ich nehme ein Glas Burgunder und ein Käsesandwich. Gorgonzola, haben Sie?" Es folgt in Nr. 29, Weestmoreland Street das Lokal *Harrison's,* in dem bei *Joyce* der gleichnamige Konditor sein Geschäft hatte, und schließlich wird das *Ormond Quay Hotel* am Ormond Quay besucht, das eine wichtige Rolle in der Sirenen-Episode spielt. Hier speist *Leopold Bloom* mit seinem Onkel *Ritchie Golding* und erweist sich wie sein Held *Odysseus* als immun gegen die Sirenen, die von den Barfrauen symbolisiert werden.

Joyce hat den 16. Juni übrigens deshalb gewählt, um alle Welt daran zu erinnern, dass er an diesem Tag zum ersten Mal ein Rendezvous mit seiner späteren Frau, *Nora Barnacle,* hatte, der er sechs Tage zuvor begegnet war.

Informationen zum Bloomsday unter www.jamesjoyce.ie sowie im *James Joyce Centre,* 35 North Great George Street.

091IRL hg

092IRL hg

wuchs er allerdings nicht auf, Shaws Vater war ein Pleite gegangener Kornhändler, und das Geld fehlte an allen Ecken und Kanten. Demzufolge blieben in späteren Jahren die Erinnerungen an das Geburtshaus nicht die besten. *Shaw* notierte, dass „weder unsere Herzen noch unsere Vorstellungen hier zurückgeblieben sind" und beklagte die lieblose Atmosphäre (zu *George Bernard Shaw* siehe auch Exkurs „Irische Schriftsteller von Weltruhm). Das Haus ist von Juni bis August Di, Do und Sa 11–15.30 Uhr zu besichtigen, 13–13.15 Uhr ist es kurz geschlossen, 6 €/4 €, es gibt kombinierte Eintrittskarten für G.B. Shaw Birthplace, James Joyce Museum und das Dublin Writer's Museum.

Zurück nun zu St. Stephen's Green flanieren wir von der Harcourt Street kommend geradewegs in die **Grafton Street** hinein, die verkehrsberuhigte Haupteinkaufsstraße der irischen Metropole. Gleich am Anfang lockt den Konsumwilligen bereits das Einkaufszentrum Westbury Mall, in der Fußgängerzone selbst reiht sich ein Geschäft des gehobenen Einzelhandels ans andere. *Buskers,* Straßenmusikanten, sorgen für die rechte Tonkulisse, und die exklusiven Auslagen in den Schaufenstern lassen keinen Wunsch offen.

Deprimierend wirken dagegen die ärmlich gekleideten Männer, die als eine

⌃ Busker in der Grafton Street

Art lebende Litfasssäule für Geschäfte werben. Mit einer langen Stange in der Hand, an deren oberem Ende ein Hinweisschild mit Werbetext und Pfeil auf einen Laden zeigt sowie mit unglücklichem Gesichtsausdruck und von der eigenen Armut peinlich berührt, langweilen sich diese „Sandwichmänner" auf Dublins feiner Einkaufsstraße.

Das traditionsreiche **Bewley's Oriental Café** in der Grafton Street lohnt unbedingt einen Besuch. Vor Jahren übrigens wandelte der Besitzer, *Victor Bewley,* sein Unternehmen in eine Kooperative um, an der seine Beschäftigten Anteilscheine erwerben konnten. Leider war dem mit großem sozialen Engagement versehenen Versuch kein Erfolg beschieden, und diese Dubliner Institution musste an einen Konzern verkauft werden.

Rechts und links der Grafton Street gehen eine Reihe kleinerer Gassen ab, wie etwa die Duke Street oder die Anne Street –, in denen weitere Ladenlokale für Konsumrausch, aber auch Pubs und Restaurants für leibliches Wohl sorgen.

Eine berühmte Kneipe befindet sich in der Duke Street: **Davy Byrnes,** diesen Pub erwähnte *James Joyce* in seinem „Ulysses". Hier treffen sich die Besucher Dublins in den Sommermonaten jeweils während der Woche am frühen Abend und starten nach einem stärkenden Guinness oder Lager vom Bartresen aus zum **Literary Pub Crawl.** Ein solches Ereignis sollte man keineswegs versäumen! Ausgebildete Schauspieler führen Literaturkenner (oder solche, die es noch werden wollen) im Zuge einer literarischen Sauftour durch Dublins Innenstadt und rezitieren Passagen aus den Werken von *Joyce, Beckett, Behan, Shaw, Wilde, Kavanagh, O'Brien* u.a. Anekdoten werden erzählt, und der Teilnehmer erfährt mehr über die irischen Literaturgiganten als aus einem belehrenden Buch.

Ein zweiter berühmter Pub Dublins, der ebenfalls von *Joyce* in seinem „Ulysses" Erwähnung fand, liegt genau gegenüber von *Davy Byrne's;* es handelte sich um den Pub **The Baileys.** Allerdings befindet der sich nicht mehr im Originalgemäuer, sondern in einem Gebäude aus den 1990er Jahren.

Von der Grafton Street geht es nun nach links durch die kleine Stichstraße Johnson's Court zum **Powerscourt Townhouse Centre** (ausgeschildert). In diesem zwischen 1771 und 1774 erbauten Stadtpalais des Großgrundbesitzers *Lord Powerscourt* (auch Powerscourt House and Garden im County Wicklow gehörten einst dieser Familie, vgl. „Von Dublin nach Wexford – Tour 2") richtete man 1983 ein elegantes **Einkaufszentrum** mit Boutiquen, Galerien, Geschäften, Restaurants und kleinen Bars ein. Zur Mittagszeit greift hier schon mal ein Pianist in die Tasten und begleitet musikalisch den Lunch.

Ein ca. 10-minütiger Fußweg führt über die Aungier Street und die Kevin Street Lower zum Cathedral Close, wo die **Marsh's Library** (wochentags 9.30–13, 14–17 Uhr, Di geschlossen, Sa 10–13 Uhr, 2,50 €/Kinder frei, www.marshlibrary.ie) des bibliophilen Besuchers harrt. Das Gebäude wurde 1705 von *Sir William Robinson* für die Privatbibliothek des Erzbischofs *Narcissus Marsh* errichtet. 1707 öffnete die Bücherei ihre Pforten und war Irlands erste öffentliche Bibliothek. Rund 25.000 Bände können in der *Marsh's Library* bestaunt werden. Interessant sind die Gitterverschläge, in die man lesende Benutzer einst einschloss – so wurde der Diebstahl von kostbaren Folianten verhindert.

Neben der Bibliothek ragt die im Stil der Early-English-Gotik gehaltene **St. Patrick's Cathedral** (www.stpatrickscathedral.ie, 5,50 €/4,50 €) auf. Ungewöhnlicherweise handelt es sich bei dieser 1191 erbauten Kirche um eine von sogar zwei Kathedralen in Dublin. Beide sind zudem im Besitz der anglikanischen Kirche Irlands, der nur knapp 3 % der Bevölkerung angehören. Die Aufgabenteilung sieht folgendermaßen aus: Während Christ Church Cathedral die Kathedrale der Hauptstadt ist, erfüllt die St. Patrick's Cathedral die Rolle der „National Cathedral".

Zwischen 1713 und 1745 übte hier *Jonathan Swift,* der Autor von „Gullivers Reisen", das Amt des Dekan aus. Swift und seine große Liebe *Esther Johnson* („Stella") sind im Innern der Kirche zur letzten Ruhe gebettet. Nahe dem Grab zeigt eine Büste den großen Literaten.

Nach rund 400 m Fußweg in Richtung auf den Fluss Liffey gelangt man zur **Christ Church Cathedral,** der bereits erwähnten städtischen anglikanischen Kathedrale. Ein erstes Gotteshaus soll schon 1038 von dem Wikingerkönig *Sitric* in Auftrag gegeben worden sein, von dem Holzgebäude ist jedoch nichts erhalten geblieben. 1172 dann ließ der normannische Eroberer *Richard le Clare,* bekannt unter dem Namen *Strongbow,* einen im romanischen Stil gehaltenen Steinbau errichten. Zwischen 1871 und 1878 entstand bei Renovierungs- und Umbauarbeiten die heutige Gestalt der Kirche. Im Langhaus stößt man auf das Grabmal von *Strongbow,* doch ist mehr

Dublins oberster Gerichtshof

093IRL hg

als zweifelhaft, ob der normannische Krieger tatsächlich hier begraben liegt.

Das ehemalige Gotteshaus neben der Christ Church Cathedral beherbergt die **Ausstellung Dublinia** (10–17 Uhr, www.dublinia.ie); hier wird der Besucher mittels eines akustischen Führers (auch auf Deutsch) auf eine Zeitreise durch das Dublin der Wikinger und des Mittelalters geschickt und mit dem Alltagsleben der Dubliner in jenen frühen Tagen vertraut gemacht. Ein Besuch ist eine sehr gute Ergänzung zum Stadtrundgang.

Das Areal rund um St. Patrick's Cathedral und Christ Church, dann weiter bis hinunter zum Liffey sowie in östlicher Richtung bis Dublin Castle, ist unter dem Namen **Liberties** bekannt. Der Bezirk lag einst außerhalb der Stadtmauer und unterstand damit nicht der Gerichtsbarkeit des Bürgermeisters. Schon im letzten Jahrhundert riss man großflächig die mittelalterlichen Gebäude nieder. Heutzutage heißt das Gelände rund um die Dame Street noch immer so, viele Kneipen und Kunsthandwerkgeschäfte geben dem Quartier einen charmanten Charakter.

Weiter geht es nun in Richtung auf Dublin Castle. In der Werburgh Street lohnt wenigstens ein kurzer Besuch in der **St. Werburgh's Church.** Das protestantische Gotteshaus wurde 1715 im georgianischen Stil errichtet, brannte 1754 nieder und entstand 1768 in neuer Pracht. Da man von der Kirchturmspitze aus Dublin Castle einsehen konnte, befürchteten die Autoritäten, vor allem nach der Emmet-Rebellion von 1803, dass sie eines Tages von dort unter Feuer genommen werden könnten; so entfernte man den Turmhelm schleunigst.

Dublin Castle (Mo–Sa 10–16.45 Uhr, So 12–16.45 Uhr, Tour der „State Apartments" 4,50 €/2 €, www.dublincastle.ie), das heutzutage keinen sonderlich wehrhaften Eindruck mehr macht, steht seit Jahrhunderten als Symbol für die britische Herrschaft und die Unterdrückung der Iren. Das Fort wurde auf Anordnung von König *John* im Jahre 1204 errichtet und in den folgenden Jahrhunderten ständig ausgebaut und verändert. Am 17. August 1922 übergaben die Briten ihre einstige Trutzburg an den irischen Staat. Die sehenswerten *State Appartments* können nur besichtigt werden, wenn keine offiziellen Anlässe der Regierung dagegen sprechen.

Immer besuchen kann man jedoch die in der Burg untergebrachte **Chester Beatty Library** (Sa 11–17, So 13–17 Uhr, Mai–Sept. auch Mo–Fr 10–17, Okt.–April auch Di–Fr 10–17 Uhr, Eintritt frei, www.cbl.ie), die sich über zwei Etagen erstreckt und für bibliophile Besucher ein Muss ist. Die wirklich herausragende Sammlung trug der Ingenieur *Sir Alfred Chester Beatty* (1875–1968) zusammen. Die Kollektion besitzt mehr als 20.000 Handschriften, seltene Bücher, Miniaturen, religiöse Schriften von Juden-und Christentum, Hinduismus und Buddhismus sowie an die 300 muslimische Korane aus dem 9. bis 19. Jh., chinesische Jadebücher und altägyptische Papyri.

Unterhalb von Dublin Castle befindet sich an der Dame Street die zwischen 1769 und 1779 im klassizistischen Stil errichtete und von einer Kuppel gekrönte **City Hall** (Mo–Sa 10–17.15 Uhr, 4 €/1,50 €). Ursprünglich diente das Gebäude der Händlergilde als Börse und Warenumschlagplatz.

Die irische Wettleidenschaft

Dass die Engländer begeisterte Spieler sind und auf die unmöglichsten Sachen Haus und Hof verwetten, weiß man ja, doch im Gegensatz zu den Iren sind die Briten nur harmlose *Gambler.* Die wahre Wettleidenschaft gibt es nur auf der Grünen Insel, und der Besucher sollte einmal in ein *Betting Office* hineinsehen und erleben, wie die Männer ihr Geld setzen, die *Odds and Value,* die Quoten und die Chance, studieren.

Für solche Studien eignet sich hervorragend der Bezirk Liberties rund um die Dame Street stadtauswärts, wo es eine Reihe von Wettbüros gibt, denen sich Pubs anschließen.

Es sind nicht nur die Begüterten in Irland, die hohe Summen setzen – in der Vergangenheit füllten vor allem die vielen Arbeitslosen, die von der Sozialhilfe, der *Dole* leben, die Kassen der *Bookmaker.* Denn man hatte ja die Chance, dem bitterarmen Leben davonzulaufen und eines Tages so reich zu werden wie der einstige Bauarbeiter *John Patrick McManus,* der mit seinen 40 Jahren in einem hochherrschaftlichen Palais wohnt und einen Mercedes 500 SEL fährt. Alles beim Wetten gewonnen. *J. P.* – wie *McManus* von den irischen Spielern genannt wird – hat eben Klasse. Klasse hat auch der 64-jährige *Terry Rogers,* in früheren Tagen nur *The Red Menace,* die rote Gefahr, genannt. Auch der *Red Terry* ist auf den Rennbahnen reich geworden. Das sind die Vorbilder, an die es sich zu halten gilt!

Da die Iren neben ihrer Wettleidenschaft auch noch gläubige Katholiken sind, darf man durchaus auch auf Gottes Hilfe hoffen, und die soll es am 5. Mai 1990 tatsächlich gegeben haben. Schenkt man den Eingeweihten Glauben, so sind an jenem Tag doch tatsächlich die Nonnen des Ardfoyle Klosters von Cork um 15 Uhr in ihrer Kapelle auf die Knie gefallen und haben eine Anzahl von Rosenkränzen auf den Sieg von Tirol gebetet. Tirol, ein geschwinder Hengst, startete nämlich an jenem Nachmittag im Epson Classic von Newmarket, und damit die Sache auch todsicher über die Bühne, respektive die Rennbahn, gehen würde, hatten die Besitzer des schnellen Pferdes, die Horgans, gegen eine einmalige Gebühr, man könnte auch sagen, gegen eine größere Menge Geldes in den Klingelbeutel, diese sakrale Handlung in Auftrag gegeben. Und so kam es natürlich, wie es kommen musste. Tirol, gar nicht mal als Favorit gesetzt, ging als Erster durchs Ziel. Die Horgans selbst sollen an die 500.000 Pfund gemacht haben, und natürlich hatte jeder in Cork auf Tirol gesetzt, und in allen Hosentaschen raschelten die Geldscheine.

Nicht auf den Rennbahnen, sondern in den Wettbüros werden die richtigen Umsätze gemacht, die damit 70% vom Gesamtaufkommen tragen, und das summiert sich alljährlich auf 330 Mio. Euro). Der Staat holt sich bei den *Punters,* wie die Wettbegeisterten in Irland heißen, natürlich seinen Anteil, denn 21 % wandern als Umsatzsteuer in das Säckel des Finanzministers.

Kein Wunder, dass im Land der Schwarzbrenner auch schwarz gewettet wird und illegale Buchmacher kräftig absahnen. Nach Schätzungen fließen noch einmal 330 Mio. Euro in diese schwarzen Kassen. Da hat sich jüngst der Vollblutzüchterverband mit einer Studie zu Wort gemeldet und laut über Folgendes nachgedacht: Wenn man besagte Umsatzsteuer nur um 2,5 % senkt, dann steigt der Wettumsatz in sämtlichen 1050 irischen *Betting Offices* innerhalb der nächsten fünf Jahre um 148 % auf sage und schreibe 820 Mio Euro.

Da kommen doch rosige Zeiten auf alle zu, und es gibt wahrlich keinen Grund, auf die Nationale Lotterie oder die einarmigen Banditen auszuweichen. Diese beiden Gewinnarten sind ohnehin nur etwas für Dumme: Denn bei den Automaten greift der Staat 30 % ab – und beim Lotto sind es sogar 40 %.

Auf der Grattan Bridge überquert man nun den Liffey und gelangt über den Ormond Quay zu Irlands oberstem Gerichtshof, den **Four Courts** (Mo–Fr 11–13 Uhr, 14–16 Uhr). Der die Uferfront des Liffey dominierende Bau entstand zwischen 1786 und 1802, beeindruckend ist das gewaltige klassizistische Hauptportal in Form einer griechischen Tempelfront.

Nicht weit entfernt lohnt in der Church Street erneut der Besuch einer Kirche. Bis zum Jahre 1700 war die **St. Michan's Church** (März–Okt. Mo–Fr 10–12.45 Uhr und 14–16.45 Uhr, Sa 10–12.45 Uhr, Nov.–März, Mo–Fr 12.30–15.30 Uhr, Sa 10–12.45 Uhr, 4 €/3 €, www.stmichans.com) das einzige Gotteshaus nördlich des Liffey. Angeblich geht die Kirche auf eine Wikingergründung des Jahres 1095 zurück. Im Innern sollte man auf die prachtvollen Holzschnitzereien achten. Auch die Orgel verdient einen längeren Blick; im Jahre 1743 griff *Georg Friedrich Händel* hier in die Tasten, die Original-Klaviatur kann im Vorraum besichtigt werden.

Bekannt geworden ist St. Michan's jedoch durch die Krypta; hier liegen in offenen Särgen mehrere mumifizierte Körper, darunter der 1000 Jahre alte Körper eines ehemaligen Kreuzritters (so wenigstens teilt es der Führer dem sich gruselnden Besucher mit).

Ein Stück weiter die Straße hinauf residieren die irischen Juristen in den **King's Inns;** die Advokatenkammer entstand in den Jahren 1795 bis 1817 und ist innen wie außen prachtvoll verziert (nicht zu besichtigen). Durch einen Torbogen gelangt man in die Henrietta Street, die beidseitig mit Gebäuden vom Anfang des 18. Jh. bestanden ist.

An der folgenden Kreuzung mit der Bolton Street, deren Verlängerung Dorset Street heißt, wenden wir uns nach links. Nach einigen Hundert Metern erreicht man über die rechts abbiegende Granby Row den Parnell Square. Drei Sehenswürdigkeiten an dem Platz verdienen, beachtet zu werden. Da ist zuerst einmal der **Garden of Remembrance,** in dem ein Denkmal und eine ewige Flamme derer gedenken, die in verschiedenen Rebellionen für die Unabhängigkeit Irlands ihr Leben verloren. Der Garten befindet sich an der Stelle, an der mehrere Anführer des Osteraufstandes 1916 über Nacht festgehalten wurden, bevor sie ins Kilmainham-Gefängnis überführt und schließlich hingerichtet wurden. Der Garten wurde im Jahre 1966 vom damaligen irischen Präsidenten *Éamon de Valera* am 50. Jahrestag des Osteraufstandes eröffnet.

Am Parnell Square North kann man in der nach ihrem Stifter etwas umständlich benannten **Dublin City Gallery The Hugh Lane** (Di–Do 10–18 Uhr, Fr und Sa 10–17 Uhr, So 11–17 Uhr, www.hughlane.ie) Arbeiten französischer und irischer Impressionisten bewundern, auch Wanderausstellungen werden ab und an hier gezeigt. In den Nachbarhäusern haben 1991 das **Dublin Writers' Museum** (www.writersmuseum.com, 7,50 €/4,70 €) und das **Irish Writers' Centre** ihre Pforten geöffnet und geben Einblicke in die Werke der irischen Dichtergiganten. Im Souterain des Ausstellungsgebäudes ist das sehr gute Restaurant *Chapter One* untergebracht.

Nahebei, um die Ecke ist in 35 North Great George Street das **James Joyce Centre** untergebracht (Di–Sa 10–17, So 12–17 Uhr, 5 €/4 €, www.jamesjoyce.ie).

Hier kann man sich über das Leben des Schriftstellers in Dublin informieren, zudem bieten die Mitarbeiter von hier aus geführte Spaziergänge durch Irlands Metropole auf den Spuren von *Joyce* an. Und alljährlich am 16. Juni wird vom Centre aus der „Bloomsday“ organisiert, an dem Tag, an dem *Leopold Blum,* der Protagonist aus *James Joyces* Roman „Ulysses“, durch die Straßen von Dublin zog. Heute folgen Bewohner und Besucher seinen Spuren.

Über Parnell Square East erreicht man die **O'Connell Street,** Dublins Hauptstraße, deren Fahrspuren von einem breiten, baumbestandenen Mittelstreifen getrennt werden.

Dublins Flaniermeile bekam ihren Namen zu Ehren von *Daniel O'Connell* (1775–1847). Der Rechtsanwalt – noch heute als *The Liberator* apostrophiert – gründete 1823 die *Catholic Association* mit dem Ziel, dass Katholiken öffentliche Ämter ausüben konnten, ohne vorher durch einen Eid quasi ihrer Religion abzuschwören. 1828 wurde er als Abgeordneter ins britische Unterhaus gewählt, konnte aber seinen Sitz wegen des Treueeides nicht einnehmen. Die Regierung gab aber nach, der Text des Eides wurde geändert und 1829 schließlich konnte *O'Connell* seine Tätigkeit als Abgeordneter beginnen. Der charismatische Politiker, der 1841 auch zum Bürgermeister Dublins gewählt wurde, organisierte Massenveranstaltungen und entfesselte für ein eigenes irisches Parlament im Rahmen des Vereinigten Königreichs eine breite Volksbewegung gegen die britische Herrschaft. 1843 wurde *O'Connell* zu einer einjährigen Gefängnisstrafe verurteilt. Allerdings musste er auf Beschluss des britischen Oberhauses nur drei Monate verbüßen. *Daniel O'Connell* starb 1847 während einer Romreise.

Wenige Meter Fußweg auf dem breiten Mittelstreifen der O'Connell Street führen zu einem schon von weitem sichtbaren Monument. Seit 2003 ragt hier wie eine gigantische stählerne Riesennadel das 393 Fuß (120 m) hohe **Monument of Light** (auch **Millenium Spike** genannt) in den Himmel. Das in der Bevölkerung umstrittene Denkmal – die Dubliner verulken es als „The Stiletto in the Ghetto“ – soll den unerschütterlichen Glauben der Iren an ein besseres drittes Jahrtausend symbolisieren. Entworfen hat das riesige Ding der Londoner Architekt *Ian Ritchie* und er setzte sich damit an die Spitze von 205 Einsendungen aus aller Welt. Parallel zur Errichtung des „Obelisken“ wurde die O'Connell Street mit rund 50 Mio. Euro generalüberholt.

Von der O'Connell Street zweigt die Earl Street North nach Osten ab. An deren Anfang grüßt eine **Statue von James Joyce** den Besucher; auf der linken Straßenseite liegt der **Pub Madigan's,** man

⊡ Das jüngste Wahrzeichen Dublins: „The Millenium Spike“

sollte sich die Örtlichkeit für einen abendlichen Kneipen-Besuch merken. Seit rund 200 Jahren gibt es eine Taverne an dieser Stelle, während des Osteraufstandes von 1916 fiel der damalige Pub in Schutt und Asche, 1918/19 entstand das heutige Madigan's, viel Marmor und edle Hölzer wurden im Innern verbaut.

Die Earl Street mündet auf die Marlborough Street; diese nach links gen Norden hochgehend, erreichen wir auf der linken Straßenseite die zwischen 1815 und 1825 erbaute Kirche **St. Mary's Pro-Cathedral.** Das „Pro" im Namen steht für „provisorisch". Die heute anglikanische Christ Church Cathedral wird

094IRL hg

von der katholischen Kirche nach wie vor als ihr eigentlicher Sitz in Dublin gesehen, da der Status des Gotteshauses auch nach der gewaltsamen Enteignung im 16. Jh. nie geändert wurde. St. Mary's wurde nach dem Vorbild des Tempels des Hephaistos in Athen konzipiert.

Zurückgekehrt zur O'Connell Street, erkennt man auf der gegenüberliegenden Straßenseite das wuchtige Gebäude des **General Post Office** (St. Mary's sollte ursprünglich an diesem Ort erbaut werden). Dublins Hauptpostamt entstand zwischen 1814 und 1818 im neoklassizistischen Stil und steht bis heute als Symbol für den Osteraufstand von 1916: Hier proklamierte *Patrick Pearse* die Republik und verschanzte sich dann mit seinen Anhängern im Innern. Die Briten stürmten das Gebäude und nahmen die Freiheitskämpfer gefangen. In der großen Halle ehrt die Statue des sterbenden *Cú Chulainn,* eines dem *Achilles* aus *Homers* „Ilias" ähnlichen Heroen der irischen Sagentradition, die Widerstandskämpfer des Landes. Der erste Satz der Charta, die *Pearse* hier verlas, lautete: „Wir erklären, dass das Recht des irischen Volkes auf die Verfügungsgewalt über Irland und auf ungehinderte Herrschaft über seine eigenen Geschicke unumschränkt und unveräußerlich ist."

Im Rücken des General Post Office verläuft die **Moore Street,** auf der wochentags ein großer **Obst- und Gemüsemarkt** stattfindet; auch in den umliegenden Straßen, so etwa beispielsweise in der Henry Street, findet man eine Vielzahl an Lebensmittelgeschäften, Fischläden und Metzgereien.

Auf dem weiteren Weg in Richtung des Liffey zweigt links die Abbey Street Lower ab und führt uns zum berühmten **Abbey Theatre.** Irlands Nationaltheater nahm am 27. Dezember 1904 seinen Schauspielbetrieb auf. Als im Jahre 1907 in dem Schauspielhaus „The Playboy of the Western World" von *J. M. Synge* aufgeführt wurde, kam es zum öffentlichen Eklat, und wütende Bürger belagerten das Theater. In dem Stück geht es um eine romantische, jedoch höchst unmoralische Liebesgeschichte, in der, freilich nur nach Ansicht der empörten Zuschauer, das Nationalbewusstsein jener Tage „verhöhnt" wurde. Im Jahre 1951 brannte das Abbey Theatre ab, und erst 15 Jahre später war ein neues Schauspielhaus fertiggestellt. Das heutige Theater hat 638 Sitzplätze, in der angeschlossenen Experimentierbühne *The Peacock* finden bis zu 157 Zuschauer Platz.

Am südlichen Ende der O'Connell Street ragt das **Denkmal für Daniel O'Connell** auf, und hier führt auch die O'Connell Bridge über den Liffey. Flussaufwärts sieht man den bogenförmigen Fußgängersteg der **Halfpenny Bridge;** der Name stammt aus jenen Tagen, als man noch eine Mautgebühr entrichten musste, wollte man über den Fluss.

Flussabwärts erkennt man auf der linken Seite des Stroms das schneeweiße **Custom House,** das aus dem Jahr 1791 datierende Hauptzollamt von Dublin. Die Hauptfassade ist mit allegorischen Figuren und vielen Statuen geschmückt.

Hier lohnt ein Abstecher zum **Jeanie Johnston Tall Ship & Famine Museum,** das nur ein paar Gehminuten hinter dem Custom House am Ufer des Liffey liegt (Custom House Quay, www.jeaniejohnston.ie, Führungen tgl. um 11, 12, 14 und 15 Uhr). Man kann bei einer Führung auf dem Nachbau eines Dreimasters aus dem 19. Jahrhundert in die

Zeit nach der Großen Hungersnot eintauchen und Interessantes über die Bedingungen erfahren, unter denen viele Iren in dieser Epoche nach Amerika auswanderten.

Die O'Connell Bridge führt auf die Westmoreland Street, von dort rechts ab in die Fleet Street ist der **Temple-Bar-Bezirk,** das Greenwich Village von Dublin, schnell erreicht. Ende der 1990er Jahre ist hier mit Macht renoviert worden und Temple Bar entwickelte sich nach dem Willen der Stadtväter zu einem Kulturquartier der Hauptstadt. Zwischen Ateliers, Studios, Galerien, Pubs, kleinen Bistros und Restaurants wurden ein *Music Centre,* ein *Multimedia Centre,* ein *Crafts Centre,* ein *Irish Film Centre,* ein *Children's Cultural Centre* und ein *Centre for Photography* gebaut. Temple Bar ist mit seinem kulturellen Angebot sowie den vielen Pubs und Restaurants ganz eindeutig Dublins **lebendigster und interessantester Stadtteil.**

Wer es sich leisten kann, sollte im **Clarence Hotel** (www.theclarence.ie) von Temple Bar absteigen; die Vier-Sterne-Herberge wurde umfassend restauriert und gehört zwei Mitgliedern (*Bono* und *The Edge*) der Rockgruppe U2.

Unser Spaziergang durch Dublins Innenstadt ist damit beendet. Wer sich ausruhen möchte, sollte im Temple-Bar-Bezirk den gemütlichen und atmosphärereichen Pub **The Turk's Head** aufsuchen und bei einem Guinness oder Lager die Beine von sich strecken.

Sehenswertes außerhalb des Stadtzentrums

Phoenix Park

Phoenix Park (Bus Nr. 10 von der O'Connell Street aus, 25, 26 von Middle Abbey Street), Dublins grüne Lunge, erstreckt sich im Westen der Stadt über ein 4 x 2 km großes Areal und ist angeblich das größte Stadtgartengelände Europas. Äußerst befremdlich ist es allerdings, dass man mit dem Auto durch dieses **Naherholungsgebiet** fahren darf – breite Straßen durchziehen den Park.

An schönen Wochenenden picknicken Tausende von Dublinern auf den ausgedehnten Rasenflächen, schauen den Cricket-, Hurling- und Polospielern zu oder spazieren durch den Zoo (Mo–Sa 9.30 Uhr bis Sonnenuntergang, So 11 Uhr bis Sonnenuntergang). Dann sind die Straßenränder mit geparkten Wagen zugestellt.

Neben den schon erwähnten sportlichen Wettkämpfen finden auch Radrennen sowie – man glaubt es kaum – Tourenwagenläufe im Phoenix Park statt. Des Weiteren hat der irische Präsident sowie der Geschäftsträger der US-Botschaft ihre Residenz innerhalb des Gartenareals.

Weithin sichtbar ist die hohe **Phoenix Column,** die der britische Vizekönig *Lord Chesterfield* 1742 errichten ließ (nicht dadurch blieb der Lord bis in unsere Tage bekannt, das verdankt er vielmehr den Briefen an seinen Sohn „über die anstrengende Kunst, ein Gentleman zu werden").

Hoch in den Himmel ragt auch das 1817 von *Sir Robert Smirke* errichtete

Wellington Testimonial auf; der in Dublin geborene *Wellington,* was der Duke immer zu verschweigen suchte, hatte 1815 *Napoleon* bei Waterloo eine militärische Schlappe beigebracht. Das 30-m-Monument soll der höchste Obelisk Europas sein.

Am 6. Mai 1882 trug sich ein **gewalttätiges Ereignis** im Park zu. *Lord Frederick Cavendish,* erst seit zwei Tagen *Chief Secretary* (einer der zwei höchsten Vertreter der britischen Regierung in Irland) wurde beim Spaziergang zusammen mit dem Unterstaatssekretär *T. H. Burke* von mehreren Männern mit chirurgischen Messern ermordet. Die Attentäter gehörten der radikalen nationalistischen Terrorgruppe der *Invincibles* (die Unbesiegbaren) an, die sich auf Mordanschläge spezialisierte. Die Öffentlichkeit in Irland wie in Großbritannien reagierte mit Entsetzen. Ein gewisser *James Carey* wurde im Juli des gleichen Jahres als Hauptverdächtiger identifiziert. Mit seiner Hilfe konnte die Gruppe zerschlagen, fünf Mitglieder gehängt und acht weitere inhaftiert werden. *Carey* wurde freigelassen, dann aber von einem ehemaligen Kameraden auf einem Schiff nach Kapstadt erschossen.

Guinness-Brauerei

Ein Muss für jeden Biertrinker ist der Besuch der *Guinness-Brewery* in der St.

095IRL hg

096IRL hg

James's Gate (Bus Nr. 21 A, 78 A von Fleet Street). Das riesige, 24 Hektar große Produktionsgelände selbst ist allerdings nicht zu besichtigen, vielmehr gibt es das Besucherzentrum **The Guinness Storehouse** (Jan.–Juni, Sept.–Dez. täglich 9.30–17 Uhr, Juli und Aug. täglich 9.30–19 Uhr, 16,50 €/6,50 €, www.guinness-storehouse.com, wo auch eine Ausstellung rund um das beliebte Gebräu informiert.

Das kleine Museum zeigt sehr anschaulich die Produktionsmethoden aus unterschiedlichen Jahrhunderten; am Ende des Rundgangs gibt es in der runden, vollverglasten *Gravity Bar* ganz oben ein kostenloses *Guinness.* Damit sich die Besucher dort allerdings nicht zu lange aufhalten, hat man erst gar keine Stühle aufgestellt.

Kilmainham Gaol

Eine weitere Sehenswürdigkeit befindet sich einige Minuten Fußweg in westlicher Richtung von der Guinness-Brauerei. Im Kilmainham Gaol (Inchicore Road, April bis Sept. tägl. 9.30–18 Uhr, Okt. bis Mai Mo–Sa 9.30–17 Uhr, So 10–18 Uhr. Okt. bis Mai Sa bis 17.30 Uhr, 6 €/2 €, www.heritageireland.ie/en/dublin/kilmainhamgaol, Bus Nr. 23, 51, 51 A, 78, 79 von Aston Quay) wurden ab 1796 auch viele irische Nationalisten inhaftiert und exekutiert. Die 15 Führer des Osteraufstandes von 1916 fanden in diesem Gefängnis am 3. Mai 1916 den Tod. Auch der spätere Ministerpräsident *Éamon de Valera* saß in Kilmainham ein und entging dem Erschießungskommando nur deshalb, weil er amerikanischer Staatsbür-

Im Guinness Visitor's Centre

Das Kilmainham-Gefängnis

ger war. Die Briten rechneten für den Fall seiner Exekution mit beträchtlichen diplomatischen Verwicklungen.

Unter sachkundiger Führung wird man durch das Gefängnis geleitet und bekommt u.a. die Zellen gezeigt, in denen die Unglücklichen der Osterrevolte auf ihren Tod warteten, Abschiedsbriefe, aber auch Gedichte schrieben. Das Kilmainham-Gefängnis wurde und wird heutzutage auch gern als **Drehort** genutzt, u.a. für die Filme „Im Namen des Vaters", „Guildford Four" oder 2008 für den Spielfilm „The Escapist – Raus aus der Hölle".

Irish Museum of Modern Art

Nahe Kilmainham Gaol lohnt unbedingt ein Besuch im **Kilmainham Hospital** (Bus Nr. 24, 79, 90 von Aston Quay). Im größten klassizistischen Gebäude Irlands, das nach dem Pariser *Hotel des Invalides* Ende des 17. Jh. für Armeeveteranen errichtet wurde, ist seit 1991 das Irish Museum of Modern Art beheimatet (IMMA, Di–So 10–17.30 Uhr, Eintritt frei, www.imma.ie, Eingang für Fußgänger gegenüber dem Kilmainham-Gefängnis, ansonsten Military Road gegenüber der Heuston Station oder am West Gate an South Circular Road).

The Irish Jewish Museum

Einen Steinwurf südlich des Stadtzentrums befindet sich in 3 Walworth Road (off Victoria Street), South Circular Road, das Irish Jewish Museum. Das Ausstellungsgebäude wurde 1985 vom ehemaligen, in Irland geborenen israelischen Präsidenten *Chaim Herzog* (1918–1997) eröffnet. Es befindet sich in einer **Synagoge** und zeigt Exponate, die im Zusammenhang mit irischen Juden stehen, so etwa Fotos, Zertifikate, Gemälde, eine Originalküche mit einem typischen Sabbath-Gedeck aus der Zeit um 1900 und vieles mehr (von Mai bis September Di, Do, So 11–15.30 Uhr, von Oktober bis April So 10.30–14.30 Uhr, Eintritt frei, www.jewishmuseum.ie). Die Busse 16, 19 und 122 verkehren vom Trinity College zur Victoria Street an der South Circular Road.

Praktische Hinweise

Touristeninformation

■ **Fáilte Ireland,** Suffolk Street/Ecke St. Andrew Street, in einer säkularisierten Kirche untergebracht. Hier kann man Unterkünfte wie B & Bs und Hotels vorbuchen, sowie auch Leihwagen, Broschüren und Bücher über Irland in großer Auswahl erwerben.

Eine **zweite Tourist Information** befindet sich in Nr. 14 Upper O'Connell Street;

■ **www.visitdublin.com**

Hotels

■ **Burlington Hotel** €€€,
Upper Leeson Street, Tel. (01) 6185600,
Fax 6185693, www.burlington hotel.ie;

■ **Gresham Hotel** €€€,
Upper O'Connell Street,
Tel. (01) 8746881, Fax 8787175,
www.gresham-hotels-dublin.com;

■ **Westbury Hotel** €€€,
Grafton Street, Tel. (01) 6791122,
Fax 6797078, www.doylecollection.com;

■ **Dergvale Hotel** €€€, 4 Gardiner Place, Tel. (01) 8744753, Fax 8748276, www.dergvalehotel.com;
■ **George Frederic Handel Hotel** €€€, 16 Fishamble Street, Temple Bar, Tel. (01) 6709404, Fax 6709410, www.georgefrederichandelhotel.com;
■ **Maple Hotel** €€€, 75 Lower Gardiner Street, Tel. (01) 8555442, www.maplehotel.com;
■ **Ashling Hotel** €€, Parkgate Street, Tel. (01) 6772324, Fax 6793783, www.ashlinghotel.ie;
■ **Bloom's Hotel** €€, Anglesea Street, Tel. (01) 6715622, Fax 6715997, www.blooms.ie;
■ **Academy Hotel** €€, Findlater Place, Tel. (01) 8780666, Fax 8780600, www.academyhoteldublin.com;
■ **Lansdowne Hotel** €€, 27 Pembroke Road, Tel. (01) 6682522, Fax 6685585, www.lansdownehotel.ie;
■ **Hotel Ballsbridge**€, Merrion Road, Tel. (01) 6681111, www.ballsbridgehotel.com.

B & Bs

■ **Dereymont's B & B** € (Mrs. M. Dereymont), 18 Seacourt, St. Gabriel Road, Clontarf, Tel. (01) 8333313;
■ **Annagh House** € (Mrs. Delia Devlin), 301 Clontarf Road, Clontarf, Tel. (01) 8338841, www.annaghhouseclontarf.com;
■ **Adare House** € (Mrs. Catherine Foy), 20 Pembroke Park, Ballsbridge, Tel. (01) 6683075, www.wix.com/darraghfoy/adarehouse;
■ **Aaron Court** € (Mrs. Leslie Griffin), 144 Merrion Road, Tel. (01) 2602631, www.aaroncourtballsbridge.com;
■ **Oak Lodge** € (Mrs. Teresa Muldoon), 4 Pembroke Park, Ballsbridge, Tel. (01) 6606096, www.oaklodge.ie;
■ **Montrose Lodge** € (Mrs. Helen Martin), 164 Stillorglan Road, Donnybrook, Tel. (01) 2691590, www.montroselodge.com;
■ **St. Dunstans** € (Mrs. Mai Bird), 25 Oakley Road, Ranelagh, Tel. (01) 4972286, www.stdunstansbandb.com;
■ **St. Judes** € (Mrs. Aida Boyle), 6 Fortfield Terrace, Upper Rathmines, Tel. (01) 4972517, www.stjudesbb.ie;
■ **Abbey Court** € (Mrs. Maura Leahy), 7 Glendown Court, Templeogue, Tel. (01) 4562338;
■ **McBride's B & B** € (Mrs. Noreen McBride), 3 Rossmore Grove, Templeogue, Tel. (01) 4902939, d.mcbride40@upcmail.ie
■ **Abbott Lodge** € (Mr. Patrick Healy), 87/88 Lower Gardiner Street, Tel. (01) 8365548, www.abbottlodge.com.

Hostels

■ **Abbey Court Hostel** €, 29 Bachelors Walk, O'Connell Bridge, Tel. (01) 8780700, www.abbey-court.com;
■ **Abigails Hostel** €, 7–9 Aston Quay, Tel. (01) 677 9300, Fax 677 9007;
■ **Gogarty's International Hostel** €, Temple Bar, Tel. (01) 6711822, Fax 6717637, www.gogarty.ie;
■ **Abraham House** €, 82 Lower Gardiner Street, Tel. (01) 8550600, Fax 8550598, www.abraham-house.ie;
■ **Ashfield House** €, 19–20 D'Olier Street, Tel. (01) 6797734, Fax 6790852, www.ashfieldhouse.ie;
■ **Avalon House** €, 55 Aungier Street, Tel. (01) 4750001, Fax 4750303, www.avalon-house.ie;

■ **Barnacles Temple Bar House** €, 19 Temple Lane, Tel. (01) 6716277, Fax 6716591, www.barnacles.ie;
■ **Generator Hostel** €, Smithfield Square, Tel. (01) 9010222, www.generatorhostels.com;
■ **Sky Backpackers – The Liffey** €, 2–4 Litton Lane, Tel. (01) 8728389, Fax 8720039, www.skybackpackers.com/hostels/dublin/liffey;
■ **Four Courts Hostel** €, 15–17 Merchants Quay, Tel. (01) 6725839, Fax 6725862, www.fourcourtshostel.com;
■ **Isaacs Hostel** €, 2/5 Frenchman's Lane, Tel. (01)8556215, Fax 8556574, www.isaacs.ie;
■ **Globetrotters Tourist Hostel** €, 47–48 Lower Gardiner Street, Tel. (01) 8735893, Fax 8788787, www.globetrottersdublin.com;
■ **Jacob's Inn** €,Talbot Place, Tel. (01) 8555660, Fax 8555664, www.jacobsinn.com;
■ **Kinlay House Hostel** €, 2/12 Lord Edward Street, Tel. (01) 6796644, www.kinlaydublin.ie;
■ **Marina House Hostel** €, 7 Old Dunleary, Dun Laoghaire, Tel. (01) 2841524, Fax 2300922, www.marinahouse.com;
■ **Marlborough Hostel** €, 81–82 Marlborough Street, Tel. (01) 8747629, Fax 8745172, www.marlborough-hostel.com;
■ **Mount Eccles Court Hostel** €, 42 North Great George Street, Tel. (01) 8730826, Fax 8783554, www.eccleshostel.com;
■ **Dublin International Hostel** €, Mountjoy Street, Tel. (01) 8301766, Fax 8301600, www.anoige.ie.

Restaurants

■ **La Mére Zou** €€, 22 St. Stephen's Green, Tel. (01) 6616669, nettes gemütliches Restaurant mit guter französischer Küche aus irischen Produkten;
■ **L'Ecrivain** €€€, 109 A Lower Baggot Street, Tel. (01) 6611919, in einem Hinterhof, exzellentes, alteingesessenes französisches Restaurant, dessen Küchenchef irische Produkte wie Seafood und Gemüse aus biologischem Anbau und vieles mehr zu kreativen Gerichten verfeinert. Davon waren auch die Gourmet-Tester vom *Michelin* angetan, seit Jahren hat das Lokal einen Stern;
■ **Peploes** €€, 16 St. Stephen's Green, Tel. (01) 676 3144, ein hervorragendes Wein-Bistro im Herzen der Stadt, französisch inspirierte Küche von der Zwiebelsuppe bis zu frischem Seafood, 150 Weine auf der Karte;
■ **Il Posto** €€, 10 St. Stephen's Green, Tel. (01) 6794 769, sehr beliebtes italienisches Lokal;
■ **Chapter One Restaurant** €€€, 18 Parnell Square, Tel. (01) 8732266, im Basement vom Writer's Museum, gute Weinkarte, internationale Gerichte, wurde in der Lokalpresse und in Gourmet-Magazinen mehrfach gelobt, Seafood und Lammgerichte;
■ **Bewley's Oriental Café** €€, 34 Grafton Street, ein traditionsreiches, seit 1927 bestehendes Café im Stil der Kaffeehäuser von Wien und Paris. Geeignet sowohl für Frühstück, ein nachmittägliches Sandwich mit Tee oder moderne irische und internationale Küche zum Mittag- oder Abendessen;
■ **Chai-Yo Asian Restaurant** €€, 100 Lower Baggott Street, Tel. (01) 6622767, hervoragendes Lokal mit einer weiten Palette an guten und leckeren fernöstlichen Gerichten, mehrfach lobend in in Gourmet-Magazinen erwähnt, auch Seafood;
■ **Trocadero** €€, 4 St. Andrew's Street, Tel. (01) 6775545, traditionelle irische Küche seit 1956, Steaks, Fisch, große, sattmachende Portionen;
■ **The Cedar Tree** €€, 11 A St. Andrew Street, Tel. (01) 6772121, seit 20 Jahren Dublins berühmtestes libanesisches Restaurant, arabische Küche, vegetarische Gerichte;

■ **Cornucopia** €€, 19/20 Wicklow Street, Tel. (01) 6777583, gemütliches, preisgekröntes vegetarisches Restaurant mit Selbstbedienung, das auch Nicht-Vegetarier überzeugt;

■ **Town** €€, 21 Kildare Street, Tel. (01) 6624724, ein Kellerrestaurant unter dem renommierten *Mitchell's* Weinladen, von Feinschmeckermagazinen hochgelobt, frische Seafood- und Lammgerichte;

■ **Rajdoot Tandori Restaurant** €€€, 26 Clarendon Street, Tel. (01) 6794274, mit vielen Ehrungen ausgezeichnetes Restaurant, möglicherweise die beste indische Küche in ganz Irland;

■ **Botticelli** €,Temple Bar, mitten im Temple Bar-Viertel, italienische Küche;

■ **Café Kylemore** €, Upper O'Connell Street/Ecke North Earl Street, gemütliches Selbstbedienungs-Lokal mit großen Fensterscheiben, neben Snacks und Kuchen gibt es auch warme Speisen;

■ **Govinda's Vegetarian Restaurant** €, 83 Middle Abbey Street, vegetarisches Restaurant, das mit noch zwei anderen in Dublin von *Hare Krishna* betrieben wird. Das Ambiente ist sehr einfach, aber das wird durch das hervorragende, auf indischer Küche basierende Essen wettgemacht. Man kann sich bei riesigen Portionen preiswert und lecker satt essen;

■ **Gallagher's Boxty House** €, Temple Bar, mitten im Temple Bar-Bezirk, klassische irische Gerichte.

Pubs

■ **The Bailey,** 2 Duke Street, von *James Joyce* in seinem Ulysses beschrieben, von 1940 bis 1960 Treffpunkt der Dubliner Literaturszene, allerdings nicht mehr im originalgetreuen Gemäuer, sondern in einem neuerrichtetes Gebäude aus den 1990er Jahren;

■ **Davy Byrnes,** 21 Duke Street, gegenüber vom *Bailey's,* ebenfalls von *Joyce* erwähnt, schönes Art-Deco-Interieur; von hier nehmen regelmäßig *Literary Pub Crawls* ihren Ausgang, geführte Touren durch die Kneipen Dublins, in denen die irischen Literaturgiganten becherten;

■ **The Duke,** 9 Duke Street, ruhige, gemütliche Kneipe mitten im Einkaufszentrum, gut zur Erholung nach dem Shopping, auch von hier gehen jeden Abend ab 19 Uhr die *Literary Pub Crawls* ab;

■ **Bowe's Public House,** 31 Fleet Street, beliebter Pub bei den Journalisten der *Irish Times,* die nahebei ihre Redaktion haben;

■ **The Brazen Head,** 20 Lower Bridge Street, Dublins älteste Taverne (seit 1198). Oft traditionelle Live-Musik. Die Kneipe war *Brendan Behans* liebster Ort;

■ **The Bull & Castle,** Lord Edwards Street/Ecke Christchurch Place, zwischen Christchurch Cathedral und Dublin Castle gelegen, nach eigenem Bekunden ein „Gastro Pub", reichhaltige Pub-Grub-Angebote zur Mittagzeit, auch Live-Musik;

■ **Doyle's,** Fleet Street/Ecke D'Olier Street, neben der Redaktion der *Irish Times,* viele Journalisten;

■ **Grogan's Castle Lounge,** South William Street, traditionelles Pub-Interieur, gut für ein ruhiges Bier;

■ **McDaid's,** 3 Harry Street, berühmter Literaten-Pub, u.a. becherte hier *Brendan Behan;*

■ **Madigan's,** North Earl Street, beim Osteraufstand von 1916 zerstört, kurz darauf mit viel Marmor und Glas neu aufgebaut, gemütlich und mondän, davor ehrt eine kleine Statue *James Joyce;*

■ **Mulligan's,** 8 Poolbeg Street, seit 1782 gibt es eine Taverne an diesem Ort, heute sieht es so aus, als stamme die Einrichtung aus jenen Tagen, sehr beliebter Pub, immer voll mit den Journalisten der *Irish Times;*

■ **The Oliver St. John's Gogarty,** 58 Fleet Street, mitten im Temple Bar-Bezirk, Traditional Music House, mit angeschlossenem Restaurant, besonders bei Touristen beliebter Pub in Dublins Szene-Viertel, oft schon zur Lunch-Zeit Live-Musik; außerdem ein Hostel;

■ **The Temple Bar,** Temple Bar Street, im Temple Bar-Bezirk, täglich Live-Musik;

■ **The Palace Bar,** 21 Fleet Street, viktorianisch-traditionelle Einrichtung mit *Snugs,* in den 40er Jahren des 20. Jahrhunderts hielt der Herausgeber der *Irish Times* hier literarische Zirkel ab, und die Großen der Dubliner Schriftstellerszene lasen in der

Taverne; im oberen Stock finden regelmäßig hervorragende *Traditional Sessions* statt;

■ **Slattery's,** 129 Capel Street, ebenfalls bekannt für traditionell-irische Live-Musik;

■ **Toner's Victorian Bar,** 139 Lower Baggot Street, mit alter Einrichtung inklusive *Snugs;*

■ **The Turk's Head,** Parliament Street/Ecke Essex Gate, im Temple-Bar-Bezirk, Ausschank seit 1760.

Alles rauchfrei!

Als Irland Anfang 2004 **an Arbeitsplätzen in geschlossenen Räumlichkeiten** und damit auch in Pubs, als erstes Land der Welt ein absolutes Rauchverbot einführte, sagten die Kritiker dieser Maßnahme das Ende der irischen Trinkkultur, eine Pleitewelle der Kneipen und den Verlust von Arbeitsplätzen voraus. Überall kursierte der Spruch: „Eine Kneipe ohne Qualm ist wie ein Guinness ohne Schaum." Und *Nell McCafferty,* gleichermaßen bekennende Feministin wie Kettenraucherin, verstieg sich gar zu der Aussage, das Antirauchgesetz sei das größte nationale Unglück seit der Großen Hungersnot von 1845. Doch die Regierung ließ sich nicht – wie hier in Deutschland – von den Lobbyisten verunsichern und zog ihre Pläne kompromisslos durch. Als die Wirte merkten, dass sie sich auf die neue Situation einstellen mussten, renovierten sie ihre Hinterhöfe, schraubten Aschenbecher an die Fassaden, stellten Stehtische auf die Bürgersteige und schafften sich Heizstrahler an. Für die Kommunen ist das ein gutes Geschäft, denn die vermieten nun das Trottoir und kassieren pro Kneipe bis zu 5000 € im Jahr. Als es nun soweit war, ging zwar der Bierverkauf leicht zurück, doch lag das nicht an den rauchfreien Zonen, sondern an der gleichzeitigen Preiserhöhung für den Gerstensaft sowie an den verschärften Alkoholkontrollen der Polizei. Der Umsatz der Kneipiers aber blieb nicht nur stabil, sondern stieg sogar um bis zu 5 % an, denn die Leute orderten mehr alkoholfreie Getränke und bestellten mehr Mahlzeiten. Darüber hinaus kamen nun mehr Gäste in die Pubs. Der Wirt vom *Mulligan's* in Dublin bemerkte zufrieden: „Heute kommen Leute in die Kneipe, die ich früher nie gesehen habe." Jetzt denkt er tatsächlich darüber nach, seinen Pub zu renovieren, um das verräucherte Inventar loszuwerden. Da sollte er jedoch aufpassen, dass seine langjährigen Stammgäste nicht vom Kulturschock erschlagen werden, denn die letzte Verschönerung des *Mulligan's* fand 1882 statt (zum *Mulligan's* siehe auch „Praktische Hinweise Dublin"). Auch den Kellnern ging es nicht an den Arbeitsplatz, sondern ganz im Gegenteil, die Beschäftigungsquote stieg um 3 % und es sind noch viele Stellen frei, die aufgrund des Arbeitskräftemangels nicht besetzt werden können.

In den Pubs der kleinen Dörfer hat sich ein **kommunikationsloses Ritual** herausgebildet. Der Wirt, der seine trinkenden Pappenheimer ja schon aus den gemeinsamen Schultagen kennt, greift irgendwann schweigend zum Pullover. Synchron greifen viele Gäste schweigend zu ihren Jacken, ziehen diese über, und die gesamte Thekenmannschaft verlässt die Kneipe und steht rauchend draußen.

Wer in Irland das Rauchverbot missachtet, muss mit einer **Geldstrafe** von bis zu 3000 € rechnen und kann sogar in den Knast kommen. Das könnte ein Kettenraucher allerdings glatt als Belohnung auffassen, denn in den Haftanstalten ist das Rauchen erlaubt.

Singing Pubs

■ **Abbey Tavern,** Howth Harbour, traditioneller Folk;
■ **An Béal Bocht,** Charlemont Street, Irish Folk, Rock;
■ **Barge Inn,** Charlemont Street, Irish Folk;
■ **The Brazen Head,** Lower Bridge Street, Irish Folk, Jazz;
■ **Hughes,** Chancery Lane, traditionelle irische Musik;
■ **International Bar,** Wicklow Street/Ecke St. Andrew Sreet, Jazz, traditionelle irische Musik;
■ **Lower Deck,** Portobello Harbour, Rock, traditionelle Balladen;
■ **O'Donoghue's,** 15 Merrion Row, traditionelle irische Musik;
■ **Slattery's,** 129 Capel Street , Jazz;
■ **The Temple Bar,** an der gleichnamigen Straße Temple Bar, täglich traditionelle irische Musik;
■ **Whelan's,** Wexford Street, sehr guter Singing Pub, interessante Mischung aus renommierten Gruppen und jungen Musikern.

Internetcafés

■ **Nethouse Internet Café,** 43-44 Wellington Quay;
■ **Central Internet Café,** 6 Grafton Street.

Diskotheken/Nachtclubs

■ **Lillies Bordello,** Adam Court, Grafton Street, www.lilliesbordello.ie; immer noch Dublins bekannteste Diskothek;
■ **The Twisted Pepper,** 54 Middle Abbey Street, www.thetwistedpepper.com, eine der angesagtesten Diskos der Stadt, die sich tagsüber in ein Café, einen Buchladen, einen Plattenladen und einen Herrenfriseur verwandelt.
■ **POD,** Harcourt Street, kürzlich umfassend renoviert, seit Jahren bekannt in Dublin.

Theater

■ **Abbey Theatre,** Lower Abbey Street, Irlands Nationaltheater, klassische irische Stücke;
■ **Dublin Youth Theatre,** 25 Upper Gardiner Street;
■ **Focus Theatre,** 6 Pembroke Place, off Pembroke Street;
■ **Gaiety Theatre,** South King Street, Dublins ältestes Aufführungshaus, eröffnet 1871, auch Varieté;
■ **The Gate Theatre,** Cavendish Row, die Bühne für zeitgenössische irische, europäische und außereuropäische Stücke;
■ **Olympia,** Dame Street, Dublins größtes Theater, 1879 erbaut, Musicals;
■ **Projekt Arts** Centre, East Essex Street, Experimentierbühne für junge irische Autoren;
■ **Tivoli Theatre,** Francis Street, klassische wie zeitgenössische Autoren.

Kinos

■ **Irish Film Centre & Irish Film Instititute,** Eustache Street, off Dame Street, Programmkino mit Café sowie Film- und Buchladen;
■ **Savoy,** Upper O'Connell Street;
■ **Screen,** 2 D'Olier Street, Programmkino.

Weitere Museen

■ **Old Jameson Distillery,** Bow Street, www.tours.jamesonwhiskey.com, ein „Muss" für angehende Schwarzbrenner und Maltliebhaber, 13 €/7,70 €.
■ **National Wax Museum Plus,** 4 Foster Place, www.waxmuseumplus.ie. Wachsfiguren von allen möglichen Persönlichkeiten, u.a. sind die irischen Freiheitskämpfer dargestellt, 12 €/8 €;
■ **National Leprechaun Museum,** Jervis Street, www.leprechaunmuseum.ie; Museum mit Schwerpunkt auf irischen Mythen und Volkserzählungen, (nur auf Englisch), 10 €/8,50 €.

Festivals

Informationen zu den einzelnen Festivals auch auf der Homepage von *Dublin Tourism*, **www.visitdublin.com.**

■ **St. Patrick's Festival,** Tel. (01) 6763205, vier Tage rund um den 17. März, dem Geburtstag von Irlands Nationalheiligen, viele Veranstaltungen auf den Straßen und unterschiedlichen Orten;

■ **Liffey Swim,** Tel. (01) 8332434, Ende Juli schwimmen Hunderte von Iren von der Rory O'Moore Bridge bis zum Custom's House (2,5 km) den Fluss Liffey hinunter;

■ **Absolute Fringe,** Tel. 1850 374643, Ende September, Kabarett, Comedy und Kleinkunst;

■ **Jameson Dublin International Film Festival,** Tel. 01 6624260, www.jdiff.com, alle Kinos der Stadt beteiligen sich an diesem zweiwöchigen Filmfestival im Februar, das sowohl irische als auch internationale Filme präsentiert;

■ **Dublin Theatre Festival,** Tel. (01) 6778439, zwei Wochen Ende September, renommiertes internationales Theaterfestival auf unterschiedlichen Bühnen der Stadt;

■ **Händels „Messias",** Neal's Music Hall, Fishamble Street, Temple Bar, Tel. (01) 6772255, da das Oratorium am 13. April 1742 in Dublin zum ersten Mal aufgeführt wurde, gedenkt man dessen jedes Jahr am selben Tag mit einer pompösen Aufführung dieses Stückes.

Gesundheit

Auskünfte zu Krankenhäusern und Fachärzten erhalt man bei der **Eastern Regional Health Authority** unter der Nummer Tel. (01) 6201600.

■ **St. James's Hospital,** St. James's Street, Tel. (01) 4103000;

■ **Zahnklinik,** *Dame House Dental Surgery,* Dame Street, Tel. (01) 6709256.

Schwule und Lesben

Informations- und Anlaufstellen für Schwule und Lesben sind die beiden folgenden Organisationen:

■ **Gay Switchboard** *(Tel-a-Friend),* Carmichael House, North Brunswick Street, Tel. (01) 8721055;

■ **Lesbian Line,** Carmichael House, North Brunswick Street, Tel. (01) 8729911.

Einkaufen

■ **Einzelhandelsgeschäfte** des gehobenen Standards befinden sich entlang der Grafton Street und in den umliegenden Straßen;

■ **Kaufhäuser** reihen sich an der O'Connell Street.

■ In der Dawson Street befindet sich *Hodges & Figgis,* Dublins größte **Buchhandlung;**

■ **Große Shopping Centres** sind das *Hibernian Way,* Dawson Street, *Ilac Centre,* Henry Street, *Irish Life Mall,* Abbey Street Lower, *Powerscourt Townhouse Centre,* Johnson Court (off Grafton Street), *St. Stephen's Green Centre,* St. Stephen's Green/Grafton Street, **Westbury Mall,** Clarendon Street.

Fundbüros

■ **Eisenbahn** und **Dubliner Vorortbahn** *DART Jarnod Eireann,* Connolly Station, Tel. (01) 7032358;

■ **Fernbusse:** *Bus Éireann,* Store Street, Tel. (01) 7032489;

■ **Stadtbusse:** *Dublin Bus,* Earl Place, Tel. (01) 7031321.

[>] In der Shopping Arcade im Powerscourt Townhouse Centre, Grafton Street

098IRL hg

Hauptpost

- Upper O'Connell Street.

Taxis

In Dublin konkurriert eine Vielzahl von Unternehmen auf dem Taxi-Sektor. Die vier größten sind:

- **Devlin Metro Cabs,** Tel. (01) 36683333;
- **Blue Cabs,** Tel. (01) 8022222;
- **National Radio Cabs,** Tel. (01) 6772222;
- **VIP,** Tel. (01) 4783333.

⍗ Junge Musiker mit typischen Instrumenten der Irish Folk Music: Akkordeon, Querflöte und Bodhrán

Bahn

- Dublin hat zwei **Bahnhöfe,** einmal Connolly Station, Amiens Street, und Heuston Station, Knightsbridge; von Connolly verkehren die Züge in den Norden des Landes, von Heuston Station in den Süden und Westen.

Von Heuston Station gibt es einen direkten Bus **zum Flughafen,** Bus Nr. 90 verbindet Connolly und Heuston Station.

- Das **DART-** *(Dublin Area Rapid Transit)* und Suburban Rail Network verbindet alle Vororte der Hauptstadt im Norden bis Mullingar und Dundalk, im Süden bis zum Seebad Bray.

Die **innerstädtischen DART-Bahnhöfe** sind Connolly Station, Tara Street Station und Pearse Station.

Busse

■ Die **innerstädtischen Busse** verkehren in der Zeit von 6.30 bis 23.30 Uhr, So ab 9.30 Uhr. Tickets löst man beim Fahrer.

■ Den Busbahnhof für den **Überlandverkehr** findet man in der Store Street, nahe dem Custom House; von hier aus fahren Busse in alle Landesteile; Pendelverkehr zum Flughafen.

Luas-Straßenbahn

Für einen effektiveren öffentlichen Nahverkehr besitzt Dublin seit 2004 zwei Straßenbahnlinien. Die Niederflurwagen werden *Luas* genannt, ein gälisches Wort, das „Geschwindigkeit" bedeutet.

037IRL ws

Die **Green Line** verkehrt vom St. Stephen's Green in einem 5-, 7-, 10- und 15-minütigen Takt und führt über 13 Stationen bei einer Fahrtzeit von 22 Minuten in den Südosten der Metropole bis nach Sandyford.

Die **Red Line** hat ihren Startpunkt am Conolly-Bahnhof, verkehrt in einem einheitlichen 10-minütigem Takt und führt über23 Stationen mit einer Fahrtzeit von 43 Minuten in den Südwesten nach Tallaght.

Beide Linien haben keine Verbindung miteinander. Die Green Line wurde so konzipiert, dass die Streckenführung bei Bedarf in eine U-Bahn umgewandelt werden kann. Da Luas wie das englische „Lewis" ausgesprochen wird, haben die Dubliner ihre neueste Errungenschaft mit dem Spitznamen *Jerry Lee* versehen, in Anlehnung an den amerikanischen Musiker *Jerry Lee Lewis.*

Flughafen

Dublins internationaler Flughafen liegt ca. 10 km nördlich vom Stadtzentrum; regelmäßiger Pendelverkehr zum Hauptbusbahnhof in der Store Street sowie zu Heuston Station. Spezielle **Airport-Busse** verkehren alle 15 Minuten von etlichen Stationen im inneren Stadtgebiet zum Flughafen. Eine Station liegt z.B. in der Suffolk Street, 50 m vor der Tourist Information.

Geführte Stadttouren

Auf die ein oder andere dieser geführten Touren sollte man nicht verzichten, man bekommt hierbei eine Fülle an Informationen und Anekdoten erzählt.

■ **1916 Eastern Rising Walk,** Tel. (086) 8583847, von März bis Oktober Mo–Sa 11.30 Uhr, So 13 Uhr; zweistündiger Spaziergang zu den Schauplätzen des Osteraufstandes von 1916. Der Rundgang beginnt an der International Bar, Wicklow Street/Ecke St. Andrew Street.

■ **Dublin Literary Pub Crawl,** Tel. (01) 6705602, von April bis Oktober täglich 19.30 Uhr, im Winter Do–So zweistündiger Spaziergang mit zwei Schauspielern durch die Kneipen Dublins, die mit Literatur zu tun haben. Treffpunkt: *Duke's Pub,* Duke Street;

■ **James Joyce Walking Tour,** Tel (01) 878 8547, April–Sept. Di, Do, Sa, Okt.–März nur Sa, je 11 Uhr und 14 Uhr. Verschiedene Führungen zu *James Joyce* und seinen fiktionalen Protagonisten. Treffpunkt: *James Joyce Centre,* 35 North Great George Street.

Halbinsel Howth

XV/D2

Auf keinen Fall sollte man es versäumen, von Dublin aus einen Ausflug auf die wenige Kilometer nordöstlich der irischen Hauptstadt gelegene Halbinsel Howth zu unternehmen. Sie besteht im Zentrum aus einem mächtigen, mehrgipfligen Hügel, der im Osten steil ins Meer abfällt, ansonsten aber sanft in einen Uferstreifen ausläuft.

Von diesem Höhenzug aus hat man eine **fantastische Aussicht:** Richtung Westen überblickt man das Häusermeer von Dublin, gen Norden schaut man über das Fischerdorf Howth und seinen Hafen auf die vorgelagerte Insel **Ireland's Eye,** im Osten brandet die Irische See an die steilabfallenden Klippen, und nach Süden öffnet sich die Bucht von Dublin, überragt von Dublin und den Wicklow Mountains.

Auf der Karte betrachtet, sieht Howth aus wie ein gewaltiger Kopf, und tatsächlich leitet sich der Name von dem nordischen Wort *Höfuth* ab, was soviel wie „Haupt" bedeutet.

Der **Hügel von Howth** – gälisch *Ben Edair* – steht unter Naturschutz, und folgerichtig darf man die Gipfel nur zu Fuß erwandern. Wer das zu anstrengend findet, kann von dem im Südosten gelegenen Parkplatz, dem **Summit Car Park,** die Aussicht genießen, allerdings keineswegs in stiller Einsamkeit. Bei schönem Wetter hat es den Anschein, als ob ganz Dublin von hier aus den Sonnenuntergang betrachte; nach Einbruch der Dunkelheit stört man hauptsächlich junge Liebespaare.

Abgesehen von der Aussicht und den Kurzwandermöglichkeiten hat Howth des weiteren einen Fischer- und Yachthafen, einen Leuchtturm, Kaimauern, Türme, ein altes Kloster nebst mehreren Kirchen, ein Schloss sowie Pubs, Hotels, Bed-&-Breakfast-Pensionen, Geschäfte und Galerien zu bieten.

Rundfahrt um Howth

Anfangs- und Endpunkt der Rundreise ist die Siedlung Sutton Cross, die auf der Landzunge liegt, die Howth mit dem Festland verbindet. Nordöstlich von Sutton Cross, abgeschirmt durch eine Baumreihe und die Gleise der DART-Bahn, erstreckt sich der Sandstrand von Claremont.

Kurz vor dem Örtchen Howth geht es rechts zur Domäne von Howth – hier locken ein Golfplatz, das *Deerpark Hotel* und das **Schloss** der Familie *Gaistord-St. Lawrence*. Diese Familie residiert seit mehr als 800 Jahren auf der Halbinsel. Am Vorabend des St.-Lawrence-Festes im Jahr 1177 kam ein gewisser *Almeric Tristam* mit dem Normannenfürsten *John de Courcy* nach Irland und legte ein Gelübde ab: Sollte er die bevorstehende Schlacht überleben, würde er aus Dankbarkeit den Namen des Heiligen annehmen. *Almeric* trug keinen Kratzer davon, nannte sich fortan *St. Lawrence* und wurde erster Lord von Howth. Der letzte Abkömmling dieses Geschlechts starb kinderlos im Jahr 1909; ein Verwandter aus zweiter Linie, der den Besitz erbte, bekam die Auflage, sich ab sofort *St. Lawrence* zu nennen.

Vom ursprünglichen Schloss ist wenig erhalten, ein Turm datiert aus dem 16. Jh., die restlichen Gebäude wurden um 1910 von dem bekannten britischen Architekten *Sir Edwin Lutyens* restauriert und mit Anbauten versehen. Man sollte sich von den weitgeöffneten Torflügeln der Burg nicht täuschen lassen; Besuchern ist der Eintritt verwehrt!

Die **einladende Türöffnung** geht auf eine Begebenheit aus dem 16. Jh. zurück: Damals hoffte die Piratin *Grace O'Malley* (vgl. Exkurs im Kap. „Tour 6") – die sich übrigens die gleichen Rechte herausnahm wie *Königin Elisabeth I.* – auf Unterkunft bei der adligen Familie, doch als sie vor dem Schloss ankam, waren die Türen versperrt. Voller Ärger kidnappte sie den am Strand spielenden Sohn und gab ihn erst gegen das Versprechen immerwährender Gastfreundschaft wieder heraus. So stehen also noch heute die Tore weit geöffnet, und bei Tische – so heißt es – liegt immer ein Extragedeck für den potentiellen Besucher bereit.

Verwirrung um James Joyces „Ulysses"

Als *James Joyce* sein Manuskript des „Ulysses" der *Hogarth Press* von *Leonard* und *Virginia Woolf* anbot, sahen die beiden darin zwar ein Meisterwerk, scheuten aber die Publikation, da sie befürchteten wegen der obszönen und pornografischen Stellen gerichtlich belangt zu werden. Also erschien der Titel bei der französischen Verlagsbuchhandlung *Shakespeare & Co* in Paris 1922. Da die französischen Setzer jedoch kein Englisch konnten, schlichen sich viele Fehler ein. *Joyce,* halbblind, verglich nun nicht etwa den Satz mit seinem Manuskript, sondern **korrigierte aus dem Gedächtnis,** was die Anzahl der Ungenauigkeiten noch vermehrte. So gab es bei der Erstausgabe mehr als 2000 Stellen, die vom Original abwichen.

Die nächste Version des „Ulysses" erschien in der Odyssee Press und wurde von *Stuart Gilbert* ediert, nachdem die vierte Auflage erschienen war, galt sie bereits als die endgültige Version, obwohl sie das keineswegs war. Auch die New Yorker **„Bodley Head Edition"** von 1936 nahm für sich in Anspruch, als zuverlässige Ausgabe zu gelten, aber natürlich stimmte auch sie nicht mit dem Manuskript überein, da die Ausgabe auf einem Raubdruck beruhte. 1975 erschien dann die so genannte **„Rosenberg-Handschrift"** des „Ulysses" und jeder konnte sich von den vielen Abweichungen in den bisher gedruckten Ausgaben überzeugen. Die Erleichterung über eine verlässliche Quelle hielt jedoch nicht lange an, bald waren die Experten überzeugt, dass es sich nur um die Abschrift eines Zwischenstadiums handeln konnte. *Joyce* wollte mit dem Verkauf der handschriftlichen Blätter sein mageres Einkommen aufbessern und hatte, wie man nun weiß, auch andere Handschriften an Sammler verkauft. 1997, am 16. Juni, also exakt zum Bloomsday, erschien eine **„Reader's Edition,"** herausgegeben von dem Joyce-Experten *Danis Rose.* Diese Volksausgabe beanspruchte ebenfalls, authentisch zu sein. Vehement widersprach *John Kidd,* der Direktor des James Joyce Center an der Boston University. Allerdings konnte man seiner Meinung auch nicht so recht trauen, da er selbst gerade dabei war, eine **„definitive" Version** zu publizieren. Der Nachlassverwalter, Joyce-Enkel *Stephen Joyce,* versuchte, die Veröffentlichung der Volksausgabe gerichtlich verbieten zu lassen, was jedoch aufgrund des europäischen Urheberrechts nicht gelang. Um aus der verfahrenen Situation herauszukommen, regte der deutsche Anglist *Hans-Walter Gabler* eine vollständig neue Ausgabe an, die nach ihrem Erscheinen natürlich heftig kritisiert wurde. Als Gipfel der Schmähung kann man ansehen, das Gabler vorgeworfen wurde, bei einem Pfurz von Leopold Blum ein „F" ausgelassen zu haben: statt „Pprrpffrrppfff" müsse es „Pprrpffrrppffff" heißen.

Um die Sache kurz zu machen, es gibt bis heute **keinen verbindlichen Text** des „Ulysses". Sämtliche Ausgaben seien „unverhältnismäßig korrupt" urteilte schon 1975 der kongeniale deutsche Joyce-Übersetzer *Hans Wollschläger.*

Im Jahr 2000 kam plötzlich eine **Handschrift** auf den Markt, die als eine Version des Circe-Kapitels gelten kann. Die 27 Seiten sind dicht beschrieben, mit einer Unzahl von Korrekturen und Anmerkungen versehen, und sie weichen erheblich von der zur Zeit lieferbaren Version des „Ulysses" ab. Diese Handschrift gehörte einmal dem irischstämmigen amerikanischen Anwalt *John Quinn,* ein kunstbegeisterter Mäzen und Joyce-Fan. Als der 1916 von den finanziellen Kalamitäten des Autors hörte, schickte er ihm Geld und kaufte ihm einige Abschriften ab. Im Jahre 1921 gab *Joyce* den Entwurf eines früheren Circe-Kapitels für 812 £ an seinen Förderer. Der literarische Wert dieser Version liegt darin, dass man nun das endgültige Kapitel besser rekonstruieren kann. Dieses gibt es nämlich nicht mehr, da der Mann von Joyce Sekretärin, Mrs. *Harrisson,* als er es bei seiner Gattin fand und anstößige Stellen las, voller Ekel ins Feuer warf. Als die Handschrift im Dezember 2000 bei *Christie's* in New York versteigert wurde, erhielt die irische Nationalbibliothek bei einem Gebot von 1,5 Mio. Dollar den Zuschlag. Teurer war bisher noch kein Manuskript.

Wer mehr und wesentlich ausführlicher die Verwirrungen um Joyces „Ulysses" wissen möchte, der greife zu dem Band von *Rainer Schmitz* „Was geschah mit Schillers Schädel? – Alles was Sie über Literatur nicht wissen".

Südlich der Burg erstreckt sich ein großer Golfplatz, der von dem *Deerpark Hotel* überragt wird. Vom Hotel aus führt eine Kirschbaumallee zu einem **Rhododendron- und Azaleengarten,** in dem auch Palmen, Riesenfarne und Fuchsien zu bewundern sind. Im Frühsommer stehen die Pflanzen zur Freude der vielen Besucher in herrlicher Blütenpracht.

Am Fuße des Muckrock-Hügels findet man auf einer kleinen Lichtung einen gewaltigen Dolmen, ein **Megalithgrab** aus dem 3. Jh. v. Chr. Der Sage nach fand hier die schöne *Aideen* ihre letzte Ruhestätte. Die gewaltige, 70 t schwere Deckplatte ist halb von ihren acht Stützen gerutscht. Über den Muckrock lässt sich auch der Ben of Howth erklimmen, auf dem jener *Edair* begraben worden sein soll, nach dem die Halbinsel ihren Namen *Ben-Edair*-Gipfel des *Edair* – erhalten hat.

Zurück zur Straße kommen wir nun zum Örtchen Howth mit seinem kleinen **Fischer- und Yachthafen.**

Während der großen Auswanderungswellen sind viele Iren in Howth Harbour an Bord gegangen, die Halbinsel war das letzte Stück, das sie von ihrer Heimat sahen. Heutzutage dient der Hafen den Hobbyseglern und den Fischern. Jeden Freitag verkaufen *Fishmongers* den frischen Fang direkt von den Booten aus.

In den vergangenen Jahrhunderten versuchten die **Fischer von Howth,** ihr karges Los durch Schmuggel aufzubessern; ein spektakulärer Fall trug sich am 26. Juli 1914 zu: Damals brachten vor den Augen der Hafenpolizei *Molly* und *Erkine Childers* 1000 deutsche Mausergewehre und ein kleines Maschinengewehr an Land, und Mitglieder der *Irish*

Volunteers sorgten für den Weitertransport. Sechs Monate zuvor hatte die britische Regierung ein striktes Waffeneinfuhrverbot durchgesetzt.

Heute sind die Fischer von Howth in Genossenschaften organisiert, und ein Teil ihres Fangs geht sofort in die Restaurants der Halbinsel.

Von Howth Harbour hat man einen guten Blick auf die vorgelagerte Insel, die ihrem Namen **Ireland's Eye** dank guter Lage alle Ehre macht. Wie viele andere irische Eilande auch, beherbergte sie einst eine Mönchsgemeinde. Drei gläubige und bußfertige Männer, die drei Söhne des *Nessan,* erbauten hier im 6. Jh. eine Kirche. Immerhin entstand auf Ireland's Eye im 7./8. Jahrhundert das illuminierte Evangelienbuch *Garland of Howth* (heute im Trinity College zu Dublin), mit dem *St. Nessan* – wir folgen der Legende – eines Tages Attacken des Teufels abzuwehren vermochte. Im 13. Jahrhundert Iief jedoch die auf Howth befindliche St. Mary's Abbey (s.u.) der *Cill Mac Nessan* den Rang ab. Während der Saison verkehren täglich mehrere Ausflugsboote vom East Pier im Hafen von Howth zu der Mönchsinsel.

Oberhalb des Hafens lohnt die **Ruine der St. Mary's Abbey** einen Besuch. 1255 errichteten Mönche hier bereits eine Pfarrkirche, die heutigen Gebäudereste datieren aus dem 14./ 15. Jahrhundert Im rechten Seitenschiff befindet sich die Privatkapelle der Lawrence-Familie mit dem Altargrab von *Christopher St. Lawrence* und seiner Gattin *Anne Plunkett von Ratoath;* eine Abbildung zeigt, wie das Paar zu Lebzeiten ausgesehen hat. Angeblich diente das Grab mehrfach äußerst profanen Zwecken, geschmuggelte Waren wurden an diesem Ort vor der Hafenpolizei versteckt. Nach der Besichtigung der Abtei sollte man zur weiteren Stärkung ein Guinness in der **Abbey Tavern** trinken. Zurück zum Örtchen Howth führt uns die Straße in südlicher Richtung weiter.

Zuerst einmal geht es steil bergan; von 1901 bis 1941 befuhr eine elektrisch betriebene Kabelbahn die Anhöhe; nachdem der höchste Punkt überwunden war, soll sie angeblich auf der anderen Seite des Hügels einfach heruntergerollt sein – ohne dass je ein Unglück geschah.

Am **Summit Pub** – von dessen Terrasse man beim Guinness an schönen Sommertagen einen prachtvollen Ausblick genießen kann – biegt man zum **Summit Car Park** ein, von dem aus man weit über die Bucht von Dublin schaut. Bei dem sich bietenden Anblick wird sofort klar, warum gerade dieser Teil der Küste im Volksmund den Namen „Klein-Neapel" bekommen hat.

Vom Parkplatz kann man zum **Baily Lighthouse** heruntersteigen, das an der südöstlichsten Stelle der Halbinsel sein Leuchtfeuer über die Irische See schickt. Funde haben gezeigt, dass es hier schon in prähistorischer Zeit eine kleine Ansiedlung gab.

Vom Summit aus geht es nun weiter zum Ausgangspunkt Sutton Cross und schließlich zurück nach Dublin – vielleicht mit dem gleichen Gefühl, das einst den Heiligen *Columban von Iona* beschlich, bevor er von Howth aus zur Missionierung Schottlands aufbrach: „Es entzückt, auf dem Hügel von Howth zu stehen, ihn zu verlassen, bringt argen Kummer".

Wanderung

Wer direkt entlang der Klippen wandern möchte, beginnt den Cliffwalk am Fischrestaurant *King Sitric* im Örtchen Howth. Die sehr schöne, ca. zweieinhalbstündige Klippenwanderung führt zum **Bailey-Leuchtturm;** gutes Schuhwerk ist unerlässlich, denn ganz ungefährlich ist der Weg nicht. Anreise mit öffentlichen Verkehrsmitteln: mit Bus Nr. 31 oder der DART bis Howth Harbour, vom Bailey-Leuchtturm ist es nicht mehr weit bis zur **Siedlung Sutton Cross;** ab dort mit Bus Nr. 31 A zurück nach Dublin.

Anreise

- Von Dublin **Bus** Nr. 31 und 31 A/B; von Lower Abbey Street;
- **DART-Stadtbahn** von Pearse oder Conolly Station bis Howth Harbour über Sutton Cross.

Unterkünfte

- **Deerpark Hotel** €€, Tel. (01) 8322624, Fax 8392405, www.deerpark-hotel.ie;
- **Hazelwood** € (Mrs. Rosaleen Hobbs), 2 Thormanby Woods, Thormanby Road, Tel. (01) 8391391, www.hazelwood.net.

Restaurants

- **King Sitric** €€, East Pier, Tel. (01) 8325235, ausgezeichnetes Fischrestaurant mit hoher Reputation;
- **Aqua** €€, 1 West Pier, Tel. (01) 8320690, www.aqua.ie, sehr gutes Fischrestaurant in dem die Fleischesser trotzdem auf ihre Kosten kommen;
- **Abbey Tavern** €–€€, Abbey Street, Tel. (01) 8390 307, www.abbeytavern.ie, sehr gemütlicher Pub mit angeschlossenem Restaurant und regelmäßigem Live-Entertainment.

NÖRDLICH VON DUBLIN – TOUR 1

Diese Rundreise in die Region nördlich von Dublin führt zu einigen herausragenden Sehenswürdigkeiten aus der frühen irischen Geschichte, z.B. zum **Hill of Tara,** zur Normannenburg von **Trim,** zu den frühchristlichen Klosteranlagen von **Kells** und **Monasterboice** sowie zum neolithischen Ganggrab von **Newgrange.** Weiter geht es dann entlang des Flusses Boyne, an dessen Ufern 1690 eine für Irland so schicksalhafte Schlacht stattfand, nach **Drogheda,** in der einst der Lordprotektor Oliver Cromwell schrecklich wütete.

Das Gebiet ist Teil der flach nach Osten zum Meer verlaufenden **irischen Tiefebene,** über die während der Jahrtausende sowohl die friedlichen Einwanderungswellen als auch fremde Heere gewaltsam ins Inselinnere drängten.

Für die **Tour** benötigt man einen ganzen Tag, und es ist ratsam, bereits sehr früh am Morgen von Dublin aufzubrechen, damit man alle Stätten auch besuchen kann.

> Malahide Castle bei Dublin

HIGHLIGHTS

Besondere Tipps*:

Trim Castle | 58
The Book of Kells | 60
Slane Castle | 61
Hochkreuz Muiredach Cross | 63
Hafenstädtchen Skerries | 66
Malahide Castle | 67

***Diese Tipps erkennt man im Buch an der gelben Hinterlegung im Kapitel.**

Hill of Tara

XV/C1

Von Dublin aus fährt man Richtung Nordwesten (Navan) auf der N3/M3 bis Ausfahrt 5 (Dunboyne/Ratoath). Hier abfahren, um die Maut auf der M3 zu vermeiden! Nach der Ausfahrt nimmt man die R147 (Dunshaughlin/Trim/Ratoath). Nach einer Weile sieht man links ein braunes Hinweisschild mit der Aufschrift „Boyne Valley“. Jetzt ist es nur noch ein kurzes Stück bis zur nächsten Kreuzung, an der man nach links abbiegt. Von dort ist Tara ist bereits gut ausgeschildert und man folgt nur noch den Hinweisen.

Geschichte

Über die Ursprünge von Tara kann man nur spekulieren. Die älteste Struktur am Hügel von Tara ist ein in der späten Steinzeit entstandenes **Ganggrab** (englisch *passage tomb*). Später entwickelte sich Tara vermutlich zu einem religiösen und politischen Zentrum. Archäologische Funde deuten darauf hin, dass die meiste menschliche Aktivität dort in der späten Steinzeit und in der Bronzezeit (bis etwa 500 v. Chr.) stattgefunden hat. Nichtsdestotrotz hatte der Hügel von Tara wichtige symbolische Bedeutung. Mittelalterlichen Quellen aus dem 7. und 8. Jahrhundert zufolge war Tara in vorangegangenen Jahrhunderten der **Sitz**

der Hochkönige, die über ganz Irland herrschten. Historiker haben aber ihre Zweifel, ob in vorgeschichtlicher Zeit wirklich ein König die ganze Insel kontrollieren konnte. Die symbolische Funktion des Hügels war jedoch immens und so stritten auch im frühchristlichen Irland Fürstenfamilien – bis zur Ankunft der Anglo-Normannen im 11. Jahrhundert – um die Kontrolle über den Hügel.

Auch in späterer Zeit galt Tara als ein für die irische Geschichte **zentraler Ort.** Beim katholischen Aufstand von 1641 wurde hier die Katholische Konföderation aus alteingesessenen und englischstämmigen Katholiken gegründet und beim Aufstand der *United Irishmen* von 1798 fand am Hügel von Tara ein Gefecht statt. 1843 hielt *Daniel O'Connell* an diesem Ort eine seiner Massenveranstaltungen für die Wiedereinführung des irischen Parlaments ab. Eine Million Menschen kamen zu diesem Ereignis. Als Archäologen hier im 20. Jahrhundert Grabungen durchführten, fanden sie deshalb auch Reste von Tabakspfeifen und Scherben von Whiskeyflaschen.

2003 geriet Tara in die irischen Schlagzeilen, als der Bau der vierspurigen **Autobahn M3** genehmigt wurde, die nur 1,5 km vom Hügel entfernt verläuft. Kritiker argumentierten u.a., dass die Straße eine zusammenhängende Kulturlandschaft zerstören würde, die wir bislang nur sehr oberflächlich verstehen. Und tatsächlich: **Zahlreiche archäologische Funde** infolge der Bauarbeiten bestätigen diese Sichtweise. Sie reichen von prähistorischen Siedlungen über Begräbnisstätten aus der Bronzezeit bis zu den Überresten eines Postamts aus dem 19. Jahrhundert. Alle Fundstätten wurden fotografiert und dokumentiert, Artefakte sollen ins National Museum in Dublin kommen. Die Organisation *World Monuments Fund* setzte Tara 2008 auf seine Beobachtungsliste gefährdeter Monumente und auch das New Yorker *Smithonian Institute* setzte es ein Jahr später auf seine Liste von 15 gefährdeten Kulturstätten, die „heute besichtigt werden können aber möglicherweise morgen verschwunden sind". Die Autobahn wurde jedoch gebaut und schließlich im Juni 2010 eröffnet. Befürworter argumentierten, dass sie die Lebensqualität von zehntausenden von Pendlern verbessert und alternative Streckenführungen Privathäusern und Bauernhöfen in die Quere gekommen wäre.

Trim

XV/C1

Auf engen Sträßchen geht es nun in Richtung Trim. Zuerst fährt man vom Hill of Tara ein Stück den Weg zurück, den man gekommen ist, dann die erste Straße rechts ab. Nach wenigen Meilen ist eine Kreuzung erreicht, hier weist ein Straßenschild nach links Richtung Kilmessan, ab nun ist Trim ausgeschildert.

Inmitten des verschlafenen Städtchens (1441 Einwohner) steht **Trim Castle,** die besterhaltene Normannenfestung Irlands. 1995 diente die Burg als Kulisse für den Film *Braveheart* mit *Mel Gibson,* jedoch sollte sie hierbei York Castle in England darstellen. Erbaut zwischen 1172 und 1220 am Ufer des Boyne – schon vorher hat es an diesem Ort eine frühnormannische Schutzburg mit einem großen Holzturm gegeben – gehörte Trim Castle zu dem Verteidigungsring, der die als

Pale bezeichnete Region rund um Dublin schützte.

Die Mauern des Bergfrieds sind 3½ m dick. Zusätzlich geschützt wurde die Anlage durch einen Wassergraben (17. März–Okt. 10–18 Uhr, Okt. 9.30–17.30 Uhr, Nov.–Jan. Sa/So 9–17 Uhr, ab Febr.–Mitte März Sa/So 9.30–17.30 Uhr, 4 € /2 €, eine deutschsprachige Broschüre ist erhältlich).

Den besten Blick auf das wehrhafte Bollwerk hat man von der anderen Flussseite; hier überragt der fast 40 m hohe **Yellow Tower,** im 14. Jh. für eine Augustinerabtei errichtet, das Städtchen.

Im **Trim Visitor Centre** neben der *Tourist Information* kann sich der Besucher über die Geschichte der Burg informieren, unter anderem auch durch den Film *The Power and the Glory* (Mo–Fr 9.30–17.30 Uhr, Sa/So 12–17.30 Uhr, 3,20 €/1,50 €).

Praktische Tipps

Informationen

- **Tourist Information,**
Castle Street, Tel. (046) 9483000.

Unterkünfte

- **Tigh Cathain** € (Mrs. Marie Keane),
Longwood Road, Tel./Fax (046) 9431996,
tighcathain.bnb@gmail.com;
- **Crannmor House** € (Mrs. Anne O'Regan),
Dunderry Road, Tel. (046) 9438087,
cranmor@eircom.net;
- **White Lodge** € (Mrs. Libby O'Loughlin),
Lackanash, Navan Road Juction,
Tel. (046) 9436549, www.whitelodgetrim.com;
- **Bridge House Hostel** €,
Bridge Street, Tel. (046) 9431848,
silvertrans@eircom.net.

Restaurant & Café

- **Franzini O'Brien's** €€–€€€, French Lane, ein modernes Bistro mit gutem Blick auf die Burg, regelmäßig wechselnde Menüs, Fleisch- und Nudelgerichte;
- **Watson's Elementary Café** €, Emmet Street, bieten Snacks und kleine warme Gerichte an, abends chinesische Gerichte.

Verbindung

- **Busse** mehrmals täglich von Dublin.

Kells

XIV/B1

Von Trim aus fährt man über die R 161 in Richtung Navan. Wenn es bereits auf die Mittagszeit zugeht, sollte man den Abstecher nach Kells auslassen und der N 51 von Navan nach Slane folgen. Hat man jedoch genügend Zeit, nimmt man die N 3 in Richtung Kells (das auf vielen Hinweisschildern unter seinem gälischen Namen *Ceanannas* firmiert).

Geschichte

Das **Kloster,** das Kells (2257 Einwohner) berühmt gemacht hat, gründete im 6. Jh. der *hl. Columban.* Über die Jahrhunderte wurde die geistliche Stätte immer wieder belagert und geplündert. Im Jahre

1152 teilten die frommen Kirchenmänner – sogar ein Abgesandter des Papstes war gekommen – in der Synode von Kells Irland in vier Erzdiözesen auf. Ab nun hatten die Bischöfe das Sagen, und die Traditionen der monastisch geprägten Frühkirche gerieten in Vergessenheit. Mit der Säkularisierung im 16. Jahrhundert verlor der Konvent dann seine Bedeutung.

Sehenswertes

Die Reste aus der großen Vergangenheit kann der Besucher auf dem Kirchhof inmitten des Örtchens bewundern. In der **St. Columba's Church** – hier stand früher das Kloster – lohnt, wenn man es nicht bereits in Dublin getan hat, ein Blick auf die Kopie des **Book of Kells,** das im 8. Jh. auf der schottischen Insel lona angefertigt und wahrscheinlich hier in Kells vollendet wurde. Im Jahre 1007 verschwand das unersetzliche Stück, drei Monate später fand man es fast unbeschädigt wieder; die Diebe hatten nur den goldverzierten Einband gestohlen.

Der 30 m hohe **Rundturm** datiert aus dem Jahr 1000, schon lange fehlt ihm die Spitze; die vier **Hochkreuze,** von denen das South Cross direkt neben dem Turm die schönsten Verzierungen aufweist, stammen aus dem 9. Jh. Nahe dem Kirchhof schaue man sich dann noch das Haus des *hl. Columban* an. Der Legende nach wurde hier das *Book of Kells* zu Ende geschrieben.

Praktische Tipps

Informationen

- **Tourist Office,** Headfort Place, Tel. (046) 9248856.

Unterkünfte

- **Headfort Arms Hotel** €, John Street, Tel. (046) 9240063, Fax 9240587, www.headfortarms.ie;
- **White Gables** € (Mrs. Gemma McGowan), Headfort Place. Tel. (046) 9252931, www.whitegablesbandb.com.

Restaurants

- **Vanilla Pod** €, im Headford Arms;
- **Ground Floor** €–€€, Bective Square, Steaks, Pasta, mediterrane Küche.

Pubs

- **Blackwater Inn,** Farrell Street, gemütliche Kneipe mit regelmäßiger Live-Musik.
- **O'Shaughnessy,** Market Street, ansehnlicher Pub mit nettem Ambiente, reiche Palette an *Pub Grubs* zur Mittagszeit.

Verbindung

- Mehrmals täglich **Busse** von Dublin sowie von Drogheda über Slane und Navan nach Kells.

Das Ganggrab von Newgrange (Brú na Bóinne)

XV/C1

Von Kells nehme man die R 163 in Richtung Slane/Drogheda.

Auf dem **Slane Hill** soll im Jahre 433 der *hl. Patrick* das erste Osterfeuer auf irischem Boden entzündet haben. In der Nähe ist **Slane Castle,** der Anfang des 18. Jahrhunderts gebaute Herrensitz der Conyngham-Familie. Heute ist die Burg ein bekannter Veranstaltungsort von Rockkonzerten. Es werden auch historische Führungen für größere Besuchergruppen, z.B. *Whiskey tasting tours* angeboten (www.slanecastle.ie, Jan.–Aug., So–Do 12–17 Uhr, 7 €/5 €, Whiskey-Touren ab 12 €).

Nun muss man von Slane aus die N 2 Richtung Dublin nehmen und ca. 3 km weiter nach Überquerung einer Flussbrücke nach links (Ausschilderung „Brú na Bóinne“) in eine kleine Straße abbiegen. Nahe dem Tumulus gibt es ein **Besucherzentrum,** das über die **Megalith-Kultur** informiert. Ein *Shuttle Bus* bringt die Besucher dann bis an die archäologische Stätte (Juni–Sept. täglich 9–19 Uhr, ansonsten stark variierend, aber immer zwischen 9.30 und 17 Uhr geöffnet, www.newgrange.com).

Sehenswertes

Nach der berichtigten Radiokarbon-Methode datieren die Forscher das Grab heute in die Zeit um 3200 v. Ch. Der ovale *Cairn* (aus Steinen aufgeschichteter Hügel) ist etwa 11–13 m hoch und hat einen Durchmesser von 90 m. Eine 3 m hohe Verkleidung aus glitzernden Quarzsteinen und kopfgroßen Granitkugeln umzieht den Tumulus, der übrigens bis zum Jahr 1962 mit Erde bedeckt war. Sein heutiges Aussehen verdankt das Ganggrab den umfangreichen, Ende der 1970er Jahre abgeschlossenen Restaurationsarbeiten.

Zwölf unbearbeitete **Monolithe** stehen rund um das Grab, man nimmt an, dass einst 35 gewaltige Steine – alle in regelmäßigen Abständen gesetzt – einen Kreis bildeten, der die heilige Zone von der profanen Außenwelt abschirmte. An der Basis des *Cairn* bilden fast 100 ca. 4,50 m lange und 1,20 m hohe Monolithe einen Saum, der das ganze Heiligtum umzieht.

Die Steine sind mit einer Vielzahl von **Motiven verziert:** Spiralen, Rhomben, konzentrische Kreise, Zickzack- und Wellenlinien, Doppelspiralen und Farnkrautmotive – durchaus typische Muster der Megalith-Kultur.

Überraschend für die Archäologen war die Entdeckung, dass auch die nicht sichtbaren Seiten dieser Monolithe solche Dekorationen aufweisen. Warum hatten sich die frühen Handwerker die Mühe gemacht, auch die **Rückseiten mit Mustern** zu versehen? Wahrscheinlich stellten die Motive eine Warnung an die Lebenden dar, sich dem Grab zu nähern und verlangten Respekt vor der Ruhe des Toten; umgekehrt verboten die rückwärtig angebrachten Verzierungen dem Verstorbenen, sein Reich zu verlassen. Die diesseitige und jenseitige Welt mussten strikt voneinander getrennt bleiben.

Größer jedoch noch war das Staunen, als der Grabungsleiter Professor *O'Kelly* die Bedeutung einer Art **„Steinbox"** oberhalb des Einganges entschlüsselte. Er erinnerte sich daran, dass viele Kulturen entweder zur Sommersonnen- oder zur Wintersonnenwende die Strahlen der aufgehenden Sonne in das Heiligtum lenkten (so z.B. im ägyptischen Felsentempel von Abu Simbel).

Am 21. Dezember 1969 zwängte sich der Archäologe durch den engen Gang bis in die Grabkammer. Sonnenaufgang war um 9.54 Uhr, vier Minuten später sah Professor *O'Kelley* den ersten Strahl, 17 Minuten später erhellte eine Lichtflut die ganze Kammer (während der Führung wird dieses Ereignis durch Lampen simuliert). Nach weiteren Beobachtungen stellte sich heraus, dass nur in der Zeit zwischen dem 14. und dem 28. Dezember die Sonnenstrahlen das Innere des Heiligtums erhellen.

Mit den bereits erwähnten Motiven sind auch die meisten der 43 **Tragsteine** auf beiden Seiten des fast 20 m langen, knapp einen Meter breiten und nur 1,50 Meter hohen Ganges geschmückt. Der Tunnel steigt leicht an, so dass durch ihn kein Licht in die **kleeblattförmige Kammer** fallen kann.

Dieser Raum liegt zwei Meter über dem Eingangsniveau und damit auf gleicher Höhe wie eine Landmarke am anderen Boyne-Ufer, über der die Sonne aufsteigt. Oberhalb der zentralen Kammer wölbt sich bis in eine Höhe von 6 Meter die **Bienenkorbkuppel** – so genau sind die Arbeiten ausgeführt worden, dass selbst nach 5000 Jahren bisher kein Wasser ins Innere gedrungen ist.

Als die ersten Altertumsforscher 1699 den Tumulus öffneten und bis in die Kammer vorstießen, fanden sie in der Mitte ein großes, flaches **Steinbecken,** um das acht Schalen gruppiert waren. Ähnliche, wenn auch größere Schalen finden sich heute noch in den Seitenkammern; einst enthielten sie Leichenbrand und Knochenreste.

Brandbestattung war für die irische Megalith-Kultur durchaus nicht ungewöhnlich (wenngleich sie z.B. in den ähnlichen Megalith-Tempeln von Malta nicht vorkam). Einäscherung schließt die Vorstellung von einem Weiterleben nach dem Tode nicht aus; das Feuer sollte dem Verblichenen den langsamen Verwesungsprozess ersparen und die Reintegration in einen unsterblichen Körper beschleunigen.

Um so ein gewaltiges Mausoleum wie Newgrange zu errichten, waren eine strenge Organisation am Bau, hochgradige Arbeitsteilung und eindeutige hierarchische Ordnungen vonnöten. Eine solche Gemeinschaft musste darüber hinaus genügend Überschüsse produzieren, um einen Teil der Arbeitskräfte für den Bau freizustellen – die fruchtbaren Ebenen an den Ufern des Flusses Boyne warfen hohe landwirtschaftliche Erträge ab und boten somit die besten Voraussetzungen für die Errichtung einer solch monumentalen Anlage.

Mellifont Abbey

IX/D3

Weiter geht es nun auf Drogheda zu. In dieser Gegend, die wir gerade durchfahren, kam es 1690 zu einer **entscheidenden Schlacht** zwischen zwei englischen Königen: den Katholiken *Jakob II.* (engl. *James II.*) unterstützte die katholischen Iren gegen den niederländischen protestantischen Prinzen *Wilhelm von Oranien.* 25.000 Mann hatte *Jakob* am südlichen Flussufer aufgeboten, am Nordufer harrten die 36.000 Söldner *Wilhelms* des Schlachtbeginns. Die Iren setzten sich entschlossen zur Wehr, konnten der Übermacht jedoch nicht standhalten.

Am Abend des 12. Juli flüchtete *Jakob* und überließ seinem Kontrahenten den Sieg. Die geschlagene Armee zog sich zurück und leistete ein Jahr später noch einmal verzweifelt Widerstand in der Gegend von Limerick. *Jakob* ging nach Frankreich ins Exil. Die Folge der Niederlage *Jakobs* war, dass es bis ins 19. Jh. in Großbritannien und Irland keine rechtliche Gleichstellung von Katholiken und Anglikanern gab. Andererseits wurde in Großbritannien die Macht des englischen Königshauses eingeschränkt und die des Parlaments gestärkt.

Nächste Station der Rundreise ist die Ruine der Zisterzienser-Abtei **Mellifont Abbey** (ausgeschildert). 1142 wurde das Kloster im Zuge der in Kells beschlossenen Kirchenreform (s.o.) gegründet; die Klosteräbte verloren ihre Macht an die Bischöfe, und der römische Papst galt nun auch in Irland als Kirchenoberhaupt.

Von Mellifont aus gründeten die frommen Brüder im ganzen Land **weitere Abteien.** Im 14. Jahrhundert wütete ein Brand in der heiligen Stätte, ein Wiederaufbau ging jedoch rasch vonstatten.

Nach der Säkularisierung durch *Heinrich VIII.* wohnten die Grafen von Drogheda in dem Komplex, danach verfiel die Klosteranlage. Relativ gut erhalten ist das achteckige Lavabo (Waschhaus), in dem sich die Mönche von dem Schmutz der Feldarbeit befreiten, sowie der Kreuzgang.

Im **Visitor Centre** ist eine Ausstellung über die Arbeit von Steinmetzen im Mittelalter mit einigen Ausstellungsstücken zu sehen (www.mellifontabbey.ie, April–Sept., 10–18 Uhr, 3 €/1 €, deutschsprachige Broschüre erhältlich).

Monasterboice

IX/D3

Von Mellifont Abbey ist es nicht weit bis zu den Resten des frühchristlichen Klosters Monasterboice (ausgeschildert). Deutlich sind die architektonischen Unterschiede zur Zisterzienser-Abtei Mellifont Abbey zu erkennen. Hochkreuze und ein Rundturm – klassische Merkmale frühchristlicher irischer Klöster – prägen die geistliche Stätte.

Monasterboice wurde um 500 gegründet und galt zusammen mit Glendalough und Clonmacnoise als Zentrum der geistlichen Gelehrsamkeit.

Irlands schönstes **Hochkreuz,** das *Muiredach Cross,* ragt hier, umgeben von älteren und jüngeren Grabstätten, fast 6 Meter hoch auf. Kunsthistoriker datieren es in das 10. Jh., am Sockel weist eine Inschrift darauf hin, dass es für einen

100IRL hg

Muiredach (oder auch von ihm) errichtet wurde. Man nimmt an, dass es sich um einen im Jahre 922 verstorbenen Abt handelt. 22 biblische Szenen, dargestellt in Halbreliefs, schmücken dieses christliche Symbol. Nahebei findet man das Hohe Kreuz *(Tall Cross)* und nahe der Friedhofsmauer ein drittes, beschädigtes Hochkreuz.

Der hohe **Rundturm** brannte im Jahre 1097 aus; auch die Klosterbibliothek wurde dabei ein Raub der Flammen.

⌃ Die Ruine von Mellifont Abbey

› Rundturm von Monasterboice

Drogheda

XV/C1

Das geschäftige Provinzstädtchen Drogheda (30.435 Einwohner, der gälische Name Droichead Átha bedeutet „Brücke der Furt“) ist nun die nächste Station.

Geschichte

Bereits im Jahre 911 gründeten die Wikinger eine Siedlung, die ein Jahrhundert später mit großen Befestigungsanlagen geschützt wurde. Aus dieser Zeit ist jedoch nur noch das St. Lawrence Gate (St. Lawrence Street) erhalten geblieben.

1649 zerstörte der englische Lordprotektor **Oliver Cromwell** wegen des katholischen Aufstandes von 1641 und der Unterstützung des englischen Königs

Karl I. (engl. *Charles I.*) im englischen Bürgerkrieg 1642–1651 die Stadt und wütete schrecklich unter der katholischen Bevölkerung. Seine 12.000 Mann starke Garde metzelte über 2000 Menschen nieder, einhundert verbrannte man bei lebendigem Leib in einer Kirche. Selbstgefällig schrieb der Schlächter daraufhin: „Ich bin davon überzeugt, dass dies ein gerechter Urteilsspruch Gottes für jene barbarischen Lumpen ist, die ihre Hände mit dem Blut so vieler Unschuldiger befleckt haben."

Sehenswertes

In der St. Peter's Church (West Street) ruht in einem Reliquienschrein das einbalsamierte Haupt von **Oliver Plunkett,** der als einziger Märtyrer in die irische Religionsgeschichte einging; Papst *Johannes Paul II.* sprach den 1681 von den Engländern gehenkten *Plunkett* anlässlich seiner Irland-Reise im Jahre 1979 selig. Die eisenbeschlagene Kerkertür, hinter der der Unglückliche bis zu seinem Tod schmachtete, ist zusammen mit ei-

101IRL hg

nigen Briefen in dem Gotteshaus zu besichtigen.

An einem Gebäude neben dem *Westcourt Hotel* in der West Street wurde am 2. Mai 1995 vom türkischen Botschafter in Irland eine **Gedenkplatte** enthüllt, auf der das irische Volk für die während der großen Hungersnot von 1845 geleistete Hilfe aus der Türkei dankt – Völkerverständigung im letzten Jahrhundert. Man stelle sich das einmal vor: Die britische Kolonialmacht tat nichts, aber aus der Türkei trafen Hilfsgelder ein!

Hauptgeschäftsstraßen von Drogheda sind die West Street sowie die St. Lawrence Street, die sich nahtlos an die West Street anschließt.

Praktische Tipps

Informationen

- **Tourist Office,**
West Street, Tel. (041) 9872843.
- **www.drogheda.ie**

Hotels

- **Boyne Valley Hotel** €€,
Stameen, Tel. (041) 9837737, Fax 9839188,
www.boyne-valley-hotel.ie;
- **Westcourt Hotel** €€,
West Street, Tel. (041) 9830965,
www.westcourt.ie.

B & Bs

- **Killowen House** € (Mrs. Angela Kerrigan),
Dublin Road, Tel./Fax (041) 9833547,
killowen.house@gmail.com;
- **Orley House** € (Mrs. Brenda Phillips),
Bryanstown, Dublin Road, Tel. (041) 9836019,
www.orleyhouse.com.

Hostel

- **The Green Door Hostel** €,
Dublin Road, Tel. (041) 9873333,
www.greendoorireland.com.

Restaurants

- **Bella Atina** €, 32 Shop Street, gute italienische Gerichte;
- **Stockwell Artisan Foods Café** €, Mayorality Street, mediterran angehauchte irische Küche.

Pubs

- **Clarke's Bar,** Peter Street, altmodisches Pub mit langer Geschichte, heute beliebt bei „intelektuellem" Publikum;
- **Peter Matthew's,** Lawrence Street; bekannter unter dem Namen **McPhail's,** oft Live-Musik.

Verbindung

- Mehrmals tägl. **Züge** und **Busse** von Dublin.

XV/C1

Von Drogheda aus geht es nun über die M 1 auf das Örtchen **Swords** zu.

Wer noch Zeit hat, sollte in Balbriggan von der M 1 abfahren und die R 127 zum kleinen Hafenstädtchen Skerries nehmen. Entlang der **felsigen Uferfront** kann man hier gen Süden auf einem gepflegten Grünstreifen am Meer entlang flanieren.

Wer an diesem Felsengestade in die Fluten steigen möchte, sollte im eigenen Interesse das Schild *Competent Swimmers Only* beachten. An die Felsenküste schließt sich eine Bucht mit einem ruhigen Sandstrand an, hier laufen die Wellen sanft aus, und das **Badevergnügen** ist weitaus sicherer.

Am kleinen Hafen befinden sich das Fischrestaurant *The Waterfront*, sowie der Pub *Joe May*. Im Ortszentrum verläuft die Strand Street mit dem Pub *Kean's Bus Bar*.

Malahide Castle

XV/C1

Von Swords führt die Straße östlich nach Malahide Castle. Mitten in einem großen Park, in dem regelmäßig der Rugby, Hurling- und Fußball-Nachwuchs der Gegend trainiert, ragt das burgartige Herrenhaus auf.

Das **Schloss** war – eine Seltenheit in Irland – von seiner Gründung im Jahre 1185 durchgängig bis 1976 im Privatbesitz einer einzigen Familie. Die letzte Erbin aus dem Geschlecht der *Talbots* musste das Anwesen wegen der horrenden Erbschaftssteuer an den Staat verkaufen.

Besonders die kostbaren **Inneneinrichtungen** lohnen einen Besuch; man hat die Möglichkeit, das Leben der begüterten irischen Oberschicht zu studieren. Viele Gemälde zeigen darüber hinaus historische Ereignisse.

Von Bedeutung ist vor allem das riesige **Bild „Battle of the Boyne"**, auf dem die oben geschilderte Schlacht dargestellt ist. Das Werk entstand nur drei Jahre nach dem Gemetzel, die Erinnerung an den blutigen Kampf war also noch recht frisch.

Nicht minder interessant ist **die große Halle,** in der man dieses Gemälde bewundern kann. Holzschnitzarbeiten und Wandvertäfelungen datieren aus dem 16 Jh. In diesem Saal nahmen am Vorabend der Schlacht sage und schreibe 14 männliche Mitglieder der *Talbots* ihre letzte Mahlzeit zu sich; keiner von ihnen kehrte lebend zurück.

Von Malahide Castle ist man nach einer halben Stunde Fahrt wieder im Zentrum von Dublin.

Infos unter: www.malahidecastleandgardens.ie.

VON DUBLIN NACH WEXFORD – TOUR 2

Wie bei Tour 1 kann man auch diese Strecke – vorausgesetzt, man bricht früh am Morgen auf – an einem Tag zurücklegen. Die Länge der gesamten Route beträgt **ca. 180 km.** Zu Anfang geht es vorbei an den südlich bei Dublin gelegenen Seebädern **Dalkey** und **Dún Laoghaire,** doch bald gelangt man in das landschaftlich schöne Bergmassiv der **Wicklow Mountains.** Hier locken vor allem die Schlossgärten von **Powerscourt Garden** und, nahebei, **Irlands höchster Wasserfall.**

Herausragende Sehenswürdigkeit ist aber das **Tal von Glendalough** mit den gut erhaltenen Resten einer frühchristlichen Klosterstadt. Weiter südlich von Glendalough verlässt die Straße dann die Wicklows, und vorbei an grünen Feldern geht es zum Städtchen **Wexford.**

Besondere Tipps*:
James Joyce Tower and Museum, Dún Laoghaire | 69
Powerscourt Waterfall | 71
Avondale Forest Park | 78
Irish National Heritage Park | 81

HIGHLIGHTS

***Diese Tipps erkennt man im Buch an der gelben Hinterlegung im Kapitel.**

▷ In den Wicklow Mountains

Dún Laoghaire XV/D2

Südlich von Dublin sind die beiden Seebäder Dún Laoghaire und Dalkey längst mit dem Stadtgebiet der irischen Metropole zusammengewachsen. Dún Laoghaire (23.857 Einwohner) besitzt einen großen Hafen, in dem die Fähren von Holyhead anlegen.

Das Städtchen mit seiner aus georgianischer und viktorianischer Zeit datierenden Bausubstanz besitzt mit dem **James Joyce Tower and Museum** (Sandycove, ausgeschildert, April–Aug. Di–Sa 10–13 Uhr, 14–17 Uhr, So 14–18 Uhr, in anderen Monaten nach Vereinbarung, Tel. (01) 2809265, www.dunlaoghaire.com/profile/joyce_tower/index.html, 6 €/4 €) eine herausragende Sehenswürdigkeit. Hier können Erstausgaben der Werke von *Joyce*, Manuskriptblätter, Briefe und persönliche Besitztümer eines der größten Literaten des 20. Jahrhunderts besichtigt werden. Darüber hinaus ist der Turm in Kapitel eins des Romans „Ulysses" erwähnt.

Joyce besuchte hier einmal für wenige Tage zwei seiner Freunde, die in dem alten Wachtturm ihr Domizil aufgeschlagen hatten – daher rührte die Erfahrung. Von der oberen Terrasse, auf der noch die Reste des einstigen Geschützlagers zu erkennen sind, hat man einen weiten Blick über Dún Laoghaire und seinen Hafen.

26 von diesen Wehrtürmen sicherten einmal die Bucht von Dublin und der Bau wurde mit dem *Defense Act* von 1805 beschlossen. Ihr Name **Martello-Türme** ging auf diejenigen von Kap Mortella auf Korsika (!) zurück. Alle sind sie nach dem gleichen Muster gebaut, 40 Fuß hoch, acht Fuß dick mit einem Eingang in 10 Fuß Höhe und oben dann mit einem *Gun Deck* versehen. Die Kanonen auf der Geschützplattform, Achtzehnpfünder, konnten ihre Kugeln bis in eine Meile Entfernung verschießen. Nötig wurde dies allerdings nie, die *Martello Towers* waren vollkommen umsonst errichtet worden, und schon früh verspotteten die Iren diese sinnlosen Dinger als „Nusstörtchen".

Man richte seinen Blick auch auf die Felsküste direkt unterhalb des Turms, dort nämlich spielt sich Kurioses ab: Zu jeder Jahreszeit und bei jedem Wetter springen hartgesottene Schwimmer aller Altersgruppen in die mitunter **eisigen Fluten.**

Das felsige Areal gehört zur *Sandycove Bathers Association Forty Foot,* die auch in *James Joyces* „Ulysses" Erwähnung fand und bis vor noch gar nicht so langer Zeit Männern vorbehalten war, die hier auch nackt in die Fluten sprangen, was ansonsten in Irland gänzlich unüblich ist. Heutzutage sieht man hier Männer und Frauen, jung wie alt. Besonders viele Schwimmer kommen übrigens am Weihnachtstag *(christmas day),* dem 25. Dezember: Sie verweilen aber verständlicherweise nicht allzu lang im eiskalten Wasser.

Verbindung

- **Bus** Nr. 8 von Dublin am Burgh Quay nach Dalkey sowie mit der **Dart-Bahn.**

Wicklow Mountains XV/D2

Von Dún Laoghaire aus geht es über die landschaftlich reizvolle Straße (R 117, ausgeschildert) in die Wicklow Mountains. Diese Bergkette vor der Haustür von Dublin zählt mit ihren Wäldern, Hügeln und Wasserfällen zu den beliebtesten **Naherholungsgebieten** der Hauptstadtbewohner. Die R 117 führt durch ein enges, in der Eiszeit entstandenes Tal, das den Namen *The Scalp* (von Gälisch scailp = Furche) trägt.

In früheren Zeiten wurde hier nach Gold geschürft. Den irischen Freiheitskämpfern diente das unwegsame Gelände auch als Versteck vor der britischen Armee.

Enniskerry XV/D2

Unser erstes Ziel ist das winzige Örtchen Enniskerry (1181 Einwohner, ausgeschildert). Einige Kilometer außerhalb des Dorfzentrums befinden sich die **Powerscourt Gardens,** die zu den schönsten Schlossparks Europas zählen (ausgeschildert, täglich 9.30–17.30 Uhr, im Winter nur bis zur Abenddämmerung, www.powescourt.ie, 8,50 €/5 €). Grandios ist die Naturkulisse allemal; inmitten von dichten Wäldern (Buchen,

Eichen, Stechpalmen) und überragt vom 504 m hohen Sugarloaf Mountain erfreuen ein **Italienischer** und ein **Japanischer Garten** die Herzen der Besucher. Während auf dem italienisch inspirierten Blumenareal die korrigierende Hand der Landschaftsgärtner einen Barock-Garten geschaffen hat, ist im Gegensatz dazu der Japanische Garten weitgehend naturbelassen, damit ein Quell der Ruhe und ein Ort der stillen Meditation.

Von der Terrasse des Powerscourt-Hauses hat man einen wunderbaren Blick auf den Sugarloaf Mountain. Nahebei übrigens befindet sich Irlands einziger **Friedhof für Haustiere.**

Nach einem Brand 1974 wurde die Ruine erst 1996 renoviert. Im Erdgeschoss kann man seinen Tee im *Terrace Café* schlürfen oder eine Ausstellung zur Geschichte des Hauses besichtigen. Im ersten Stock finden häufig offizielle Empfänge im großen Ballsaal statt.

Das Herrenhaus gehört heute der Sportartikel-Dynastie *Slazenger*, welche u.a. zwei Golfplätze, mehrere Geschäfte und ein riesiges Garten-Center eröffnet hat, um weitere Restaurierungen zu finanzieren.

Einige Kilometer vom Powerscourt-Park entfernt rauscht nach starken Regenfällen aus einer Höhe von 121 Metern Irlands mächtigster Wasserfall, der **Powerscourt Waterfall,** zu Tal (ausgeschildert, 5 €/3,50 €). Um den Wasserfall herum gibt es einen Naturlehrpfad.

Unterkünfte

- **Powerscourt Arms Hotel** €, Tel. (01) 2828 903, www.powerscourtarmscountryhouse.com;
- **Summerhill House Hotel** €€–€€, Tel. (01) 2867 928, www.summerhillhousehotel.com;
- **Oaklawn** € (Mrs. Kay O'Connor), Glaskenny, Tel. (01) 2860493, www.oaklawnhouse.com;
- **Knockree Hostel** €, Lackan House, Knockree, Tel. (01) 2767981, www.knockree.hostel.com, 6,5 km von Enniskerry.

Restaurants

- In den oben genannten **Hotels;**
- **Emilia's Ristorante** €, The Square, www.emilias.ie, italienisches Lokal.

Verbindung

- **Bus** 44 von Hawkins Street in Dublin nach Enniskerry.

Nach Glendalough

Von Enniskerry folgt die Route der R 760 und der R 755 in Richtung auf Glendalough. Hinter dem Ortsausgang von Enniskerry weist ein Schild nach rechts zum *Jamie Fox's Pub* (www.jfp.ie), der angeblich höchstgelegenen Taverne Irlands.

Die Strecke bis Glendalough verlangt höchste Aufmerksamkeit vom Fahrer, da die Straße sehr schmal und kurvenreich ist. Schafe grasen frei an den Fahrbahnrändern und kreuzen immer wieder die enge Trasse. Vor allem im späten Frühjahr beginnen die Jungtiere selbstständig zu werden, ohne bereits viel Erfahrung mit dem Straßenverkehr gesammelt zu haben.

Nach einigen Meilen Fahrt passiert man das Örtchen Glencree; hier gibt es einen kleinen **deutschen Soldatenfriedhof,** auf dem deutsche Armee-Angehörige während des Ersten und Zweiten Weltkriegs bestattet wurden. Wer den Friedhof besucht, findet auf einer Plakette folgenden Text: „Mein Los war der Tod unter irischem Himmel und ein Bett in Irlands guter Erde. Was ich geträumt, geplant, band mich ans Vaterland, aber mich wies der Krieg zum Schlaf in Glencree. Leid war und Schmerz, was ich verlor und gewann. Wenn du vorübergehst, sprich ein Gebet, dass Verlust sich in Segen verwandle."

Wanderer kommst du nach Sparta ..., denkt man unwillkürlich. Völlig zu Recht hat sich der Schriftsteller *Ralph Giordano* in seinem *Irischen Tagebuch* über diese Inschrift aufgeregt. Er schreibt: „Kein Wort, in wessen Händen sich das Vaterland damals befunden hat, auf wessen Befehl gekämpft worden ist und für welche Interessen und Mächte diese jungen Deutschen in Wahrheit ihr Leben gelassen haben. Statt dessen romantisierender Schwulst und pseudophilosophischer Kitsch."

Hinter Glencree zeigen sich die Wicklow Mountains von ihrer schönsten Seite. Man hat prachtvolle Aussichten auf Hügel und Täler sowie auf Moore und

⌃ In den Powerscourt Gardens

103IRL til

Wasserfälle, was diese Fahrt zu einem großen Vergnügen macht.

Wer Glück hat, lernt auf dieser Strecke die schnellen Wechsel des **irischen Wetters** kennen. Mal sind die Bergspitzen in tiefliegende Wolken eingehüllt, und die Dunstschwaden reichen bis auf die Straße hinunter. Dann plötzlich reißt der Wind die schweren grauen Wolkenbänke auf, innerhalb von Sekunden bricht die Sonne durch, Schatten wandern über die Täler. Nur wenige Minuten später zieht sich der Himmel erneut zu, und ein Regenschauer prasselt nieder. Wetterumschwünge vollziehen sich manchmal in nur wenigen Minuten.

Von der Landschaft wie vom Klima beeindruckt, gestaltet sich die Fahrt sehr kurzweilig, und schneller als erwartet ist Glendalough erreicht.

Das Tal von Glendalough XV/C3

Glendalough (gälisch: *Gleann dá Locha* = das Tal der zwei Seen) bietet eine romantische, alpin anmutende Landschaft mit kulturell bedeutsamen Sehenswürdigkeiten und ist daher eines der wichtigsten Naherholungsziele für Dubliner.

Neben den Ruinen der Klostersiedlung am zentralen Parkplatz gibt ein kleines **Besucherzentrum** (täglich ab 9.30 Uhr, Mitte März bis Mitte Oktober bis 18 Uhr, sonst bis 17 Uhr, www.glendalough.ie, 3 €/1 €, deutschsprachige Broschüre erhältlich) Auskunft über das Tal. Neben einem kurzen Videofilm über Irlands frühchristliche Epoche (auch in einer deutschen Version vorhanden) zeigen Schaukästen und -tafeln kunsthistorische Bedeutsamkeiten, und ein maßstabsgetreues Holzmodell gibt die Anlage der Klosterstadt wieder.

Geschichte

Seit um 1840 das Ehepaar *Hall* einen Reiseführer über ganz Irland auf den Markt brachte und Glendalough in den schönsten Farben schilderte, ist das Tal zu einem touristischen „Muss“ geworden. Doch schon während des gesamten Mittelalters zog – wenigstens einmal im Jahr – diese Stätte die Bewohner der Umgebung an. Anlässlich des **Festes von St. Kevin** – des Gründungsheiligen der Klosteranlagen im Tal –, der entweder 618 oder 622 verstarb, pilgerten die gläubigen Iren zum dessen Grab und er-

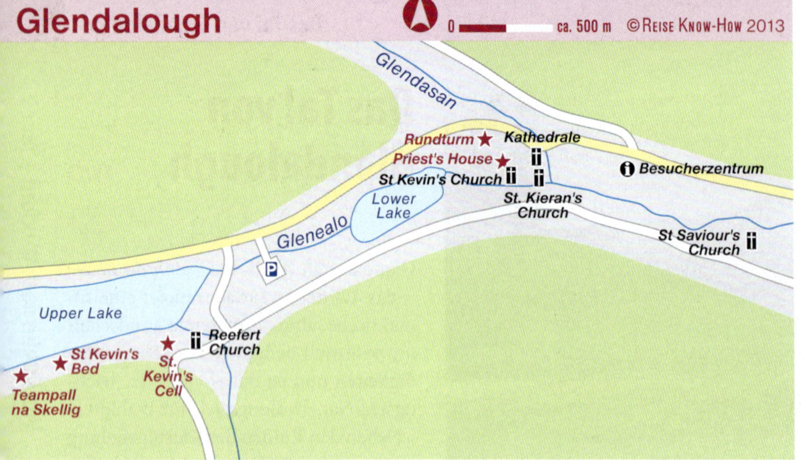

gingen sich in Andacht, Buße und Vergnügen. Neben inbrünstig gesprochenen Gebeten wurde mit der gleichen Anteilnahme fassweise Whiskey getrunken, und die schwer alkoholisierten Wallfahrer hauten mit ihren Knüppeln aufeinander ein. Wie die Chronisten berichten, war Totschlag keine Ausnahme.

Angeblich war dieser „Brauch" noch in vollem Gange, als die **Halls** ins Tal kamen, doch dann soll ein couragierter Gemeindepfarrer solche Lästerungen an dem heiligen Ort abgestellt haben: Dieser schüttete den Whiskey in den Bach und warf die gefürchteten Eichenkeulen, die *Shillelaghs,* kurzerhand ins Feuer.

Ende des 6. Jh. kam der **hl. Kevin** mit einer Anzahl Getreuer ins Tal und errichtete eine Mönchseinsiedelei. Doch schon bald strömten scharenweise fromme Anhänger nach Glendalough, Kevins Weisheit und Gelehrsamkeit, seine Frömmigkeit und asketische Lebensweise hatten ihn zu einem bekannten Mann gemacht. Als Abt dieser Einsiedelei sorgte Kevin für ein geordnetes Leben unter den gläubigen Brüdern, widmete sich der theologischen Lehre sowie der Armen- und Krankenpflege.

Auch nach seinem Tod wuchs die Gemeinde weiter und aus der kleinen Siedlung entstand **im 12. Jh. eine Stadt,** die sieben Kirchen und laut Schätzungen 3000 Menschen zählte. „Glendalough voller Herrlichkeiten ist das Rom des Westens", hieß es damals. Doch auch Heimsuchungen mussten die Mönche über sich ergehen lassen; mehrfach überfielen die Wikinger die Klosterstadt und versetzten die frommen Brüder in Angst und Schrecken. 1398, nach einem großen Brand, verlor die „Stadt der sieben Kirchen" dann rasch an Bedeutung.

Sehenswertes

Wer den Entwicklungsspuren der einstigen Mönchsklause folgen möchte, beginnt seinen Spaziergang am Südostende des Oberen Sees. Dort, an *Diseart Kevin,* Kevins Einsiedelei, liegt auf einer künstlich angelegten Plattform **Teampall na Skellig,** das in seinen ältesten Teilen aus dem 7. Jh. datierende Kirchlein. Drumherum haben wahrscheinlich die ersten Bienenkorbhütten der frühen Einsiedler gestanden.

Auf einer Felsnase über dem See liegt **St. Kevin's Cell;** es ist jedoch nicht genau erwiesen, ob hier die Bienenkorbhütte des Heiligen gestanden hat. Unabhängig davon lohnt sich der kurze Aufstieg vor allem wegen der prächtigen Aussicht.

Die **Kirche von Reefert,** nahe am Poulanass-Wasserfall gelegen, gilt einigen Forschern als *Kevins* letzte Ruhestätte. Dafür spricht, dass sich eine ganze Reihe von Adligen und hohen Geistlichen hier begraben ließen – einige noch vorhandene Grabplatten zeugen davon. Eine Legende berichtet, wie *Kevin* einst an diesem Ort mit weit ausgebreiteten Armen reglos im Gebet versunken war, und eine Amsel ihre Eier in seine Handflächen legte; der Heilige – jeder Kreatur des Herrn zugetan – verharrte in dieser Stellung, bis die Vögelchen geschlüpft waren.

Die Marienkirche **Our Lady's Church** gehört weder zur unteren noch zur oberen Anlage, sie liegt außerhalb der ehemaligen Klosterstadt. Auch in diesem Kirchlein könnte sich *Kevins* Grab befunden haben. Wahrscheinlicher ist jedoch, dass das Gotteshaus zu einer kleinen Nonnenabtei gehörte.

In der eigentlichen Klosterstadt, die erst lange nach Kevins Tod entstand, ist der über 30 m hohe **Rundturm,** der im 9./10 Jh. errichtet wurde, der Blickfang. Die Dachspitze erneuerte man 1876 mit den noch vorhandenen Originalsteinen. Der nadelschlanke Turm diente den Mönchen gleichermaßen als Ausguck wie als letzte Zufluchtstätte – die frommen Einsiedler hatten unter dem Ansturm räuberischer Wikinger zu leiden.

Meldete der Wachhabende im „Krähennest" die heranrückenden Nordmänner, so zogen sich die gläubigen Brüder mit ihren wertvollen liturgischen Gerätschaften, mit ihren Manuskripten und Büchern ins Innere des mächtigen Bollwerks zurück. Der Eingang liegt mehrere Meter über dem Boden, und nachdem die Leiter eingezogen worden war, befanden sich die Mönche in relativer Sicherheit.

Nahe dem Turm erhebt sich die vorromanische, im 9. Jh. begonnene und im 12. Jh. erweiterte **Kathedrale von St. Peter und St. Paul.**

Das **Priesterhaus,** ein kleiner spätromanischer Bau, diente wohl einmal als Grabkapelle; möglich ist auch, dass es als Schrein fungierte und vielleicht die Gebeine von St. Kevin barg. Das fast 3 m hohe **St.-Kevins-Kreuz** ist aus einem Granitblock gehauen und datiert aus dem 6. Jh. Es ist daher gut möglich, dass es einst für oder gar von dem großen Heiligen errichtet wurde.

Der gedrungene Rundturm auf der **St. Kevin's Church** brachte dem kleinen Kirchlein den Beinamen „Kitchen" ein – Besucher fühlten sich an einen Küchenkamin erinnert.

Nur noch Reste sind von der **St. Kieran's Church** erhalten, die sicher wohl einmal Irlands kleinstes Gotteshaus war (Schiff 6 x 4,50 m; Chor 2,75 x 2,75 m). Das Kirchlein entstand zu Ehren von *St. Kieran,* in jenen Tagen Abt des berühmten Klosters Clonmacnoise. *Kieran* und *Kevin* verband tiefe Freundschaft und Einigkeit in Glaubensfragen.

Wie die Legende berichtet, rief *Kieran* kurz vor seinem Tod *Kevin* an sein Sterbelager. Doch der Abt von Glendalough kam zu spät, der Freund lag bereits aufgebahrt. Der Herr zeigte sich gnädig: Als *Kevin* an die sterbliche Hülle seines Glaubensbruders trat, kam die Seele des Verstorbenen noch einmal zurück, und die beiden frommen Männer konnten schließlich ein letztes Mal miteinander disputieren.

Gegenüber der St. Kieran's Church ragt der **Deer Stone** auf. Um diesen „Rehstein" rankt sich ebenfalls eine fromme Sage: In dem ausgehöhlten Stein hinterließ täglich eine Rehkuh die Hälfte ihrer Milch, sodass *Kevin* in seiner Männerklause ein Findelkind großziehen konnte.

Die **Trinity Church,** östlich vom Besucherzentrum gelegen, datiert aus dem Ende des 11. Jh. und ähnelt der Kirche von Reefert (s.o.).

Letztendlich lohnt noch die **Probstei von St. Saviour** einen Besuch. Erbauen ließ sie 1162 *Lawrence O'Toole,* einst Abt von Glendalough und Erzbischof von Dublin. *Lawrence* war ein frommer, integrer und diplomatisch versierter Kirchenmann. Erfolgreich und mit großem persönlichen Mut vermittelte er bei Spannungen zwischen den Normannenfürsten, den irischen Adligen und *Hein-*

104IRL tl

rich II. Lawrence versorgte mit seinem eigenen Vermögen die Notleidenden und stiftete Kirchen – folgerichtig starb er als armer Mann.

Umgebung

Doch nicht nur die einstige Klosterstadt mit ihren frühchristlichen Monumenten ist im Tal von Glendalough sehenswert, der Besucher sollte auch die **Natur** genießen, durch die Wälder streifen oder die Seen umwandern.

Sehr empfehlenswert ist es, im Rahmen einer Tageswanderung die Region um Glendalough kennenzulernen.

Durch die Wicklow Mountains zieht sich ein insgesamt 132 km langer, ausgeschilderter Wanderweg; es ist sehr lohnend, sich für eine **Tageswanderung** eine bestimmte Etappe herauszusuchen, z.B. die um Glendalough.

Den genauen **Wanderverlauf** zeigen die folgenden Karten und Publikationen: das vom *Irish Tourist Board* herausgegebene Informationsblatt Nr. 26 B, *The Complete Wicklow Way,* oder die Karten O.S. 1:50.000 *Wicklow Way* (Marlay bis Aghavannah), die restliche Strecke O.S. Blatt 16 und 19.

Die unten genannten Jugendherbergen liegen entlang der Route und bieten preiswerte Unterkunft; genügend B & Bs finden sich allerorten. Der Wanderweg beginnt in Marlay Park (Co. Dublin), passiert Glendalough und endet in Clonegal (Co. Carlow). Höchster Punkt ist der 661 m hohe Gipfel des **Mullaghmor.** Ausschilderungen erfolgen durch schwarze Pfosten mit gelben Pfeilen.

☐ Blick über die berühmte Klosteranlage Glendalough

Praktische Tipps

Unterkünfte

- **The Glendalough Hotel** €, Tel. (0404) 45135, Fax 45142, www.glendaloughhotel.com;
- **Carmel's B & B** € (Mrs. Carmel Hawkings), Annamoe, Tel. (0404) 45297, www.carmelsofglendalough.com;
- **Glendale B & B** € (Mrs. Valerie Merrigan), Laragh East, Bray, Tel. (0404) 45410, www.glendale-glendalough.com;
- Weitere **B & B's** im 3 km vor Glendalough gelegenen Örtchen Laragh sowie entlang der Straße von Laragh nach Rathdrum;
- **An-Óige-Jugendherberge Glendalough** €, nahe der Klosterstadt gelegen, Tel. (0404) 45342;
- **An-Óige-Jugendherberge Glenmalure** €, Greenane, Buchungen nur über das Hauptbüro, Dublin, 61 Mountjoy Street, Tel. (01) 8304555, von Rathdrum 16 km, von Glendalough 17 km, von Devils Glen 29 km;
- **The Old Presbytery Hostel** €, The Fairgreen, in Rathdrum, ca. 10 km südlich, Tel. (0404) 46930.
- **Campingplatz** in Redcross Village: *River Valley Caravan and Camping Park* €, Tel. (0404) 41647, www.rivervalleypark.ie, ca. 8 km von Glendalough entfernt zwischen Kilbride und Avoca an der R 754 gelegen.

Restaurants

- **Wicklow Heather Restaurant** €€, in Laragh, www.thewicklowheather.com;

Charles Stewart Parnell

Charles Stewart Parnell (1846–1891) stammte aus einer begüterten, protestantischen Grundbesitzerfamilie. Seine bedeutende politische Arbeit begann 1879, als er im Parlament zu Westminster Führer der so genannten *Home-Rule-Bewegung* wurde. Mit einer systematischen Obstruktionspolitik – *Parnell* redete über Stunden, manchmal nächtelang, zu bestimmten Themen – gelang es ihm, den Parlamentsbetrieb weitgehend lahmzulegen.

Der eloquente Politiker arbeitete sich zum mächtigsten Mann Irlands empor. 1885 stand er auf dem Höhepunkt seiner Karriere: Mit 86 Abgeordneten und deren Stimmkraft konnte *Parnell* schließlich Einfluss auf die englische Politik nehmen.

Er unterstützte den liberalen Premier *Gladstone,* der seine Stimmen zur Bildung der Regierung benötigte. *Gladstone* zeigte sich dankbar und brachte mehrere Anträge zur irischen Selbstverwaltung im Parlament ein. Doch immer wieder scheiterten diese Gesetzesvorhaben an ungünstigen politischen Konstellationen und natürlich vor allem am Nationalgefühl der Briten.

Parnell blieb ein großer politischer Erfolg versagt. In dieser Situation wurde seine Liebesaffäre mit Mrs. *Kitty O'Shea,* der Frau eines Parteifreundes bekannt, und die moralgeschwängerten englischen Liberalen forderten seinen Rücktritt. Parnell weigerte sich, sein Amt zu verlassen und erreichte damit die Spaltung der *Home Rule League;* erst nach seinem frühen Tod 1891 schloss sich die Bewegung wieder zusammen.

- **The Conservatory** €€, Laragh, www.theconservatory.ie, altmodisch stilvoll wirkendes Restaurant in einem Wintergarten, bislang leider noch nicht abends geöffnet.

Verbindung

- **St. Kevin's Bus,** fährt täglich in der Saison um 11.30 Uhr von der Dublin Dawson Street in Dublin (Haltestelle schräg gegenüber vom Mansion House, dem Sitz des Oberbürgermeisters; ein Schild an der Haltestelle weist auf den *St . Kevin's Bus* hin) nach Glendalough. Rückfahrt von Glendalough nach Dublin am späten Nachmittag.

Nach Wexford XV/D3

Von Glendalough führt die Route nun über die R 755 nach Laragh und Rathdrum, dann über die R 752 in Richtung Avoca. Einige Meilen hinter Rathdrum geht es links ab zum **Avondale Forest Park,** in dem man das Geburtshaus von *Charles Stewart Parnell* besuchen sollte (ausgeschildert; täglich geöffnet Juni–August, 11–16.30 Uhr (kann sich bei Bedarf ändern, www.coilteoutdoors.ie, Tel. (040) 46111, 7,50 €/4,50 €, Auto 5 € passend in Münzen). Viele Memorabilien und persönliche Besitztümer erinnern an den berühmten irischen Freiheitskämpfer.

Auf dem Weg nach Avoca passiert man auch den Zusammenfluss des Avonmore und des Avonbeg zum Avoca-Fluss. An dieser **The Meeting of the Water** genannten Stelle kann man sich in einem Pub stärken und auf die beiden Flüsschen – eher Rinnsale – schauen.

Auf der R 747 geht es nach Arklow, von wo die breite und gutausgebaute

064IRL tii

N 11 in einem weiten Bogen über Enniscorthy nach Wexford führt. Man spart einige Kilometer ein, wenn man ab dem Städtchen Gorey die R 741 Richtung Wexford nimmt.

Landschaft in den Wicklow Mountains

Wexford

XX/A3

Geschichte

Wexford (20.072 Einwohner), die Provinzkapitale des gleichnamigen County, wurde im 9. Jh. von den Wikingern. Der Name der Stadt kommt von Altnordisch *Waesfjord,* was „Schlickmündung" heißt. 1169 marschierten die Anglo-Normannen in Irland ein und eroberten Wexford. Sie sprachen zwar Französisch, ihre Gefolgsleute jedoch Englisch. Im County Wexford überlebte bis zum Anfang des 19. Jahrhunderts noch der Dialekt dieser ersten englischsprachigen Siedler, das **Yola,** während das heutige irische Englisch generell auf die englischen Kolonisten des 16. Jahrhunderts zurückgeht. Auch heute gibt es noch ein paar Worte im lokalen Sprachgebrauch, die wahrscheinlich aus dem *Yola* stammen. Wexford unterstützte im 17. Jahrhundert den englischen König im Bürgerkrieg gegen das englische Parlament und wurde daher nach der Niederlage der Royalisten im Jahre 1649 von *Oliver Cromwell* durch Brandschatzung und den Mord an 1500 Bürgern bestraft. 1798 war Wexford das Zentrum der erfolglosen Rebellion der *United Irishmen*. Die Stadt entwickelte sich bis zum 19. Jahrhundert zu einem bedeutenden Seehafen. Wegen zunehmender Versandung wurde der Hafen aber 1968 geschlossen.

Sehenswertes

Wexford ist eine kleine, beschauliche Stadt mit ruhiger, angenehmer Atmosphäre. Der kleine Ortskern zieht sich parallel zum **Hafen.** Spaziert man die Uferpromenade gen Norden, so kann man einen Blick auf die hier liegenden Fischkutter werfen und die Arbeiten an Bord betrachten.

Von der mittelalterlichen Stadtbefestigung ist noch der **Westgate Tower** erhalten (Stadtausgang Richtung Waterford, N 25), nahebei befinden sich die Ruinen der **Selskar Abbey** mit einem Rest der alten Wallmauer und einem wehrhaften Turm.

Glaubt man der Überlieferung, so leitet sich der Name *Selskar* vom englischen Begriff *Holy Sepulchre* (Heiliges Grab) ab. Ein junger Adliger, der sich in eine arme Bürgerstochter verliebt hatte, wurde von seinen Eltern, die gegen diese Verbindung waren, auf den Kreuzzug nach Palästina geschickt, um das Heilige Grab zu erobern. Als er nach Jahren zurückkam und seine Angebetete aufsuchte, war sie Nonne geworden, weil sie ihn in der Schlacht gefallen geglaubt hatte. In seiner Verzweiflung gründete er das Kloster Selskar Abbey, dem er die Reliquien stiftete, die er vom Kreuzzug mitgebracht hatte und wurde dessen erster Abt. Das Kloster wurde 1649 von *Oliver Cromwells* Truppen zerstört.

Am kleinen Platz **Bull Ring,** dort, wo heute der Wochenmarkt stattfindet, hielt man im Mittelalter oder in der frühen Neuzeit übrigens Bullenhatzen ab, ein Stückchen weiter befindet sich am Cornmarket das **Wexford Arts Centre** (www.wexfordartscentre.com), ein Kulturzentrum mit Theater, Konzerten und Kunstausstellungen. Haupteinkaufsstraße ist die lange Main Street.

Jedes Jahr Ende Oktober/Anfang November findet ein **Opernfestival** im Theatre Royal (High Street, www.wexfordopera.com) statt. Parallel zum *Wexford Opera Festival* gibt es überall in der Stadt Straßentheater, Dichterlesungen und Kunstausstellungen. Unterkünfte sollte man rechtzeitig vorbuchen.

Praktische Tipps

Tourist Information

- Crescent Quay, Tel. (053) 9123111
- **www.visitwexford.ie**

Stadtführungen

- **Wexford Walking Tours,** www.wexfordwalkingtours.com, verschiedene Touren, auch Selskar Abbey.

Unterkünfte

■ **Ferrycarrig Hotel** €€€, Wexford Harbour Bridge, Tel. (053) 9120999, www.ferrycarrighotel.ie;
■ **Riverbank House Hotel** €, On the Quay, Tel. (053) 9123611, Fax 9123342, www.riverbankhousehotel.com;
■ **Granville House** € (Mrs. Grainne Cullen), Clonard Road, Tel. (053) 9122648, www.granvillehouse.ie;
■ **Glenhill** € (Mrs. Kathleen Murphy), Ballygoman, Barntown, Tel. (053) 9120015, www.glenhillbandb.com;
■ **Ferrycarrig Lodge** € (Mrs. Margaret Redmond), Ferrycarrig Road, Tel. (053) 9142605, www.wexford-accommodation.com;
■ **Kirwan House Hostel** €, 3 Mary Street, Tel. (053) 9121208, www.wexfordhostel.com;
■ Offizieller **Campingplatz** ist der *Ferrybank Caravan and Camping Park,* Tel. (053) 9185256, www.wexfordswimmingpool.ie/caravan-park, ca. 2 km östlich von Wexford am Wexford Harbour gelegen.

Restaurants

■ **Lotus House** €, 70 A South Main Street, Tel. (053) 9124678, gutes und preiswertes chinesisches Lokal;
■ **Chocolate** €, Common Quay Street, preiswertes Lokal mit leicht irreführendem Namen, meist junges Publikum;
■ **Le Tire Bouchon** €€, Tel (053) 9124877, www.letirebouchon.ie, über dem Pub *Sky and the Ground,* französische Küche;
■ **Cistin eile** €€ (gälisch: „Andere Küche", ausgesprochen etwa „kischtin elle"), 80 South Main Street, Tel. (053) 9121616, moderne irische Küche;
■ **Rob's Ranch House** €, Main Street, Pizzas und Hamburger mit Wildwest-Ambiente.

Pubs

■ **Crown Bar,** Monck Street, Tel. (053) 21133, sehenswerte, altertümliche Taverne in einer ehemaligen Postkutschenstation, datiert von 1841;
■ **Thomas Moore Tavern,** Cornmarket, www.thomasmooretavern.com, Geburtshaus der Mutter des Dichters, der Fassade nach zu urteilen, verbirgt sich hinter der Eingangstür eher ein Wohnzimmer, Wexfords bekanntester Singing Pub;
■ **The Wren's Nest,** www.thewrensnest.ie, Custom House Quay, an der Hafenfront gelegen, guter *Pub Grub.*

Verbindung

■ Mehrmals täglich **Zuge** und **Busse** von Dublin und Rosslare.

Umgebung

4 km nördlich von Wexford liegt an der N 11 der **Irish National Heritage Park** (Tel. (053) 9120733, www.inhp.com, 9.30–18.30 Uhr, Sept.–April nur bis 17.30 Uhr, 9 €/4 €), in dem man einen Spaziergang durch die irische Geschichte machen kann, beginnend mit der Ankunft der ersten Menschen auf der Insel vor 9000 Jahren bis zur anglo-normannischen Invasion im 12. Jahrhundert. Sehr beeindruckend ist die Nachbildung eines Hochkreuzes, wie man es vielleicht auf dieser Tour im Original in Glendalough gesehen hat. Hier ist es aber bemalt, wie es ursprünglich der Fall war. *Audio-Guides,* deren Texte auf Deutsch ausgewählt werden können, kann man kostenlos ausleihen.

Rund 5 km nordöstlich der Stadt liegt auf einer Landzunge das ausgedehnte

Vogelschutzgebiet **Wexford Wildfowl Reserve;** ein „Muss" für Ornithologen.

Etwa 5 km südlich von Wexford lohnt ein Besuch in der **Johnstown Castle** Demesne, Murnstown. Neben dem neogotischen Schloss, das selbst nicht besichtigt werden kann, befindet sich im ehemaligen Stallkomplex ein **Landwirtschaftsmuseum** *(Irish Agricultural Museum)*. Sehr interessant ist auch der große Garten, in dem von Mai bis Juni Rhododendren, Azaleen und Kamelien blühen (im Sommer 9–17.30 Uhr, sonst bis 16.30 Uhr, Garten und Museum 8 €/ 4 €, nur Museum 6 €/4 €, nur Garten 3 €/1 €, www.irishagrimuseum.ie).

Folgt man der N 11 weiter in Richtung Süden, so ist nach 21 km der **Fährhafen Rosslare** erreicht, in dem die Schiffe aus Frankreich und Südwales anlegen. Rosslare Harbour ist Irlands wichtigster touristischer Fährhafen, und die weitaus meisten der motorisierten Besucher starten von hier ihre Rundfahrt auf der Grünen Insel. Für die ankommenden oder abfahrenden Reisenden stehen viele B & Bs zur Verfügung. Direkt am Hafen liegt das *Harbour View Hotel* (Tel. (053) 9161450, www.harbourviewhotel.ie).

Nicht weit entfernt liegt **Rosslare Strand,** ein beliebter Ferienort der Iren. Unzählige B & B's sowie mehrere gut ausgerüstete Campingplätze findet man entlang des langen Sandstrandes.

Im Irish National Heritage Park bei Wexford

Der Brain Drain

Wenngleich die richtigen **Migrationswellen** erst während und nach der Großen Hungersnot (vgl. Kap. „Geschichte") einsetzten, so hat es doch auch schon vor der Katastrophe von 1845–1851 eine ganze Menge auswanderungswilliger Iren gegeben. Zwar gibt es keine Statistiken aus der Zeit vor dem Hungerdesaster, die uns verlässliche Zahlen liefern könnten, doch zeigen Passagierlisten, Parlamentschroniken und Zeitungsartikel, dass bereits Anfang des 19. Jh. viele Iren ihrem unterdrückten Land für immer den Rücken kehrten.

Der **Massenexodus** allerdings begann mit der Großen Hungersnot. In den ersten zehn Jahren, von 1846–1856 verließen rund 1,8 Mio. Iren ihre Heimat, davon gingen ca. 1,4 Mio. in die USA, ca. 300.000 nach Kanada, ca. 70.000 nach Australien und Neuseeland, und der Rest verteilte sich auf verschiedene andere Länder. In den weiteren Jahren verließ jeder sechste Ire die Grüne Insel (zum Vergleich: in Deutschland jeder 33., in England gar nur jeder 45.).

Im Jahre 1851 ordnete die Regierung an, dass über die Auswanderer **Statistiken** zu führen seien, und so haben wir einigermaßen verlässliche Daten über die folgenden Zeiträume:

1851 – 1860	1.136.000
1861 – 1870	850.000
1871 – 1880	624.000
1881 – 1890	770.000
1891 – 1900	434.000

Über viele Jahre betrug die **Auswandererquote** mehr als 2 % der Gesamtbevölkerung, in manchen Jahren gar waren es mehr als 3 %, die zumeist nach Nordamerika in See stachen. Nicht nur verarmte Bauern und Tagelöhner verließen ihr unwirtliches Land, auch Angehörige der Mittelschichten suchten das Glück im Ausland. Nicht selten finanzierten die erfolgreichen Verwandten in Amerika, Kanada oder Australien den Exodus von weiteren Familienangehörigen.

In den letzten 80 Jahren zog es die Iren nun vor allem **nach Großbritannien,** da die USA in den 1920er Jahren eine Quotenregelung für Einwanderer festgelegt hatten. Traditionell gingen schon immer rund 10% aller emigrierenden Iren in das Nachbarland, doch in den letzten 50 Jahren sank die Quote nie unter 80 %. Maßgeblichen Anteil daran hatte die Tatsache, dass der britische Arbeitsmarkt den Iren unbeschränkt offen stand; nicht übersehen sollte man auch, dass keine kulturelle Barriere Engländer und Iren voneinander schied.

Die **Gründe für die Emigration** hatten sich seit Anfang des 19. Jh. nicht geändert. Die recht hohe Arbeitslosigkeit und fehlende Karrieremöglichkeiten waren es, die die Bewohner der Grünen Insel ins benachbarte Ausland trieben. Hinzu kam, dass die Regierung in jener Zeit große Anstrengungen auf dem Bildungssektor unternommen hatte, viele Akademiker überqualifiziert waren und in ihrem Heimatland keine Möglichkeit sahen, in dem erlernten Beruf zu arbeiten.

Die britischen Zensusdaten lieferten exakte Angaben über die irische Volksgruppe in Großbritannien: 1931 zählte man 311.000 Iren, 1951 waren es schon 492.000, 1961 gab es 683.000 irischstämmige Einwohner, 1971 stieg die Zahl auf 709.000. Nicht mitgezählt wurden die in Großbritannien geborenen Iren. Nach Schätzungen leben etwa zwei Mio. Iren auf der britischen Insel und etwa 5 Mio. in den USA; d.h. doppelt so viel Iren wie auf der Grünen Insel arbeiten im Ausland.

Anfang der 1990er Jahre gab die renommierte *Irish Times* eine Zusammenfassung der von der Regierung in Auftrag gegebenen Studie *The Economic and Social Implications of Emigration.* Danach waren 42 % der Auswanderer mit ihrem Beruf unzufrieden, 35% hatten keine Arbeitsstelle, und der Rest hatte gerade die Ausbildung beendet und fand keinen adäquaten Arbeitsplatz.

Wenngleich die Studie keine exakten Verlustzahlen nannte, so war doch klar, dass sich die Migration langfristig immer wieder negativ auf die Entwicklung der Wirtschaft ausgewirkt hatte. Zwar blieben in der Vergangenheit genügend gut ausgebildete Personen im Land, um bescheidene Wachstumsraten zu erarbeiten, doch dürfte der **Brain Drain** zu Produktivitätseinbußen geführt haben.

Über einen Zeitraum von 120 Jahren (1841–1961) überstieg die Zahl der Auswanderer das Bevölkerungswachstum, nach 1961 dann lagen die Migrantenzahlen immer unterhalb der natürlichen Geburtenquoten und im Zeitraum von 1971–1979 überstiegen die **Rückwanderer** sogar die Zahl der Emigranten. Leider liegen keine Daten über diese *Return Migration* vor, da es zwischen Großbritannien und Irland keine Einreisekontrollen gibt. Schätzungen ergaben, dass etwa jeder vierte Ire in seinem Leben einmal im Ausland gearbeitet hatte. Dass in den 1970er Jahren so viele Rückkehrer auf die Grüne Insel strömten, hing mit der ökonomischen Rezession in Großbritannien und dem gleichzeitigen Wirtschaftwachstum in Irland nach dem EU-Beitritt (1973) zusammen.

In den **1980er Jahren** nahm dann die Emigrationswelle wieder einen hohen Aufschwung. Zwischen den beiden Volkszählungen von 1981 und 1986 hatten rund 75.000 Iren das Land verlassen. Und diese Emigranten zog es nicht mehr

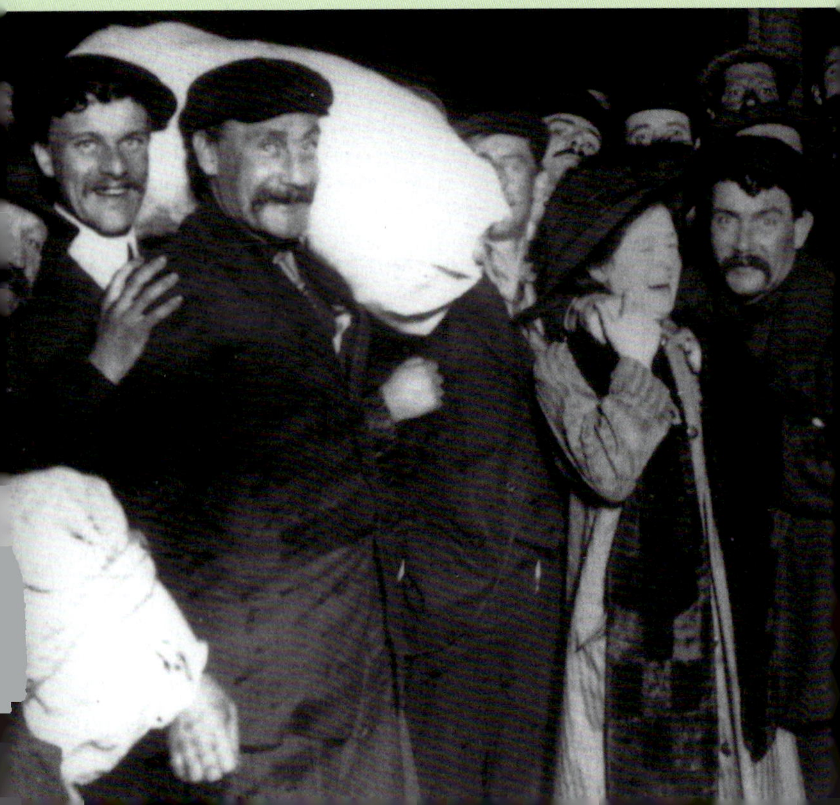

nur in die klassischen Einwanderungsländer, zunehmend ließen sich die einstigen Bewohner der Grünen Insel auch auf dem Kontinent und hier vor allem in den Niederlanden und in der Bundesrepublik Deutschland nieder.

Dass so viele Iren plötzlich nach **Holland** auswanderten, lag an dem Elektronik-Konzern Philips; 1985 hatte das multinationale Unternehmen nämlich ausnahmslos sämtliche Elektrotechnik-Absolventen des Dubliner Trinity-College eingestellt.

Und dass die **Bundesrepublik** so beliebt geworden war, hatte seinen Grund darin, dass immer mehr Studenten der irischen Hochschulen während der Semesterferien in den Sommermonaten in der Bundesrepublik jobbten, um die schmale Kasse aufzufüllen.

132ir

In München gab es einmal die größte irische Studentenkolonie von ganz Deutschland. In den 1990er Jahren sollen nach Schätzungen 8000 irische Studenten in München alljährlich einen Ferienjob gefunden haben. Vor allem die Besitzer der Biergärten wären kaum noch ohne die neuen Arbeitskräfte ausgekommen, die, nach übereinstimmender Meinung – wie die Süddeutsche Zeitung in einem Bericht vermeldete – bei den Arbeitgebern ob ihrer Motivation hochbeliebt waren. Auch in den Montagehallen von *BMW* und *Siemens* waren die Iren auf dem Vormarsch; viele verdienten in Deutschland in einem Sommer mehr als während des ganzen Jahres in Irland. 1985 begannen die ersten Studenten von der Grünen Insel nach München zu strömen, und lange Zeit war die Isar-Metropole längst kein Geheimtipp mehr an den Unis von Dublin, Limerick oder Galway. Durch den Mitte der 1990er Jahre aufgekommenen Wirtschaftsaufschwung und die stark zurückgegangene Arbeitslosigkeit tendierten die Auswanderungszahlen zur Wende vom 20. zum 21. Jahrhundert gegen Null. Seit einigen Jahren ist sogar eine Rückwanderung von Emigranten aus dem Ausland zu beobachten.

VON WEXFORD NACH CORK – TOUR 3

108IRL tii

Die gesamte Strecke ist ca. **380 km** lang. Es geht vorbei an grünen Wiesen und Feldern durch einige **sehenswerte Dörfer und Städte.** Einen ersten Stopp sollte man im Städtchen **New Ross** mit seinen Treppenstraßen einlegen, weiter geht es dann in Irlands südwestliche Metropole **Waterford.**

Nächste Station ist das Städtchen **Carrick-on-Suir,** wo Irlands einziges Renaissance-Schloss einen Besuch wert ist, und vorbei an der Zisterzienser-Abtei **Jerpoint Abbey** erreicht man den von mittelalterlichen Gebäuden geprägten Ort **Kilkenny** – sicherlich die schönste Stadt auf dieser Route.

Auch die nächste Attraktion liegt nicht weit entfernt: 70 m hoch ragt der schon von weitem zu sehende Klosterberg im Städtchen **Cashel** auf. Über **Cahir** mit seiner mächtigen Burg geht es über die reizvolle, aber leider nur kurze Bergstraße **The Vee** hinunter zur Küste und dann weiter nach **Cork,** Irlands zweitgrößte Stadt.

> Der Rock of Cashel

HIGHLIGHTS

Besondere Tipps*:

***Diese Tipps erkennt man im Buch an der gelben Hinterlegung im Kapitel.**

New Ross

XIX/D2

Man verlässt Wexford auf der N 25 in Richtung Westen und fährt auf das Örtchen New Ross (8151 Einwohner) zu, das bereits um 1200 von den Normannen als Handelsumschlagplatz gegründet wurde.

Die wirtschaftliche Bedeutung der kleinen Stadt gründete sich auf den **Binnenhafen** am Fluss Barrow, von dem aus das offene Meer erreicht werden konnte.

Präsentiert sich die Uferfront des Städtchens zu Anfang wenig einladend, so ist im Ortskern durchaus Atmosphäre zu finden. New Ross ist an einem Berghang angelegt, und die gewundenen, steil nach oben führenden Straßen und Treppengassen geben dem Städtchen einen gewissen Charme. Man sehe sich das **Rathaus** *(The Tholstel)* an, das 1749 in klassizistischer Linienführung erbaut und nach einem Brand im Jahre 1800 erneuert wurde, sowie die aus dem 13. Jh. datierenden Reste der **St. Mary's Church,** die heute von einer Kirche aus dem 19. Jh. umbaut sind.

Größte Attraktion von New Ross ist das **Dunbrody Famine Ship.** Der originalgetreu rekonstruierte Dreimaster liegt am Kai des Barrow vor Anker (ausgeschildert). Das Schiff vermittelt einen Eindruck vom Los der irischen Auswanderer nach Amerika während der Großen Hungersnot Mitte des 19. Jh., tgl. 9–18 Uhr, www.dunbrody.com).

Gegenüber dem *Dunbrody Famine Ship*, etwa 30 Meter nach rechts, ist der **Ros Tapestry** beheimatet. Dieses Kunstwerk erinnert an den Bildteppich von Bayeux in Frankreich aus der zweiten Hälfte des 11. Jahrhunderts, der 68 Meter lang ist und in 58 gestickten Einzelszenen die Ereignisse der Eroberung Englands durch den Normannenherzog *Wilhelm der Eroberer* im Jahr 1066 darstellt. Der *Ros Tapestry* ist jüngeren Datums und zeigt auf derzeit 15 Paneelen die Geschichte der Normannen in Irland und die Gründung der Stadt New Ross. Das Projekt begann 1998 auf Initiative des anglikanischen Pastors *Paul Mooney* der St Mary's Church in New Ross und mit der Unterstützung der Kunsthistorikerin und Textilexpertin *Alexis Bernstorff* und soll 2014 abgeschlossen werden. Mehr als 150 ehrenamtliche Helfer beteiligten sich bislang am Sticken der einzelnen Szenen. Ein *Audio Guide* mit Erklärungen ist erhältlich. Ebenso kann man sich die Arbeit an einer der noch nicht fertiggestellten Paneelen ansehen (*The Ros Tapestry Exhibition Centre*, Priory Court, The Quay, Tel. (051) 445 396, www.rostapestry.com, aktuelle Öffnungszeiten auf der Webseite, 6 €/4 €).

Tourist Information

■ Beim **Dunbrody Famine Ship,** The Quay, Tel. (051) 421 857.

Unterkünfte

■ **Clarion Brendan House Hotel** €, Tel. (051) 421703, Fax 4211567, www.brandonhousehotel.ie;
■ **Carbery B & B** € (Mrs.Catherine Casey), Mountgarrett, Tel. (051) 422742, caseycolin@eircom.net;
■ **Killarney House** € (Mrs. Noreen Fallon), The Maudlins, Tel. (051) 421062, noreenfallon@eircom.net;
■ **Rosville House** € (Mrs. Philomena Gallagher), Knockmullen, Tel. (051) 421798, osvillehouse@oceanfree.net;
■ **MacMurrough Farm Cottages** €, Mac Murrough, Tel. (051) 421383, www.macmurrough.com, Unterkunft für Selbstversorger.

Restaurants

■ **Upper Deck Café** €, 8 Mary Street; auch warme Gerichte bis hin zu Steaks;
■ Beliebt bei Touristen sind die **Galley Cruising Restaurants** €, per Schiff geht es zur Lunch- oder Dinner-Zeit über die Flüsse Barrow, Suir und Nore, Anlegestelle am North Quay, Schiffsfahrt mit Lunch um 12.30 Uhr, *Afternoon Tea* um 15, Dinner um 18 oder 19 Uhr, Buchung notwendig, www.rivercruises.ie, Tel. (051) 421723.

Verbindung

■ Mehrmals täglich **Busse** von Wexford und Waterford.

Nach Waterford XIX/D2

Von New Ross sollte man einen Abstecher gen Süden unternehmen; nach ca. 8 km erreicht man über die R 733 den **John-F.-Kennedy-Memorial-Park,** der sich um den 269 m hohen Hügel Slieve Coilte erstreckt und mit seinen markierten Spazierwegen sowie den Picknickplätzen und dem Restaurant einen Besuch lohnt. Auf einer Fläche von 250 ha werden über 4500 Pflanzenarten gepflegt. Das Arboretum ist für seine seltenen Bäume berühmt (3 €/1 €).

Nur wenige Meilen entfernt liegt das Dörfchen Dunganstown; *Kennedys* Urgroßvater kam hier zur Welt und wanderte Jahre später nach Amerika aus. Nur wenige Wochen vor seiner Ermordung besuchte *John F. Kennedy* diese Region Irlands, 1968 eröffnete man ihm zu Ehren den Park.

Um die Geschichte der Kennedy-Familie aus Dunganstown, deren Auswanderung und den Weg von den Bostons Slums ins Weiße Haus, geht es im **Kennedy Homestead** (5 €/2,50 €). Das Museum ist wegen Renovierungsarbeiten bis Juni 2013 geschlossen, wenn es anlässlich des 50. Jahrestages des Besuches von Präsident *John F. Kennedy* in Irland wiedereröffnet werden soll.

Weiter der R 733 folgend, gelangt man zu den Zisterzienser-Abteien **Dunbrody Abbey** (Mai–Mitte Sept., 2 €/1 €) und **Tintern Abbey** (Mai–Mitte Sept., 3 €/1 €) die beide Ende des 12. Jh. gegründet wurden. Architekturkenner bemerken deutlich die vom Kontinent beeinflusste gotische Bauweise, die – getreu der zisterziensischen Strenge – fast ohne jede Dekoration auskommt. Beeindruckend ist vor allem das für irische Verhältnisse sehr große, nämlich 60 m lange Schiff von Dunbrody.

Folgt man von New Ross ausgehend der N 25 entlang des Flusses Barrow, so gelangt man in ca. 30 Minuten nach Waterford.

Waterford XIX/D3

Geschichte

Waterford (46.747 Einwohner) geht wie Wexford auf eine **Wikingergründung** zurück; um 850 siedelten die Nordmänner an dem südlichen Suir-Ufer und starteten von dieser geschützten Stelle ihre Beutezüge ins Hinterland.

Mitte des 12. Jh. eroberte *Strongbow* den Ort für die Anglo-Normannen und heiratete – um etwaigen Aufständen zuvorzukommen – die Tochter seines irischen Verbündeten *Dermot MacMurrough.* Waterford entwickelte sich zu einer **Hochburg der Normannen,** und auch in den folgenden Jahrhunderten standen die Bewohner der Stadt der englischen Seite näher als der irischen. *Heinrich VII.* verlieh dem Ort gar einen besonderen Status: *Urbis intacta manet Waterfordia* („Waterford wird immer eine unzerstörte Stadt sein").

Heutzutage ist die geschäftige, wohlanzusehende Metropole das **wichtigste Industriezentrum** im Südosten der Grünen Insel: Der Hochseehafen kann von großen Container-Schiffen angelaufen werden und dient als bedeutender Warenumschlagplatz, zu den örtlichen Wirtschaftszweigen gehören die Eisengießereien, die Lebensmittel-, Textil- und Möbelproduzenten sowie die Hersteller pharmazeutischer Produkte. Aber auch in Waterford hat die Weltwirtschaftskrise, bzw. die Rezession in Irland mittlerweile ihre Spuren hinterlassen.

Sehenswertes

Die Sehenswürdigkeiten der kleinen Metropole konzentrieren sich in einem Dreieck, das von den Straßen Merchants Quay und The Mall begrenzt wird. Die guterhaltenen klassizistischen Hausfassaden entlang dieser beiden Straßen zeugen von Waterfords einstigem Reichtum.

An der Ecke Parade Quay/The Mall ragt der angeblich aus dem Jahre 1003 datierende **Reginald Tower** auf; wahrscheinlicher ist jedoch, dass die Normannen diesen Burgbau im 12. Jh. errichten ließen und ihn über die Jahrhunderte als Münzanstalt sowie als Gefängnis nutzten. Der 22 m hohe Festungsturm ist nach dem einstigen Gouverneur *Reginald MacIvor* benannt. Heute kann man in dem alten Gemäuer Exponate zur Stadtgeschichte besichtigen.

Nahe dem Tower liegt an The Mall das 1788 erbaute **Rathaus** *(City Hall)*. Entsprechend der guten Wirtschaftlage der damaligen Zeit wurde es recht prunkvoll ausgestattet.

Besichtigen sollte man auch die **Christ Church Cathedral** (Cathedral Street), die aus dem Jahre 1773 stammt und auf den Fundamenten einer normannischen, um 1050 errichteten Kirche steht.

Daneben befindet sich die **St. Olaf's Church**, eine 1734 weitgehend umgebaute Normannengründung.

Hauptgeschäftsstraße in Waterford ist die Barronstrand Street mit ihrer Verlängerung Broad Street.

Praktische Tipps

Tourist Information

- The Granary, 41, The Quay, Tel. (051) 875788;
- **www.waterfordtourism.org**

Unterkünfte

- **Fitzwilton Hotel** €€€, Bridge Street, Tel. (051) 846900, www.fitzwiltonhotel.ie;
- **Arlington Lodge Hotel** €€, John's Hill, Tel. (051) 878584, Fax 878127, www.arlingtonlodge.com;
- **Treacy's Hotel** €€, No. 1 The Quay, Tel. (051) 877222, Fax 877229, www.treacyshotelwaterford.com;
- **Dooley's Hotel** €€, The Quay, Tel. (051) 873531, Fax 870262, www.dooleys-hotel.ie;
- **Claddagh B & B** € (Mrs. Miriam Corcoran), Lower Newrath, Ferrybank, Tel. (051) 854797, www.bedandbreakfastwaterford.com;
- **St. Joseph's** € (Terence & Anne O'Neill), Cork Road, Tel. (051) 376893, www.stjosephsbedandbreakfast.com;
- **Dunroven B & B** € (Mrs. Breda Power), Ballinaneesagh (an R 680, 1,5 km von Waterford), Tel. (051) 374743, www.dunroven-ireland.com;
- **Ashleigh House** € (Mrs. Phyllis McGovern), Holy Cross (4 km außerhalb an R 680 neben *Holy Cross Pub*), Tel. (051) 375171, www.ashleigh-house.com;

▷ Waterford Habour

■ Das nächstgelegene **Hostel** *Beach Haven* liegt im Seebad Tramore an der Waterford Road, Tel. (051) 390208, Fax 330971, www.beachhavenhouse.com/hostel_index.html;

■ Der nächste **Campingplatz** ist der *Newtown Cove Caravan & Camping Park*, Newtown Road, Tel. (051) 381979, www.newtowncove.com, im 15 km von Waterford entfernten Seebad Tramore (s.u.).

Restaurants

■ **McLeary's Steak & Seafood Restaurant** €€, High Street, Tel. (051) 853444; internationale Gerichte und Meeresfrüchte vom Feinsten, dazu eine opulente Weinkarte, gute Atmosphäre im Keller eines alten elisabethanischen Stadthauses;

■ **Bodega** €, 54 John Street, Tel. (051) 844177; macht hinsichtlich der Qualität der Speisen und dem Weinangebot dem erstgenannten Lokal, *McLeary's*, Konkurrenz;

■ **La Palma on the Mall** €€–€€€, The Mall, Tel. (051) 879823, www.lapalma.ie, gutes und populäres Restaurant mit Cocktail-Bar;

■ **Espresso** €, Parnell Street, Tel. (051) 874141, www.espresso.ie, preiswerteres Schwesterlokal des *La Palma*, Pasta und Pizzas.

Pubs

■ **T & H Doolan,** George Street, alteingesessener Pub der Stadt, *Bar Meals*, Live-Musik;

■ **Katty Barry's,** Mall Lane, klein, dunkel, immer voll, einer der beliebtesten Pubs der Stadt;

■ **Henry Downes Bar,** Thomas Street, besteht seit dem Jahre 1759, durchgehend im Besitz der gleichen Familie. Berühmt für den selbst gebrannten *No 9 Whiskey;*

■ **HT & H Doolan's Pub,** George's Street, ehemaliger Postkutschenhalt, regelmäßig Live-Musik und *Pub Grub.*

602IRL tii

Verbindung

- **Züge** mehrmals täglich von Dublin und Rosslare Harbour;
- **Busse** mehrmals täglich von Wexford über New Ross;
- **Busse** mehrmals tägl. von Cork und Dublin.

Umgebung

Wer Zeit und Muße hat, sollte einen Abstecher zu einigen kleinen Küstenorten im Süden von Waterford machen: **Dunmore East,** ein ehemaliges Fischerörtchen, liegt ca. 16 km südlich von Waterford und hat mehrere schöne Strände in kleinen Buchten.

Tramore, etwa 13 km südlich von Waterford, ist einer der Hauptferienorte im Süden der Grünen Insel. Vor allem Iren, aber auch viele Briten trifft man hier während des Hochsommers an, entsprechend ist die Infrastruktur des Ortes ausgebaut, und laute Rummelplatzatmosphäre, Spielhallen und Fast-Food-Stände prägen das kleine Städtchen. Der rund 4 km lange Sandstrand ist vor allem an schönen Sommer-Wochenenden gut besucht.

Carrick-on-Suir XIX/C2

Von Waterford aus fährt man nun auf der N 24 in Richtung **Carrick-on-Suir.** Auf der rund 25 km langen Strecke säumt grünes Weideland die Straße. Carrick ist ein Örtchen (5856 Einwohner), das den Besucher an die Atmosphäre einer Puppenstube erinnert.

Entlang der kleinen Main Street reihen sich Pubs, Lebensmittelgeschäfte und Cafés aneinander, hier befindet sich auch die nur sommertags geöffnete **Touristeninformation.**

Direkt am Fluss, schön eingebettet in Wiesen, Äcker und Felder, liegt Irlands einziges Renaissance-Schloss, **Ormond Castle** (5. April–3. Okt. Mi–So 10–18 Uhr, Eintritt frei, deutschsprachige Broschüre erhältlich). 1568 setzte *Thomas Butler,* Earl of Ormond, der mittelalterlichen Burganlage einen elisabethanischen Anbau vor. Das Herrenhaus sollte einst als Gastquartier für die englische Königin *Elisabeth I.,* eine Kusine des Earl, dienen.

Überall im Gebäude, vor allem aber in der Long Hall, finden sich Abbilder der Herrscherin, jeweils kenntlich gemacht durch die Buchstaben *ER (Elisabeth Regina).* Das prachtvoll ausgestattete Gebäude, das mit seinen vielen Glasfenstern den Reichtum der Ormond-Familie demonstrierte, zumal es in damaliger Zeit eine Fenstersteuer gab. Das beeindruckte die englische Königin jedoch nicht – sie kam nie zu Besuch!

Tourist Information

- Main Street, in einer säkularisierten Kirche.
- **www.carrickonsuir.ie**

Unterkünfte

- **Carraig Hotel** €€, Main Street, Tel. (051) 641 455, Fax 641604, www.carraighotel.com;
- **The Grand Inn** € (The Coady Family), 9-Mile-House, Tel./Fax (051) 647035, www.thegrandinn.com.

Restaurant und Pubs

- **River House Pub & Grill** €, Castle Street, moderne, mediterran angehauchte irische Küche;
- **Sean Tierney's,** O'Connell Street, riesiges Pub mit *Pub Grub.*

Verbindung

- **Züge** von Waterford und Cork;
- **Busse** von Waterford, Cork, Kilkenny, Dublin und Cahir.

Jerpoint Abbey XIX/D2

Von Carrick aus geht es nun die R 697 entlang, dann weiter über die R 701, die R 699 und die R 448 zur Jerpoint Abbey (Anfang März–Sept. 9–17.30 Uhr, sonst variierend, aber immer 9.30–16 Uhr geöffnet, Dez.–Anfang März nur nach Vorausbuchung, 3 €/1 €). Irlands schönste Zisterzienser-Abtei entstand 1158–1180 in einem romanisch-gotischen Mischstil. Sehenswert ist der Kreuzgang mit seinen Skulpturen, die Äbte, Ritter und wilde Fabeltiere darstellen. Auch die vielen mittelalterlichen Grabdenkmäler lohnen einen Blick. Von Jerpoint Abbey führt die Route nun über die R 448 nach Thomastown und dann über die R 700 in das attraktive Städtchen Kilkenny.

☐ Jerpoint Abbey

106IRL tii

Kilkenny

XIX/C1

Kilkenny (22.179 Einwohner) – vom Fluss Nore durchflossen und am Fuße der Slieverdagh Hills gelegen – gilt aufgrund seines mittelalterlichen Stadtkerns als einer der schönsten Orte Irlands – und entsprechend voll ist es hier während der Hauptsaison. Man sollte durchaus einen etwas längeren Besuch einplanen und auch einmal ziellos durch die Straßen streifen.

Geschichte

Bevor die Normannen in Irland einfielen, war Kilkenny **Königssitz** der Herrscher des frühmittelalterlichen Königreichs Ossory sowie ein bedeutendes religiöses Zentrum. Aufschwung nahm die Stadt jedoch erst durch den Normannen *William de Marechal,* der 1204 die Burg errichten ließ.

Im Jahre 1391 erwarb *James Butler,* Earl of Ormond, die Befestigungsanlage, und unter der Oberhoheit dieser anglo-irischen Familie erlebte Kilkenny seine **Blütezeit.** Zwischen dem 14. und 17. Jh. war die Stadt fast wichtiger als Dublin, denn die Vertreter der englischen Krone residierten standesgemäß in dem Ort; sogar mehrere Parlamente tagten in der Stadt am Nore.

1366 wurden die **„Statuten von Kilkenny"** verabschiedet: Sie verboten den anglo-normannischen Siedlern den Gebrauch der irischen Sprache, das Tragen irischer Kleidung, die Annahme irischer Namen sowie Eheschließungen mit irischen Männern und Frauen – Letzteres galt gar als Hochverrat! Des Weiteren war es den Iren untersagt, innerhalb der befestigten Stadtzentren zu leben – noch heute gibt es sowohl in Kilkenny wie auch in anderen Städten Quartiere, die man als *Irishtown* bezeichnet.

Während des katholischen Aufstands in den Jahren 1642–1648 war Kilkenny **Zentrum des katholischen Widerstandes.** 1650 nahmen *Cromwells* Truppen die Stadt ein und metzelten, wie andernorts auch, viele Bewohner nieder.

Parliament Street in Kilkenny

107IRL tii

Sehenswertes

Drei Rundtürme prägen das oberhalb des Flüsschens Nore liegende **Kilkenny Castle** (Juni–Aug. 9–17.30 Uhr, in anderen Monaten ab 9.30 Uhr, Okt. bis Febr. bis 16.30 Uhr, März bis 17 Uhr, deutschsprachige Broschüre erhältlich, Eintritt 6 €/2,50 €), das in den vergangenen Jahrhunderten immer wieder umgebaut und modifiziert wurde. Im Innern lohnt vor allem die große Halle mit der Ahnengalerie der *Butler*-Familie und der bemalten Holzdecke einen Blick.

Gegenüber der Burganlage auf der anderen Straßenseite von The Parade ist in den ehemaligen Stallungen das **Irish Design Centre** (auch *Kilkenny Design Workshop* genannt) untergebracht, das Entwürfe für kunsthandwerkliche Produkte liefert; mehrere kleine Kunsthandwerksgeschäfte sowie ein kleines Restaurant locken zusätzlich Besucher an.

Von der Festungsanlage Richtung Stadtzentrum gehend, kreuzt man die Rose Inn Street; hier ist in einem **Armenhaus** *(Almshouse)* aus dem Jahre 1594 das *Tourist Information Office* untergebracht.

Folgt man der Rose Inn Street nach rechts über den Fluss **Nore,** so findet man entlang der nun John Street ge-

nannten Straße viele hübsche Geschäfte und eine Menge **Pubs und Restaurants.** An der Rose Inn Street beginnt auch die Hauptgeschäftsstraße Kilkennys, die High Street.

Nach wenigen Metern geht rechts die kleine, überdachte Gasse **Butterslip** ab, in der sich eine Anzahl Kunsthandwerksgeschäfte aneinanderreihen; Butterslip verbindet die High Street mit der parallel verlaufenden Kieran Street, die von Pubs und Restaurants gesäumt ist.

Weiter die High Street aufwärts, passiert man auf der rechten Straßenseite das alte **Rathaus** (*The Tholstel*, erbaut 1761). Links von der High Street zweigt die James Street ab, an der die zwischen 1843 und 1857 erbaute katholische **St. Mary's Cathedral** mit ihrem 65 m hohen Kirchturm, dem weithin sichtbaren Wahrzeichen von Kilkenny – einen Blick lohnt.

High Street geht nahtlos in die Parliament Street über, rechts beeindruckt das aus dem Jahr 1794 datierende neoklassizistische Gerichtsgebäude, und auf der linken Straßenseite befindet sich **Rothe House.** Das im Jahre 1594 errichtete Tudor-Gebäude gehört zu den besterhaltenen Kaufmannshäusern Irlands und beherbergt heute das **Stadtmuseum** von Kilkenny (April–Oktober Mo–Sa 10.30–16.30 Uhr, Eintritt 4,80 €/3,80 €, www.rothehouse.com).

Schräg gegenüber vom Rothe House wird das traditionsreichste Bier Irlands gebraut, **Smithwick's** (ausgesprochen: Smithicks). 1710 gründete *John Smithwick* in dieser ehemaligen Franziskaner-Abtei seine Brauerei, 39 Jahre vor *Arthur Guinness*! Unter dem Namen *Kilkenny* wird *Smithwick's* seit den 1980er Jahren auch auf dem Kontinent verkauft, mit einem etwas höheren Alkoholgehalt. Mittlerweile ist *Kilkenny* als eigenständige Sorte auch in Irland erhältlich. Nicht verpassen sollte man die anderthalbstündigen Führungen, bei denen man die Bierherstellung in Augenschein nehmen kann und am Ende, wenn man über 18 ist, ein frischgebrautes Pint *Smithwick's* bekommt. Diese 300-jährige Tradition geht Ende 2013 leider zu Ende, die Produktion wird nach Dublin verlegt! (www.smithwicks.ie, Di–Sa, 12, 13, 15, 15 Uhr, 10 €).

Sehenswert sind am Ende von Parliament Street noch die im gotischen **St. Canice's Cathedral** (13. Jh.) sowie ein mittelalterlicher Rundturm, den man unüblicherweise besteigen kann.

Kilkenny gilt als **Festivalstadt.** Im Sommer gibt es diese Veranstaltungen:

- **Kilkenny Rhythm & Roots,** Anfang Mai, an vielen Orten wird amerikanische Musik von Cajun über Bluegrass zu Folk und Blues geboten;
- **Cat Laughs Comedy Festival,** Ende Mai bis Anfang Juni, hier treffen sich die besten Kabarettisten;
- **Kilkenny Arts Festival,** August, alles dreht sich um Kunst, Literatur, Film, Theater und Musik.

Praktische Tipps

Tourist Information

- **Shee Alms House,** Rose Inn Street, Tel. (056) 7751500;
- **www.kilkennytourism.ie**

Unterkünfte

- **Newpark Hotel** €€, Castlecomer Road, Tel. (056) 7760500, Fax 7760555, www.newparkhotel.com;

- **Kilkenny Inn Hotel** €–€€, 15 Vicar Street, Tel. (056) 7772828, Fax 7761902, www.kilkennyinn.com;
- **Club House Hotel** €–€€, Patrick Street, Tel. (056) 7721994, Fax 7771920, www.clubhousehotel.com;
- **Metropole Hotel** €–€€, High Street, Tel. (056) 7763778, Fax 7770232, www.metropolekilkennycom;
- **Chaplin's B & B** € (Mrs. Joan Spratt), Castlecomer Road,Tel. (056) 7752236, www.chaplinsbandb.com;
- **Celtic House** € (Mrs. Angela Byrne), 18 Michael Street, Tel./Fax (056) 7762249, www.celtic-house-bandb.com;
- **Carraig Rua** € (Mrs. Oonagh Twomey), Dublin Road, Tel. (056) 7722929;
- **Carrig Lea** € (Mrs. Josephine O'Reilly), Castle Road, Archers Avenue, Tel. (056) 7761629, www.carrigleakilkenny.com;
- **Avila B & B** € (Mrs. Breda Dore), Freshford Road, Tel. (056) 7751072, www.avilakilkenny.com;
- **Kilkenny Tourist Hostel,** 35 Parliamanent Street, Tel./Fax (056) 7763541, www.kilkennyhostel.ie.

Restaurants

- **Lautrec's Brasserie** €, Kieran Street, kleines italienisches Candle-Light-Restaurant, gute Pizzen;
- **Café Sol** €€, William Street, Tel. (056) 7764987, mediterran inspirierte moderne irische Küche;
- **Rinuccini Restaurant & Bar** €€-€€€, Castle Street, Tel. (056) 7761575, gegenüber der Burg, italo-irische Küche vom Feinsten;
- **Restaurant@ Kilkenny Design Centre** €, Castle Street, liegt gegenüber der Burg, nur bis 17 Uhr geöffnet;
- **The Emerald Garden** €, 49 High Street, chinesische Gerichte, Kinderportionen, auch vegetarische Gerichte;
- **Zuni** €€, 26 Patrick Street, Hotel-Restaurant in einem ehemaligen Theater, moderne irische Küche. Dort ist auch **Zuni Café Tapas** €, geöffnet für Frühstück und Lunch;
- **Italian Connection** €, Parliament Street, gemütliches Restaurant mit Wohnzimmeratmosphäre, italienische Küche.

Pubs

- **John Cleere,** Parliament Street, Traditional Irish Music, Blues, Jazz und Rock;
- **Tynan's Bridge House,** John's Bridge, stilvoller alter Pub (seit 1702) in georgianischem Gebäude, traditioneller Pub mit älterem Publikum;
- **Marble City Bar,** High Street, www.langtons.ie/bars/marble-city-bar elegantes, traditionell eingerichteter Pub, auch *Pub Grub* ist erhältlich;
- **Left Bank,** The Parade, www.leftbank.ie; in ehemaliger Filiale der *Bank of Ireland,* trendige Bar für jüngeres Publikum;
- **Kyteler's Inn,** Kieran Street, der älteste Gasthof der Stadt, das Gebäude stammt aus dem 13. Jh., benannt nach der um 1280 geborenen *Alice de Kyteler,* die als Hexe angeklagt wurde, jedoch rechtzeitig fliehen konnte, mit angeschlossenem Restaurant, oft Live-Musik;
- **The Pump House,** Parliament Street, gegenüber dem Watergate Theatre, oft Live-Musik;
- **Syd Harkin,** Rose Inn Street, die Taverne datiert aus dem Jahr 1833, auch Sandwiches und Suppen.

Verbindung

- **Züge** mehrmals täglich von Waterford;
- **Busse** mehrmals täglich von Carrick-on-Suir, New Ross, Dublin, Limerick, Rosslare Harbour, Cork.

Cashel

XVIII/B2

Die Route verlässt nun Kilkenny auf der N 76. Nach wenigen Kilometern biegt man rechts in die R 691 ein, die zu dem kleinen Örtchen Cashel (2413 Einwohner) führt. Rechts und links der schmalen, kurvenreichen Straße liegen ausgedehnte Weideflächen, Kühe und Schafe grasen, und immer wieder kommt man an Gehöften vorbei.

Am Fuß des Kirchberges erstreckt sich das kleine, außerhalb der Touristensaison verschlafen wirkende Örtchen mit seiner kurzen Haupt- und Durchfahrtsstraße, an der ein paar Geschäfte, wenige Pubs und Restaurants aufgereiht sind.

Spaziert man vom Ortszentrum über die Dominic Street auf den Rock hoch, so passiert man auf der linken Straßenseite das kleine **Cashel Folk Village,** in dem die Geschichte des Ortes und das Alltagsleben vergangener Zeiten thematisiert wird (www.cashelfolkvillage.ie, 5 €/ 3,50 €).

Im **Brú Ború Cultural Centre,** neben dem Parkplatz des Rock of Cashel, geht es um Irlands traditionelle Musik und Volkstanz (www.bruboru.ie, 4 €/2 €).

In der John Street findet der an alten Büchern interessierte Besucher den Sitz der **Bolton Library** und kann dort eine wertvolle Sammlung irischer Folianten und Landkarten bestaunen (2 €, nach Buchung im *Tourist Office*). Die Bibliothek wurde 1741 von Erzbischof *Bolton* gestiftet.

Einziger Grund jedoch, einen Stopp in Cashel einzulegen, ist der wirklich beeindruckende Felskegel. Schon von Weitem erblickt man den mächtigen, über 70 m hoch aus der Ebene aufragenden **Rock of Cashel** mit seinen Gebäuderesten (täglich 9–16.30 Uhr, Mitte März–13. Juni und Sept.–Mitte Okt. bis 17.30 Uhr, 14. Juni-Anfang Sept. bis 19 Uhr, 6 €/2 €, Führungen nach Anfrage, Tel. (062) 61437). Vom 4. Jh. bis zum Jahre 1101 diente er als Sitz der Könige von Munster.

Irlands Nationalheiliger, der **hl. Patrick,** kam einem Manuskript aus dem 10. Jh. zufolge im 5. Jh. nach Cashel, um König *Aenghus* zum rechten Glauben zu bekehren. Der Herrscher zeigte sich kooperativ, und Patrick begann mit der Taufzeremonie. Dabei setzte der Heilige seinen schweren Bischofsstab mit Macht auf den Boden und spießte dabei ohne es zu bemerken den Fuß von *Aengus* auf; der nahm an, dass dies ein Teil des heiligen Zeremoniells sei und ertrug die Schmerzen ohne sich etwas anmerken zu lassen.

Viele **Krönungsfeierlichkeiten** fanden hier im Laufe der Jahrhunderte statt; 977 wurde *Brian Ború* auf dem Felsen zum Herrscher gekrönt, 37 Jahre später fand er seinen Tod in der Schlacht bei Clontarf, wo seine Mannen die Wikinger in die Flucht trieben. 150 Jahre später, im Jahre 1172, huldigte der gesamte irische Klerus dem englischen König *Heinrich II.* auf dem Felsen.

Im 12. Jh., nachdem *Muircheartach O'Brien* den Komplex der Kirche übereignet hatte, entstand eine Reihe von sakralen Bauten. *Cormac MacCarthy,* ab dem Jahr 1127 Bischof von Cashel, ließ die 1134 geweihte **Cormac's Chapel** im irischromanischen Stil erbauen. Der hohe Rundturm neben der Kapelle datiert ebenfalls aus dem 12. Jh. Einhundert Jahre später entstand das größte Gebäude auf dem Rock, die im gotischen Stil errichtete **Kathedrale** mit ihren Querschiffen und dem mächtigen Vierungsturm.

Von dem Hügelplateau hat man eine prachtvolle Aussicht auf die saftigen Wiesen und die fruchtbaren Äcker rund um Cashel.

Tourist Information

- **Cashel Tourist Office,** Main Street, Tel. (62) 62511.

Unterkünfte

- **Dundrum House Hotel** €, Dundrum, Tel. (062) 71116, Fax 71366, www.dundrumhousehotel.com;
- **Bailey's Hotel** €, Main Street, Tel. (062) 61937, Fax 63957, www.baileyshotelcashel.com;
- **Cashel B & B** € (Mrs. Nora Leonard), John Street, Tel. (062) 62330, www.cashelbandb.com;
- **Ashmore House** € (Mrs. Laura Ryan), John Street, Tel. (062) 61286, Fax 62789, www.ashmorehouse.ie;
- **Cashel Holiday Hostel** €, John Street, Tel. (062) 62330, Fax 62445;
- **O'Brien's Cashel Lodge** €, St. Patrick's Rock, Dundrum Road, Tel. (062) 61003, www.cashel-lodge.com, Zimmer für Selbstverpfleger und **Campingplatz.**

Restaurants

- **Chez Hans** €€, Dominic Street, Tel. (062) 61177, unterhalb des Rock of Cashel gelegen, 1968 eröffnete *Hans-Peter Mathie* das Restaurant im Innern einer alten, säkularisierten Kapelle; heute geht ihm sein Sohn *Jason* zur Hand, der in den besten Londoner Restaurants gelernt hat. Gute Fischgerichte, Lamm und Wild.

In der gleichen Straße befindet sich das **Café Hans,** Tel. (062) 63660, in dem die Küche die gleiche Qualität hat, die Gerichte aber einfacher und und preiswerter sind.

Verbindung

- **Busse** mehrmals täglich von Kilkenny, Dublin, Limerick, Cork und Cahir.

Umgebung von Cashel

Freunde irischer Abteien sollten von Cashel auf der R 660 ca. 13 km nach Norden in Richtung Thurles fahren. Dort erreicht man das Zisterzienser-Kloster **Holycross Abbey,** welches im 15. Jh. eine beliebte Pilgerstätte war. Im nördlichen Querschiff befinden sich noch seltene, Jagdszenen zeigende Wandmalereien.

Cahir

XVIII/B2

Wer den Abstecher nicht unternimmt, fährt nun auf der M 8 nach Cahir. Das kleine, am Fluss Suir gelegene Städtchen (ca. 3381 Einwohner) hält mit **Cahir Castle** eine der mächtigsten Burgen Irlands in seinem Besitz (13./15. Jh.). Hier residierten die *Butlers,* eine mächtige anglo-normannische Familie, die im 12. Jahrhundert nach Irland kam. Die Festung galt als uneinnehmbar, und entsprechend sicher wähnten sich ihre Eigentümer. 1599 dann belagerte der Earl of Essex auf Anweisung von *Elisabeth I.* dieses Fort, und unter massivem Artillerie-Einsatz konnte seine Armee nach nur zehn Tagen Belagerung einen großen Sieg verbuchen.

In den folgenden Jahrhunderten fiel das trutzige Bauwerk an verschiedene Besitzer, um letztendlich doch wieder in die Hände der *Butlers* zu gelangen.

Hinter den massigen Festungsmauern, die mit runden und quadratischen Türmen bestückt sind, reckt sich der mächtige Bergfried in den Himmel (Mitte Juni–August tägl. 9–18.30 Uhr, sonst 9.30–17.30 Uhr, Mitte Oktober–Februar nur bis 16.30 Uhr, Tel. (052) 7441011, Eintritt 3 €/1 €).

Tourist Information

- Vor dem Haupteingang zur Burg.

Unterkünfte

- **Cahir House Hotel** €, The Square, Tel. (052) 7443000, Fax 7442728, www.cahirhousehotel.ie;
- **Tinsley House** € (Liam & Patricia Roche), Tel. (052) 7441947, www.tinsleyhouse.com;
- **Hollymount House** € (Mrs. Margaret Neville), Upper Cahier Abbey, Tel. (052) 7442888, www.hollymounthouse.net;
- **Teach Wattie's B & B** € (Mrs. Mary Dunne), Tel. (062) 61923, www.wattiesbandb.ie;
- **The Apple Camping & Caravan Park,** Tel. (052) 741459, www.theapplefarm.com/campinggerman.htm, 6,5 km in Richtung Clonmel nahe der N 24 gelegen, Apfel- und Obstplantage mit Saftherstellung und Campingplatz.

Restaurants

- **Galileo Café** €–€€, Church Street, www.galileocafe.com, italienisches Café-Restaurant, Pizzen und Pasta, mit gleicher Speisekarte auch in Clonmel und Mitchelstown;
- **Lazy Bean Café** €, The Square, Tee, Kaffee und Kuchen sowie kleine Snacks;
- **River House** €€–€€€, Castle Street, www.riverhouse.ie, gegenüber der Burg.

Verbindung

- **Züge** mehrmals täglich von Limerick und Waterford;
- **Busse** von Dublin, Kilkenny, Carrick-on-Suir, Cork, Limerick, Cashel und Waterford.

> Auf der Gebirgsstraße „The Vee"

Nach Cork

XVIII/B3

Durch die Knockmealdown Mountains

Man verlässt Cahir auf der R 668 in Richtung Lismore. Den Reisenden erwartet **eine der schönsten Gebirgsstraßen** des Südostens: **The Vee.**

Vorerst jedoch geht die Fahrt noch durch die Ebene, rechts und links der Strecke liegen fruchtbare Felder, saftiggrüne Weiden, kleine Weiler und einzelne Gehöfte – bereits hier ist „The Vee" ausgeschildert. Langsam aber tauchen in der Ferne die rund 800 Meter hohen Knockmealdown Mountains auf; je nach Wetterlage zeichnen sich die schroffen Gebirgskegel klar am Horizont ab, oder aber die Gipfel stecken in gewaltigen Wolken.

Hinter dem Örtchen **Clogheen** beginnt die Straße dann leicht anzusteigen und bald darauf säumen die ersten Nadelholzwälder unseren Weg. Auf den folgenden Kilometern windet sich die Trasse in Serpentinen die Hügelkette hoch.

Dort oben, wo keine Kiefern und Fichten den Blick versperren, hat man eine Vielzahl schöner Aussichtspunkte; an Ausbuchtungen am Straßenrand kann man parken und in Ruhe die Landschaft genießen. Immer höher geht es, niedriges Flecht- und Buschwerk hat mittlerweile den Wald abgelöst, und ungehindert kann man weit in die Ebene schauen. Am höchsten Punkt der Knockmealdown Mountains sieht man tief unten die durch Windmauern abgegrenzten Felder und Wiesen wie eine Patchwork-Decke vor sich liegen. Überall am Stra-

065IRL tii

ßenrand grasen Schafe. Leider geht es nun wieder ins Tal hinab, und kurz bevor Lismore erreicht ist, fährt man durch dichte Laubwälder.

Lismore XVIII/B3

Das hübsche, am Fluss **Blackwater** gelegene Städchen Lismore (790 Einwohner) geht auf eine im Jahr 636 n. Chr. vom *hl. Mochuda* (engl. *St. Carthage*) gegründete Klostersiedlung zurück, die in ganz Europa als Ort der Gelehrsamkeit bekannt wurde. Trotz Überfällen, Plünderungen und Brandschatzungen von Wikingern und verfeindeten Iren behielt das Kloster von Lismore bis zur Ankunft der Normannen aus England und Wales im 12. Jahrhundert seine Bedeutung. Wo heute die anglikanische **St Carthage's Cathedral** steht, hatte der *hl. Mochuda* eine Kirche erbaut, die dann im frühen 17. Jahrhundert zerstört und wieder neu erbaut wurde. Die heutige Kathedrale enthält ältere Elemente, etwa vier Gedenksteine aus dem 9. Jahrhundert, die Gelehrten der Klosterschule gewidmet sind, oder Fragmente der ersten Kathedrale des 12. Jahrhunderts im damals üblichen romanischen Stil. Kürzlich fand man bei Renovierungsarbeiten im Chorraum zwei bemalte Steine, die davon zeugen, dass die Wände im Mittelalter bemalt waren. Die Steine befinden sich heute in der Bibliothek der Kathedrale (April–Sept., 9–18 Uhr, sonst bis 16 Uhr. Bibliothek nach Vereinbarung, Eintritt frei, Tel. (058) 54105, deutschsprachige Broschüre, 2 €).

Die Burg, **Lismore Castle,** ließ 1185 *Prinz John* (bekannt als Bösewicht in der englischen Volkserzählung *Robin Hood*) anlässlich seines achtmonatigen Irlandaufenthalts bauen. Sie wurde dann der Kirche überlassen und diente bis 1589 als Bischofsresidenz. Später ging sie in Privatbesitz über und wurde im 19. Jahrhundert erweitert. Die Burg ist nach wie vor eine Privatresidenz, aber man kann den Garten und eine Kunstgalerie im Westflügel besichtigen (www.lismorecastlearts.ie, Mai–Sept., Di–So 11–16.30 Uhr, 8 €/4 €).

Im **Lismore Heritage Centre** kann man sich in der Ausstellung *The Lismore Experience* in die Stadtgeschichte vertiefen. Unter anderem ist ein Film zur historischen Entwicklung Lismores sehen, den es auch in deutscher Sprache gibt (www.discoverlismore.com, Mo–Fr 9.30–17.30 Uhr, April–Okt. auch Sa, 10–17 Uhr und So, 12–17 Uhr, 4,80 €/4,50 €).

Ardmore XXIII/D1/2

Ein Abstecher über Youghal nach Ardmore – nach eigenem Bekunden ein *Historic Seaside Village* – lohnt sich für denjenigen, der den aus dem 12. Jh. datierenden, 30 m hohen und besterhaltenen **Rundturm der frühchristlichen Ära** besichtigen möchte. Der sechs Stockwerke umfassende Turm diente als letzte Zufluchtstätte vor dem Ansturm räuberischer Wikinger.

Neben diesem schlanken Bauwerk befinden sich die Ruinen einer dem *hl. Declan* geweihten Kirche (5. Jh.) sowie die Reste der **St. Declan's Cathedral** (13. Jh.).

Ardmore ist auch bekannt wegen seines langen **Sandstrandes;** beim *Cliff House Hotel* (www.thecliffhousehotel.com) beginnt der rund 5 km-lange **Cliff**

042IRL hs

Walk, der an den Klippen entlang am Wrack eines Schiffes, an der St. Declan's Cathedral und dem Rundturm (s.o.) vorbeiführt und oft mit spektakulärer Aussicht belohnt. In der *Ardmore Tourist Information* im Dorf (Tel. (024) 94444) bekommt man eine Wanderkarte und weitere Informationen zum Wanderweg.

Cobh

XXIII/C2

Kurz vor Cork zweigt von der N 25 die R 624 ab und führt in einem großen Bogen nach Cobh, einem äußerst ansehnlichen **Hafenort.** Die rund 6500 Einwohner zählende Stadt ist an einer nach Süden gerichteten Hügelschulter angelegt, und von oben ragt die mächtige Kathedrale schützend über die bunten, pastellfarbenen Häuser entlang der Seepromenade. Im Sommer, wenn die Sonne auf die farbigen Gebäude scheint, präsentiert sich der Ort vor allem von der blauen Seeseite her, mehr als attraktiv. Dann flanieren die vielen Besucher am Meer entlang der Promenade.

Während der großen Hungersnot wanderten an die drei Millionen Menschen von Cobh aus in die „Neue Welt“ aus. Heute legen noch immer Kreuzfahrtschiffe am Kai an, und die Passagiere besuchen vom Örtchen aus auf Tagestouren die Sehenswürdigkeiten der irischen Südküste.

Am Hafen von Cobh

Die Versenkung der Lusitania

Die *RMS Lusitania* (RMS = *Royal Mail Steamer*) wurde von der Reederei *Cunard Line* auf Kiel gelegt und unternahm am 7. September 1907 ihre **Jungfernfahrt** von Liverpool nach New York. Zusammen mit ihrem Schwesterschiff *Mauretania* war sie der größte (31.550 BRT, 232 m lang, 27 m breit), schnellste und luxuriöseste Transatlatik Liner der damaligen Zeit. Die Höchstgeschwindigkeit lag bei 25 Knoten, die von vier Dampfturbinen erzeugt wurde, und damit schaffte der Passagierdampfer die Strecke Liverpool – New York in nur viereinhalb Tagen.

Am 1. Mai 1915, mitten im Ersten Weltkrieg, lief die *Lusitania* von New Yort zu ihrer 101. Atlantiküberquerung mit 1268 Passagieren und 701 Besatzungsmitgliedern nach Liverpool aus. Zusätzlich hatte der Luxusdampfer mehrere tausend Kisten – insgesamt 10,5 Tonnen – mit Granaten und Munition an Bord, die für Englands Kampf gegen Deutschland bestimmt waren.

Früh am Morgen des 7. Mai erreichte die *Lusitania* die Südküste Irlands und lief auf Cobh (damals Queenstown) zu. Wegen der Kriegsgefahr in den Gewässern rund um Großbritannien, hatte die Führung der *Cunard Line* entschieden, den Dampfer nicht bis in den Heimathafen laufen zu lassen. Vielmehr sollten die Passagiere in Cobh von Bord, die Fracht dort gelöscht und über Dublin und mit der Fähre nach Liverpool gebracht werden. Um 13.20 Uhr zog die *Lusitania* 11,5 Meilen vor dem Kap Old Head of Kinsale vorbei und wurde dabei von dem deutschen U-Boot U-20 unter Kapitänleutnant *Walther Schwieger* durch das Periskop gesichtet. Schwieger ließ einen Torpedo abfeuern, der den Dampfer mittschiffs auf der Steuerbordseite traf. Unmittelbar nach dem Einschlag des Torpedos erschütterte eine zweite, wesentlich stärkere Explosion das Schiff, und der Strom fiel aus. Damit konnten die Schotten nicht mehr geschlossen werden, und in das gesamte Schiff rauschte das Wasser hinein. Schon nach wenigen Minuten hatte die Lusitania derart Schlagseite, dass die Steuerbordreling die Wasserlinie erreichte, die Backbord-Rettungsboote aus ihren Davits gerissen wurden und viele Menschen an Deck erschlugen. In nur **18 Minuten** sank die Lusitania. Erst vier Stunden nach der Katastrophe trafen die ersten Rettungsschiffe ein, dabei handelte es sich ausschließlich um Fischtrawler aus Cobh und Kinsale, deren Besatzungen fast nur Tote bergen konnten. Die sterblichen Überreste und die 761 verletzten und stark unterkühlten Überlebenden wurden nach Cobh gebracht und in Krankenhäusern, Hotels und Privathaushalten untergebracht, die Toten fanden auf dem lokalen Friedhof in Massengräbern, dem Old Church Cemetary sowie in der St. Multose Church von Kinsale, ihre letzte Ruhestätte. Unter ihnen befanden sich auch 128 Amerikaner, deren Tod für die **Kriegserklärung** Amerikas an Deutschland verantwortlich war. Die USA gaben damit ihre isolationistische Politik auf, traten in den Ersten Weltkrieg ein und unterstützten fortan die Alliierten.

Das schnelle Untergang gab den Experten zunächst Rätsel auf und es wurde angenommen, dass der Torpedo die mitgeführten 10,5 Tonnen Munition zur Explosion gebracht hatte. Heute weiß man, dass die *Lusitania* unter **Volldampf** fuhr, die Dampfkessel an ihrer Kapazitätsgrenze arbeiteten und sehr heiß waren. Als sie plötzlich in Kontakt mit dem kalten Meerwasser kamen flogen die Kessel in die Luft und durchschlugen dabei den Kiel des Schiffes.

Briten und Amerikaner beschuldigten die Deutschen, ein unbewaffnetes Schiff torpediert zu haben und sprachen von einem Massenmord an Zivilisten. Die deutsche Seite konterte damit, dass die *Lusitania* entgegen dem Völkerrecht Munition geladen hatte und damit angegriffen werden durfte. Dieser Aussage schloss sich die in New York tagende Untersuchungskommission nach dem Krieg im wesentlichen an. Die britischen Akten über die *Lusitania* unterliegen bis heute der Geheimnispflicht und dürfen nicht eingesehen werden. Hinzu kamen die verwirrenden Angaben der britischen Admiralität an den Kapitän der *Lusitania,* der nicht mehr Liverpool, sondern Cobh anlaufen sollte und dadurch direkt vor die Torpedorohre von U-20 geleitet wurde. Denn der militärische Geheimdienst kannte den Wirkungsbereich des deutschen U-Bootes, übermittelte der Lusitania aber irreführende Positionsangaben. Die Admitalität informierte den Kapitän auch nicht darüber, dass die Liverpool-Route um die Nordküste Irlands freigegeben worden war und dass sie zwei Tage vor Eintreffen der Lusitania den britischen Kreuzer *Juno,* der an der irischen Südküste auf den Luxus Liner wartete, um ihm Geleitschutz nach Liverpool zugeben, abgezogen hatte.

Es ist also beileibe nicht müßig, darüber zu spekulieren, ob die britische Regierung im Verbund mit der Admiralität den Angriff auf die Lusitania provoziert hatte, um die Amerikaner in den Kriegseintritt gegen Deutschland zu zwingen. Denn die hohen amerikanischen Verluste an Zivilisten riefen in den USA einen Sturm der Entrüstung hervor, dem die Regierung nur durch die Kriegserklärung an das deutsche Kaiserreich entgehen konnte.

Geschichte

Lange war Cobh (ausgesprochen, als ob es „Cove" geschrieben wäre) ein kleines verschlafenes **Fischernest,** doch in der Mitte des 18. Jh. erkannte die britische Armee die Vorzüge des geschützten Naturhafens. Auch die Marine wusste den günstigen Standortvorteil zu nutzen, und während des amerikanischen Unabhängigkeitskrieges sowie der napoleonischen Kriege wandelte sich Cobh zu einem wichtigen Umschlagplatz für Güter, Waffen und Soldaten. 1720 wurde im Örtchen Irlands erster Yachtclub gegründet, und ab 1830 avancierte Cobh zu einem **beliebten Badeort** der englischen High Society. 1838 startete von Cobh aus die *Sirius* zu ihrer Transatlantiküberquerung, das Schiff war der erste Dampfer, der diese Route befuhr. Elf Jahre später, im Jahre 1849, nach einem Besuch von Königin *Victoria* wurde die Stadt in Queenstown umbenannt, 1922, mit der Gründung des *Irish Free State* gab man dem Hafenort seinen ursprünglichen Namen wieder zurück. Ab der Mitte des 19. und noch zu Beginn des 20. Jh. **wanderten Hunderttausende** von armen, hungernden Iren von hier **nach Amerika aus.** Während dieser Zeit legten auch die großen Transatlantik Liner auf ihrer Fahrt von Southampton nach New York und zurück am Pier von Cobh an. Auch die *Titanic* stoppte hier im Jahre 1912 und nahm irische Emigranten auf, wenige Tage später waren die meisten von ihnen ertrunken. Drei Jahre später schockte eine weitere Schiffskatastrophe die Welt, als vor der irischen Südküste die Lusitania von einem deutschen U-Boot torpediert wurde. 1198 Menschen kamen ums Leben, die Geretteten, aber auch die geborgenen Körper wurden nach Cobh gebracht, hier versorgt und begraben. Ein **Denkmal** am zentralen Platz vor der Uferpromenade, am Casement Square, erinnert daran. Bis 1937 war Cobh britischer Marinehafen.

Heutzutage hat der Ort seine einstige wirtschaftliche Bedeutung verloren, doch spülen die vielen Besucher jedes Jahr viel Geld in die Taschen der Bewohner. Darüber hinaus ist Cobh auch Schlafstadt für begüterte Angestellte aus Cork. Wenngleich noch immer eine Fischereiflotte an den Molen liegt, so ist Cobh doch vor allem ein **Ferienort.**

Sehenswertes

Erster Besuchermagnet ist am Hafen der einstige **Bahnhof,** in dem mit vielen Ausstellungsstücken über die Queenstown Story, die Geschichte und Entwicklung der Stadt, der Auswanderung und die Geschichte der transatlantischen Seefahrt von und zum Hafen von Cobh berichtet wird. Das **Heritage Centre** ist Mo–Sa 9.30–18 Uhr sowie So 11–18 Uhr geöffnet, www.cobhheritage.com, 7 €/4 €.

Nahebei ist in einer protestantischen Kirche das kleine **Cobh Museum** untergebracht, das Schiffsmodelle, Fotos von Cobh aus dem 19. und 20. Jh., Gemälde und Alltagsgegenstände zeigt (März–Okt. Mo–Sa 11.30–13, 14–17.30 Uhr, So 14.30–17 Uhr).

Hoch über der Stadt ragt von einer Terrasse der Hügelschulter aus die **St. Colman's Cathedral** in den Himmel. Cobhs Landmarke und Wahrzeichen wurde 1868 im Stil der Neogotik begonnen und geht auf die Entwürfe des bekannten englischen Architekten *Augustus Pugin* zurück. Die Gelder für den Bau, der für so ein kleines Örtchen überdimensionierten Kathedrale spendeten vor allem emigrierte Iren aus den USA. Bekannt ist das im Jahre 1915 fertiggestellte Gotteshaus für sein **Glockenspiel,** das Größte auf den Britischen Inseln, an dem 49 Glocken beteiligt sind; die Schwerste von ihnen wiegt 3,6 Tonnen. Das Glockenkonzert kann man von Mai bis September jeden Sonntag ab 16.30 Uhr hören. Von dort oben hat man außerdem einen fantastischen Ausblick auf die Bucht und über Spike Island.

Wer die Ansicht der Stadt einmal von der Wasserseite aus erleben möchte, der kann zwischen Juni und September mit dem *Marine Transport Service* vom Atlantic Quay eine einstündige **Schiffstour** durch den Naturhafen unternehmen. Am East Beach vermietet das *International Sailing Centre* (Tel. (021) 4811237) Segelboote, Kanus und Surf-Bretter.

Interessant sind die geführten Touren durch die Stadt. Diesen **Titanic Trail** kann man in der *Tourist Information* oder unter Tel. (087) 2767218 buchen (www.titanic.ie, 12,50 €/6,25 €).

Vom Ortseingang von Cobh verkehrt von der R 624 eine **Autofähre** hinüber nach Cork. Man muss also nicht den 24 km langen Bogen zur Metropole fahren und wer direkt an die Südküste möchte, vermeidet so die immer staugeplagte Ortsdurchfahrt durch Cork.

Praktische Tipps

Tourist Information

- Im Gebäude des alten Yachtclubs am Hafen und **Heritage Centre,** Tel. (021) 4813612.

Unterkünfte

■ **Bella Vista Hotel** €,
Bishop's Road, Tel. (021) 4812450, Fax 4812215, www.bellavistahotel.ie;
■ **Harley's Guest House** €,
24 Harbour Row, Tel. (021) 4814290, www.harleysbnb.com;
■ **Knockeven House** €€ (Pam & John Mulhaire),
Rushbrooke, Tel. (021) 4811778, www.knockevenhouse.com;
■ **Pat & Martha Hurley** €,
Carrignafoy Road, Tel. (021) 4813873;
■ **Mrs. Noreen Hickey** €,
Beechmount, Tel. 021) 4814260;
■ **Ardeen B & B** € (Mrs. Aoibhinn Magee),
3 Harbour Hill, Tel. (021) 4811803;
■ **Delmar B & B** € (Mrs. J.D. Vicary),
Rushbrooke, Tel. (021) 4814831, www.delmarguests.com.

Restaurants

■ **Trade Winds Restaurant** €€–€€€, 16 Casemont Square, an der Seepromenade, Tel. (021) 4813754, www.tradewindscobh.ie, bestes Restaurant von Cobh, frische Fischgerichte, Seafood, gute Weine;
■ **The Quays Bar and Restaurant**€–€€, an der Seepromenade, www.thequays.ie, mit Terasse.

Pubs

■ **Kelly's Bar,** Casement Square, alte Fischerkneipe mit Atmosphäre, www.kellysbarcobh.com;
■ **Jack Doyle's Bar,** Midleton Street, von der Kathedrale den Hügel hoch, altmodischer Pub, benannt nach dem Holywood-Schauspieler und Boxer *Jack Doyle* (1913–1978), der aus Cobh stammte.

Cork

XXIII/C2

Cork ist, geht man von der Bevölkerungszahl aus (119.418 Einwohner), die zweitgrößte Stadt der Republik Irland und nach Belfast die drittgrößte Stadt der Insel. 2005 war Cork die **Europäische Kulturhauptstadt.** Sie ist eine attraktive Metropole mit einem großen kulturellen Angebot. Zusammen mit seinem Umland gilt Cork zudem als Feinschmeckerparadies und ist für ausgezeichnete Restaurants bekannt.

Der Name der Stadt (gälisch: Corcaigh) bedeutet „Sumpfgebiet". Der Fluss **Lee** durchfließt die Stadt und teilt sich an deren Westende in zwei Kanäle (North Channel und South Channel), die am östlichen Ende wieder zusammenfließen. Das Stadtzentrum liegt auf der Insel zwischen den Kanälen.

Nördlich dieser Insel befindet sich der **Stadtteil Shandon** mit seinen steil ansteigenden Straßen und Gassen, aus denen weithin sichtbar der Kirchturm von **St. Anne's Church,** das Wahrzeichen Corks, aufragt.

Südlich des Stadtzentrums liegt **South Mall,** das Geschäftsviertel, wo auch viele Restaurants und Cafés zu finden sind und im **Westen** befindet sich der Fitzgerald Park, auf dessen Gelände sich das Cork Public Museum befindet. Im **Osten** der Stadt sind Fabriken und Lagerhäuser angesiedelt.

Die Pharma- sowie die IT-Industrie haben sich in den letzten Jahren zu wichtigen Arbeitgebern entwickelt. Der Pfizer-Konzern stellt in Cork *Viagra* her und *Apple* hat hier sein europäisches Hauptquartier, das auch für den mittle-

Cork
0
400 m
Übernachtung
2 Maldron Hotel Cork
3 Kinlay House Hostel
4 Ashley Hotel
8 Cork International Hostel
19 White Lodge
27 Oakland B & B
28 Kent House
29 Jury's Inn Cork Hotel
30 Sheila's Cork Tourist Hostel
31 Higgin's B & B
32 Ambassador Hotel
St Mary's Cathedral
Roman Street
St Anne's Church
Cork Butter Museum
Dominick Street
Shandon Street
John Redmond Street
Lower John Street
Leitrim Street
N20
Carroll's Quay
Richmond Hill
Audley Pl.
Old Youghal
St. Patrick's Hill
McCurtain
Blarney Street
Cork City Gaol Heritage Centre
Pope's Quay
Kyle's Quay
North Mall
Bachelor's Quay
North Main St.
Coal Q
River Lee
St Patrick's Bridge
St Patrick's
Lavitt's Quay
Cork Opera House
Crawford Art Gallery
Merchant's Quay
Father Theobald Matthew Statue
Corn Market Street
Cork Vision Centre @ St. Peter's
Henry Street
Gratton Street
Greenville Place
Paul Street
Castle St
Academy St
Maylor Street
English Market
St Patrick's Street
Liberty St
Sheares Street
Washington Street
Grande Parade
Princes Street
Oliver Plunkett Street
N22
Western Road
Lancaster Quay
Hanover Street
South Main Street
Tucket St
South Mall
Morrison's Quay
Union
Cork Public Museum, Killarney
Father Matthew Memorial Church
National Monument
Father Matthew Quay
Sullivan's Quay
French's Quay
Bishop St.
George's Quay
South
Elisabeth Fort
Barrack Street
Fort St.
Dean Street
Douglas Street
Brandon Rd.
Essen und Trinken
1 Buttercup Café
5 An Sin É
6 The Corner House
7 Bodega @ St. Peter's Market
9 Café Paradiso
10 Reardon's
11 Liberty Grill
12 The Farmgate Café
13 The Mutton Lane
14 Strasbourg Goose
15 Le Château
16 Spailpín Fánach Pub
17 Ivory Tower
18 Quay Co-op
20 Jacob's on the Mall
21 Scoozi
22 Internet-Café Web Work House

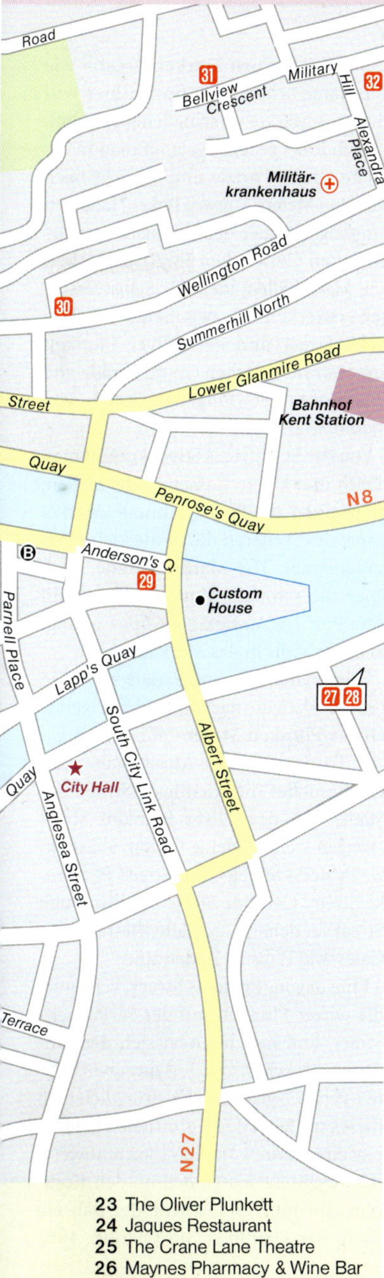

ren Osten und Afrika zuständig ist. *Heineken* braut in Cork neben seiner eigenen Biermarke die traditionellen Corker Guinness-Konkurrenten *Murphy's* und *Beamish*. Auch *Paulaner Weißbier*, das man in vielen irischen Pubs mittlerweile bekommt, wird von *Heineken* in Cork gebraut. Im September veranstaltet der niederländische Konzern sogar ein Oktoberfest mitsamt „Edelweiss Oompah Band" und „Lederhosen and Dirndl's", eben „everything German" (www.oktoberfestbeag.ie).

Geschichte

Cork durchlief in seiner Anfangszeit die typischen **drei Stadien irischer Geschichte:** im 6. Jahrhundert gründete der *hl. Finbar* am Ufer des Lee ein Kloster, im 10. Jahrhundert ließen sich Wikinger hier nieder und bauten einen Handelshafen mit einer Siedlung. Dann, im 12. Jahrhundert, bauten die Anglo-Normannen die Stadt weiter aus. Im Mittelalter war Cork eine englische Stadt, umgeben von einer feindseligen irischen Bevölkerung. Die Lage der *Corkonians* änderte sich nach der Reformation in England im 16. Jahrhundert. Sie blieben, wie die meisten englischstämmigen Iren, katholisch und waren nun mit zwei Bevölkerungsgruppen mit unterschiedlichen Interessen konfrontiert: den gälischen Iren und den neu zugewanderten Protestanten aus England. Die Loyalität der Stadt wechselte in der Folgezeit wiederholt zwischen der Krone und dem katholischen Widerstand. Nach Beginn des katholischen Aufstandes 1641 flüchteten Protestanten in großer Zahl nach Cork und stellten für die folgenden Jahrhunderte die Mehrheit. Im 18. Jahrhundert erlebte Cork eine wirtschaftliche Blüte durch den Export von Butter und Rindfleisch in alle Welt. Die Hungersnot Mitte des 19. Jahrhundert (siehe Exkurs) führte zur Massenzuwanderung aus ländlichen Gebieten. Die Stadt wurde dadurch wieder mehrheitlich katholisch, was erklärt, warum im 19. Jahrhundert das anti-britische *National Fenian Movement* hier besonders stark war. Seitdem ist Cork auch als *rebel city* bekannt.

Sehenswertes

Ein Besichtigungsgang könnte an der 1859 errichteten **St. Patrick's Bridge** beginnen, die über den North Channel führt. Am Eingang zur St. Patrick's Street, Corks Haupteinkaufsstraße, mahnt die **Bronzestatue von Father Theobald Matthew** vor zu großem Alkoholkonsum; der Pater unternahm in der ersten Hälfte des 19. Jh. als „Apostel der Mäßigung" einen „Kreuzzug" gegen Bier- und Whiskeytrinker und forderte die Abstinenz der Massen – eine wenig populäre Maßnahme!

St. Patrick's Street entstand im Jahre 1789, zuvor hatte man einen Seitenarm des Flusses Lee trockengelegt. Geschäfte des gehobenen Einzelhandels säumen die Hauptstraße. Es lohnt ein Blick in den kaufhausähnlichen Buch- und Zeitschriftenladen der irischen Eason-Kette. Überdies gibt es auf der St. Patrick's Street eine Filiale der sehr gut sortierten britischen Buchhandelskette *Waterstone's* sowie eine Filiale der Musik-, Film- und Computerspiel-Kette *HMV*. Am Ende von St. Patrick's Street geht es nach rechts in die **Corn Market Street** – wie der Name schon sagt, finden hier wochentags Märkte verschiedener Art statt.

Nach links gehend, gelangt man in die breite Grand Parade und erreicht nach wenigen Metern Fußweg linker Hand den Eingang zu einer der Hauptsehenswürdigkeiten Corks, dem **English Market.** Die Markthallen, ideal für Selbstversorger, erstrecken sich zwischen der St. Patrick's Street und der Oliver Plunkett Street sowie zwischen Grand Parade und Princess Street (Eingänge jeweils von diesen Straßen).

Von der St. Patrick's Street kommt man durch drei kleine Gassen in die Hallen; zum einen durch die schmale Market Lane; des Weiteren durch die kleine Arkadenstraße The Market Parade, auch über die schmale Mutton Lane – mit dem Pub *The Mutton Lane Inn* – gelangt man ebenfalls in das Marktareal.

Folgt man der Grand Parade weiter, so passiert man die nach links abzweigende **Oliver Plunkett Street** – für den an Essen, Trinken und Live-Musik interessierten Besucher die wichtigste Straße der Stadt. Von der Oliver Plunkett Street zweigen weitere kleine Gassen ab, so etwa Princess Street, Cook Street, Pembroke Street, Caroline Street, Marlborough Street, in denen Geschäfte, Restaurants, Cafés und Pubs zu finden sind.

Eine davon, **Princess Street,** verbindet die Oliver Plunkett mit der St. Patrick's Street, und hier befindet sich der Eingang zum schönsten Teil des überdachten Verkaufsgeländes. Ursprünglich hieß dieses im Jahre 1788 eröffnete Hallenareal einmal *Root Market;* 1862 renovierte der Architekt*George Benson* den Komplex. Im Juni 1980 wurde der Bau ein Raub der Flammen. Im Oktober 1981 konnte die Markthalle wieder der Öffentlichkeit übergeben werden; alles war sehr sorgfältig restauriert worden, selbst der plätschernde Brunnen wurde nicht vergessen, und auch die metallenen Stützsäulen sowie die Geländer der oberen Etage sind den einstigen Originalen nachempfunden.

Zurück zur Grand Parade und weiter der ursprünglichen Richtung folgend – auf der linken Straßenseite trifft man dabei auf das **Tourist Office** –, ist am South Channel bald das **National Monument** erreicht, das die irischen Freiheitskämpfer ehrt. Nun geht es links in die South Mall in das Bankenzentrum von Cork.

Einen Abstecher lohnt die **Father Matthew Memorial Church** am Father Matthew Quay. Sie entstand im Jahre 1832 im neogotischen Stil. Im Innern zeigen hinter dem Hochaltar die Kirchenfenster ein Abbild von *Daniel O'Connell*, dem katholischen Bürgerrechtler.

Am Ende von South Mall sieht man auf der anderen Flussseite am Albert Quay die **City Hall;** das Rathaus wurde 1920 zerstört und 16 Jahre später im neoklassizistischen Stil neu erbaut.

South Mall geht nun über in den Lapp's Quay, und der führt uns zum Zusammenfluss von North und South Channel. Auf der Landspitze liegt das im 19. Jh. erbaute **Custom House,** heute Sitz der Hafenverwaltung. Wendet man sich nun nach links, erreicht man über Anderson's Quay und Merchant's Quay vorbei am Busbahnhof nun wieder St. Patrick's Bridge, den Ausgangspunkt des Spazierganges.

Im Zentrum von Cork

060IRL hs

Einen Besuch lohnt auch der nördliche Teil von Cork. Überquert man den Fluss Lee auf der St. Patrick's Bridge, so gelangt man in die steil ansteigende Straße **St. Patrick's Hill;** von hier oben hat man einen schönen Blick auf das Stadtzentrum von Cork.

Westlich von St. Patrick's Hill erhebt sich am Cathedral Walk die wichtigste katholische Kirche der Stadt: **St. Mary's Cathedral,** 1808 im neogotischen Stil errichtet. Nachdem sie einem Brand zum Opfer gefallen war, renovierte sie der Corker Architekt *G. R. Pain* und gestaltete auch die Innenausstattung neu.

Nahebei lohnt ein Besuch in der **St. Anne's Church** (Shandon). Der Kirchturm hat aufgrund seiner Form den Namen *Pepperpot,* Pfefferstreuer, erhalten. Man darf den 36 m hohen Glockenturm besteigen und hat eine gute Aussicht über Irlands südliche Metropole (www.shandonbells.ie, Juni–Sept. 10–17 Uhr, So 11.30–16.30 Uhr, März–Mai und Okt. 10–16, So 11.30–16 Uhr, Nov.–Feb. 11–15 Uhr, 5 €/2,50 €); einen Blick lohnen die acht Glocken, deren Spiel berühmt ist. Um die Ecke am O'Connell Square befindet sich das **Cork Butter Museum,** das sich der Geschichte dieses für Irland sehr wichtigen Produktes widmet (www.corkbutter.museum, 10–17 Uhr, Juli–Aug. bis 18 Uhr, 4 €/ 1,50 €).

Am südlichen Ufer des Flusses Lee, nahe dem 1963 erbauten **Opernhaus,** (www.corkoperahouse.ie) liegt am Emmet Place die **Crawford Art Gallery** (Mo–Sa 10–17 Uhr, Do bis 20 Uhr, www.crawfordartgallery.ie), die Skulpturen und Gemälde irischer Künstler sowie auch wechselnde Ausstellungen zeigt.

Außerhalb des Stadtzentrums der N 22 Richtung Killarney folgend, kommt man zum **Cork Public Museum** (Mo–Fr 11–13 Uhr, 14.15–16 Uhr, So 15–17 Uhr, Eintritt frei, www.corkcity.ie), das im Fitzgerald's Park liegt. In dem Ausstellungsgebäude kann der Besucher Exponate zur Stadtgeschichte studieren, und im Park selbst lohnt ein Spaziergang vorbei an vielen Skulpturen.

Weitere Museen und Sehenswertes

- **Cork Vision Centre@St Peter's,** North Main Street, www.corkvisioncentre.com, Di–Sa 10–17 Uhr, Eintritt frei, zeigt ein Modell der Stadt, Filmdokumente, weitere Informationen über die Stadt und wechselnde Ausstellungen;
- **Cork City Gaol Heritage Centre,** Sunday's Well, www.corkcitygaol.com, März–Okt. 9.30–17 Uhr, sonst 10–16 Uhr, 8 €/4,50 €; hier kann man sowohl eine Tour durch das alte Gefängnis machen, als auch das **Radio-Museum** besichtigen;
- **Elizabeth Fort,** Barrack Street, Sternfort aus dem Jahr 1601, das eine bewegte Geschichte unter anderem als Kaserne und Frauengefängnis hinter sich hat, von hier hat man auch eine sehr gute Aussicht über die Stadt, es soll in der Zukunft touristisch weiter ausgebaut werden.

Praktische Tipps

Tourist Information

- in der Grand Parade, Tel. (021) 4255100, Fax 4255199.
- **www.corkcity.ie**

Hotels

- **Jury's Inn Cork Hotel** €€, Anderson's Quay, Tel. (021) 4943000, Fax 4276144, www.jurysinns.com;

■ **Ashley Hotel** €€,
Coburg Street, Tel. (021) 4501518,
Fax 4501178, www.ashleyhotel.com;
■ **Ambassador Hotel** €€,
Military Hill, St. Luke's, Tel. (021) 4539000,
www.ambassadorhotelcork.ie;
■ **Maldron Hotel Cork** €€,
J. Redmond Street, Tel. (021) 4529200,
Fax 4529222, www.maldronhotelcork.com;

B & Bs

■ **Higgin's B & B** € (Mrs. Breeda Higgins),
Bellevue Park, St. Luke's, Tel. (021) 4508963;
■ **Dunderg** € (Mrs. Kay O'Donovan),
3 Westgate Road, Bishopstown,
Tel. (021) 4543078, www.dunderg.com;
■ **Oakland B & B** € (Mrs. Ellen Murray),
51 Lower Glanmire Road,
Tel. (021) 4500578;
■ **Kent House** € (Lorraine & John Dineen),
47 Lower Glanmire Road, Tel. (021) 4504260,
www.kenthousecork.eu;
■ **White Lodge** € (Mrs. Mary Bayer),
Airport Road, Tel. (021) 4961267,
bayerfamily@eircom.net.

Hostels

■ **Cork International Hostel** €,
Western Road, Tel. (021) 4543289;
■ **Sheila's Cork Tourist Hostel** €,
Belgrave Place, Wellington Road,
Tel. (021) 4505562, www.sheilashostel.ie;
■ **Kinlay House Hostel** €,
Bob and Joan's Walk, Shandon,
Tel. (021) 4508966, www.kinlayhousecork.ie.

Camping

■ **Blarney Caravan and Camping Park** €, Tel. (021) 4516519, www.blarneycaravanpark.com, von Cork (N 20) gen Norden, dann die R 617 bis Blarney.

Restaurants

■ **Ivory Tower** €€–€€€, 35 Princes Street, The Exchange Buildings, Tel. (021) 4274665, www.ivorytower.ie, japanisch inspirierte Küche vom Feinsten, auch mexikanisch und irisch. Küchenchef *Seamus O'Connells* weiß seine Gäste zu verführen, 5-Gänge Menu 60 €, außerdem ein japanisches und ein irisches *Taster Menu;*
■ **Jacob's on the Mall** €€–€€€-, 30 A South Mall, Tel. (021) 4251530, www.jacobsonthemall.com, irische Küche in asiatischer Verfeinerung;
■ **Scoozi** €–€€, 2–5 Winthrop Lane, www.scoozis.ie, italienisch inspiriertes, gemütliches Restaurant, familienfreundlich;
■ **The Farmgate Café** €, English Market, Princes Street, Tel. (021) 4278143, www.farmgate.ie, Tischservice im Dining Room, Selbstbedienung auf dem Balkon, hier hat man einen guten Ausblick auf das geschäftige Treiben des English Market, traditionelle irische Küche;
■ **Strasbourg Goose** €, French Church Street, kleines Bistro;
■ **Liberty Grill** €–€€, Washington Street, Tel. (021) 4271 049, www.libertygrill.ie, hauptsächlich Grillgerichte, interessante Burgerauswahl, auch für Vegetarier, z.B. *Tempeh-Burger* oder *Halloumi-Burger;*
■ **Jacques Restaurant** €–€€, Tel. (021) 4277387, www.jacquesrestaurant.ie, moderne irische Küche, auch Wildgerichte in der Saison;
■ **Buttercup Café** €, 19 Dominick Street, Tel. (021) 4551888, kleines, gemütliches Tagescafé direkt beim *Butter Museum,* guter Kuchen und kleine warme Gerichte;
■ **Quay Co-op** €, 24 Sullivans Quay, Tel. (021) 4317 026, www.quaycoop.com, vegetarisches Restaurant

154IRL hg

mit entspannter Atmosphäre in einem alten Gebäude direkt am South Channel mit angeschlossenem Bio-Laden, große Portionen, sehr zu empfehlen, auch vegane Alternativen;

■ **Café Paradiso** €€-€€€, 16 Lancaster Quay, Tel. (021) 4277939, www.cafeparadiso.ie, ausgezeichnetes, preisgekröntes vegetarisches Restaurant, geführt von dem bekannten Koch *Dennis Cotter,* auch sehr beliebt bei Nicht-Vegetariern.

Pubs

■ **The Crane Lane Theatre,** Phoenix Street, entspannter Pub mit Biergarten, in dem regelmäßig Konzerte aller Art stattfinden; jeden Abend Musik von traditionell über Jazz bis Rock, auch schonmal internationale Acts;

■ **The Mutton Lane,** Off St. Patrick's Street, kleiner, uriger Pub seit 1793;

■ **Le Chateau,** St. Patrick's Street, sehr stilvoller, 1793 gegründeter Pub, mit Weinbar, angenehme Atmosphäre;

■ **Maynes Pharmacy & Wine Bar,** Pembroke Street, in einer historischen Apotheke untergebracht, in der sich, außer der Nutzung, seit Jahrzehnten nichts geändert zu haben scheint – sehr sehenswert;

■ **Reardon's,** Washington Street, großer Pub mit gutem mittäglichen *Pub Grubs* in dem regelmäßig Traditional Sessions stattfinden und Bands aller Couleur aufspielen;

■ **Spailpín Fánach,** South Main Street, in der ganzen Stadt bekannter und in Cork eingeführter Singing Pub;

■ **Bodega@St.Peter's Market,** Cornmarket Street, Bar, Restaurant und Nachtclub in oppulent eingerichtetem, historischen Marktgebäude – allein deshalb einen Blick wert – regelmäßig Musikveranstaltungen aller Art;

■ **Internet-Café Web Work House,** 8 Winthrop Street;

■ Zwei gute Pubs mit Sessions liegen direkt nebeneinander in der Coburg Street, nördlich des North Channel in einer Parallelstraße des Camden Quay: das **An Sin É** und das **The Corner House.**

Verbindung

■ **Züge** mehrmals täglich von Dublin, Rosslare Harbour und Limerick;
■ **Busse** mehrmals täglich von Dublin, Bantry, Carrick-on-Suir, Cahir, Cashel, Kilkenny, Glengarriff, Kinsale, Limerick, Killarney, Rosslare Harbour, Waterford und Wexford.

Umgebung von Cork

Blarney XXIII/C2

Einige Kilometer nordwestlich von Cork liegt das Dörfchen Blarney. Hier kann man erleben, wie mittels gezieltem Marketing täglich Hunderte von Touristen einen relativ unwichtigen Ort aufsuchen und pro Jahr Millionen Euro in die Kassen spülen. Um an Besucherströmen zu partizipieren, benötigt man anscheinend eine Burgruine, eine nette Anekdote sowie eine Prophezeiung, die die Touristen zu mühevollen Verrenkungen zwingt, ihnen aber das Gefühl gibt, aktiv am Geschehen teilgenommen zu haben (www.blarneycastle.ie, 9–17 Uhr, 12 €/5 €).

Der Ort: Blarney Castle wurde im 15. Jh. erbaut und ist heute eine Ruine, der mächtige Turm aber kann noch bis zur Spitze bestiegen werden.

Die Anekdote: *Cormac MacCarthy*, ein Abkömmling der Könige von Munster, schaffte es immer wieder mit seiner unvergleichlichen Wortgewandtheit, der englischen Königin *Elisabeth I.* den geforderten Lehnseid zu verweigern. Eines Tages rief die Monarchin wutentbrannt aus: „*This is all Blarney!*", was heißen sollte: Dies sind alles faule Ausreden.

Die Prophezeiung und die sportliche Übung: Mittels 120 Stufen gelangt man auf die Brustwehr des Turms von Blarney Castle; geduldig reihen sich die Besucher in eine Schlange ein und warten auf den spannenden Moment. Wer sich an einer markierten Stelle auf den Rücken legt, den Oberkörper und den Kopf so weit wie möglich nach hinten biegt und einen Kuss auf die Unterseite eines Steines drückt, dem ist mit diesem Akt die Gabe der Beredsamkeit verliehen. Darüber hinaus wird die akrobatische Übung von einem autorisierten Fotografen abgelichtet, und man erhält ein Zertifikat, das zusammen mit dem Foto allen Freunden und Verwandten beweist: „*I have kissed the Blarney stone!*"

☒ Im English Market von Cork

DER SÜDWESTEN – TOUR 4

Der nun folgende, rund **700 km** lange Streckenabschnitt bringt dem Besucher die landschaftliche Schönheit Irlands besonders nahe. Die Fahrt geht entlang der schärenzerfurchten Südküste mit ihren vorgelagerten Inseln und führt dann nach Norden, die Westküste hoch. Wie die Finger einer Hand ragen dort lange **Halbinseln** hinaus ins Meer.

Einen ersten Vorgeschmack von Irlands rauer Küstenlandschaft bekommt man bei der Rundfahrt auf der **Mizen-Peninsula,** grandioser noch präsentiert sich dann die Ufer- und Gebirgslandschaft der **Beara-Peninsula** krönender Höhepunkt jedoch ist die Fahrt entlang des berühmten **Ring of Kerry** auf der **Iveragh-Peninsula.**

Bevor es dann nach **Limerick,** einer der Metropolen Irlands geht, sollte man die **Dingle-Peninsula** sowie die der Küste vorgelagerten **Blasket Islands** besuchen. Nicht nur das Meer und die Gebirge beeindrucken entlang dieser Strecke, auch die vielen Dörfer und Städtchen – **Kinsale, Baltimore, Schull, Kenmare** sowie **Killarney** und **Dingle** –alle reich an Atmosphäre, machen jeden Stopp zum Erlebnis.

Der Ring of Beara

115IRL tii

HIGHLIGHTS

Besondere Tipps*:

***Diese Tipps erkennt man im Buch an der gelben Hinterlegung im Kapitel.**

Kinsale

XXIII/C2

Man verlässt Cork über die N 27 und folgt dann der R 600 in Richtung auf das Örtchen Kinsale, das ca. 30 km südlich der Metropole liegt. Kinsale (rund 2300 Einwohner) gehört mit Sicherheit zu den schönsten und atmosphärereichsten Orten auf der Grünen Insel, an sommerlich warmen Tagen fühlt man sich in mediterrane Gefilde versetzt.

Darüber hinaus gilt Kinsale als **Feinschmeckerhauptstadt,** eine große Zahl an gleichermaßen exklusiven wie exzellenten Restaurants versprechen reiche Gaumenfreuden. Alljährlich Anfang Oktober findet das *Kinsale Gourmet Festival* statt, und alle Köche des Ortes wetteifern miteinander um die Gunst der Gäste.

Ende Oktober dann spült der Musik-Event **Kinsale Jazz Festival** erneut Tausende von Gästen in das sympathische Städtchen.

Bei einem abendlichen Bummel entlang des Wassers kann man sich die vielen hundert Yachten anschauen, die in **Kinsale Harbour** vor Anker liegen, und wenn man dann den Rückweg durch die parallel zum Pier verlaufende Main

Street nimmt und durch das Ortszentrum spaziert, hat man Gelegenheit, die Preise und Angebote der Restaurants zu vergleichen. Auch ein Blick in die vielen Pubs lohnt sich. Man kann hier eine individuell zugeschnittene Wahl für das abendliche *Guinness* treffen.

Geschichte

In früheren Jahrhunderten war der Hafen von Kinsale ein wichtiger **Flottenstützpunkt** der englischen Besatzer. Das gewaltige, aus dem 17. Jh. datierende Charles Fort in Summercove (s.u.), das einst die Hafeneinfahrt bewachte, gibt noch heute Zeugnis von jenen Tagen.

Im Jahre 1601 landeten die **Spanier** an diesem Abschnitt der irischen Küste und besetzten Kinsale. Englands Statthalter, *Lord Mountjoy,* belagerte daraufhin das Örtchen; trotz der Unterstützung, die der irische Adel und die Bevölkerung den Spaniern zukommen ließen, gelang dem Lord die Einnahme der Stadt. Die Bewohner wurden vertrieben, keinem Iren war es ab nun über die Jahrhunderte gestattet, in Kinsale zu leben.

Dieses gewalttätige Ereignis führte zur so genannten **Flight of the Earls**, der Flucht Tausender irischer Aristokraten in katholische kontinentaleuropäische Länder, wo sie sich als Söldner verdingten.

Übrigens wurde der Gründer des nordamerikanischen Bundesstaates Pennsylvania, **William Penn,** in Kinsale geboren.

▷ Am Hafen von Kinsale

Sehenswertes

Wer auf Sehenswürdigkeiten aus ist, sollte die **St. Multose's Church,** die im 12. Jahrhundert erbaute Pfarrkirche besichtigen sowie in der Cork Street **Desmond Castle,** in dem während der napoleonischen Kriege französische Soldaten eingekerkert waren.

Weiterhin gibt es ein kleines Stadtmuseum, das **Kinsale Regional Museum,** im Old Courthouse am Market Square (Mi–Sa 10–17 Uhr, So 14–17 Uhr, Tel. (021) 4777930, 3 €/1,50 €).

In dem alten Gerichtsgebäude übrigens nahm die erste Untersuchungskommission zum **Untergang der Lusitania** ihre Arbeit auf. Wie in Cobh auch eilten die Fischer von Kinsale nach der Torpedierung der Lusitania zum Untergangsort, retteten die Passagiere und bargen die Toten, von denen einige auf dem Kirchhof der St. Multose's Church begraben liegen.

Außerhalb von Kinsale liegt in Summercove hoch über dem östlichen Ufer das **Charles Fort** (März–Oktober, ausgeschildert, täglich 10–18 Uhr, sonst nur bis 17 Uhr, 4 €/2 €), das erst jüngst renoviert worden ist. 1677 ließ der *Duke of Ormond* das mächtige Kastell errichten. Von hier oben hat man einen wundervollen Blick auf den Hafen von Kinsale und das Örtchen selbst.

Kinsale ist aber nicht nur bekannt wegen seines milden Klimas und der guten Restaurants, sondern gilt auch als Mekka der **Hochseeangler;** gefischt wird vor allem nach Blauhaien – respektable Trophäen darf der Petrijünger allerdings nicht erwarten; die gefangenen Tiere werden markiert und dann wieder in ihrem Element ausgesetzt.

153IRL hg

Praktische Tipps

Tourist Information

- Pier Road, Tel. (021) 4772234;
- Im Ortszentrum, nahe der *Tourist Information,* hängt am Emmet Place ein großer **Stadtplan,** auf dem die Standorte vieler Restaurants eingezeichnet sind.
- **www.kinsale.ie**

Unterkünfte

- **Acton's Hotel** €–€€, Pier Road, Tel. (021) 4772231, Fax 4772231, www.actonshotelkinsale.com, Neueröffnung voraussichtlich Januar 2013;
- **Blue Haven Hotel** €€–€€€, 3 Pearse Street, Tel. (021) 4772209, Fax 4774268, www.bluehavenkinsale.com;
- **Trident Hotel** €€, World's End, Tel. (021) 4779300, Fax 4774173, www.tridenthotel.com;
- **Collin's B & B** € (Mrs. Joan Collins), Cork Road, Tel. (021) 4772318, info@collinsbb.com;
- **Rock View** € (Mrs. Anne McCarthy), The Glen, Tel. (021) 4773162, www.rockviewbb.com;
- **Seabreeze** € (Mrs. Fiona McCarthy), Featherbed Lane, Tel. (021) 4774854, seabreeze@eircom.net;
- **Dempsey's Hostel** €, Eastern Road, Tel. (021) 4772124;
- **Campingplatz** *Garrettstown House Caravan and Camping Park,* Tel. (021) 4778156, www.garrettstownhouse.com, 12 km südwestlich an der R 600, familienorientiert (mit Kinder-Disco, Kinderclub, Boules etc.), an einem Herrenhaus aus dem 18. Jh.

Restaurants

- **Man Friday** €€, Tel. (021) 4772260, www.manfridaykinsale.ie, liegt am Weg zum Charles Fort. Tafeln mit Blick auf den Hafen und über das Meer, Fisch- und Fleischgerichte, internationale Küche;

■ **Blue Haven** €€–€€€, Pearse Street, Tel. (021) 477 2209, preisgekröntes Restaurant mit frischen Meeresfrüchten, sommertags speist man im Garten;
■ **Hoby's Restaurant** €, Main Street, (021) 477 2200, irische Küche und Meeresfrüchte;
■ **The Little Skillet** €–€€, Main Street, (021) 477 4202, Familienbetrieb mit rustikaler Einrichtung;
■ **Max's Wine Bar** €€–€€€, Main Street, Tel. (021) 4772443, www.maxs.ie, laut der *Irish Times* gibt es hier die besten Muscheln von ganz Irland, auch vegetarische Gerichte;
■ **Zuuls** €€–€€€, 6 Main Street, Tel. (021) 4709636, www.zuuls.com; viel Fisch und Meeresfrüchte, auch vegetarische Gerichte;
■ **The White House Restaurant and Bar** €, Pearse Street, Tel. (021) 4772045, www.whitehouse-kinsale.ie, Kinsales ältestes *fully licensed Restaurant,* gute Steaks, aber auch ausgefallene Gerichte.

Pubs

■ **The Spaniard,** Scilly, auf halbem Weg zum Charles Fort gelegen, traditionsreiche Taverne mit Live-Musik;
■ **Lord Kinsale,** Main Street, Fachwerkambiente und Wohnzimmeratmosphäre, regelmäßig Live-Musik;
■ **The Greyhound,** Marian Terrace, off Market Square, Pub mit einer absolut winzigen Theke und drei kleinen Hinterzimmern, an kühlen Tagen wärmen die Torf- und Kohlefeuer in den Kaminen, seit dem Jahre 1690 sorgt diese Kneipe für die durstigen Trinker von Kinsale;
■ **The Folk House,** Guardwell, www.folkhousevenue.com, Pub und Nachtclub, regelmäßig Live-Musik, auch ein Restaurant, sehr gemütliche, rustikale Einrichtung;
■ **An Seanachaí,** Market Street, rustikaler alter irischer Pub, traditionelle Live-Musik;
■ **Jim Edward's,** Maket Quay, schöner großer Pub, der die matritime Traditon des Landes hochhält, mit angeschlossenem Restaurant.

Stadtführungen

Alle Stadtführungen können auch beim *Tourist Office* gebucht werden.
■ **Dermot Ryan's Heritage Town Walks,** Tel. (086) 8267656, 5 €, Kinder frei;
■ **Don & Barry's Kinsale Historic Stroll,** Tel. (021) 4772873;
■ **Kinsale Ghost Tours,** Tel. (087) 9480910, 10 €/ 5 €, eher lustig, durchaus für Kinder geeignet, nur abends.

Wandern

■ Zum **Old Head of Kinsale,** eine ins Meer reichende Felszunge, Strecke hin und zurück von Kinsale ca. 16 km, sehr einfach zu begehen, die westlichen Klippen beherbergen ein Vogelschutzgebiet.

Hochseeangeln

■ **Informationen** im *Tourist Office;*
■ **Buchungen** auch im *Angling Centre* des *Trident Hotel* am Ende des Piers.

Verbindung

■ **Busse** mehrmals täglich von Cork.

Skibbereen XXII/A3

Die Route verlässt Kinsale in westlicher Richtung und verläuft über die R 600 und danach über die N 71 auf das Städtchen Skibbereen (ca. 2400 Einwohner) zu. Der Ort ist wichtiges Versorgungszentrum und Administrationssitz von West Cork, in Geschäften aller Art kann man seine Vorräte auffrischen.

Freitags findet ein **Viehmarkt** statt, ein Ereignis, das man nicht versäumen sollte. Außerdem gibt es samstags einen guten Bauernmarkt. In der Main Street ist das **West Cork Arts Centre** (www.westcorkartscentre.com), in dem Kunstausstellungen sowie Musik-, Tanz- und Theateraufführungen stattfinden.

Skibbereen eignet sich gut als Standquartier für sehr empfehlenswerte Ausflüge zur **Mizen-Halbinsel.**

Tourist Information

- North Street, Tel. (028) 21766.
- **www.skibbereen.ie**

Unterkünfte

- **West Cork Hotel** €€–€€€, Ilen Street, Tel. (028) 21277, Fax 22333, www.westcorkhotel.com;
- **Sandy Cove House** € (Mrs. Breda O'Driscoll), in Castletownsend, Tel. (028) 36223, sandycovehouse@eircom.net;
- **Russagh Mill Hostel & Adventure Centre** €, Russagh, Tel. (028) 22451, www.russaghmillhostel.com.

Restaurants

- **Riverside Café** €€–€€€, North Street, Tel. (028) 40090, www.riversideskibbereen.ie, beliebtes Restaurant direkt am Fluss gelegen mit schöner Terasse, international angehauchte irische Küche und Tapas;
- **Kalbo's Bistro** €, North Street, Tel. (028) 21515, mit Snacks und warmen Gerichten aus vorwiegend regionalen Zutaten;
- **Field's Coffee Shop** €, Main Street, serviert kleine Snacks, gut für den mittäglichen Lunch.

Pub

- **Paragon's Bar & Restaurant,** in einem Hinterhof der Main Street, gute *Pub Grubs.*

Verbindung

- **Busse** täglich von Cork, Killarney, Bantry, Glengarriff, Kenmare, Schull, Baltimore.

Lough Hyne

XXII/A3

Nicht versäumen sollte man einen Ausflug von Skibbereen in das 16 km weiter südlich gelegene **Baltimore,** das auf der R 595 erreicht werden kann. Nach wenigen Minuten Fahrt zweigt links ein kleines Sträßchen zum Lough Hyne (auch Ine geschrieben) ab (ausgeschildert) – diesen Ausflug sollte man auf keinen Fall auslassen! An den Ufern des blaugrünen **Salzwassersees,** der von dunklen Wäldern umgeben ist, kann man schöne Spaziergänge unternehmen oder auch in Ruhe und Beschaulichkeit picknicken.

Die Region rund um den Lough ist ein Nature Reserve, ein Naturschutzgebiet, mit einem **einzigartigen Ökosystem.** Der See ist durch eine natürliche Klippenbarriere vom offenen Meer getrennt; bei Hochwasser jedoch oder während einer Springflut schwappt Salzwasser über dieses Hindernis und füllt den Lough Hyne auf. Durch Verdunstung entsteht ein sehr hoher Salzgehalt.

*1 Links endet der Weg – rechts guter Weg zum Spazieren bis zu kleiner Bucht

Das Gewässer ist ca. 50 m tief und enthält seltene Mikroorganismen sowie eine einzigartige Flora und Fauna. Am Parkplatz zeigt eine Schautafel die wichtigsten Tiere und Pflanzenarten und gibt Erklärungen zu diesem Ökosystem.

Vom See aus muss man nicht zur Hauptstraße zurückkehren, sondern kann auf nicht klassifizierten, schmalen Straßen nach Baltimore gelangen.

+ Nationalpark zum Wandern

Baltimore XXII/A3

Baltimore (377 Einwohner) liegt auf der Spitze einer ins Meer reichenden Landzunge und hat einen winzigen Hafen, wenige buntbemalte Häuschen im Ortszentrum, ein oder zwei Lebensmittelläden sowie eine kleine, auf Yachten spezialisierte Bootswerft.

Das Dörfchen erfreut sich großer Beliebtheit bei **Hobbyseglern** und **Hochseeanglern.** Überdies verkehren von hier aus **Fähren** zu den in der Roaring Water Bay gelegenen Inseln Sherkin Island und Cape Clear Island.

Baltimore eignet sich – vor allem während der Vorsaison – mit seiner anheimelnden Puppenstubenatmosphäre vorzüglich, um Ruhe zu finden und neue Kräfte zu sammeln.

Oberhalb des Hafens findet man die **Ruinen des O'Driscoll Castle,** das im Jahre 1537 von Truppen aus Waterford eingenommen und geschleift wurde; damit nahm man den Piraten der O'Driscoll-Familie ihre Trutzburg.

Alljährlich, am letzten Wochenende im Mai, findet im Örtchen das **Seafood Festival** statt. Dabei kommen nicht nur Austern, Krabben, Hummer, Garnelen und Muscheln auf die Tische der Lokale, sondern es treten auch Musikgruppen auf, die traditionellen Irish Folk, aber auch Jazz zu Besten geben.

Unterkünfte

- **Baltimore B & B** € (Mrs. Marguerite O'Driscoll), Rathmore House, Tel./Fax (028) 20362, www.baltimorebb.com;
- **Channelview B & B** € (Mrs. Margaret Harrington), Tel. (028) 20440, www.channelviewbb.com;
- **Rolf's Country House** €€, Tel. (028) 20289, Fax 20930, von Deutschen (den *Haffners)* geführtes *Guest House,* Übernachtung mit kontinentalem Frühstück, auch Cottages für 4–5 Personen wochenweise in der Hauptsaison und für mind. zwei Tage in der Nebensaison erhältlich, angeschlossenes Restaurant.

Restaurants

- **The Lookout** €€–€€€, oberhalb des Hafens gelegen mit guter Aussicht, Tel. (028) 20600, www.waterfronthotel.ie, französisch inspirierte Küche, gute Fischspezialitäten;
- **Casey's of Baltimore** €€–€€€, am Ortseingang, Tel. (028) 20197, www.caseysofbaltimore.com, Seafood und Fleischgerichte;
- **La Jolie Brise** €, oberhalb des Hafens, Tel. (028) 20441, www.waterfronthotel.ie, italienische und französisch angehauchte Gerichte.

Pubs

- **Bushe's Bar,** direkt am Hafen, Treffpunkt der Segler und Angler;
- **The Sibín,** während der Saison am Wochenende Live-Sessions.

Verbindung

- **Busse** mehrmals täglich von Skibbereen.

Umgebung von Baltimore

Sherkin Island XXII/A3

Je nach Wetterlage und Passagieraufkommen verkehrt von Baltimore aus mehrmals am Tag eine Fähre nach Sherkin Island. Wegen der kurzen, nur wenige Minuten dauernden Überfahrt lohnt sich ein Inselbesuch auch als Tagesausflug. Das Eiland ist knapp 9 km lang und zählt 80 Einwohner. Niedriges Gestrüpp und wilder Rhododendron wachsen zwischen Felsbrocken. Vier nette **Sandstrände** locken zum Schwimmen, aber auch dem kleinen **meeresbiologischen Institut** mit seinen Aquarien sollte man einen Besuch abstatten.

Auf Sherkin Island finden sich ebenfalls die **Reste einer Burg** der räuberischen *O'Driscoll-Familie;* bei der Zerstörung des Bollwerks rissen die Eroberer auch gleich die Gebäude eines kleinen Franziskanerklosters mit ein.

Im **Insel-Pub** *Jolly Rogers* kennt man aufgrund fehlender Ordnungshüter keine Sperrstunde, es finden Folk Sessions bis in die tiefe Nacht statt.

Selbstversorger können im **Post Office** auch einfache Lebensmittel kaufen, da sich hier auch ein kleiner **Laden** befindet. Eine **Unterkunft** findet man im:

- **Islander's Rest** €,
Tel. (028) 20116, www.islandersrest.ie.

Clear Island XXII/A3

Ungefähr eine Stunde dauert die Überfahrt (mehrfach täglich ebenfalls von Baltimore) zum 5 km langen und 2 km breiten Clear Island, das aufgrund seiner besseren touristischen Infrastruktur im Sommer wesentlich mehr Besucher verkraften muss als Sherkin Island.

Die 150 Einwohner sprechen untereinander noch hauptsächlich gälisch, die Insel gehört zu den so genannten **Gaeltacht-Gebieten,** in denen die alten irischen Sitten und Gebräuche noch weitgehend erhalten geblieben sind.

Berühmt ist Clear Island auch für sein **Bird Observatory,** das 1959 von Hobby-Ornithologen gegründet wurde und heute interessierten Vogelbeobachtern exzellente Studienmöglichkeiten bietet. Das Observatorium bietet auch regelmäßig Führungen über die Insel an zur Vogelbeobachtung an. Nirgendwo sonst in Irland hat man die Möglichkeit, derartig vielen Seevögeln, etwa dem Sturmtaucher, Trottellumme, Basstölpel, Eissturmvogel und der Dreizehenmöwe, in heimischer Umgebung zuzuschauen.

Während der Sommermonate kommen viele irische Schulkinder zu den **gälischen Sprachkursen** und es gibt auch Kurse für Erwachsene.

Anfang September lohnt das **International Storytelling Festival** eine Überfahrt, dabei kann man Geschichtenerzählern lauschen, es kommen aber auch Musikdarbietungen zur Aufführung.

Ein kleines Museum, das **Heritage Centre** (ausgeschildert, www.capeclearmuseum.ie), vermittelt mit seinen Exponaten einen Eindruck zur Fischfang- und Seetradition der Insel. Auch auf diesem Eiland unterhielt übrigens der Piraten-Clan der *O'Driscoll* eine Befestigungsanlage. Stolz sind die Bewohner von Cape Clear, dass der *hl. Kieran,* ein Weggenosse des *hl. Patrick* und Abt des großen Klosters Clonmacnoise, auf der Insel geboren wurde.

Unterkünfte

- **Mr. Ciarán O'Driscoll** €, Cluain Mara, Tel. (028) 39153, www.capeclearisland.eu, vermietet auch Cottages;
- **Ard na Gaoithe** € (Mrs. Eileen Leonard), Tel. (028) 39160, www.oilean-chleire.ie/english/leonard.htm;
- **Cape Clear Holiday Hostel** €, Tel. (028) 41968, www.capeclearhostel.com, The Old Coastguard Station, am South Harbour;
- **Campingplatz Chleire Haven,** Tel. (028) 39982, www.yurt-holidays-ireland.com, Übernachtung in einer Jurte (traditionelles Zelt aus der Mongolei), in einem Tipi (Zelt der Indianer Nordamerikas) oder im eigenen Zelt. Vorausbuchung notwenig.

Pub/Restaurant

- **Cotter's Pub,** serviert kleine Mahlzeiten.
- **Ciarán Danny Mikes Pub & Restaurant,** auch ab und zu Folk Sessions.

Mizen-Peninsula

XXI/B3, XXII/A3

Von Baltimore geht es zurück nach Skibbereen und dann weiter über die N 71 in Richtung Ballydehob. Wer aus Zeitgründen keine Rundfahrt auf der Mizen-Halbinsel unternehmen möchte, folge der N 71 weiter bis Bantry.

Ein Besuch auf der Halbinsel lohnt sich vor allem bei schönem Wetter. Die Straße windet sich am Meer entlang und führt durch hübsche kleine Dörfer. Von großem Vorteil erweist sich, dass die Mizen-Landzunge touristisch nicht überlaufen ist. Ganz besonders empfiehlt sich eine **Radtour** (Verleihstellen in Skibbereen, Schull und Bantry, von Skibbereen entlang der Mizen-Halbinsel bis Bantry ca. 120 km; von Schull, inklusive Mizen-Peninsula, ca. 70 km).

Auf der Mizen-Peninsula gibt es eine große Ansammlung **prähistorischer Steinmonumente,** die sich meistens in entlegenen Bergregionen befinden, sehr oft mit einem schönen Ausblick auf die Landschaft.

Führungen zu diesen Plätzen veranstaltet der Maler und Bildhauer *Thomas Wiegant,* Ballybane, Tel. (028) 37323, in der Nähe von Mount Kid, 7 km nordöstlich von Ballydehob.

Ballydehob

XXII/A3

Ballydehob ist ein kleiner Ort, an dem und in dessen Umgebung sich Künstler aus aller Welt niedergelassen haben, deren Ateliers von Interessenten besucht werden können (Info: *Art Centre Skibbereen,* North Street, Tel. (028) 22090).

Auch viele sogenannte „Aussteiger" haben sich hier ein neues Zuhause eingerichtet. Im Örtchen gibt es viele gemütliche Pubs und Cafés. Am östlichen Ortseingang befindet sich die alte Eisenbahnbrücke über die Flussmündung, das Wahrzeichen des Ortes. Ein Aufenthalt lohnt sich schon allein wegen der schönen Umgebung. Die Küste ist zu Fuß oder mit dem Rad über kleine Straßen erreichbar. Nordöstlich des Ortes befinden sich interessante **geologische Steinformationen.**

Unterkünfte

- **Rosehill** € (Mrs. Margaret Fehily), Schull Road, Tel. (028) 37188;
- **Lynwood** € (Mrs. Ann Vaughan), Schull Road, Tel. (028) 37124, lynwoodbb@hotmail.com.

Restaurants

- **Hudson's Wholefoods** €, Main Street, www.hudsonswholefoods.com, Bioladen mit angeschlossenem Café, gut für die Mittagspause oder für Selbstversorger, sehr gutes, selbstgebackenes Brot;
- **West Cork Gourmet Store** €, Staball Hill, Delikatessen-Laden mit Café, netter Hinterhof zum Draußensitzen;
- **Antonio's Ristorante & Pizzeria** €, Main Street, gute italienische Küche.

Pubs

- Freitags wird im Wechsel in einem der örtlichen Pubs **traditionelle irische Musik** gespielt, z.B. freitags in *Rose O'Sullivan's Pub* (Main Street).

Schull

XXI/B3

In Ballydehob zweigt die R 592 in südwestlicherlicher Richtung nach Schull ab. Es geht durch eine Heidelandschaft mit niedrigen Flechten und Sträuchern zwischen oft riesigen Felsbuckeln, rechts und links der Straße blüht je nach Jahreszeit gelber Ginster.

Schull (693 Einwohner) ist das Geschäftszentrum auf der Mizen-Halbinsel. Von dem attraktiven Marktflecken verkehrt ebenfalls täglich während der Sommermonate eine Fähre nach **Clear Island** (vgl. Baltimore, Umgebung).

Von Schull Harbour starten Boote mit **Hochseeanglern,** wann immer das Wetter es zulässt. Nördlich des kleinen Ortes überragt der 407 m hohe **Mount Gabriel** die Mizen-Peninsula, und in der Umgebung finden sich eine Anzahl verlassener bronzezeitlicher **Kupferminen.**

Die Attraktion des Ortes allerdings stellt das **Planetarium** (www.westcorkweb.ie/planetarium, 5 €/3,50 €) dar, das von einem deutschen Industriellen finanziert wurde. Beste Leitz-Optik zaubert den irischen Sternenhimmel auf ein künstliches Firmament. Außerdem gibt es sonntags vormittags den beliebten **Country Market** mit Produkten aus der Region.

Unterkünfte

- **Corthna Lodge Guesthouse** €, Airhill, Tel. (028) 28517, www.corthna-lodge.net, von dem Schweizer Paar *Andrea* und *Martin Müller* betrieben;
- **Stanley House** € (Mrs. Nancy Brosnan), Tel. (028) 28425, Fax 27887, www.stanley-house.net.

Restaurants

- **Newman's West Café Bar** €, Main Street, www.tjnewmans.com, einfache und preiswerte Gerichte;
- **L'Escale** €-€€, The Pier, Fish & Chips, Pizza und Meeresfrüchte mit Blick über den Hafen.

Pubs

- **The Bunratty Inn,** Main Street, gute *Bar Meals,* regelmäßig Live-Musik;
- **An Tigín,** Main Street, mit Biergarten und *Bar Meals.*

Wandern

- Sehr lohnenswert, allerdings nur bei klarem Wetter, ist eine Wandertour zum Gipfel des 407 m hohen **Mount Gabriel;** von Schull aus hin und zurück ca. 15 km; für die Anstrengung wird man reichlich durch einen fantastischen Rundblick vom meist sehr windigen Gipfel belohnt.

Verbindung

- **Busse** mehrmals täglich von Skibbereen, Cork, Bantry, Glengarriff.

Crookhaven XXI/B3

Von Schull geht es weiter zu dem Weiler Crookhaven. Rechts und links der Straße ragen nun wieder mächtige Felsbukkel auf, dazwischen wachsen genügsame Flechten und Heidekräuter. Ab der Streusiedlung Goleen – wer möchte, kann einen Stopp im Pub *The Lobster Pot* einlegen – mutet das Landschaftsbild halbalpin an und steht in Kontrast zu den Wellen des nahen Meeres. Vereinzelt grasen Schafe zwischen den großen Granitblöcken. Kurz vor Crookhaven fährt man an zwei schmalen, halbkreisförmigen Sandstränden vorbei, an denen sanft die Meereswogen auslaufen.

Crookhaven – einige wenige Häuser rechts und links der einzigen Straße sowie ein winziger Pier – liegt auf einer engen Nehrung; im Osten brandet das Meer an, im Westen gibt es eine ruhige, blaugrüne Lagune.

Im Dörfchen gibt es ein **Angling Centre,** in dem man Buchungen zum Hochseeangeln vornehmen kann. Der *Crookhaven Inn* und *O'Sullivan's Bar* sorgen für Speise und Trank. Es gibt auch einige, nicht klassifizierte B & B-Unterkünfte. Kurz vor Crookhaven liegt der **Campingplatz** *Barley Cove Caravan and Camping Park,* Tel. (028) 35302.

Mizen Head XXI/B3

Weiter geht es auf nun sehr schmalen Sträßchen zum südlichsten Punkt Mizen Head. Unterwegs passiert man Barley Cove und hat einen guten Blick von der oberhalb verlaufenden Straße auf einen schönen **Sandstrand.**

Hinter Barley Cove steigt die Straße steil an, linker Hand brandet tief unten das Meer an; bei schlechtem Wetter hängen die Wolkenbänke bis auf die Straße, so dass man den Ozean nicht sehen, dafür aber hören kann – eine sehr gespenstische Atmosphäre.

Die Trasse endet am Mizen Head, hier steht man rund 230 m über der See und hat – bei klarem Wetter – einen prächtigen Ausblick. Hier befindet sich das kleine **Mizen Head Signal Station Visi-**

tor Centre. Vom Besucherzentrum aus, in dem man etwas über Geschichte und Natur der Umgebung erfährt, geht es über Treppen und eine Brücke, die über einen Felsabgrund führt, zum Leuchtturmwärterquartier. Sehr spektakulär (Tel. (028) 35225, www.mizenhead.ie, Juni–Aug. 10–18 Uhr, Nov.–Mitte März 11–16 Uhr, ansonsten 10.30–17 Uhr, 6 €/3,50 €).

Wer etwas Bewegung möchte, sollte eine kleine **Wanderung** in Richtung Westen entlang der Dunlough Bay zum Three Castle Head unternehmen; dorthin gelangt man nur zu Fuß, und Einsamkeit beim Picknick ist fast immer garantiert.

Bantry

XXII/A2

Vom Mizen Head geht es nun an der Westseite der Halbinsel gen Norden nach Bantry; die schmalen und schlaglochübersäten, nichtklassifizierten Straßen treffen bald auf die R 591, und während man an der Dunmanus Bay entlang fährt, hat man schöne Blicke auf die Sheepshead-Peninsula.

Bantry (ca. 3300 Einwohner) liegt an der nach dem Städtchen benannten Bucht, wo der Golfstrom sich in Klima und Vegetation bemerkbar macht; milde Temperaturen lassen Palmen gedeihen.

Auf der dem Örtchen vorgelagerten Whiddy Island befindet sich eine moderne **Ölverladestelle,** große Tanker können die Pumpstation anlaufen, und die Ozeanriesen stehen in seltsamem Kontrast zu der großartigen Landschaftskulisse. Beim Anblick der dünnhäutigen Monstren mag man gar nicht darüber nachdenken, wie die Bantry Bay und die umliegenden Küstenstreifen wohl nach einem Tankerunglück aussehen würden. Gulf Oil, die Firma, die das Öl-Terminal baute, brachte damit allerdings einigen Wohlstand ins Städtchen.

Geld spülen auch die **Austernbänke** in die Taschen der Bewohner; *Bantry Oysters* sind eine beliebteste Vorspeise im gesamten County Cork.

Bantry ist ein kleiner Ort mit einer besonderen Atmosphäre, und ein Besuch lohnt sich vor allem freitags, am **Markttag** (großer Markt auf dem Wolf Tone Square jeden ersten Freitag im Monat, kleinerer Markt an den übrigen Freitagen). Dann locken viele Stände auch von Leuten, die nach Irland eingewandert sind und u.a. Biogemüse und Kunsthandwerk verkaufen.

Touristen-Attraktion ist das prachtvoll eingerichtete **Bantry House** mit seinem sehenswerten Garten (9–18 Uhr, im Sommer bis 20 Uhr, www.bantryhouse.com, 11 €/3 €).

1740 begann man mit dem Bau von Bantry House, das jedoch erst rund 100 Jahre später fertiggestellt wurde. Immer wieder mussten An- und Umbauten vorgenommen werden, damit die vielen Sammlerstücke, die der zweite Earl von Bantry auf seinen Reisen zusammentrug, auch dargestellt werden konnten.

Zu den **Kunstschätzen** gehören Mosaike aus Pompeji, kostbare Möbel im Chippendale-Stil, prachtvolle Wandteppiche und Gemälde sowie ein riesiger Kronleuchter aus Waterford-Kristall.

Hat man sich im kleinen *Tea Shop* von Bantry House mit dem exzellenten Apfelkuchen gestärkt, sollte man unbedingt an der Rückseite des Herrenhauses die

107 Stufen hochsteigen und den fantastischen **Panoramablick** genießen. Im Vordergrund liegt lang hingestreckt Bantry House, dahinter erkennt man die Bantry Bay, die rechts und links von den schroffen Hügelzügen der Sheepshead- und Beara-Halbinsel eingefasst wird.

Man kann stilvoll in Bantry House übernachten, in dem Herrensitz ist ein **B & B** €€€, untergebracht, Tel. (027) 50047.

Das prachtvolle Bantry House an der weit ins Land reichenden Bantry Bay

Tourist Information

- **The Old Courthouse,** Wolf Tone Square, Tel. (027) 50229.

Unterkünfte

- **Westlodge Hotel** €€, Tel. (027) 50360, Fax 50438, www.westlodgehotel.ie;
- **Bantry Bay Hotel** €, Wolf Tone Square, Tel. (027) 50062, Fax 50261, www.bantrybayhotel.ie;

111irl tii

■ **The Mill** € (Mrs. Tosca Kramer), Newtown, Tel. (027) 50278, www.the-mill.net;
■ **Atlantic Shore** € (Mrs. Maggie Doyle), Newtown, Tel. (027) 51310, Fax 52175, www.atlanticshorebandb.com;
■ **Ard na Greinne** € (Mrs. Phyllis Foley), Newtown, Tel. (027) 51169, www.ardnagreine.net.

Restaurants

■ **Tractors** €, Main Street, Tel. (027) 55111, gutes Familienrestaurant;
■ **The Fish Kitchen** €€, New Street, (027) 56651, Fisch und Meeresfrüchte vom Feinsten;
■ **De Barra's** €-€€, Wolf Tone Square, Tel. (027) 51 924, Fisch, Fleisch und auch vegetarische Gerichte.

Pubs

■ **Anchor Tavern,** New Street, Kneipe mit maritimem Ambiente;
■ **The Snug,** Wolf Tone Square, kleine gemütliche Kneipe mit *Bar Food* und regelmäßiger Live-Musik;
■ **Ma Murphy's,** New Street, mit Biergarten.

Verbindung

■ **Busse** von Cork, Skibbereen, Glengarriff, Killarney und Schull.

Glengarriff XXII/A2

Von Bantry geht es nun entlang der N 71. Auf der Strecke hat man bereits fantastische Ausblicke auf die Beara-Halbinsel und bekommt einen Vorgeschmack auf die landschaftlichen Höhepunkte.

Das bald erreichte, rund 800 Einwohner zählende Örtchen Glengarriff hat die mildesten Wintertemperaturen in ganz Irland, und eine üppige **subtropische Vegetation** blüht und wächst entlang der Seefront: Palmen, Pinien, Eiben, Eukalyptusbäume, Rhododendren, Azaleen und Fuchsien.

Direkt am Ortseingang von Glengarriff befindet sich der kleine Pier, von dem aus man eine kurze Seefahrt zur vorgelagerten Insel **Garinish Island** unternehmen sollte (www.harbourqueen ferry.com, 12 €/6 €; www.bluepoolferry. com, 10 €/5 €). Ab 1910 brachte man Abertausende Tonnen Humuserde auf das karstige Eiland und gestaltete einen prachtvollen italienischen Garten; die ca. 15 ha große Blumeninsel kann seitdem Irlands schönsten Park aufweisen. (Tel. (027) 63040, www.heritageireland. ie/en/South-West/Ilnacullin-GarinishIs land, geöffnet April–Okt., variierende Öffnungszeiten, aber immer 11–16 Uhr, im Sommer länger, 4 €/2 €).

Ein Stückchen außerhalb von Glengarriff an der N 71 Richtung Kenmare lohnt das **Glengarriff Nature Reserve** (auch *Barley Wood* genannt) einen Besuch (ausgeschildert). Viele schöne Spazierwege und *Nature Trails* sowie viele Picknickplätze machen die Gegend zu einem beliebten Ausflugsziel. Vom höchsten Punkt aus sieht man am **Lady Bantry's Look-Out** (ausgeschildert) weit über die grandiose Landschaft.

Gewidmet der bekannten Schauspielerin *Maureen O'Hara* („Vom Winde verweht"), die aus dem Örtchen stammt, ist das **Maureen O'Hara Legacy Centre.** Es soll 2013 eröffnet werden.

Tourist Information

- Main Street, Tel. (027) 63084.

Unterkünfte

- **Casey's Hotel** €, Tel. (027) 63010, www.caseyshotelglengarriff.ie;
- **Carraig Dubh House** € (Mrs. Kathleen Conolly), Droumgarrif, Tel. (027) 63146, carraigdubhhouse@hotmail.com;
- **Island View House** € (Mrs. Imelda Lyne), Tel. (027) 63081, Fax 63600, www.islandviewhouse.net;
- **Murphy's Village Hostel** €, The Village, Tel. (027) 63555, www.murphyshostel.com;
- **Dowling's Caravan and Camping Park** €, Tel. (027) 63154, 2 km westlich an der Straße nach Castletownbere;
- **O'Shea's Caravan and Camping Park** €, Tel. (027) 63140, ebenfalls 2 km westlich an der Straße nach Castletownbere.

112IRL tii

Pub

The Cottage Bar & Restaurant €-€€, an der Hauptdurchgangsstraße, Live-Musik am Wochenende.

Verbindung

Busse von Cork, Skibbereen, Schull, Bantry und Killarney.

Pub Trad Session

Der Ring of Beara

XII/B2

Von Glengarriff nimmt man nun die R 572 in südwestlicher Richtung zur Beara-Rundfahrt. Der Ring of Beara, wie diese Strecke in den Prospekten der Tourismusbranche genannt wird, ist landschaftlich mindestens ebenso schön wie der berühmte Ring of Kerry, doch wird die Beara-Halbinsel vom *Irish Tourist Board* viel weniger beworben.

Zum einen fehlt weitgehend die touristische Infrastruktur, zum anderen können die großen Ausflugsbusse die schmalen Straßen nicht befahren. Das hat den Vorteil, dass der Beara-Ring nicht so kommerzialisiert ist wie der Ring of Kerry; vor allem während der Vorsaison begegnet man kaum einem Menschen auf der Rundfahrt.

Schon hinter Glengarriff wird die Landschaft **extrem rau,** mächtige Felsbuckel ragen auf, dazwischen nur Flechten, niedrige Sträucher und Heidekraut. Man blickt auf zwei Bergspitzen, die jedoch zumeist in schweren grauen Wolken stecken. Überhaupt tragen die gewaltigen Wolkenformationen, die sich mit den Hügelketten verbinden, maßgeblich zur grandiosen Naturkulisse bei. Oft jagen auch, vom stürmischen Wind getrieben, Wolkenfetzen niedrig über die Straße. Dann wieder bricht die Sonne durch und scheint auf die karstigen Hochflächen.

Nach wenigen Kilometern Fahrt passiert man den Weiler **Adrigole,** eine Streusiedlung ohne erkennbaren Ortskern. Hinter Adrigole dann ragen rechts der Straße steil die Felswände in die Höhe, während man nach links weit über das Meer blicken kann. Die schmale, kurvenreiche und manchmal schlaglochübersäte Trasse fordert höchste Aufmerksamkeit vom Fahrer, am Straßenrand grasen zudem Schafe mit ihren Lämmern.

Das **Hostel** *Hungry Hill Lodge* in Adrigole Harbour, Tel. (027) 60228, bietet günstig Unterkunft und Campingmöglichkeit.

113IRL hg

Castletownbere XXI/B3

Castletownbere (868 Einwohner) ist der Hauptort auf der Beara-Halbinsel und **einer der wichtigsten Fischerhäfen Irlands;** Trawler aus allen Nationen legen am Pier an, dicht an dicht und in mehreren Reihen ankern die Boote im Hafen. Die rostigen Kutter, das Geschrei der Möwen, die ruhig und mit sicherer Hand arbeitenden Fischer sowie der Geruch von Moder und Fisch geben dem Dörfchen eine klassische Hafenatmosphäre.

Wenige Kilometer südlich lohnt die **Ruine von Dunboy Castle,** 1602 von den Engländern zerstört, einen Besuch und lockt mit guter Aussicht.

Nahebei steht **Puxley Manor,** in dem einst der Betreiber der vielen Kupferminen herrschaftlich residierte. Rund um Castletownbere, vor allem jedoch bei Allihies (s.u.), stößt man auf **alte Kupferminenschächte.** *Daphne du Maurier* hat in ihrem Roman „Die Erben von Clonmere" (englischer Originaltitel: „Hungry Hill" – nach dem höchsten Berg der Beara-Halbinsel) die sozialen Nöte der Bergarbeiter und den Reichtum der Minenbesitzer literarisch verarbeitet.

Tourist Information

■ Main Street, Tel. (027) 70054;
■ **www.ringofbeara.com**

☐ Im Hafen von Castletownbere

Unterkünfte

■ **Realt-na-Mara** € (Mrs. Mary Donegan), Tel. (027) 70101, www.realtnamara.org;
■ **Sea Breeze** € (Mrs. Noralene McGurn), Tel./Fax (027) 70508, www.seabreeze.com.

Pubs

■ **O'Shea's Bar** und **O'Donoghue's Pub** halten die Infrastruktur aufrecht.

Wandern

■ Großartig ist eine Besteigung des 685 m hohen **Hungry Hill;** allerdings ist diese Tour sehr anstrengend (ca. 10,5 km), nur Personen mit guter Kondition sowie entsprechender Wanderausrüstung sollten den Berg in Angriff nehmen. Von Adrigole kommend, geht nach ca. 8 km eine asphaltierte Straße rechts ab (Ausschilderung „Hungry Hill"); man parke an der Kreuzung und beginne den Aufstieg. Die Route ist markiert, doch sind die roten Hinweispfeile auf den Felsen stark verblichen, man muss genügend Kenntnisse mitbringen, um den Pfad selbst zu finden. Auf keinen Fall sollte man die Wanderung unternehmen, wenn man nicht über genügend Erfahrung verfügt und Geländeformationen nicht richtig einschätzen kann!

Umgebung

In den Sommermonaten verkehrt mehrmals täglich eine kleine Fähre zur vorgelagerten, rund 250 Einwohner zählenden **Bere Island** (www.bereislandferries.com); auch das Fahrrad kann mitgenommen werden. Auf der Insel befindet sich eine Segelschule. Unterkunft u.a. in der *Lawrence Cove Lodge, Breandan* und

114IRL hg

Edel Murphy, Harbour View, Tel. (027) 75988, www.bereislandlodge.com.

Dursey Island XXI/A3

Auf der weiteren Fahrt nach Garinish Point, dem südlichsten Zipfel der Peninsula, hat man weitere sehr gute Ausblikke auf Berge, Felsen und Meer. Am Garinish Point kann man mit **Irlands einziger Kabelbahn** nach Dursey Island (50 Einwohner) übersetzen (Mo–Sa 9–11 Uhr, 14.30–17 und 19–20 Uhr, So 9–10 Uhr, 13–14, 16–16.30 und 19 Uhr, im Sommer 9–20 Uhr, 4 €/1 €) und geruhsame Spaziergänge unternehmen. Die Insel zählt nur wenige verstreute Häuser. Die Kabelbahn schaukelt ca. 30 Meter über dem Wasser auf das Eiland zu, und versetzt den damit nicht vertrauten Besucher leicht in Angst und Schrecken. Viehtransporte in der Bahn waren bis vor kurzem die Regel, seit Anfang 2012 sind sie jedoch verboten, was zu einem Aufschrei der Inselbevölkerung führte, von denen viele Viehzucht betreiben.

Allihies XXI/A3

Weiter geht es auf einer kurvenreichen und schmalen Straße auf das Dörfchen Allihies zu, kurz vorher passiert man den kleinen, halbkreisförmigen, weißen Sandstrand **Ballydonegan Beach.** In Allihies markieren die Tankstelle und der

⌃ Die Kabelbahn nach Dursey Island

nicht zu übersehende violett-gelb gestrichene Lebensmittelladen das spärliche Ortszentrum. An der Hauptstraße liegt auch das **Allihies Copper Museum,** das in einer alten Methodistenkirche untergebracht ist und über die Geschichte des Kupferbergbaus in der Region informiert (April–Okt. 9.30–17 Uhr, Nov.–März 10–16 Uhr, www.new.acmm.ie, 5 €/2 €). Angeschlossen ist auch ein nettes Café und eine Kunstgalerie. Bei Allihies führen Hinweisschilder zu den alten **Minen,** in denen ab 1810 der Kupfer abgebaut wurden.

Unterkunft

■ **Allihies Hostel** €,
Allihies Village, Tel. (027) 73107,
www.allihieshostel.net.

Eyeries XXI/B2

Weiter in Richtung Eyeries blickt man hoch oben von der Straße auf die zerfurchte Küste, auf ins Meer reichende Felsnasen, an denen die Gischt hoch in die Luft spritzt, auf Felsschären und kleine Fjorde. Weit in der dunstigen Ferne jenseits der breiten Bucht erkennt man die Hügel von County Kerry.

Die Trasse ist sehr eng und kurvenreich, starke Steigungen wechseln mit steil nach unten führenden Strecken ab. Zwischen Allihies und Eyeries erstreckt sich sicher der **landschaftlich schönste Teil des Ring of Beara**.

Nun geht es von der Küste ins Landesinnere, und gewaltige Felsbuckel säumen die Straße. Teilweise sehen die Steinhänge aus, als hätte man sie mit einem riesigen Hobel bearbeitet. Schon bald aber folgt die Trasse wieder dem Verlauf der Küste und man gelangt ins winzige Dörfchen Eyeries, wo die Häuser in kräftigen bunten Farben gestrichen sind.

Nach Ardgroom

Zwischen Eyeries und Ardgroom ist die Straße an manchen Stellen recht schmal, und der Fahrer hofft vor jeder Kurve, dass kein Gegenverkehr kommt – zwei Kleinwagen passen kaum nebeneinander. Die Fahrerei ist anstrengend, und mit maximal 35 km/h legt man die weitere Strecke zurück.

Einige Kilometer hinter Ardgroom geht es zu einem prähistorischen **Stone Circle** (ausgeschildert). Ein Stück weiter gibt ein Schild die Abzweigung zum Glanmore Lake zu erkennen (ca. 5 km), an dessen baumgesäumten Ufern man sich von der anstrengenden Fahrt bei einem Picknick erholen sollte. Wer hier übernachten möchte, kann dies im *Glanmore Lake Hostel,* am nördlichen Endpunkt der Passstraße, im Weiler Lauragh, tun (Tel. (064) 6683181).

Healy-Pass

Die folgende Ausschilderung entlang der Route weist auf den Healy-Pass hin, und bei schönem Wetter lohnt sich unbedingt ein längerer Umweg. Die 330 m hohe und 12 km lange Gebirgsstraße führt quer über die Beara-Halbinsel, und von dort oben hat man fantastische Aussicht auf die südliche Region Irlands.

Der Pass wurde während der Großen Hungersnot im letzten Jahrhundert als

Arbeitsbeschaffungsprogramm begonnen; es häuften sich jedoch Unfälle mit Todesfolge, so dass man das Projekt schließlich aufgab. Erst im Jahre 1931 ließ der Ingenieur *Tim Healy* die Straße vollenden.

Nach Kenmare

Die Trasse mündet in Adrigole, und über Glengarriff sowie weiter dann über die N 71 geht es nach Kenmare. Der Umweg über die Bergstraße ist schon deshalb lohnend, weil von der Abzweigung zum Healy-Pass bis nach Kenmare keine attraktiven Ausblicke mehr möglich sind, da die Strecke in diesem Abschnitt von Wäldern gesäumt ist.

Fährt man trotzdem – etwa bei schlechtem Wetter – die R 571 weiter, so passiert man ein kurzes Stück hinter der Abzweigung zum Healy-Pass die Ausschilderung zu den **Derreen Gardens.** Aufgrund des milden Klimas wachsen in dem Parkareal neuseeländische Baumfarne, Palmen, Bambus und Rhododendren (Tel. (064) 83588, April–Okt. 10–18 Uhr, 6 €/3 €). Ca. 14 km vor Kenmare geht rechts eine kleine Straße mit dem Hinweis „Waterfall Area" ab. Das Sträßchen schlängelt sich 8 km Richtung Süden durch ein bewaldetes Tal, vorbei an drei Seen und einen kleinen *Stone Circle.*

Dann öffnet sich der Blick auf den **Gleninchaquin-Waterfall,** der über schwarze Felsen in die Tiefe rauscht. Vom **Gleninchaquin Park** (www.gleninchaquin.com, mit Tourenbeschreibungen, 5 €) aus kann man Wanderungen verschiedener Schwierigkeitsstufen unternehmen. Der Blick von der Spitze des Wasserfalls über das Tal und die Seen bis hin zur Küste ist grandios. Im Park gibt es außerdem einen sensorischen Garten und Skulpturen.

Kenmare XXI/B2

Wenige Kilometer weiter dann ist Kenmare (2175 Einwohner) erreicht. Völlig zu Recht lautet der irische Name *Neidín* – kleines Nest. Das hübsche Örtchen liegt am Ring of Kerry, verfügt über eine gute touristische Infrastruktur mit vielen Unterkünften, guten Restaurants und gemütlichen Pubs und ist eine Alternative zum im Sommer meist übervollen Killarney. Es eignet sich gut als Ausgangspunkt und Standquartier für die **Rundfahrten auf der Beara-und der Dingle-Halbinsel.**

Im Jahre 1670 erhielt der Brite *Sir William Petty* die Region um das heutige Kenmare als Lehen und gründete das Städtchen, das sich zu einem prosperierenden Fischerort entwickelte. Aber 18 Jahre später war es mit dem Aufschwung erst einmal vorbei. Während der Auseinandersetzungen zwischen *Wilhelm von Oranien* und *James II.* wurde die Stadt belagert, und die Soldateska trieb die Bewohner in die Flucht. Erst nachdem der Oranier als *Wilhelm III.* den britischen Thron bestiegen hatte, ging es auch mit dem Örtchen wieder aufwärts.

Kenmare ist heute das **landwirtschaftliche Zentrum** der umliegenden Agrarregion, darüber hinaus wird hier Wolle verarbeitet, und die handgeklöppelten Spitzen sind auf der ganzen Grünen Insel beliebt. Kenmare bekannt für seine guten **Kunsthandwerksartikel.**

Durch die *Tourist Information* in der Main Street erreicht man das **Kenmare Heritage Centre,** das mit der Geschichte der Stadt seit 1670 umfassend vertraut macht, und im angeschlossenen **Kenmare Lace & Design Centre** wird den Spitzenklöpplerinnen die notwendige Aufmerksamkeit geschenkt (kleine Tür links neben der *Tourist Information,* www.kenmarelace.ie).

Vom Kenmare Pier aus veranstaltet *Seafari* **Bootsfahrten** in die Kenmare Bay, bei den Touren bekommt man mit etwas Glück Delfine, Wale und Robben sehen. Eine Vorbuchung im Sommer ist ratsam (Tel. (064) 6642059, www.seafariireland.com).

Die Auswirkungen des Golfstroms sorgen für ein **mildes Klima,** es gedeihen Palmen, und überall sieht man farbenprächtige Rhododendren.

Tourist Information

- The Square, Tel. (064) 6441233.
- **www.kenmare.com**

Unterkünfte

- **Sheen Falls Lodge** €€–€€€, Tel. (064) 6641600, Fax 6641386, www.sheenfallslodge.ie, etwas außerhalb von Kenmare in einem 121 Hektar großen Park gelegen, eines der bekanntesten Häuser Irlands, 18-Loch-Golfplatz, hervorragendes Restaurant (s.u.);
- **Park Hotel** €€, Tel. (064) 6641200, Fax 6641402, www.parkkenmare.com;
- **Lansdowne Arms Hotel** €, Main Street, Tel. (064) 66 41368, Fax 6641114, www.lansdownearms.com;
- **Virginia's Guest House** €–€€, 36 Henry Street, Tel. (086) 3720625, www.virginias-kenmare.com;
- **Muxnaw Lodge** € (Mrs. Hannah Boland), Castletownbere Road, Tel. (064) 66 41252, www.kenmare.eu/muxnaw;
- **Abbey Court** € (Mrs Geraldine Ceallaigh), Kilgarvan Road, Tel. (064) 66 42735, www.abbeycourtkenmare.com;
- **Ard na Mara** € (Mrs. Edel Dahm), Pier Road, Tel./Fax (064) 66 41399, www.kenmare. eu/ardnamara;
- **Rockcrest House** € (Mrs. Marian Dwyer), Tel. (064) 66 41248, www.rockcrest-house.com;
- **Whispering Pines** € (Mrs. Mary Fitzgerald), Bellheight, Tel. (064) 66 41194, www.whisperingpineskenmare.com;
- **Willow Lodge** € (Mrs. Gretta Gleeson-O'Byrne), Tel. (064) 66 42301, www.willowlodgekenmare.com;
- **Fáilte Hostel** €, Shelbourne Street, Tel. (064) 66 42333, www.kenmarehostel.com;
- **Greenwood Hostel** €, Templenoe, Tel. (064) 66 89247, www.greenwoodhostel.com, 10 km westlich von Kenmare.

Restaurants

- **La Cascade Restaurant at Sheen Falls Lodge** €€€, ca. 1,5 km außerhalb von Kenmare an der Glengarriff Road, Tel. (064) 66 41600, luxuriöses und teures Restaurant in dem einstigen Herrensitz des *Earl of Kerry,* irische Küche der Spitzenklasse, auch vegetarische Gerichte auf Anfrage, behindertengerechte Einrichtung;
- **The Lime Tree Restaurant** €€–€€€, Shelbourne Street, Tel. (064) 66 41225, www.limetreerestaurant.com, preisgekrönt, sehr gute Gerichte aus vorwiegend regionalen Zutaten, auch vegetarische Speisen;

■ **Wild Garlic Restaurant** €€–€€€, sympathisches kleines Lokal mit guten Lamm- und Fischgerichten, Seafood und vegetarischen Speisen;

■ **Packie's Restaurant** €€–€€€, Henry Street, Tel. (064) 662838, preisgekröntes Lokal mit sehr guten Fleisch-, Fisch- und Seafood-Gerichten;

■ **Foley's** €, Henry Street, Tel. (064) 6641361, www.foleyskenmare.com, alteingesessenes Familienrestaurant mit Pub und Hotel;

■ **Tom Crean Fish & Wine** €–€€, Main Street, Tel. (064) 6641589, www.tomcrean.ie, Restaurant, das dem gleichnamigen Arktisforscher gewidmet ist und vorwiegend Fisch- und Fleischgerichte anbietet.

Pubs

■ **O'Donnabhain's,** Henry Street, nette Kneipe mit Biergarten, Trad Sessions;

■ **The Horseshoe,** Main Street, in der Taverne werden ganztägig *Bar Meals* serviert, Trad Sessions;

■ **The Coachman,** Henry Street, Trad Sessions.

Verbindung

■ **Busse** mehrmals täglich von Cork, Killarney, Skibbereen, Glengarriff, Tralee, Sneem.

Nach Killarney

32 km sind es nun noch bis Killarney, dem Haupttouristenort Irlands; auf der Fahrt dorthin kann man von mehreren Aussichtspunkten atemraubende Blicke auf die Landschaft genießen: Tief unten im Tal sieht man die drei Seen von Killarney, umgeben von Irlands höchsten Bergen, den **MacGillycuddy's Reeks.**

✗Killarney

XXII/A1

Ganz eindeutig ist Killarney (13.426 Einwohner) das **touristische Zentrum** auf der Grünen Insel – kein Irland-Besucher wird das Städtchen auslassen, obwohl es kaum über Sehenswürdigkeiten verfügt. Es ist die **Landschaft,** die Killarneys Reiz ausmacht: die drei Seen, die mächtigen Hügelzüge mit ihren Tälern, die Wälder sowie die reiche Vegetation und über allem die gewaltigen Wolkengebirge des stetig wechselnden Wetters.

Schon zu Beginn des 19. Jh. begann in Killarney der Irland-Tourismus, und nachdem die britische Königin *Victoria* das reizvolle Örtchen als Urlaubsziel erwählte, setzten die Bewohner der Stadt vollends auf den Fremdenverkehr. Kluge

116IRL tii

▷ Im Killarney Nationalpark

Planungen sorgten für weiteren Aufschwung.

Das der Stadt gegenüberliegende Seeufer hatte man schon früh aus jeglichen Bebauungsplänen herausgenommen, die Muckross-Domäne, ein einstiger Privatbesitz, wurde zum **ersten Nationalpark Irlands** erklärt und in jüngster Zeit konnte diese *Bourne Vincent Memorial Park* genannte Region um zwei weitere geschützte Areale bereichert werden. Der Nationalpark erstreckt sich über ein Gebiet von rund 8000 ha, umschließt Berge, Wälder sowie die Seen Upper und Lower Lough Leane und den Muckross Lake. Gut ausgeschilderte Fahrrad- und Wanderwege helfen bei der Erkundung der landschaftlichen Höhepunkte.

Neben den Einnahmen aus dem Fremdenverkehr sorgt noch eine kleine Leder- und Textilindustrie für zusätzliche Umsätze, die deutsche Firma *Liebherr* produziert schwere Krananlagen in Killarney und sichert eine ganze Reihe von Arbeitsplätzen.

Die kleine Stadt hat allerdings eine geschäftige und lebendige Atmosphäre, ein Bummel lohnt auf jeden Fall.

Sehenswertes

Die beiden **Hauptstraßen** von Killarney, in denen sich eine vollständige touristische Infrastruktur findet: Pubs und Restaurants, Banken und Fahrradverleihstände, Geschäfte und Boutiquen – sind oft vom Verkehr verstopft. Auf den schmalen Bürgersteigen flanieren im Sommer die Massen, vergleichen die Angebote in den Schaufenstern und studieren vor den Lokalen die ausgehängten Speisekarten.

Nahe dem Ortszentrum lohnt die gewaltige **St. Mary's Cathedral** einen Besuch, die im neogotischen Stil vom in Killarney hochgeschätzten Architekten *Augustus Welby Pugin* im 19. Jh. errichtet wurde.

Tourist Information

- Beech Road, Tel. (064) 31633, Fax 34506.
- **www.killarney.ie**

Hotels

- **Arbutus Hotel** €€, College Street, Tel. (064) 6631037, Fax 6634033, www.arbutuskillarney.com;
- **Brook Lodge Hotel** €, High Street, Tel. (064) 6631800, Fax 6635001, www.brooklodgekillarney.com;
- **Castlerose Hotel** €, Tel. (064) 6631144, Fax 6631031, www.castlerosse.com;
- **Dromhall Hotel** €, Muckross Road, Tel. (064) 6639300, Fax 6639301, www.dromhall.com;
- **Eviston House Hotel** €, New Street, Tel. (064) 66 31640, Fax 6633685, www.evistonhouse.com;
- **Fáilte Hotel** €, College Street, Tel. (064) 6633404, Fax 36599, www.failtekillarney.com;
- **Killarney Avenue Hotel** €€, Kenmare Place, Tel. (064) 6621111, www.killarneyavenue.com;
- **Riverside Hotel** €, Muckross Road, Tel. (064) 6639200, Fax 6639202, www.riversidehotelkillarney.com;
- **Ross Hotel** €, Kenmare Place, Tel. (064) 6631855, Fax 6627633, www.theross.ie;

Killarney-Nationalpark

If mountains, wood and water harmoniously blent, constitute the most perfect and adequate loveliness that nature presents, it surely must be owned, that it has, all the world over, no superior.

Alfred Austin
1885 über die Landschaft von Killarney

www.fotolia.de © Mnacin

Schon in der Bronzezeit, vor 4000 Jahren, lebten Menschen in der Gegend rund um das heutige Killarney. Auf Ross Island im Lough Leane bauten die frühen Siedler Kupfer ab und werden sich wohl vor allem wegen der angenehmen Temperaturen hier niedergelassen haben.

Flora

Es ist vor allem das vom Golfstrom beeinflusste, milde ozeanische Klima, das die blühende Farbenpracht der Pflanzen im Killarney-Nationalpark bewirkt. Zuallererst fallen alle Arten von **Moosen, Flechten** und **Farnen,** vor allem Hautfarne *(Hymenophyllum)* ins Auge, die sehr häufig als Epiphyten auf den Zweigen und Stämmen der Bäume sitzen. Der wilde **Rhododendron** und die **Azaleen,** die in der ganzen Region die Wege säumen, haben derart überhand genommen, dass sie im gesamten Nationalpark von den Landschaftsgärtnern gestutzt werden müssen.

Bekannt unter Botanikern ist diese Gegend wegen ihrer **Erdbeerbäume** *(Arbutus unedo),* die eigentlich im Mittelmeerraum beheimatet sind und in Nordeuropa sonst nicht vorkommen.

Weitere **mediterrane Pflanzen,** die hier gedeihen sind der Rauhhaarige Steinbrech *(Saxifraga hirsuta)* und das Großblütige Fettkraut *(Pinguicula grandiflora).*

Irland ist eine sehr waldarme Insel, umso mehr staunt der Besucher im Killarney-Nationalpark über die eindrucksvollen natürlichen **Eiben- und Eichenwälder,** die zu den größten der Grünen Insel gehören und andernorts nur selten und dann nicht in dieser Fülle zu sehen sind.

Hauptsächlich in höheren Lagen kommen **Traubeneichen** vor, unter deren ausladender Krone **Stechpalmen** zu finden sind.

In tiefer gelegenen Regionen wächst die Eibe gerne auf einem Untergrund von Karbonkalk – so auf der Muckross-Halbinsel. Eiben werfen einen so tiefen Schatten, dass in ihrer näheren Umgebung nur Moose ein Überleben fristen können.

www.fotolia.de © Ramona Marina

Fauna

Irlands höchste Berge, die drei Seen und die Wälder bestimmen natürlich auch die Fauna der Gegend. Ornithologen haben im Killarney-Nationalpark insgesamt **114 Vogelarten** ausgewiesen, davon brüten 64 an Ort und Stelle. Zwergtaucher *(Podiceps ruficollis)* kommen bei den vielen Gewässern auf ihre Kosten, ebenso die Wasserralle *(Rallus aquaticus)* und der Graureiher *(Ardea cinerea)*; alle drei Arten nisten rund um die Seen. Der Eisvogel *(Alcedo atthis)* und die Wasseramsel *(Cinclus cinclus)* begleiten die Boote vor allem an Bächen und Flussläufen; auch sie haben hier ihre Nistplätze.

Im Winter suchen Zugvögel die milden Temperaturen und leben üppig auf dem Gelände des Nationalparks. Eine ganze Kolonie von grönländischen Blessgänsen *(Anser albifrons favirostris)* überwintert im Tal, und ebenfalls aus dem kalten Norden kommen die Rotdrosseln *(Turdus iliacus)* mit ihren Verwandten, den Wacholderdrosseln *(T. pilaris)*, die, wie der Name schon sagt, sich an den Beeren der Hügelänge gütlich tun.

In den umliegenden Berggegenden, vor allem am Torc und am Mangerton Mountain, kommen die einheimischen **Rotwildbestände** *(Cervus elaphus)* vor (vgl. Wanderdung 2, 3, 4); ebenfalls an diesen Hängen äsen die eingebürgerten Japanischen Sika-Rehe *(Cervus n. nippon)*.

B & Bs

Applecroft House € (Mrs. Kathy Brosnan), Woodlawn Road, Tel. (064) 6632782, www.applecrofthouse.com;

Mountain Dew B&B € (Mrs. Eileen Carroll), Ross Road, Tel. (064) 6633892, www.mountaindewbnbkillarney.com;

Maggieo's € (Mrs. Margaret Casey), 14 Muckross View, Tel./Fax (064) 66 37229, maggieos14@eircom.net;

Elyod House € (Mrs. Theresa Doyle), Ross Road, Tel. (064) 66 36544, www.elyodhouse.ie;

Algret House € (Mrs. Greta Doyle), 80 Countess Grove, Tel. (064) 6632337, www.algret.com;

Dromhall Heights € (Mrs. Peggy Mccarthy), off Countess Road, Tel. (064) 6632662, www.killarneydromhallheights bedandbreakfast.com.

Avondale House € (Mrs. Anne Leahy), Tralee Road, Tel. (064) 66 35579, Fax 35197, www.avondale-house.com;

Flesk Lodge € (Mrs. Chris Mannix), Muckross Road, Tel. (064) 6632135, www.flesklodge.com;

Woodlands B & B €, Balleydowney, Tel. (064) 6631467, www.stayatwoodlands.com.

Hostels

Neptune's €, New Street, Tel. (064) 6635255, www.neptuneshostel.com;

The Súgán Hostel €, Lewis Road, Tel. (064) 6633104, www.suganhostelkillarney.com;

Railway Hostel €, Fair Hill, gegenüber vom Bahnhof, Tel. (064) 6635299, www.killarneyhostel.com;

■ **Fossa Holiday Hostel** €, Fossa, ca. 5 km Richtung Kenmare, Tel. (064) 6631497, www.fossacampingkillarney.com/hostel.html;
■ **Peacock Farm Hoste l** €, Gortdromakiery, Muckross, Tel. (064) 6633557, www.uniqueirishhostels.com/peacockfarm;
■ **Killarney International Hostel** €, An-Óige-Jugendherberge, ca. 6 km von Killarney nahe der N 71 gelegen, Tel. (064) 6631240;
■ **Black Valley Hostel** €, An-Óige-Jugendherberge, 19 km von Killarney, Tel. (064) 6634712.

Camping

■ **Beechgrove Caravan and Camping Park** €, Tel. (064) 6671848, www.beechgrovecaravanand camping.com, 5 km westlich von Killarney;
■ **Fossa Caravan and Camping Park** €, Fossa, Tel. (064) 6631497, www.fossacampingkillarney.com, 6 km westlich von Killarney, nahe der Straße nach Killorglin;
■ **White Bridge Caravan and Camping Park** €, Tel. (064) 6631590, www.killarneycamping.com, 2 km östlich von Killarney nahe der N 72 gelegen.

Restaurants

■ **Gaby's Seafood Restaurant** €€, 27 High Street, Tel. (064) 66 32519, wie der Name schon sagt, von einer Deutschen geführt, gute Fisch- und einige Fleischgerichte, auch Vegetarisches im Angebot;
■ **Foley's Steak and Seafood Restaurant** €€–€€€, 23 High Street, Tel. (064) 66 31217, das Gebäude war ehemals eine Kutschstation, es gibt eine sehr große Auswahl an Fisch, frisches Fleisch von Kerry-Berglämmern, große Steaks. Man kann sich Hummer im Aquarium aussuchen, aber es gibr auch vegetarische Gerichte;
■ **Robertino's** €, 9 High Street, Tel. (064) 66 34966, gutes italienisches Lokal;
■ **Scéal Eile** (ausgespr. „schkeel elle" = eine andere Geschichte) **Restaurant** €€, 73 High Street, Tel. (064) 66 35066, unten befindet sich ein Coffee Shop, oben ein angenehmes Lokal mit guten Fisch- und Fleischgerichten;
■ **Bricin Restaurant** €, 26 High Street, Tel. (064) 66 34902, www.bricin.com, durch einen Laden geht man hoch in das obere Geschoss. Allerhand leckere irische Gerichte mit Fisch oder Fleisch;
■ **Salvador's** €, 10 High Street, Pizzas und Steaks;
■ **Mac's** €–€€, Main Street, auch vegetarische Gerichte.

Pubs

■ **O'Connors,** High Street, obwohl mitten im Zentrum gelegen, kann man ihn am ehesten als *Local Pub* bezeichnen, hier können auch Buchungen *(Castlelough Tours)* für alle Attraktionen in der Umgebung von Killarney vorgenommen werden, Live-Musik;
■ **Corkery's C2 Bar,** High Street, www.corkerysof killarney.com/c2bar.htm, moderner Pub im traditionellen Stil, auch *Bar Food;*
■ **Scott's Bar and Churchyard,** College Street, große, helle, modern eingerichtete Kneipe, sommertags sitzt man auf einer kleinen Piazza, weite Palette an *Bar Meals;*
■ **Laurel's,** High Street, www.thelaurelspub.com, der Touristen-Pub mit Live-Musik, viele irischstämmige amerikanische Besucher;
■ **Buckley's Bar,** in der College Street, gehört zum *Arbutus Hotel,* meist Locals und Hotelgäste, viele Bilder aus der Geschichte Irlands, traditionelle Musik.

Rent-a-Bike

■ **Mountain Bikes** in der Beech Road, gegenüber des *Tourist Information Office* bei *O'Sullivan's* sowie in der College Street und im Hostel *Sugán.*

Verbindung

■ **Busse** mehrmals täglich von Bantry, Dingle, Dublin, Kenmare, Limerick, Rosslare Harbour, Waterford, Wexford, Tralee, Cork und Glengarriff;
■ **Züge** mehrmals tgl. von Cork und Limerick.

Ausflüge in die Umgebung

Gap of Dunloe XXII/A1

Allererste Attraktion der Region rund um Killarney ist eine Tour durch das Gap of Dunloe, eine wildromantische Schlucht, die von den Macgillycuddy's Reeks sowie den Tomies und Purple Mountains gesäumt ist. Die Strecke führt vorbei an kargen, felsigen Hängen, dann durch düstere, schmale Passagen und entlang mehrerer dunkler Bergseen.

Die **Standardanfahrt** (die man auch in sämtlichen Reisebüros von Killarney pauschal buchen kann) nimmt den folgenden Weg: Von Killarney aus geht es entweder mit dem Auto, dem Bus oder per Fahrrad auf der N 72 in Richtung Killorglin, nach wenigen Kilometern weist eine Ausschilderung nach links zu **Kate Kearney's Cottage** (in dem, wie die Überlieferung berichtet, in früheren Tagen Schwarzbrenner das Wohlwollen der Bevölkerung genossen; folgerichtig ist heute noch immer ein Pub in dem Gemäuer untergebracht, www.katekearneys cottage.com). Motorisierte Besucher müssen hier ihren Wagen parken und nun zu Fuß (schöne Wanderung), per Mietpferd oder in einem so genannten *Jaunting Car* (die typische Pferdekutsche der Killarney-Region) die rund 13 km lange Tour durch die Schlucht antreten. Endpunkt ist Lord Brendan's Cottage, wo man sich stärken kann, bevor die Boote bestiegen werden, die den Wandersmann über die Seen zurück nach Killarney bringen.

Sehr empfehlenswert ist es jedoch, **die Strecke in umgekehrter Richtung** zu planen, man entgeht so den frühmorgendlichen Touristenmassen auf der Standardroute. Ausgangspunkt ist **Ross Castle,** 3 km vom Zentrum Killarneys entfernt (März–Okt. 9–18 Uhr, www.heritageireland.ie, 4 €/2 €).

Das gutbewehrte Tower House wurde dereinst von Lordprotector *Oliver Cromwells* Truppen angegriffen. Einer Legende zufolge sollte es nur von der Seeseite her zu nehmen sein; als die britische Soldateska tatsächlich vom Wasser her angriff, gaben die Verteidiger auf – so berichtet es die Chronik.

An Ross Castle wartet morgens zwischen 9 und 10 Uhr eine Anzahl von Fährmännern auf Kundschaft (auch Fahrräder werden mitgenommen). Der Bootstrip geht über den Lough Leane und vorbei an **Innisfallen Island,** auf dem sich die sehenswerte Ruine einer Abtei befindet (gesonderte Anfahrt von Ross Castle aus), dann durch den Muckross Lake hinein in die Wasserstraße Long Range und über den Upper Lake zu **Lord Brendan's Cottage.**

Ab hier wandert man den Weg durch die Schlucht (Achtung: An der Kirche, wenige Kilometer hinter Lord Brendan's Cottage die Abzweigung nach rechts nehmen, ansonsten gelangt man ins Black Valley! Die weitere Strecke ist nicht zu verfehlen).

Auf der Hälfte des Weges trifft man dann auf die Besucher, die ein Pauschalarrangement gebucht haben, und kommt zum Schluss bei Kate Kearney's

Cottage an, das nun weniger überlaufen ist. Wer die Strecke zu Fuß zurückgelegt hat, muss vom Cottage aus nach Killarney per Anhalter weiterkommen, oder eine entsprechende Buchung vornehmen. Mit dem Fahrrad sind es noch ca. 11 km bis ins Ortszentrum.

Die Tour ist im *O'Connor's Pub* von Killarney (s.o.) vorab zu **buchen.** Radfahrer zahlen die Bootstour inklusive Rädern, Wanderer ebenfalls die Bootstour sowie die Rückfahrt mit dem Bus nach Killarney.

Muckross House and Gardens

Ein weiterer Höhepunkt von Killarney ist der Besuch von Muckross House and Gardens. Auf der N 71 geht es in Richtung Kenmare, zwei Kilometer hinter Killarney liegt auf der linken Seite ein erster Parkplatz (ab hier ausgeschilderter Spazierweg vorbei an den **Ruinen der Muckross Abbey** zum Muckross House, vgl. auch Wanderung 1). Nach zwei weiteren Kilometern taucht rechts erneut ein Parkplatz auf, an dem ebenfalls ein beschilderter Weg beginnt, und wiederum nach zwei Kilometern kommt ebenfalls rechts die Einfahrt zum Muckross House, bei dem man nun direkt parken kann. Ein Café sorgt für die Hungrigen und Durstigen, in einem Craft-Shop kann man Souvenirs erstehen, und für viele interessante Informationen sorgt das *Killarney National Park Visitor Centre.*

Unbedingt sollte man das efeuumrankte **Muckross House** (tgl. 9–17.30, Juli, August bis 19 Uhr) besichtigen. Der im 19. Jh. im elisabethanischen Stil errichtete Herrensitz zeigt im Innern kostbares Mobiliar, informiert in einer Aus-

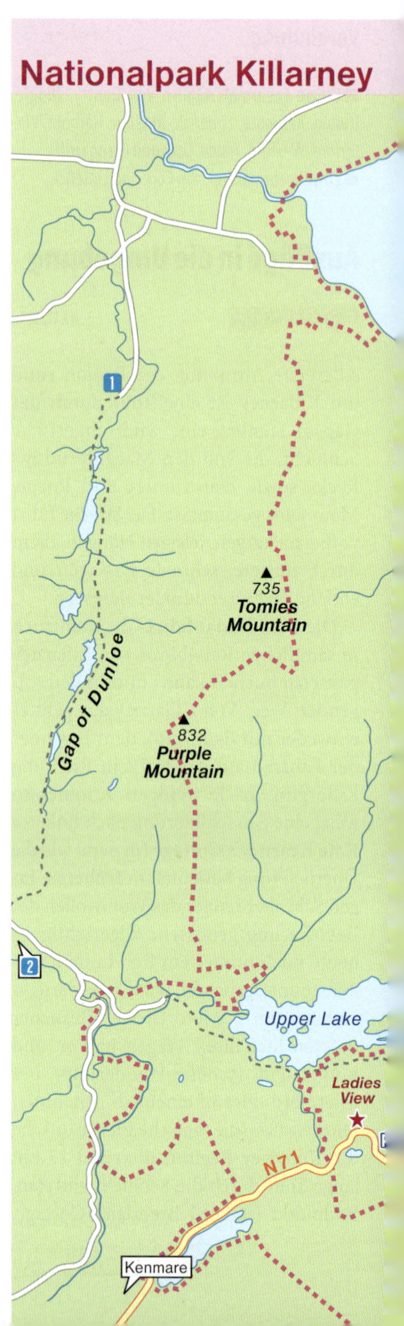

0 1 km
©Reise Know-How 2013
Ring of Kerry
N 72
Killorglin
N22
Killarney
Knockreer House
Brown Island
Innisfallen
Lough Leane
Ross Castle
N71
Muckross Abbey
Muckross Peninsula
Brickeen Bridge
Muckross House
Lough Guitane
Muckross Lake
Meeting of the Waters
Old Wier Bridge
Torc-Wasserfall
Torc Mountain
535
The Long Range
Old Kenmare Road
Cromaglan Mountain
371
Devil's Punchbowl
Cores
839
Mangerton Mountain
Essen und Trinken
1 Kate Kearney's Cottage
2 Lord Brandon's Cottage
Nationalparkgrenze
Weg

118IRL hg

Muckross House

stellung über die Cottage-Bauten der Armen Irlands, gibt Bevölkerungsstatistiken während der Großen Hungersnot von 1845 wieder und hat im Keller ein kleines Heimatmuseum, wo man z.B. einem Hufschmied bei der Arbeit über die Schulter blicken kann. Beeindruckend sind in diesem Keller die unterhalb der Decke angebrachten 20 Glöckchen, die über Drahtseile mit den herrschaftlichen Gemächern verbunden waren; jede Schelle enthält eine Bezeichnung wie etwa Bibliothek, Schlafzimmer, Bad etc., so wussten die Domestiken, wohin sie zu eilen hatten, wenn die adligen Besitzer nach ihren Diensten klingelten.

Rund um den Herrensitz erstrecken sich die **Muckross Gardens** mit weiten, gepflegten Rasenflächen, prachtvoll blühender Vegetation, einem Arboretum sowie vielen ausgeschilderten Pfaden. Außerdem auf dem Gelände befinden sich die **Traditional Farms** (Juni–Aug. 10–18 Uhr, sonst variierende Öffnungszeiten) ein Freilichtmuseum, in dem man sehen kann wie früher die Landbevölkerung gelebt hat (www.muckross-house.ie).

Torc-Wasserfall

8 km von Killarney entfernt an der N 71 Richtung Kenmare taucht zwischen Bäumen auf der linken Straßenseite ein kleiner Parkplatz auf, von dem

aus man zum nahegelegenen Torc-Wasserfall aufsteigen kann. Die Kaskade wird von einem Flüsschen gespeist, das im 800 m hoch gelegenen Bergsee Devil's Punchbowl (vgl. Wanderung 2) entspringt.

Ladies View

Ebenfalls an der N 71 von Killarney nach Kenmare befindet sich 18 km von Killarney entfernt der Ladies View, ein Aussichtspunkt mit Café und Craft-Shop (www.ladiesview.com), von dem aus man einen fantastischen Blick auf die drei Seen und die Umgebung hat. Der Name Ladies View geht angeblich auf die weiblichen Bediensteten von Königin *Victoria* zurück, die während der Urlaubsreise ihrer Herrin an diesem Punkt in begeisterte Entzückungsschreie ausgebrochen sein sollen.

Aghadoe Heights

Eine weitere exzellente Aussicht genießt man von den Aghadoe Heights, die man nach ca. 7 km entlang der N 72 in Richtung Killorglin, dann der Ausschilderung nach rechts folgend, erreicht. Im Süden erkennt man hinter dem Lough Leane die Gebirgskette Macgillycuddy's Reeks mit Irlands höchstem Berg, dem 1041 m hohen **Carrauntoohil,** östlich dann das Muckross House mit Anwesen.

Mit dem „Jaunting Car" durch die weitläufigen Muckross Gardens

119IRL hg

Die Geschichte des Tourismus in Killarney

Die Ursprünge des Killarney-Tourismus liegen 200 Jahre zurück und beginnen mit dem **Earl of Kenmare,** dessen Besitzungen an den Lower Lake grenzten. Der Earl hatte einen großen Bekanntenkreis, und seine Güter lagen im landschaftlich schönsten und klimatisch mildesten Teil der Grünen Insel. Was lag näher als diesem netten Fleckchen Erde und seinem Eigentümer Besuche abzustatten. Der Earl ließ sich zudem bald eine attraktive Unterhaltung für seine Gäste einfallen: Treiber scheuchten das Rotwild aus den Bergen und Wäldern in Richtung See, wo die begüterten und nichtsnutzigen Kavaliere – aus allen Rohren feuernd – von Booten aus ein wahres Gemetzel unter den Tieren anrichteten.

Killarneys Ruf und die dramatische Schönheit seiner Umgebung verbreiteten sich langsam durch Mundpropaganda. Die Dörfler selbst feierten **Regatten,** die nun zur neuerlichen Attraktion für Fremde wurden. Wann immer ein Bootsrennen anstand, strömten die Besucher von nah und fern, um dem Spektakel zuzuschauen – und natürlich, um kräftig zu wetten!

Nun kamen gar die **ersten Touristen** vom Kontinent herüber, und schon um 1815 verdiente eine Menge Einwohner von Killarney ihr Brot mit dem Fremdenverkehr. Im Jahre 1793 schon war der Deutsche *Caspar von Voght* in Killarney und zeigte sich von der touristischen Infrastruktur beeindruckt: „Killarney hat keinen Mangel an trefflichen Wirtshäusern, die einem zugleich auch alle mögliche Unterstützung und Bequemlichkeit zur Bereisung der Seen und zur Beschauung der Umgebung gewähren." Und *Jakob Venedey* rief 1844 aus: „Kommt nach Irland, ihr alle, die ihr ein gesundes Herz habt, dass von den Schlägen des Geschickes wund wurde, hier könnt ihr es pflegen."

Durch den **Einfluss der Romantik,** die von Dichtern wie *Byron, Keats* und *Shelley* getragen wurde, erlebte die Killarney-Region einen weiteren Höhepunkt. Nun standen nicht mehr die Jagd und große Regatten im Mittelpunkt des Interesses, sondern eine neue Naturverbundenheit. Die dramatische Landschaft gerann zur romantischen Kulisse für die Einheit von Natur und Mensch.

Als dann noch die **Bahnlinie** nach Killarney gelegt wurde und im Zuge dieser Arbeiten das erste große Eisenbahnhotel Irlands, das *Great Southern Hotel Killarney,* seine Pforten öffnete, stiegen die Besuchszahlen explosionsartig an.

Im fernen London hatte **Königin Victoria** die Nachricht von der landschaftlichen Schönheit der Gegend vernommen und machte sich mit ihrem Hofstaat auf, die Region mit eigenen Augen zu sehen. Majestät war in der Tat mehr als begeistert und lobte Killarney über den grünen Klee. Aber auch vom Kontinent strömten nun die Massen auf die Grüne Insel – einzig und allein gewillt, Killarney einen Besuch abzustatten.

Über die Jahre wurde die **touristische Infrastruktur** immer weiter ausgebaut, wobei die Planer darauf achteten, die grandiose Naturkulisse nicht zu verschandeln – lag hier doch das Kapital für immer rasantere Zuwachszahlen.

Nach der Unabhängigkeit Irlands kamen dann die **Amerikaner** irischer Herkunft auf die Grüne Insel und fanden vor allem auf der Kerry-Peninsula ihr von Klischees geprägtes Bild der ehemaligen Heimat bestätigt. Noch immer ist Killarney erstes Anlaufziel der Reisenden aus der neuen Welt. Wenngleich viel auf den amerikanischen Geschmack zugeschnitten ist – die Berge, Seen und Wälder sind wie vor 200 Jahren allemal eine Reise wert.

053IRL hs

Wunderschöner Ausblick vom Ladies View

Wer die Landschaft länger genießen möchte, kann dies von der Terrasse des *Aghadoe Heights Hotel* tun.

Lough Guitane XXII/A1

Auch ein Ausflug zum 10 km östlich von Killarney gelegenen Sees Lough Guitane lohnt sich. Man kann picknicken oder wandern. Anfahrt: Auf der N 71 in Richtung Kenmare, nach ca. 3 km zeigt eine Ausschilderung nach links, und über schmale Straßen erreicht man den See. Hier befindet sich auch das *Peacock Farm Hostel,* ideal für Wanderungen oder wenn man dem betriebsamen Killarney entfliehen will; *Shuttle Service* und Vorbuchungen: Tel. (064) 33557.

Wandern in der Umgebung von Killarney

Die Umgebung von Killarney bietet eine ganze Reihe von ausgezeichneten Wandertouren. Man rüste sich mit den entsprechenden O.S.-Karten aus, und zwar „O.S. One Inch Killarney District", „O.S. Half Inch, Sheets 20, 24"; hilfreich ist auch das Büchlein „Mountains of Killarney" (zu kaufen im *Killarney Bookshop,* Main Street). Hervorragende Informationen und Wanderkarten inklusive 17 Tourenbeschreibungen verschiedener Schwierigkeitsgrade zum Herausnehmen bietet auch der *Kerry Adventure Guide,* den es in der *Tourist Information* kostenlos zum Mitnehmen gibt.

Für viele Wanderer wird sicherlich der 200 km lange **Kerry Way** wenigstens in Etappen interessant sein (vgl. Wanderung 3); den **Ring of Kerry** (s.u.) auf einer Wanderung kennen zu lernen, ist allemal schöner als im Auto. Die Strecke geht von Killarney über Muckross, Black Valley, Glencar, Killorglin, Caragh Lake, Glenbeigh, Caherciveen, Waterville, Caherdaniel, Sneem und Kenmare. Unterkunft ist in den genannten Orten problemlos zu bekommen. Der höchste Punkt der Tour ist am Pass Windy Gap (425 m).

Erfahrene Alpinisten – und möglichst nur solche – wird es sicher reizen, Irlands höchsten Berg, den 1041 m hohen **Carrauntoohil** zu besteigen. Vor Leichtsinn sei ernsthaft gewarnt; das „Dach Irlands" verzeichnet höchste Unfallraten mit Todesfolge.

Mögliche weitere, reizvolle Wandertouren sind (unbedingt nur mit den oben genannten O.S.-Karten bzw. den Wanderführern):

- Die **Purple und Tomies Mountains** inklusive Gap of Dunloe, ca. 14 km, anstrengend, unmarkierte, aber sichere Route;
- **Cappagh Glen,** ein Felsmassiv südlich vom Lough Guitane, keine markierten

Wege, nur mit Wandererfahrung empfohlen, ca. 8 km, mittelschwer;

- **Eskduff, Cappagh und Stoompa,** drei Hügelspitzen, wobei Stoompa mit 693 m die höchste ist, südlich vom Lough Guitane; die 8 km lange und mittelschwere Wanderung führt an zwei kleineren Bergseen vorbei, Lough Nabrean und Lough Garagarry;
- **Crohane,** ein 656 m hoher Gipfel östlich vom Lough Guitane, 7,2 km, mittelschwer;
- **Cnoc an Bhraca** und **Gap of Dunloe,** 20 km, sehr anstrengend;
- **Carrauntoohil,** 13 km, ebenfalls sehr anstrengend.

120IRL hg

Wanderung 1: Rund um den Muckross Lake

Rundwanderung, auch empfehlenswert als Radtour:

- **Länge:** 12,5 km
- **Schwierigkeitsgrad:** einfach
- **Orientierung:** problemlos
- **Ausrüstung:** keine Wanderschuhe erforderlich

Von Killarney geht es auf der N 71 in Richtung Kenmare. Nach 3 km taucht auf der linken Straßenseite ein großer Parkplatz auf, hier stellt man den Wagen ab. Gegenüber vom Parkplatz führt ein Tor in die Muckross-Domäne (Ausschilderung „The Kerry Way").

Man folgt dem asphaltierten Weg vorbei am **Ufer** des Lough Leane. Von hier aus hat man schöne Ausblicke auf die spiegelglatte Wasserfläche, auf Inselchen mit subtropischer Vegetation und auf die am Horizont aufragenden Gebirgszüge.

Nach wenigen Minuten Fußweg sieht man linker Hand, ein wenig zurückversetzt vom Weg, die **Ruinen der Muckross Abbey.** Ein Pfad führt zu den Resten dieser Franziskaner-Abtei, die inmitten eines kleinen Friedhofs liegt. Das winzige Kloster ließ der lokale Clan-Führer *McCarthy-More* im Jahre 1448 für einige Franziskanermönche errichten. Der Boden war geweiht, an dieser Stelle befand sich seit langem eine Kir-

☐ Blick auf Muckross Lake

che, die jedoch im 12. Jh. durch einen Brand zerstört wurde. Nur rund 150 Jahre fanden die gläubigen Brüder Ruhe in ihrer Klause, 1589 stürmten englische Soldaten das kleine Kloster und verlangten nach den kostbaren liturgischen Gerätschaften. Zwei Mönche wurden zu Tode gefoltert, einem dritten gelang die Flucht mit dem Kirchenschatz.

Sehenswert sind die vielen Grabdenkmäler sowie der kleine Kreuzgang, in dessen Mitte ein mächtiger Baum aufragt – es scheint, als habe die Eibe vor, dereinst mit ihren Wurzeln und Ästen den Kreuzgang zu sprengen.

Es geht nun zurück zur Hauptstrecke und dann entlang dem asphaltierten Weg nach links. Wer möchte, schlage sich geradeaus ins Unterholz und folge dem **Lover's Walk** genannten Pfad unter hohen Bäumen am Seeufer des Lough Leane. Lover's Walk mündet einige hundert Meter weiter wieder auf den Hauptweg, auf dem es geradeaus weitergeht.

Ein kurzes Stück später trifft man auf eine **Kreuzung,** geradeaus geht es zum Muckross House, die Wanderroute jedoch folgt dem Weg rechts ab (Ausschilderung „Dinis Cottage/Meeting of the Waters"). Vorbei an zwei kleinen Wohnhäuschen geht es durch lichten Laub- und Nadelhain, nach wenigen Minuten Fußweg wird der Wald nun dichter. Alsbald ist eine **Lichtung** erreicht, von der aus man gute Ausblicke auf grüne Hügel hat. Im weiteren Verlauf passiert man den rechts des Weges liegenden kleinen **Teich Doo Lough,** wenige Minuten später sieht man die Wasserfläche des **Muckross Lake,** und schon ist eine kleine Bucht mit einem schönen Sandstrand erreicht.

Der Weg verläuft nun weiter auf einer schmalen Landzunge, die zwischen den Seen Lough Leane und Muckross Lake liegt. Über die spitzbogige, steinerne **Brickeen Bridge** gelangt man auf Dinis Island und erreicht wenige Minuten später das kleine Häuschen **Dinis Cottage.** Einige rohe Holzbänke und -tische laden direkt am Seeufer zur Pause oder zu einem Picknick ein. Gemütlich ist auch der 50 m hinter dem Cottage liegende, von Bäumen beschattete Platz **The Meeting of the Waters.** Hier vereinigen sich die Wasser des Muckross Lake mit denen des Lough Leane.

Gestärkt folgt man dem Weg weiter und gelangt bald auf die N 71, der man nach links folgt. Lange dauert die Wanderung entlang der Straße, Gott sei Dank, nicht, man achte auf eine Brücke, die einen kleinen Bach überspannt! Zwischen hohen Bäumen befindet sich rechter Hand ein Parkplatz, von dem aus man nach wenigen Minuten Aufstieg zum **Torc-Wasserfall** gelangt. Die kleine Kaskade wird von den Wassern des Bergsees Devil's Punchbowl (vgl. Wanderung 2) gespeist. Nachdem der Wasserfall gebührend bewundert worden ist, geht es wieder hinunter. Man folgt nun dem Verlauf des Baches und unterquert durch einen Bogendurchgang die Brücke der N 71 – damit befindet man sich wieder auf dem Muckross-Gelände.

Klar liegt der weitere Verlauf des Weges nun vor dem Wanderer, rechts und links erstrecken sich **Weidegründe,** auf denen die Kerry Cattle grasen. Diese Herde wird vom irischen Staat unterhalten. Der Pfad führt weiter auf **Muckross House** zu, in dessen kleinem Café man sich stärken kann.

Hat man sich lange genug ausgeruht, geht es in nördlicher Richtung (Ausschilderung „Jaunting Cars Exit") weiter auf die **Muckross Abbey** zu, und von dort aus folgt man dem schon bekannten Weg zum Parkplatz, wo die Wanderung ihr Ende findet. Ist man jedoch richtig erschöpft, so kann man am Muckross House eine *Jaunting Car,* eine Pferdedroschke, mieten und sich zum Parkplatz chauffieren lassen.

Wanderung 2: Mangerton Mountain

Rundwanderung:
- **Länge:** 10 km
- **Schwierigkeitsgrad:** mittelschwer
- **Orientierung:** nicht ganz einfach, Gelände jedoch nicht besorgniserregend
- **Ausrüstung:** komplettes Bergwander-Equipment, warme Kleidung, Verpflegung

Von Killarney fährt man auf der N 71 in Richtung Kenmare; nach ca. 4,5 km zeigt direkt hinter dem **Pub-Restaurant** *Molly Darcy's* ein Hinweisschild mit der Aufschrift „Mangerton 2¾ Miles" nach links in ein schmales Sträßchen. Man folgt diesem Weg ca. 3,3 km; in einer scharfen Rechtskurve biegt man rechts in eine Straße ein (Ausschilderung „Mangerton Car Park 1/2 Mile"; Achtung: Man fährt leicht an dem Abzweig vorbei).

Nach einem knappen Kilometer passiert man rechter Hand einen kleinen **Parkplatz,** von dem aus man einen schönen Blick auf die Seen von Killarney hat. Außerdem befindet sich hier eine Hinweistafel für Bergwanderungen.

Nachdem man die Aussicht genossen und die Verhaltensregeln studiert hat, geht die Fahrt noch 2 km weiter; rechts säumt ein lichter Wald die Straße, links ist freies Feld. Vor einer Rechtskurve

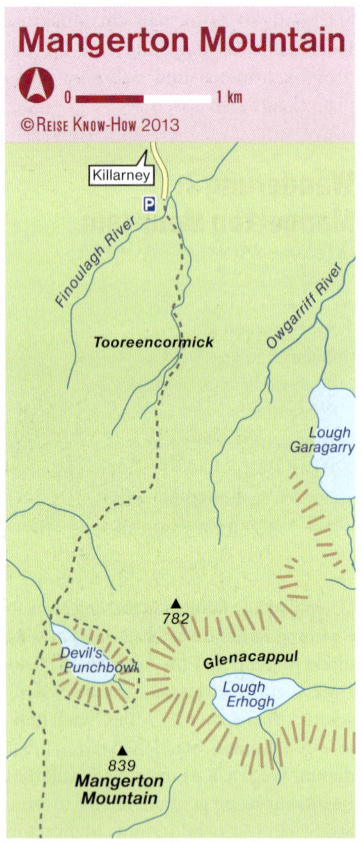

heißt es anhalten; ein von der Straße aus nur schwer zu erkennender geländerloser Betonsteg führt über ein kleines Rinnsal. Hier wird der Wagen geparkt.

Gen Süden blickend, erkennt man den Pfad, der sich Mangerton Mountain hochschlängelt. Im 19. Jh. war der erste Teil des Weges ein Pony Treck, auf dem Touristen bis auf halbe Höhe den Berg hinaufgeführt wurden, um die Aussicht auf die Seen zu genießen. Der Wanderweg folgt dem erkennbaren **Aufstieg.**

Nach wenigen hundert Metern Weg fließt dem Wandersmann von links oben ein kleiner **Bach** entgegen, und der Pfad folgt erst einmal diesem Wasserlauf. Wenige Minuten später passiert man ein **Gatter** (das man sorgsam wieder verschließt) und steigt weiter auf.

Ab und an lohnt ein Blick zurück: Im Westen liegen die Gewässer von Killarney, je höher man kommt, um so deutlicher zeichnen sich die Umrisse der Seen ab, und im Osten blickt man über den Lough Guitane.

Das Gelände, das gerade durchquert wird, trägt den Namen **Toreencormick;** im Jahre 1262 fand an diesem Hang eine Schlacht statt, in der *Cormick McCarthy-More,* der lokale Clan-Führer mit seinen Recken gegen die Armee des Anglo-Normannen *Gerald de Roche* kämpfte.

Je höher man steigt, um so weniger ausgeprägt ist der Pfad; jedoch ist die Landschaftsformation eindeutig und macht es nicht schwierig, den Aufstieg fortzusetzen. Ab und an helfen auch *Cairns* (von Wanderern errichtete Steinhaufen), die Orientierung zu halten.

Man halte nun Ausschau nach einem **schmalen Geröllfeld,** das in südsüdwestlicher Richtung (halbrechts) einen Bergsattel bedeckt und folge dem steinigen Grund. Es geht hier nicht sehr steil aufwärts. Hat man während der Wanderung auf diesem fast ebenen Geröllfeld wieder einen normalen Herzschlag zurückgewonnen, so geht es alsbald erneut steil bergan. Obwohl man über offenes Gelände marschiert, ist die Orientierung problemlos; ein Weg zeichnet sich ab.

Je nach Kondition erreicht man den kleinen Bergsee Devil's Punchbowl nach etwa 80 bis 95 Minuten. Angeblich ist die Tiefe des **Bergsees** noch nie ausgelotet worden, und im Volksmund gilt er als Gewässer ohne Grund.

Nach einer Pause frisch gestärkt, kann man nun das anstrengendste Stück der Besteigung in Angriff nehmen. Man umrunde den See im Uhrzeigersinn und schlage den Weg in südöstlicher Richtung (links) ein. Ein zunehmend steiler verlaufender Pfad schlängelt sich über einen Bergsattel, und schon bald bewegt man sich auf einem schmalen, extrem steilen, grasbewachsenen Geländestück teilweise auf allen vieren voran.

Nach links geht es rund 800 m steil bergab, man hat einen fantastischen Blick in das Glenacappul-Tal mit dem See Lough Erhog, rechts unten liegt Devil's Punchbowl (dieses Streckenstück ist keineswegs gefährlich, ein Absturz ist so gut wie ausgeschlossen).

Nach dieser Anstrengung erreicht man nun das **Gipfelplateau** des Mangerton-Berges, eine Steinpyramide zeigt die höchste Stelle an; hier steht man 843 m über NN und hat eine wunderbare Aussicht auf die Killarney-Region – Mangerton Mountain ist die höchste Erhebung im Killarney-Nationalpark. Gen Süden blickt man gar bis über die Beara-Halbinsel hinaus. Im Westen dräuen die gewaltigen Macgillycuddy's Reeks, klar erkennt man den Carrauntoohil. Im Südwesten dann schweift der Blick über die Seenplatte von Killarney.

Mangerton übrigens bedeutet soviel wie „der Behaarte"; der Name geht auf die langen Gräser zurück, die auf dem Gipfelplateau wachsen.

Es geht nun weiter oberhalb des Devil's Punchbowl, ein kleiner Pfad schlängelt sich entlang der Abbruchkante zum See. Der **Abstieg** führt nun über eine grasbewachsene Hügelschulter. Diese geht an der Seeseite in ein lockeres Geröllfeld über, das man meiden und umgehen sollte. Hat man das Niveau des Devil's Puchbowl wieder erreicht, überquert man auf einem ramponierten Damm das Flüsschen, das unten den Torc-Wasserfall speist, und kann den Rückweg zum Auto antreten.

Wanderung 3: Old Kenmare Road

Streckenwanderung: Per Bus (Kenmare – Killarney) zurück zum Ausgangspunkt. Wer über eine gute Kondition verfügt, kann diese Wanderung mit einer Besteigung des Torc Mountains verbinden (s. Wanderung 4)

- **Länge:** 11 km
- **Schwierigkeitsgrad:** einfach
- **Orientierung:** einfach, ausgeschildert, gelbe Pfeile auf schwarzem Grund oder das Kerry-Männchen, ein gelber Wandersmann auf schwarzem Grund
- **Ausrüstung:** Wanderschuhe

Diese Wanderroute folgt der **Old Kenmare Road,** die bis Mitte des 19. Jahrhunderts die Hauptverbindung zwischen Killarney und Kenmare darstellte. Englische Großgrundbesitzer sperrten dann die Trasse, da sie in der Umgebung ungestört auf Rotwildjagd gehen wollten.

Die Old Kenmare Road ist Teil des rund 200 km langen Wanderwegs, der rund um die Kerry-Halbinsel verläuft. Der Pfad, der durch eine sehr schöne und reizvolle Landschaft führt, ist gut ausgeschildert. Mit ein wenig Glück

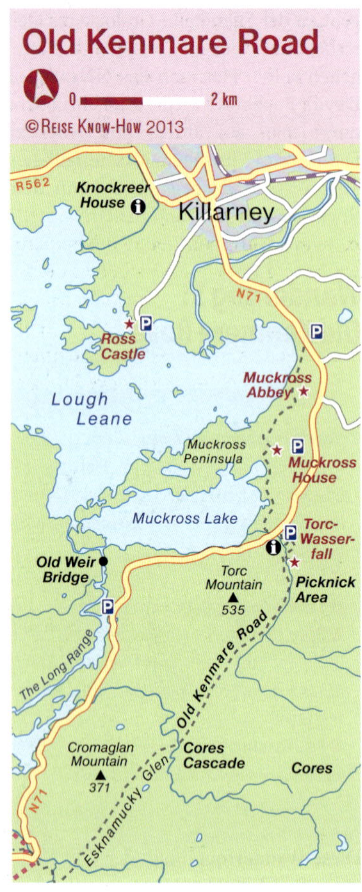

sieht man auf der Tour Rehe, die vor allem an den Hängen des Torc Mountain ein geschütztes Refugium haben. Neben dem einheimischen Rotwild äsen hier auch japanische Sika-Rehe.

Ausgangspunkt ist der Parkplatz am **Muckross House.** Von Killarney geht es auf der N 71 in Richtung Kenmare; nach ca. 6 km dann rechts ab in die Muckross-Domäne. Ausgeschildert), hier kann der Wagen nahe beim alten Herrenhaus abgestellt werden. Im Café von Muckross House sollte man bei Bedarf noch Verpflegung einkaufen und dann vor dem Haupteingang des Anwesens den Weg nach links zum Seeufer einschlagen (ausgeschildert: ein gelber Wanderer auf schwarzem Grund, außerdem Wegweiser zum Torc-Wasserfall. Wer Wanderung 1 schon gemacht hat, kennt bereits diesen Teil der Tour. Es ist auch möglich, den Wanderweg dadurch zu verkürzen, dass man auf dem Parkplatz unterhalb des Torc-Wasserfalls den Wagen abstellt, Anfahrt s. Killarney, Umgebung).

Der asphaltierte Weg führt durch einen Wald sowie vorbei am Ufer des Muckross Lake; nach wenigen Minuten geht es in einer scharfen Linkskurve wiederum durch Wald und an einem plätschernden Bach entlang zum Fuß einer Brücke, unter der man hindurchgehen kann. Steil führt nun ein Treppenweg hoch zur **Torc-Kaskade;** hat man den Wasserfall gebührend bewundert, so folgt man den Stufen weiter steil bergauf; hier gerät man ganz schön ins Schwitzen.

Der Treppenpfad mündet auf einem **Waldweg,** ein Richtungspfeil weist nach links, und ca. 30 m weiter folgt eine weitere Ausschilderung (das Kerry-Männchen, gelber Wandersmann auf schwarzem Grund) nach rechts. Wer sich von dem Aufstieg ausruhen und der beanspruchten Wadenmuskulatur ein wenig Ruhe gönnen möchte, sollte dies an einigen Picknickbänken und -tischen tun.

Der breite Pfad führt weiter durch den Wald, und nach einigen hundert Metern überquert man auf einer **Holzbrücke** den Bach, dessen Wasser weiter unten die Torc-Kaskade hinabstürzen; hinter der Brücke geht es scharf nach links und dann weiter unter hohen, Schatten spendenden Bäumen.

Der nächste Orientierungspunkt ist bald erreicht. Ein **Gatter** versperrt den Weg, und ein Hinweisschild gibt Auskunft: Killarney National Park – *You are now entering the main red deer range – please keep to pathways to minimize disturbance – dogs must be kept on leash.* Mit anderen Worten: Die Weidegründe des Rotwilds sind erreicht, und man wird gebeten, auf den Wegen zu bleiben, um das scheue Wild nicht aufzuschrecken.

Hinter dem Gatter verlässt der Pfad den Wald; offenes Gelände, wohin das Auge blickt, klar erkennbar liegt geradeaus die **Old Kenmare Road,** gesäumt von grünbewachsenen Hügeln. Nach wenigen Minuten Fußweg sieht man auf der linken Seite des Weges einen schwarzen Pfahl mit einem gelben Pfeil, der geradeaus weist. Schaut man nach rechts, so erkennt man nur schwach einen Pfad, der auf den Torc Mountain führt (hier beginnt die Wanderung 4).

Ohne Orientierungsprobleme schreitet man tüchtig auf der Old Kenmare Road aus; mal geht es ein kurzes Stück bergauf, mal ein wenig bergab. So bringt man einige Kilometer hinter sich und gelangt an eine sumpfige Niederung; von dem ursprünglichen Straßenverlauf ist

Die kleine Torc-Kaskade

121IRL tii

nun nichts mehr zu erkennen. Nasse Füße holt man sich jedoch nicht, denn gut befestigte Holzplanken führen über die feuchten Stellen. Gelbe Markierungspfeile auf schwarzen Pfosten weisen den Weg, der jedoch auch ohne diese Hilfe nicht zu verfehlen wäre.

Hat man diese **sumpfige Niederung** hinter sich gebracht, so folgt der Pfad für kurze Zeit einem kleinen **Flüsschen.** Beruhigend wirkt das Murmeln des Wassers auf die Seele des einsamen Wanderers. Schaut man nach links, so sieht man am anderen Ufer des Baches nach wenigen Metern Fußweg einen kleinen **Wasserfall,** dies ist die Cores Cascade.

Ein kurzes Stückchen weiter gelangt man in das Esknamucky Glen, eine enge **Schlucht,** die mit ihren moosbewachsenen, uralten und knorrigen Bäumen einen recht verwunschenen Eindruck macht.

Obwohl es bergauf geht, ist man recht schnell wieder aus der kleinen Schlucht heraus und gelangt in offenes Gelände. Hält man rechts und links Ausschau, so erkennt man die **Reste von Häusern** und eingestürzte Windmauern rund um winzige Parzellen. Als die Straße noch in Betrieb war, befanden sich hier einige kleine Weiler. Nach kräftigen Regengüssen kann der folgende Teil des Weges matschig und sumpfig sein – wasserdichte Wanderstiefel sind von großem Vorteil. Der Pfad steigt jedoch wieder an und führt in trockenere Gefilde.

Nach Durchquerung des offenen Geländes schlängelt sich der Weg durch einen alten **Eichenwald,** und auf einer Lichtung überquert man mittels einer Brücke ein kleines Flüsschen. Weiter geht es bergab durch den Wald, und hat man diesen hinter sich gelassen, so mündet der Wanderweg auf eine **kleine Straße.** Links geht es weiter in Richtung Kenmare. Die Route führt jedoch nach rechts und erreicht alsbald die N 71, die Hauptverkehrsstraße von Kenmare nach Killarney. Per **Bus** geht es zurück nach Killarney.

017IRL ws

Die Landschaft an der Old Kenmare Road

Wanderung 4: Torc Mountain

- **Länge:** 8 km, (vom Parkplatz am Torc-Wasserfall); 10 km (vom Parkplatz am Muckross House)
- **Schwierigkeitsgrad:** mittelschwer
- **Orientierung:** nicht ganz einfach, fast ausschließlich offenes Gelände
- **Ausrüstung:** Bergwander-Equipment

Der 535 m hohe **Torc Mountain** liegt mitten im Killarney National Park; an klaren Tagen hat man vom Gipfel aus einen wundervollen Blick über die Region. Gemäß der Überlieferung ist der Berg nach einem mächtigen, wilden Keiler benannt, der einst an den Hängen herumstreifte.

Der erste Teil des Weges folgt der Route von Wanderung 3. Hat man hinter dem **Gatter** den Wald verlassen und tritt ins offene Gelände, so trifft man nach wenigen Minuten Fußweg auf einen **schwarzen Pfahl,** der mit einem gelben Pfeil gekennzeichnet ist. Rechts erkennt man einen schwach ausgeprägten Weg,

der sich den Hügel heraufzieht. Der Untergrund ist grasig, es geht steil bergauf.

Manchmal erkennt man an vereinzelten Felsen einen verwaschenen roten Pfeil, der die weitere Richtung angibt; auch der eine oder andere Pflock steckt in der Erde und dient als Orientierungszeichen. Da kaum Steine zu finden sind, sieht man auch keine Cairns, die als Wegmarkierungen dienen könnten.

Im Großen und Ganzen schreitet man über offenes Geländes und erahnt mehr, wo es langgehen könnte. Nur manchmal zeichnet sich klar ein Pfad ab, der jedoch schnell wieder im grasigen Untergrund verschwindet. Südlich unterhalb des Gipfels erreicht man ein feuchtes, grasbewachsenes **Plateau** und blickt von hier weit über die Seenplatte von Killarney. Hier hat man auch die größten Chancen, das Rotwild zu sehen, für das die Gegend bekannt ist.

Nach weiteren Minuten nun anstrengender Kletterei gen Norden ist der schmale, 535 m hohe **Gipfel** erreicht. Die Mühe lohnt, denn tief unten sieht

155IRL hs

man Muckross House wie ein Puppenstubenteil liegen, selbst die kleine Brikkeen Bridge, die den Zusammenfluss von Lough Leane und Muckross Lake überspannt, ist zu sehen. Klar zeichnet sich auch der Weg von Wanderung 1 ab, den man von dort oben verfolgen kann. Die Aussicht ist sicherlich eine der schönsten in der Killarney-Region. Hat man alles gebührend bewundert, so geht es querfeldein wieder abwärts.

Aussicht beim Aufstieg auf Torc Mountain

Der Ring of Kerry

XXI/AB1-2

Von Killarney aus beginnt nun die Erkundung des Ring of Kerry, nach Ansicht der irischen Tourismus-Promoter der landschaftlich **schönste Teil der Grünen Insel.** Die Rundfahrt auf der Halbinsel sollte entgegen dem Uhrzeigersinn erfolgen, so nähert man sich langsam den Höhepunkten.

Killorglin

XXI/B1

Die Fahrt geht auf der R 562 in Richtung Killorglin; die unspektakuläre Strecke ist von Bäumen gesäumt. Killorglin selbst ist ein Örtchen, an dem der Tourismus des Ring of Kerry scheinbar spurlos vorbeigeht.

Einmal im Jahr allerdings ist in dem Dorf wahrhaft der Teufel los. In der Zeit vom 10. bis zum 12. August findet hier die **Puck Fair** statt (www.puckfair.ie, s. Exkurs). Bei dem Volksfest, das wohl auf einen heidnischen Fruchtbarkeitsritus zurückgeht, wird ein Ziegenbock zum König gekrönt und drei Tage lang auf einem hohen Gerüst huldvoll zur Schau gestellt. Eine Unterkunft ist während dieser Tage selten zu bekommen (es sei denn, man hat vorgebucht), in den Kneipen fließt das *Guinness* in Strömen, und viele Einwohner und Besucher trinken sich in den Vollrausch.

Caragh Lake

Weiter geht es nun auf der N 70 in Richtung Südwesten. Einige Kilometer hinter Killorglin zweigt links von der Straße ein kleiner Weg ab, der zu den Ufern des Caragh Lake führt (ausgeschildert); an dessen Gestaden, die von sanften Hügeln und dichten Wäldern umrahmt sind, es sich gut picknicken lässt.

Glenbeigh

XXI/B1

Im weiteren Verlauf führt die Straße dann auf mächtige Hügelketten zu, und man durchfährt alsbald das Dörfchen Glenbeigh (ein Lebensmittelladen, ein Hotel, ein Pub und ein Restaurant gruppieren sich um die Tankstelle).

Die Trasse verläuft durch eine anmutige und gewellte grüne Landschaft. Schafe grasen an den Fahrbahnrändern. Doch schon wenige Minuten später zeigt die Umgebung ein wesentlich raueres Bild, die gewaltigen Steinhügel rücken fast bis an die Straße heran, und nun sieht man auch zum ersten Mal das Meer und schaut weit über die Dingle Bay bis hin zu den Hügeln der Dingle-Peninsula.

Die Straße windet sich in rund 100 m Höhe entlang der **Steilküste,** unten brandet die See an die Felsen. Diese Strecke ist sehr kurvenreich, und vom Fahrer wird höchste Konzentration verlangt. Wenn man in Ruhe das Landschaftspanorama genießen will, so kann man dies alle paar Kilometer an Straßenausbuchtungen tun, und gefahrlos schweift hier der Blick über die Schaumkronen der Wellen.

Cahersiveen

XXI/A2

Das langgestreckte Dorf mit seinen 1294 Einwohnern hat mehrere konkurrierende Schreibweisen seines Namens, neben der obigen auch Caherciveen und Cahirciveen. Die *Locals* sind stolz darauf, dass in ihrem Ort der „Liberator" **Daniel O'Connell** geboren wurde. Das Geburtshaus ist vom Zentrum ausgeschildert und befindet sich am Ostufer des Flusses Carhan. An der anderen Flussseite wurde ein Park mit einer Büste für *O'Connell* eingerichtet. Spazierwege führen am Fluss entlang und Schautafeln widmen sich der regionalen Flora und Fauna.

Alljährlich am ersten Wochenende im August findet das *Cahersiveen Festival of Music and the Arts* (www.celticmusicfestival.com) im Örtchen statt.

Nachdem man die Siedlung durchfahren hat, geht es rechts ab auf der R 565 in Richtung auf **Valentia Island,** das mit einer Brücke mit dem Festland verbunden ist (ausgeschildert). Man sollte jedoch der Autofähre von Renard Point, der 5 km von Cahersiveen entfernt liegt, den Vorzug geben; diese Autofähre legt in Knightstown an, verkehrt allerdings nur während der Sommermonate (Tel. (087) 2418973, von April bis September Mo–Sa 8–22, So 9–22 Uhr, Auto 5 €/8 €, Fahrrad 2 €/3 €, Fußgänger 1,50 €/2 €).

Tourist Information

- im **Community Centre,** Tel. (066) 9472589, an der Hauptstraße.

Unterkünfte

- **Sea Breeze** € (Mrs. Ellis Dennehy), Reenard Road, Tel. (066) 9472609, www.seabreezebandb.com;
- **San Antoine** € (Mrs. Breda Landers), Valentia Road, Tel./Fax (066) 9472521, www.sanantoine.com;
- **Reenard House** € (Deirdre & Eddie Booth), Tel. (066) 9473157, www.reenardhouse.com;
- **Sive Hostel** €, 15 East End, Tel. (066) 9472717, www.caherciveenhostel.ie;
- **Mannix Point Caravan and Camping Park** €, Tel. (066) 9472806, www.campinginkerry.com, 200 m westlich von Cahirsiveen am Strand mit Blick auf Valentia Island.

Restaurants

- **Qc's Restaurant** €€–€€€, an der Hauptdurchgangstraße, www.qcbar.com, ein kleines Seafood-Restaurant mit Unterkunft, das in der Lokalpresse hochgelobt wurde;
- **The Point Seafood Bar** €€–€€€, Renard Point, Pub *(O'Neill's)* mit guten Fisch- und Meeresfrüchte-Gerichten.

Pubs

- **An Bonnán Buí,** Main Street, guter *Pub Grub,* regelmäßig Live-Musik;
- **Cráineen's Bar,** Main Street.

Verbindung

- **Ring of Kerry Bus** einmal täglich von Tralee über Killarney, Killorglin, Waterville, Caherdaniel, Sneem, mehrmals täglich von Killarney, Killorglin, Tralee.

Die Puck Fair in Killorglin

Mit Sicherheit eines der deftigsten Feste im ohnehin nicht asketischen Irland steht jeweils Anfang August in dem verschlafenen Dorf Killorglin auf der Tagesordnung: Die *Puck Fair,* die Krönung eines Ziegenbocks zum König der Grünen Insel. Da sich bei so hochoffiziellen Anlässen auch Geschäfte machen lassen, läuft parallel zu diesem Ereignis ein Viehmarkt.

Schon einige Tage vor dem großen Fest fangen die Männer des Dörfleins in den umliegenden Bergen einen möglichst stattlichen Ziegenbock mit einem repräsentativen Bart und gewaltigen Hörnern. Fein herausgeputzt dann wird am *Gathering Day,* dem ersten Tag des Festes, der Bock unter begeisterter Anteilnahme der Bevölkerung wie auch der Besucher auf ein hohes Gerüst gehievt und von einem grüngewandeten jungen Mädchen in den Königsstand erhoben: „Ich kröne dich zum König Puck", spricht das Mädel, und die Menge jauchzt begeistert: „Zum einzigen König von Irland"! Drei Tage nun herrscht König Puck huldvoll von seinem Gerüst und schaut dem ausgelassenen Treiben aus luftiger Höhe zu. Und was er da zu sehen bekommt, ist nicht von schlechten Eltern.

Die irischen Heimatforscher sind sich uneins, auf welche historische Begebenheit oder auf welches alte Ritual die Puck Fair zurückgeht. Da gibt es zuerst einmal die patriotische Variante: Die Mannen eines gewissen *Patrick Sorfield* wurden am 11. August 1691 durch eine aufgeschreckte Herde von wilden Ziegen vor den herannahenden Truppen des englischen Königs *William* gewarnt. Blitzschnell legten sich die Iren in einen Hinterhalt und rieben die Armee der verhassten Besatzer auf. Mit einem schön herausgeputzten Ziegenbock kehrten die Sieger in Killorglin ein und veranstalteten ein großes Fest.

Eher die geschäftliche Seite betont die folgende Überlieferung: *James II.* gab einem gewissen *Jenkins Conway* im Jahre 1613 die Erlaubnis, jeweils am 1. und 2. August eines jeden Jahres einen Markt abhalten zu dürfen. Als im 18. Jh. aufgrund einer Kalenderumstellung das Ereignis auf den 11. und 12. August fiel, setzte man den 10. August noch dazu.

Nicht schlecht hört sich auch die folgende Geschichte an: Da die englischen Strafgesetze aus der Zeit vom 17. bis zum 19. Jh. unter anderem die Jahr- und Viehmärkte einschränkten, sollen die pfiffigen Bewohner von Killorglin einen wilden Ziegenbock in die Stadt gebracht haben. Da es sich um kein Nutztier handelte, konnten die Engländer die Veranstaltung laut eigener Gesetzgebung nicht verhindern. Der Bock wurde zum König von Kerry gekrönt und die Iren verspotteten so die britischen Besatzer.

Die letzte Variante beschreibt, dass die Puck Fair auf ein keltisches Fruchtbarkeitsfest zurückgeht, das immer am 1. August begangen wurde. Mit der schon erwähnten Kalenderumstellung fielen die Feiern dann auf die bekannten Daten.

Da auch ein Viehmarkt während der tollen Tage abgehalten wird, und die Verkäufer ihre Rinder, Schafe und Pferde durch die Straßen der Stadt treiben, sind Asphalt, Häuserwände und Autos von Kuhfladen und Dung übersät, und es stinkt gewaltig. So mancher schimpft weil er im Dunkeln auf dem Weg in den nächsten Pub nicht aufgepasst und voll in die Sch... getreten hat.

Tagsüber wird beim Verkauf der Tiere kräftig gefeilscht, und wer genau hinsieht, wird kräftige junge Männer mit großen Schlagstöcken erblikken. Dies sind die Steuereintreiber von Killorglin, denn schließlich will das Städtchen am Kauf und Verkauf beteiligt sein. Noch heute besitzt die Familie *Foley* das Recht, die Steuern mittels des mitgeführten Schlagstocks bei säumigen Zahlern einzutreiben.

Der mündlich geschlossene „Kaufvertrag" wird, wie es sich unter richtigen Männern gehört, per Handschlag besiegelt, und auf den gelungen Abschluss nehmen dann Käufer und Verkäufer erst einmal ein paar Guinness, bevor man sich den weiteren Geschäften zuwendet – falls der Alkoholpegel dies überhaupt noch zulässt.

Am zweiten Tag der großen Feier, dem *Fair Day*, strebt das Fest dem Höhepunkt zu. Guinness, Lager und Whiskey fließen dann in Strömen.

Schon tagsüber sind die Pubs gerammelt voll, und jedem Zecher stehen nur wenige Quadratzentimeter Stehfläche zur Verfügung. Heraus oder hinein zu kommen, artet in schwerste Arbeit aus, dichtgedrängt wie Ölsardinen stehen die Menschen rund um den Tresen, wer hier einen Platz gefunden hat, muss ihn heldenhaft verteidigen. Die Menge tobt, lallt, lacht, Gläser gehen klirrend zu Bruch, und ein Schwall Guinness ergießt sich über den Vordermann. Gänge zur Toilette müssen frühzeitig angetreten werden, lang sind die Schlangen derjenigen, die ihre Getränke wieder entsorgen müssen.

Auch auf den Straßen des Örtchens ist der Teufel los, auch hier wird getanzt, gesungen, musiziert und natürlich vor allem getrunken. Killorglin versinkt in einer wahren Orgie, der Rausch ergreift die Menschen. Auch die Tinker, die fahrenden Nomaden Irlands geben sich ein Stelldichein und verkaufen Ramsch, ihre Frauen sagen den Betrunkenen die Zukunft voraus, lesen aus der Hand und lassen dabei orakelhafte Sprüche ab.

Am dritten Tag dann, dem *Scattering Day*, halten nur noch erfahrene Kampftrinker durch, doch auch das sind – so hat es den Eindruck – noch immer unübersehbar viele. Wer jedoch des Morgens ein Katerfrühstück nötig hatte, der macht sich nun langsam bereit für den Heimweg, und sicher ist: Im nächsten Jahr wird die Puck Fair noch toller gefeiert!

Valentia Island XXI/A2

Die Fähre von Renard Point legt in **Knightstown an,** dem Hauptort des Eilandes. Einige Häuschen reihen sich an der engen Dorfstraße entlang, während der Ebbe steigt Modergeruch aus dem kleinen Hafenbecken auf, der Pub *Boston's* liefert Speise und Trank.

Im 19. Jahrhundert ging es in Knightstown recht geschäftig zu; damals nämlich verlegte man das erste Transatlantikkabel von hier nach Amerika. Die Operation wurde 1866 erfolgreich abgeschlossen. Rund 100 Jahre lang verlief über Knightstown auf Valentia Island die gesamte Telekommunikation mit dem neuen Kontinent.

Die **Tauchgründe** rund um Valentia Island sollen zu den besten Irlands zählen, und so findet der interessierte Flaschentaucher mehrere *Diving Centres* am Ort. Auch kann man an mehreren Stellen auf der Insel Touren zur Felseninsel **Skellig Michael** (s.u.) buchen, z.B. bei *Joe Roddy & Sons,* Tel. (087)1209924, www.skelligstrips.com; *Casey's*, Tel. (066) 9472437, www.skelligislands.com, *John O'Shea,* Tel. (087) 6898431, www.skellig tours.com oder *Seanie Murphy,* Tel. (066) 9476 214, www.skelligsrock.com.

Von Knightstown geht es in südwestliche Richtung auf den Weiler Chapeltown zu und hier biegt man an der Ortskreuzung nach rechts ab und folgt der Ausschilderung **„Grotto"**. In einem ehemaligen Steinbruch hat man eine große Marienstatue aufgebaut, in der Grotte können Messen gelesen werden und von oben plätschert recht stilvoll ein Wasserfallrinnsal hinunter. Von 1816 bis 1911 wurde hier Schiefer gebrochen und dies im wahrsten Sinne des Wortes mit Sklavenarbeit. 14 Stunden am Tag schufteten die Männer, Frauen und auch Kinder, nur zwei kurze Pausen gab es, und als Lohn erhielten sie lächerliche 14 Pence. Hier gewann die englische Kolonialmacht das Baumaterial für das *House of Commons* und das *House of Lords,* das Unter- und das Oberhaus in London, für die Bahnhöfe Charing Cross und Waterloo sowie für die ehrwürdige Pariser Oper. Wer in der großen Grotte steht, erinnere sich an die Worte, die der Publi-

114IRL ws

zist *Ralph Giordano* in seinem „Irischen Tagebuch" schrieb: „Vor 85 Jahren wurde hier der letzte Schlag getan, aber noch ist es so, als wenn es in der Höhle weiter klingt, hämmert und seufzt, als wenn La Grotta widerhallt von den Stoßgebeten, die abprallen von den gnadenlosen Wänden."

Spektakulär sind die Ausblicke auf das Meer von den nahegelegenen **Fogher Cliffs.** Unterhalb der Grotte erkennt man einen kleinen Leuchtturm. Man suche den leicht zu findenden Feldweg, der schlaglochübersät und sehr steil nach unten zur Küste führt. Achtung: Nicht mit Wohnmobilen zu befahren, man kommt die Piste nicht mehr hoch! Nahe am Leuchtturm kann man ein Picknick genießen und in Meditation versunken auf die an den rundgewaschenen Felsen anbrandenden Wellen schauen.

Weiter gen Südwesten führte eine 1970 errichtete Drehbrücke zum Örtchen Portmagee, das schon wieder auf dem Festland liegt. Kurz bevor man den engen Sund überquert, findet sich rechterhand ein Heritage Centre (Juli–Aug. 10–19 Uhr, Mai, Juni und Sept. bis 18 Uhr, Tel. (066) 9476306, www.skelligexperience.com, 5 €/3 €), das mit der audiovisuellen Show *The Skellig Experience* den Besucher über die Region und über die frühchristliche Besiedlung der Felseninsel **Skellig Michael** informiert. Vom *Heritage Centre* verkehren in der Saison Boote nach Skellig Island.

< Eines der vielen Hochkreuze in Kerry

Im Hafendorf **Portmagee** halten die *Bridge Bar* und das Restaurant *Mooring's* (www.moorings.ie) die touristische Infrastruktur aufrecht.

Der Preis für eine **Überfahrt** nach Skellig Michael liegt bei den Kapitänen in der Umgebung (s.u.) um 35 Euro. Die Boote verkehren von Portmagee, Cahirsiveen, Ballinskelligs und Derrynane. Bei telefonischer Buchung erkundige man sich, von welchem Pier das Boot ablegt. Die Überfahrten werden von Ostern bis September angeboten, stürmisches Wetter verhindert manchmal tagelang eine Ausfahrt und selbst bei Windstille und Sonnenschein ist die Überfahrt nichts für schwache Nerven. Vor allem im Juli und August sollte man mindestens einige Tage vorher den Trip buchen.

Da Skellig Michael von der UNESCO zum **Weltkulturerbe** erklärt worden ist und unter Schutz steht, dürfen pro Tag nur 19 Boote mit maximal 12 Passagieren die Insel anlaufen. Der Besuch dort ist auf 2½ Stunden begrenzt.

Die Schwesterinsel **Little Skellig** ist ein **Vogelschutzgebiet** und darf überhaupt nicht angelaufen werden, da hier weltweit eine der größten Brutkolonien von Tölpeln nistet. Allerdings wird der Steinsplitter auf der Fahrt zu Skellig Michael einmal umrundet, sodass man die Vögel beobachten kann.

Unterkünfte

- **Spring Acre** € (Mrs. Mary Foran), Knightstown, Tel. (066) 9476141, www.springacrebb.com;
- **Shealane Country House** € (Mrs. Julie O'Sullivan), Corha-Mor, Tel. (066) 9476354, www.valentiaskelligs.com;
- **Portmagee Hostel** €, Tel. (066) 9480018, www.portmageehostel.com.

Restaurant/Pub

- **The Royal** €, Knightstown, manchmal Live-Musik;
- **Boston's** €, Knightstown.

Ballinskelligs XXI/A2

Über die Brücke bei Portmagee geht es wieder zurück zur N 70. Schon wenige Kilometer weiter jedoch zweigt rechts die R 566 nach Ballinskelligs ab (ausgeschildert). Dort angekommen, findet man einen schönen **Sandstrand,** auf

dem seicht die Wellen auslaufen. Ballinskelligs ist eine kleine Streusiedlung ohne erkennbaren Ortskern, es gibt ein Pub-Restaurant mit Bed & Breakfast (www.ballinskelligsinn.com). Das **Skellig Hostel,** Tel. (066) 9479942, www.skellighostel.com, bietet weitere Unterkunft.

Little Skellig und Skellig Micheal ragen vor Valentia Island aus dem Meer

Waterville XXI/A2

Auf der weiteren Strecke von Ballinskelligs nach Waterville fährt man an einem langen Sandstrand vorbei, hat schöne Ausblicke auf die See wie auch auf die Hügelketten des Inlands – diese Strecke wird auch **Scenic Skellig Ring** genannt.

Schnell ist nun das Städtchen **Waterville** erreicht, das gegenüber von Ballinskelligs an der Ballinskelligs Bay liegt. Entlang der langen Felsenküste reihen sich kleine Pensionen, einige Pubs sowie ab und an ein Restaurant, z.B. das *The Huntsman*.

Hat man das Örtchen durchfahren, so stößt man ca. 3 km weiter auf einen Parkplatz, von dem aus man einen guten und weiten Blick über das Meer und die Felsenküste hat. Auch im weiteren Verlauf windet sich die **Straße oberhalb der See** entlang, und von jeder Stelle bietet sich ein beeindruckendes Landschaftspanorama. Nach einigen weiteren Minuten Fahrt geht es steil bergan, hoch über der See ist die Straße in den Felsen gekerbt. In regelmäßigen Abständen sorgen Ausbuchtungen am Straßenrand für Parkmöglichkeiten.

Nun ist der Pub *Scarriff Inn*, mit angeschlossenem Restaurant erreicht (Tel. (066) 9475132, www.scarriffinn.com). Hinter großen Fenstern sitzt man windgeschützt, kann z.B. bei einer Tasse Kaffee oder Tee sowie bei einem mittäglichen *lunch* die Landschaft auf sich wirken lassen.

Weiter geht es entlang der zerfurchten Felsenküste, regelmäßig tauchen kleine Buchten auf. Zwischen Waterville und dem Dorf **Caherdaniel** erstreckt sich nun der sicherlich schönste Teil des Ring of Kerry.

Besuch auf der Felseninsel Skellig Michael

An mehreren aufeinanderfolgenden Tagen hatte ich schon frühmorgens von Killarney aus im Post Office von Ballinskelligs angerufen und mich nach den Wetterverhältnissen vor der Küs te erkundigt. Zu starker Wind, hohe Wellen und dichter Nebel, so lautete die stereotype Antwort des freundlich bemühten Postmeisters, der seine Negativmeldung immer mit einem bedauernden *Sorry Sir, I'm very sorry* beendete. Beim sechsten Anruf jedoch – ich hatte mir mittlerweile die Zeit mit Wanderungen in der Umgebung von Killarney vertrieben und war schon gar nicht mehr sicher, je auf das Felseneiland zu kommen –, hörte ich die aufgeregte Stimme meines Informanten*:* „Oh, it's you Sir. Come straight ahead, the waves are still high but the boat leaves at eleven." – „Kommen Sie sofort vorbei, die Wellen sind zwar noch immer hoch, aber das Boot läuft um elf aus."

Sofort buchte ich einen Platz, schlang das wie immer opulente Frühstück meiner Bed & Breakfast-Wirtin herunter, sprang in den Wagen und fuhr über Kenmare, Sneem und Waterville nach Ballinskelligs. Dort am Pier angekommen, warf ich einen ersten Blick auf die kleine, offene Nussschale und einen zweiten auf die Schaumkronen der Wellen.

Mit anderen unerschrockenen Besuchern stieg ich nun also auf das kleine Bötchen hinunter, suchte mir meinen Platz und zog den Reißverschluss meiner wasserdichten Jacke hoch. Meinen Daypack stellte der Skipper freundlicherweise in seinem geschützten Steuerhaus unter, alsbald wurden die Leinen gelöst, und die Überfahrt begann.

13 km vor der Küste der Kerry-Halbinsel liegen meerumtost die zwei steil aufragenden Felseninseln **Little Skellig** und **Skellig Michael** *(Skellig* = Felsen). Während die kleinere von beiden ein Vogelschutzgebiet ist – Irlands größte Kolonie von Basstölpeln hat hier ein geschütztes Refugium, aber auch Kormorane, Sturm- und Papageientaucher, Sturmschwalben sowie Dreizehenmöwen bilden beachtliche Populationen – und aus guten Gründen deshalb nicht betreten werden darf, lohnt Skellig Michael unbedingt einen Besuch. Hier befinden sich gut erhaltene Reste einer frühchristlichen **Mönchssiedlung.**

Doch vor der Erkundung der Insel gilt es, die Gefahren der Überfahrt zu meistern. Kaum hatte das Bötchen Bolus Head, den südwestlichen Zipfel der Kerry-Halbinsel passiert, traf uns der Wind mit voller Härte. Die Nussschale rollte und stampfte in der schweren See, Spritzwasser kam regelmäßig über die niedrige Schanz, krampfhaft klammerten sich alle an ihren Sitzen fest, bleich waren die Gesichter. Ich merkte, wie mein Gleichgewichtsorgan seinen Dienst einstellte und der Magen, noch immer vom Frühstück gut gefüllt mit *bacon* and *scrambled eggs,* zu rebellieren begann.

Schon vor Tagen hatte mir meine Zimmerwirtin geraten, rechtzeitig vor der Überfahrt genügend Pillen gegen Seekrankheit und Übelkeit zu schlucken; diesen weisen Vorschlag hatte ich allerdings nicht beachtet und trug nun die Konsequenzen. Drei weitere Mitreisende und ich schickten die Reste unseres Frühstücks zu den Fischen, alle waren wir peinlich berührt, hatten einen ekligen Geschmack im Mund, und das breite Grinsen des Skippers drückte seinen klammheimlichen Spott aus. Ein freundlicher Amerikaner verteilte Kaugummis, die dankbar angenommen wurden.

Mit großer Erleichterung sahen alle eine Zeitlang später, wie das Boot in eine kleine Bucht einlief und an dem Betonpier festgezurrt wurde. Auf einem schmalen Weg, vorbei an einem Leuchtturm, ging es dann über 670 Stufen auf ein 180 m hoch gelegenes Plateau, auf dem eine Anzahl von **Bienenkorbhütten** die Jahrhunderte unbeschadet überstanden hat. Zwei bootsförmige Kapellen, eine Reihe von Kreuzen und Grabsteinen und eine wahrscheinlich aus dem 12. Jh. stammende Kirchenruine vervollständigen das Ensemble. Die Mauern der Gebäude sind sehr kunstvoll, aus Steinen und ohne Verwendung von Mörtel aufgeschichtet. Ihr guter Zustand resultiert aus dem milden Klima: Hier gibt es keinen Frost, der das Gestein sprengen könnte.

Kleine, ebenfalls von Steinmauern eingefriedete Parzellen, *The Monks Garden* genannt, dienten früher den frommen Männern als Anbauflächen für Getreide und Gemüse; ergänzt wurde der Speiseplan durch Vogeleier, Vögel und Fische. Die Anzahl der Steinhütten und ihre Grundflächen legen die Vermutung nahe, dass wohl nie mehr als zwölf Mönche das felsige Eiland bewohnten.

Der Überlieferung nach gründete einer der beiden *Heiligen Finans* die Klause, die schon im 9. Jahrhundert mehrfach von den Wikingern überfallen wurde. Im 12. oder 13. Jahrhundert siedelten die wenigen Mönche dann auf das Festland über; das sturmumtoste Eiland behielt jedoch seine sakrale Bedeutung: Im 17. und 18. Jh. übten sich die Gläubigen in Buße, stiegen bis zur 210 m hohen *The Needle's Eye* genannten Spitze auf und küssten dort oben ein Gipfelkreuz.

Die zweite Felsenspitze von Skellig Michael wird *Jesus' Saddle* genannt, und die Überlieferung berichtet Erstaunliches von diesem Felsstück. Angeblich brachte man Gruppen von jungen Mädchen, die alsbald in den Stand der Ehe treten wollten, an diesen wenig anheimelnden Ort; in völliger Abgeschiedenheit sollten sich die Bräute während dieser Exerzitien auf ein gottesfürchtiges Leben nach der Hochzeit vorbereiten. Die Damen – wir folgen weiter der Chronik – taten sich jedoch gütlich an harten Getränken, musizierten fröhlich und waren ein letztes Mal recht ausgelassen. Mit Entsetzen stoppten die Priester, kaum dass sie dahintergekommen waren, diesen freudvollen Schabernack.

Nach rund zwei Stunden ist die Besichtigung vorbei, und angstvoll klettert man – begleitet von der Hoffnung auf eine ruhige Überfahrt – wieder auf das Boot.

Derrynane House

Rund 2 km westlich von **Caherdaniel** lohnt ein Besuch im Derryname House, das *Daniel O'Connell* im Jahre 1825 errichten ließ; 20 Jahre lang lebte und arbeitete der *Liberator* in diesem Herrensitz, dem heutigen **Museum** (Mai–Sept. tägl. bis 18 Uhr, 3 €/1 €, www. heritageireland.ie). Nahebei führt ein **Naturlehrpfad** durch die Dünenlandschaft.

Staigue-Fort XXI/A2

Zurück zur Hauptstrecke geht es wenige Kilometer weiter vorbei an einem Sandstrand, dessen Schönheit jedoch durch eine große Mobile-Home-Siedlung etwas beeinträchtigt wird. Etliche Kilometer hinter Caherdaniel zeigt ein Wegweiser nach links die Strecke zum prähistorischen Staigue-Fort an. Der Abzweig ist nicht zu verfehlen, denn unübersehbar markiert das schneeweiß gestrichene *Staigue Fort Hotel* die Stelle, an der man von der N 70 abbiegen muss. Nach 8 km ist das mächtige eisenzeitliche Ringfort erreicht.

4 Meter dick und 5,5 Meter hoch ist der aus Steinen und ohne Mörtel aufgerichtete **Mauerring.** Keine Messerspitze passt zwischen die exakt aufgeschichteten Steinlagen. Durch einen kleinen Gang gelangt man ins Innere der Umwallung; auf einem Areal von 30 Meter im Durchmesser suchten die Erbauer Schutz vor Überfällen. Gut erhalten sind die Treppenstufen, mittels derer die Verteidiger im Notfall auf die Brustwehr eilen konnten.

Eine exakte **Datierung** des Ringforts steht bis heute noch aus; auch bei den zwei anderen gut erhaltenen Steinzirkeln, Dún Aengus auf der Aran-Insel Inishmore und Griánan of Aileach im County Donegal, konnten bisher keine präzisen Zeitangaben gemacht werden.

Sneem XXI/B2

Nun wieder zurück zur Hauptstrecke und weiter der N 70 in Richtung Norden folgend, erreicht man Sneem, in dessen kleinem Dorfkern die Häuser zur Freude eines jeden Hobbyfotografen in kräftigen blauen, roten und grünen Farbtönen gestrichen sind. Wer möchte, kann sich hier in einem *Crafts Shop* mit irischem

056IRL hs

Kunsthandwerk eindecken. So ist der Ortskern im Sommer oft voller Besucher, denn die Touristenbusse halten hier an, und die Urlauber kaufen ihre Souvenirs.

Unterkünfte

- **Bank House** € (Mrs. Margaret Harrington), North Square, Tel. (064) 6645226;
- **Old Convent House** € (Mrs. Alice O'Sullivan), Woodvale Pier Road, Tel./Fax (064) 6645181, www.conventhousesneem.com.

Restaurant/Pub/Coffeeshop

- **Blue Bull Seafood Restaurant** €, im Ortszentrum, mit angeschlossenem Pub;
- **Dan Murphy's Bar** ist eine gemütliche Kneipe im Ortszentrum;
- Der Coffeeshop **The Village Kitchen** serviert Kuchen und Snacks.

Verbindung

- **Ring-of-Kerry-Bus** von Tralee, Killarney, Killorglin, Cahirciveen, Waterville, mehrmals täglich von Killarney, Kenmare, Tralee.

Entlang der Südküste des Ring of Kerry

Zurück nach Killarney

Wenn man Kenmare schon besucht hat, so sollte man von Sneem aus nicht weiter auf der N 70 fahren, denn dieser nun folgende Teil des Ring of Kerry ist landschaftlich wenig spektakulär. Besser ist es, von Sneem aus die R 566 zu nehmen. Zwar ist auch diese Strecke nicht gerade mit landschaftlichen Schönheiten ausgestattet, doch man hat einige gute Ausblicke auf Täler und Hügel.

Bei **Moll's Gap,** einem Aussichtspunkt, trifft die R 566 wieder auf die Hauptstrecke (jetzt die N 71), und vorbei am **Ladies' View,** von wo aus man Ausblick auf die Seen von Killarney hat, geht es zurück nach Killarney, dem Ausgangspunkt der Rundreise.

Dingle-Peninsula

XVI/A-B3

Nach Dingle

Von Killarney verläuft die **Route** auf der N 72 bis Killorglin, dann biegt man in die N 70 ein, die nach Castlemaine führt, weiter geht es über die N 86 und die R 559 nach Dingle, dem Hauptort auf der gleichnamigen Peninsula. Ab Castlemaine folgt die Strecke der Küstenlinie, man hat schöne Ausblicke auf das Meer und auf die Kerry-Halbinsel.

Schaut man nach rechts, ins Landesinnere, so erkennt man weitgehend kahle Hügelketten. Fährt man diese Strecke am frühen Vormittag, so sieht man alle paar Kilometer Bauern mit ihren Milchtonnen am Straßenrand stehen, die auf den Milchlaster der Molkerei warten.

Im weiteren Verlauf der Fahrt passiert man das winzige Örtchen **Inch,** das einen kilometerlangen und bei Ebbe sehr breiten Sandstrand zu bieten hat. Ausbuchtungen an der Straße erlauben immer wieder einen kurzen Stopp, damit man in Ruhe über das Meer blicken kann.

Dingle

XVI/A3

Bald ist nun Dingle erreicht, das sympathische Städtchen ist mit seinen 1929 Einwohnern der Hauptort der Halbinsel.

Im Dorfkern strahlen die Häuser in kräftigen bunten Farben. Pubs und Restaurants sind in Hülle und Fülle vorhanden. Dingle gehört sicherlich zu den atmosphärereichsten Örtchen im Westen Irlands, daran ändert auch die aus EU-Geldern finanzierte Modernisierung des Hafenbereichs nur wenig.

Der **Tourismus** ist ein anderer als in Killarney: Man sieht kaum Pauschalurlauber, sondern eher Individualbesucher.

Vom Hafen aus kann man Bootstouren zu dem vor der Küste lebenden **Delfin Fungie** unternehmen; der Meeressäuger liebt seit 1984 allem Anschein nach menschliche Gesellschaft.

Ebenfalls am Hafen findet sich die **Dingle Ocean World,** ein großes Aqua-

▷ Dingle Harbour

122IRL hg

rium. Durch einen Unterwassertunnel kann man die heimischen Meeresfische gut beobachten (www.dingle-oceanworld.ie, Juli–Aug. tägl. 10–18, sonst bis 17 Uhr, 13 €/7,50 €).

Alljährlich Ende August wird die **Dingle Regatta,** eine Wettfahrt in den traditionellen irischen Ruderbooten, den *Currachs,* im Hafen ausgetragen.

Dingle eignet sich auch sehr gut als Standquartier, um von hier aus eine Tour zu den Blasket Islands zu unternehmen oder um den Hausberg der Halbinsel, den Mount Brandon, zu besteigen.

Tourist Information

- **The Pier,** direkt am Hafen, Tel. (066) 9151188.
- **www.dingle-peninsula.ie**

Unterkünfte

- **Dingle Skellig Hotel** €€, Tel. (066) 9150200, Fax 9151501, www.dingleskellig.com;
- **Ballinvounig House** € (Mrs. Brid Bowler Sheehy), Ballivounig, Tel. (066) 9152104, ballinvounighouse@eircom.net;
- **Fiuse B & B** € (Mrs. Eileen Carroll), Miltown, Tel. (066) 9152850, www.fiuise.com;
- **Hazelbrook Farm** € (Mrs. Patricia Devane), Milltown, Tel. (066) 9151589, www.dinglefarm.com;
- **Dingle Heights** € (Mrs. Bridie Fitzgerald), High Road, Tel. (066) 9151543, Fax 9152445, www.dingleheights.com;
- **Tower View** € (Mrs. Mary Griffin), Farranredmond, Tel. (088) 9152990, www.towerviewdingle.com;

- **Ballyegan House** € (Mrs. Hannah Kelliher), Upper John Street, Tel. (066) 9151702;
- **Dingle Gate Hostel** €, The Mall, Annascaul, Tel. (066) 9157150, www.dinglegatehostel.com;
- **Tigh an Phoist** €, Hostel in Ballydavid, ca. 10 km westlich von Dingle, Tel. (066) 9155109, www.tighanphoist.com/hostel.html;
- **Campingplatz** *Campaill Theach An Aragail* (ausgesprochen etwa: „kampajl hjäch ann aregell"), Tel. (066) 915 5143, 8 km westl. in Ballydavid.

Restaurants

- **Doyle's Seafood Bar & Townhouse** €€–€€€, John Street, Tel. (066) 9151174, eines der besten Fischrestaurants der Region in einem rot gestrichenen Haus, mehrfacher Gewinner des *Bord Failte's Award of Excellance;*
- **Lord Baker's** €€–€€€, Main Street, Tel. (066) 915 1277, ältestes Lokal von Dingle, 1890 von *Tom Baker,* dem Direktor der Tralee – Dingle-Eisenbahn als Kneipe gegründet, vorne im Pub gute *Bar Meals* bei denen ein Torffeuer wärmt, nach hinten großes Restaurant, mehrfach preisgekrönt;
- **Bull's Head** €€–€€€, John Street, (066) 9150897, irische und mediterrane Küche;
- **Novecento** €–€€, John Street, Tel. (066) 915 2584, gemütliches Lokal mit italienischer Küche und Pasta-, Fisch- und Fleischgerichten;
- **Fenton's Restaurant** €–€€, Green Street, Tel. (066) 9152172, Meeresfrüchte;
- **An Café Liteartha** €–€€, Dykegate Street, Café und Buchladen, Snacks werden auch serviert;
- **Out of the Blue Seafood Bar** €€–€€€, Waterside, Tel. (066) 9150811, www.outoftheblue.ie, preisgekröntes Fischrestaurant;
- **An Canteen** €, Dykegate Lane, Tel. (086) 6603 778, gemütliches und preiswertes Lokal;
- **Crêperie Ti Koz** €, 2 John Street, Tel. (066) 9152 039, bretonische Crêpes.

Pubs

- **Dingle Pub,** Main Street, Live Sessions;
- **An Droichead Beag,** Main Street, Folk Music an vielen Abenden;
- **Dick Mack's,** Green Street, Pub in einem Schusterladen, in dem immer noch Schuhe repariert und Ledergürtel hergestellt werden, eine derartigte Kuriosität lockt vornehmes Publikum an, so waren neben vielen anderen auch schon *Paul Simon, Robert Mitchum* und *Julia Roberts* vor Ort, im Gehweg sind die Namen der Promi-Gäste eingemeißelt;
- **Murphy's Pub,** Strand Street, regelmäßig Live Sessions;
- **Marina Inn,** Strand Street, am Hafen, Traditional Sessions in der Saison;
- **Dingle Web Internet Café,** Main Street.

Verbindung

- **Busse** mehrmals täglich von Dublin, Limerick, Listowel, Tralee, Shannon-Airport, Killarney, Killorglin, Dunquin.

Wandern auf der Dingle-Halbinsel

Rund um die Dingle-Peninsula führt der 179 km lange **Dingle Way,** auf Gälisch auch *Slí Chorcha Dhuibhne* genannt – die Halbinsel gehört ja zu den so genannten Gaeltacht-Gebieten. Wie schon bei den anderen aufgeführten Streckenwanderungen empfohlen, sollte man auch hier wieder wenigstens einige Teilstrecken in Tagesausflügen zurücklegen.

Die **Tour** beginnt wegen der guten Verkehrsanbindung eigentlich in Tralee, geht dann über Blennerville, Inch, Annascaul, Lispole, Dingle, Dunquin, Ballydavid, Brandon, Cloghane, Castlegregory und Camp zurück nach Tralee. Der höchste Punkt ist der 640 m hohe Sattel zwischen Brandon und Masatiompan. Empfehlenswert ist der mit vielen Karten versehene **Wanderführer** „The Dingle Way“ von *S. Bardwell* und *J. Megarry*. Die gesamte Strecke ist mit gelben Pfeilen auf schwarzem Grund ausgeschildert.

Unbedingt sollte man auch den Hausberg der Dingle-Halbinsel, den 952 m hohen **Mount Brandon,** auf der Heiligenroute besteigen. Bergausrüstung erforderlich, Kartenmaterial in Dingle.

Die Blasket Islands

XVI/A3

Auf keinen Fall sollte man einen Tagesausflug zu den Blasket Islands versäumen. Die **einstigen Bewohner** der heute menschenleeren Eilande hielten bis vor wenigen Jahren eine reiche Tradition aufrecht. Irische und ausländische Sprach- und Völkerkundler, aber auch Dichter und Literaten studierten dort die alten gälischen Feste, Sitten und Bräuche. Die Insulaner selbst schrieben ihre mündliche Überlieferung, ihre Geschichte und Legenden nieder und bewahrten sie so der Nachwelt.

Als schön und geheimnisvoll empfindet der Besucher die **Atmosphäre** auf Great Blasket Island, wenn er das alte, nun teils verfallene Dorf durchstreift und anhand eines Lageplanes die Schule, das Postgebäude, den Friedhof oder die Häuser von *Peig Sayers* oder *Tomás O'Crohan,* den beiden großen Poeten der Insel, identifizieren kann. Gewaltig ist die Faszination, die Great Blasket ausstrahlt, und je größer die eigene Vorstellungskraft und das Wissen um die einstigen Lebensbedingungen sind, um so mehr wird das Eiland in der Fantasie wieder lebendig.

Der irische Autor *Muiris Mac Conghail* beschrieb in seinem Buch über den kleinen Archipel sehr zutreffend dieses „Inselgefühl“: „Sobald man mit der Blasket-Insel und ihrer Kultur Verbindung aufgenommen hat, gibt es kein Entrinnen mehr, so sehr man sich auch bemüht. Ihre Geschichte gleicht einem Staffellauf, in dem der Stab von Person zu Person immer weitergereicht wird. Einmal mit diesem Fleckchen Erde in Berührung gekommen, ist es um einen geschehen!“

Wer die Geschichte der Menschen und die Härte ihres Lebens – wenn auch heute nur mehr aus schriftlichen Quellen – kennen zu lernen versucht, für den ist eine Fahrt zu den Blaskets ein herausragendes Erlebnis.

Anreise

Von Dingle folgt man der Küstenstraße (R 559) in westlicher Richtung. Ziel der Fahrt ist die kleine Streusiedlung **Dunquin** (Ausschilderung Slea Head). Die Wegweiser unterwegs an den Kreuzungen helfen nicht immer bei der Orientierung – der Westen der Dingle-Halbinsel gehört zu den so genannten Gaeltacht-Gebieten, in denen bis heute noch teilweise gälisch gesprochen wird. Auch die Hinweisschilder sind hier oft nur mit **gälischen Ortsnamen** versehen. Der gälische Name von Dunquin ist *Dún Chaoin.*

123IRL hg

Der erste Abschnitt auf der 18 km langen Strecke ist wenig spektakulär; die Straße folgt dem Uferverlauf zweier kleiner, natürlicher Buchten, Dingle Harbour und Ventry Harbour genannt. Ein kurzes Stück weiter kann man einen ersten Stopp einlegen und die Reste des prähistorischen **Dunbeg-Forts** sowie nahebei einige alte Bienenkorbhütten *(Beehive Huts)* besichtigen (Fort und Hütten sind ausgeschildert).

Dann jedoch beginnt die Fahrt spannend zu werden. Die Ausläufer des Mount Eagle formieren eine rund 100 m hohe, steil ins Meer abfallende **Felsküste.** Die regelrecht in das Bergmassiv eingekerbte Straße windet sich in scharfen Kurven um Vorsprünge. Nur eine niedrige Mauer schützt vor dem Abgrund, auf der anderen Seite der schmalen Trasse ragen die Felsen steil in die Höhe. Diese Straße entstand im Zuge eines Arbeitsbeschaffungsprogrammes während der großen Hungersnot im 19. Jh. Statt Lohn erhielten die Arbeiter Getreidemehl, bis heute nennen die gälischsprachigen Bewohner der Gegend diese Route *Boithre Na Mine* – Mehlstraße.

Prachtvoll ist der Blick, den man von dort auf das Meer hat, an klaren Tagen schaut der Besucher weit über die Dingle Bay bis hinüber zur Kerry-Halbinsel und nach Valentia Island. Die kurvenreiche Strecke verlangt allerdings höchste Aufmerksamkeit vom Fahrer, es ist nicht ungefährlich, die vielen landschaftlichen Schönheiten am Steuer zu genießen! An den besten **Aussichtspunkten** befinden sich daher Ausbuchtungen am Straßenrand. Hier kann man gefahrlos parken, in Ruhe und vor allem sicher den Blick entweder tief nach unten auf die anbrandende See richten oder weit in die Ferne schweifen lassen. Auch am **Ausguck Slea Head,** dem südwestlichsten Zipfel der Dingle-Peninsula, befindet sich eine solche Parkbucht, ihr gegenüber hat der gläubige Besucher die Möglichkeit, vor einem großen, in den Felsen eingelassenen Wegekreuz ein inbrünstiges Bittgebet für die weitere Reise zu sprechen.

Nach wenigen Minuten Fahrt fasziniert erneut eine Naturschönheit – tief unten leuchtet ein kleiner, weißer **Sandstrand** aus den türkisblauen Fluten.

Wiederum von einer Parkbucht aus kann man auf das einladende Fleckchen hinunterblicken, und weit entfernt im Meer sieht man nun die größte der Blasket-Inseln, die langgestreckt und bucklig wie ein großer Wal vor der Küste liegt. Eine dort aufgestellte **Gedenktafel** gibt leider nur spärlich Auskunft über die Geschichte der Eilande.

Ein Stückchen hinter dem Aussichtspunkt führt eine holprige Schotterpiste hinab zu dem kleinen Gestade. Bis vor einigen Jahren lagen hier noch die Reste eines gestrandeten Tankers, der in einer Sturmnacht auf die Felsen geschleudert wurde und für eine Ölkatastrophe sorgte. Gott sei Dank erinnert daran heute nichts mehr, die Schäden sind inzwischen beseitigt.

Nach zwei weiteren Kilometern geht es links von der Straße ab, und schon kann man den Wagen oberhalb von **Dunquin Harbour** (ausgeschildert) parken. Die Bezeichnung „Hafen" ist allerdings mehr als irreführend. Auf einem extrem steil verlaufenden Betonpfad gelangt man an einen winzigen Pier, nur wenige Bötchen dümpeln in den Wellen. In der Hauptsaison und bei gutem Wetter fahren zwischen 10 und 18 Uhr stündlich Boote zur Great Blasket Island. Ansonsten nur einmal morgens und einmal abends.

Es lohnt sich sehr, schon früher an Ort und Stelle zu sein; dann nämlich kann man den wenigen **Fischern** zusehen, wie sie sich auf ihre Tagesarbeit vorbereiten, zuerst in der kleinen Bucht die Hummer-Reusen kontrollieren und danach aufs Meer hinausfahren. Wer nicht mundfaul ist, kommt schnell mit den freundlichen Männern ins Gespräch.

Einen Blick lohnen auch die sechs aufgebockten **Naomhoga,** die traditionellen, mit geteertem Leder bezogenen **Boote** der Blasket Islanders. In Gebrauch sind sie nicht mehr, heutzutage dienen sie vielmehr der sportlichen Ertüchtigung: Ab und an rudern mehrere Teams um die Wette und bestreiten „Rennen".

Der Besucher bekommt einen Eindruck, welcher Kraft und Geschicklichkeit es früher bedurft hat, ein solches Naomhoga durch die Wellen des Blasket-Sundes stechen zu lassen, wenn bei Flut die Meerenge durchfahren wurde. Dann nämlich ist die Strömung derart gewaltig, dass der Skipper sein mit einem kräftigen Außenborder versehenes Boot ständig gegensteuern muss, damit es nicht binnen Sekunden vom Kurs abgetrieben wird.

‹ Am Pier von Dunquin

Die Bewohner der Blaskets

Nur wenige Menschen zählte die Gemeinde, die im Weiler An Baile (gälisch: Dorf) auf Great Blasket lebten: Im Jahre 1821 waren es 128 Personen, bis 1916 stieg die **Einwohnerzahl** auf 176 an, seither nahm sie kontinuierlich ab; am Vorabend des Zweiten Weltkriegs wohnten und arbeiteten weniger als 100 Menschen im Dörfchen, 1947 nur noch etwa die Hälfte davon.

Die Familien lebten vom Fischfang, dem landwirtschaftlichen Anbau, von der Vieh- und Kleintierhaltung sowie der Schafzucht – und nicht zuletzt von den angeschwemmten Gütern gestrandeter Schiffe.

Es hat nie einen Laden oder ein Gasthaus auf dem Eiland gegeben, keinen Arzt, keinen Pfarrer – aber immerhin einen Lehrer für die Kinder. 1866 bauten die Inselbewohner eine **Schule,** der Unterricht diente ganz und gar der Vorbereitung auf die Auswanderung nach Amerika. Wichtigstes Fach auf dem Lehrplan – man selbst sprach ja nur gälisch – war daher Englisch.

Alle nicht selbst produzierten Lebensmittel und Konsumgüter mussten vom Festland herübergeschafft werden, der Transport erfolgte in den zerbrechlichen Naomhoga.

Schlimm war es, wenn das **Vieh von der Insel zum Markt** nach Dunquin oder Dingle verschifft wurde. Einzeln zerrte man die Kühe den steilen Pfad zum winzigen Hafenpier hinunter; die Tiere wehrten sich vehement gegen die unbekannte Prozedur und entwickelten in ihrer Todesangst ungeheure Kräfte. Unten am Slip angekommen, warfen ein Dutzend Männer die Kuh nieder, fesselten sie und hievten das schwere Vieh in ein Naomhoga. Auf gar keinen Fall durfte sich das Tier während der Fahrt be-

149IRL hg

freien, es hätte das fragile Boot binnen Sekunden in Stücke getreten. Zur Sicherheit begleitete immer ein zweites Naomhoga den „Viehtransporter" bei der Fahrt über den Sund, und vom höchsten Punkt der Insel schauten angstvoll die Frauen und Kinder den Booten nach. „Bhí ana-mharú ansan!" (Das war wirklich ein mörderischer Job!), weiß ein alter Insulaner zu berichten.

Angenehmer war es da schon, vor allem für die jungen Männer und Frauen, wenn im Inselinnern auf dem gemeinschaftlichen Land **Torf** für die Kamine gestochen wurde. Auf den ausgedehnten Moorflächen arbeitete man ohne jede soziale Kontrolle, und das Jungvolk kam sich näher.

Beliebt bei den **Frauen** war der Brunnen nahe dem Dorf, hier hatte die Männerwelt nichts zu suchen, man war unter sich und konnte ungestört mit den Nachbarinnen Probleme besprechen.

Unterhalb des Dorfs erstreckt sich der kleine Sandstrand – An Trá Bhán genannt – der weiße Strand. Prüfend streiften jeden Morgen die Blicke der Dorfbewohner über das helle Fleckchen, gesucht wurde nach verwertbarem **Strandgut,** vor allem nach Holz, das es ja auf der Insel nicht gab. Auch der erste Tee – so berichtet eine Überlieferung – soll eines Tages angeschwemmt worden sein. Die Insulaner wussten zunächst nichts damit anzufangen und färbten mit dem Sud aus den Blättern ihre handgesponnene Wolle ein. Regelmäßig sammelten die Frauen Sand am kleinen Gestade, um damit die Bänke und Tische blank zu scheuern.

Hier ging man auch auf **Robbenjagd;** die Felle der Tiere wurden in Dingle verkauft und brachten dringend benötigtes Bargeld, das Fleisch kam als nahrhafte Delikatesse auf den Tisch, und Tran und Öl speisten die Lampen. Der Strand diente auch als Spielplatz, vor allem die Knaben vergnügten sich in ihrer freien Zeit beim Hurling-Match.

Wann immer das Wetter es zuließ, fuhren die Männer zum **Fischfang** aus, und Angst kam auf bei den im Dorf verbliebenen Familienangehörigen und Freunden. Effektive Fangmethoden konnten auf den kleinen Booten nicht betrieben werden, und während die Fischer darauf warteten, dass sich ihre Netze füllten, erzählten sie sich – ebenso wie die Frauen am Brunnen – ihre Geheimnisse und Geschichten. Nur wenige Makrelen, Heringe, See-Aale und Barsche brachten sie abends nach Hause, selten gingen Hummer oder Krabben in die ausgelegten Reusen.

Noch heute kann der Besucher ganz deutlich die Einteilung der **Felder** erkennen – wie ein Flickenteppich erstrecken sich die durch Windmauern geschützten Parzellen neben dem Dorf. Angebaut wurden Kartoffeln, Weizen, Roggen, Hafer, Kohl und Steckrüben.

Bis zum Jahre 1907 bewirtschafteten alle Bewohner die Anbauflächen nach dem so genannten Rundale-System: Das fruchtbare Land war in einzelne Felder eingeteilt und diese wiederum in eine Anzahl Streifen. Jede Familie besaß Streifen in verschiedenen Feldern, die jedoch alle kollektiv bearbeitet wurden. Je nach den Veränderungen in einem

☐ Die Ruinen des Dorfs Great Blasket

Gaeltacht-Gebiete in Irland

In einer Reihe von Regionen der Grünen Insel – eben in den sogenannten Gaeltacht-Gebieten – haben sich aber die **gälische Sprache** erhalten. Gaeltacht-Gebiete findet man im Süden Irlands, westlich von Cork, auf der Dingle-Halbinsel im County Kerry, auf den der Westküste vorgelagerten Inseln, wie beispielsweise auf dem kleinen Aran-Archipel, weiterhin in Regionen westlich und nördlich von Galway sowie an der Nordwestküste von Donegal.

Beginnend im 16. Jahrhundert mit der Herrschaft *Heinrichs VIII*, versuchten die Herrscher der Nachbarinsel bis in die jüngere Vergangenheit, Irland England so weit wie möglich kulturell und religiös anzugleichen, was natürlich auch die Sprache mit einschloss. Nachdem Englisch die Sprache der Oberschicht und des städtischen Bürgertums und nicht zuletzt der wichtigsten Auswanderungsziele (Großbritannien, USA, Kanada, Australien) war, sahen es auch viele Eltern und sogar irische Nationalisten wie *Daniel O'Connell* in ihrem Interesse, dass irische Kinder englischsprachig aufwuchsen. Mitte des 19. Jh. sprachen nur noch 25 % der Bevölkerung gälisch, 1911 war der Anteil auf ein Achtel gesunken.

Nachdem Irland seine Unabhängigkeit erkämpft hatte, erkannten die nachfolgenden Regierungen die Notwendigkeit, das kulturelle Erbe dieser Regionen zu schützen und der Nachwelt zu erhalten. Um die Gaeltacht-Regionen wirtschaftlich, sozial und kulturell zu fördern, rief man im Jahre 1956 die staatliche *Gaeltarra Eireann* ins Leben, die 1979 in die **Entwicklungsbehörde** *Údaras na Gaeltachta* einfloss. Das nationale Kulturgut und die Sprache erfuhren nun eine großangelegte Förderung. Von den 13 Vorstandsmitgliedern dieser Institution werden sieben alle fünf Jahre direkt von den Bewohnern der gälischsprachigen Regionen gewählt, sechs bestimmt die irische Regierung.

Besonders seit den 1950er Jahren bemüht man sich auch um die **wirtschaftliche Entwicklung** dieser strukturschwachen Gebiete. Vor allem musste erst einmal die Auswanderung gestoppt werden, denn was nützen kulturpolitische Maßnahmen für Gebiete, in denen kaum noch Menschen leben?

Die Agentur hat **Unternehmensförderungsprogramme** ins Leben gerufen und Investoren aus Deutschland, den USA, Finnland, Schweden, Norwegen und Großbritannien angelockt. So sind bis heute mehrere Tausend feste Arbeitsplätze entstanden. Mit weiteren Maßnahmen wie Finanzierungs- und Beschäftigungssubventionen, Zuschüssen für Forschungs- und Entwicklungsprogramme, Ausbildungs- und Einstellungshilfen sowie Mietminderung für Produktionsstätten versucht die *Údaras na Gaeltachta*, weitere Interessenten zu mobilisieren.

Gaeltacht-Gebiete

Des weiteren verbessert die Institution die **Infrastruktur** der Gebiete, um Standortnachteile wettzumachen, und natürlich soll den noch immer zumeist bäuerlichen Bewohnern ein gesundes Selbstbewusstsein vermittelt werden.

Weiterhin fördert die Agentur Programme **zum Schutz und Ausbau der gälischen Sprache,** richtet Kindergärten und Jugendclubs ein und finanziert lokale Gemeindefeste, in denen alte Traditionen wieder lebendig werden. Der **gälischsprachige Fernsehsender TG4** ist seit 1994 auf Sendung.

Der Rückgang der irischen Sprache konnte wegen der mittlerweile großen Mobilität der Gaeltacht-Bewohner, die heutzutage z.B. am englischsprachigen Kulturleben Galways teilnehmen können, und nicht zuletzt wegen moderner Massenmedien dennoch nicht aufgehalten werden. In manchen Gaeltacht-Gebieten sprechen nur noch die alten Leute Gälisch.

Wer in **Sommerkursen** die gälische Sprache erlernen möchte, der schaue sich die Internet-Seiten folgender Anbieter an:

- **Oideas Gael:** www.oideas-gael.com;
- **NUI Galway** (Universität Galway): www.nuigalway.ie/international_summer_school/irelands_gaeltacht.html.

Im Folgenden eine kleine Auswahl von **gälischen Wörtern,** die man besonders häufig bei Orts- oder Landschaftsnamen bemerkt.

bha	Fluss
achadh	Feld
aill, faill	Klippe
alt	Anhöhe
ard	Kap
ath	Burg
baile	Ortschaft
ban	weiß
beag	klein
bealach	Pass
beann	Gipfel
bearna	Schlucht
bo	Kuh
bóthar	Straße
brí	Hügel
bun	Flussmündung
carraig	Felsen
cathair	Steinfort
ceann	Kopf
cill	Kirche
cloch	Stein
cnoc	Berg
coill	Wald
cor	runder Hügel
dun	Festung
glas	grün
gleann	Tal
gort	Feld
inis	Insel
leacan	Hügelseite
leitir	feuchte Hügel
loch	See
mór	groß
mas	langer Hügel
oileán	Insel
poll	Loch
rua, ruadh	rot
sceilig	Felsen
sean	alt
sliabh	Klippe
taobh	Hügelseite
teampull	Kirche
tír	Land
teach	Haus
tobar	Brunnen
torc	wilder Eber
tulach	kleiner Hügel

Haushalt wechselten Größe und Anzahl der schmalen Parzellen; die verfügbare Anbaufläche pro Familie richtete sich einzig nach dem tatsächlichen Bedarf. Das staatliche *Congested District Board* schaffte Anfang dieses Jahrhunderts die gemeinschaftliche Feldbestellung ab und teilte das Ackerland neu auf. Jede Familie konnte nun Parzellen erwerben.

Trotz des Privatbesitzes an Grund und Boden organisierten die Bewohner das **soziale Leben im Dorf** weiter nach kollektiven Kriterien. Gegenseitige Hilfe in allen Lebenslagen, Solidarität und Respekt voreinander blieben verpflichtende Instanzen des Alltagslebens. Jeder war auf jeden angewiesen, und das schloss von vornherein Individualisierung, Konkurrenz oder gar Vereinsamung aus.

Anthropologen und Linguisten gingen in der ersten Hälfte des 20. Jahrhunderts auf die Suche nach den Spuren gälischer Kultur und wurden auf die kleine, isoliert lebende Gemeinschaft aufmerksam. Ermutigt von Forschern wie *Carl Marstrander, Robin Flower, George Thomson, Kenneth Jackson, Carl von Sydow* sowie dem Dichter *John M. Synge* begannen die Bewohner der Insel, ihre Oral History niederzuschreiben.

In den stark autobiografisch geprägten Erzählungen schildern *Tomás O'Crohan, Peig Sayers, Maurice O'Sullivan, Michael O'Guiheen* und *Eibhlis Ni Shuilleabhain* das harte, entbehrungsreiche Leben, die schweren Schicksalsschläge, die Totenwachen und Hochzeitsfeiern, ihr persönliches Glück, aber auch die Legenden und Sagen ihrer Vorfahren.

Dann, **1953, kam das Aus** für die winzige Gemeinde. Schon 12 Jahre zuvor hatten die Politiker in Dublin beschlossen, den Schulunterricht einzustellen; die Kinder wurden nun in Dunquin erzogen, und kaum eines von ihnen kehrte wieder auf seine Insel zurück.

1953 lebten nur noch knapp über 20 Personen auf dem Eiland, die sich mehr schlecht als recht ernährten. Die Fischfangergebnisse der Jahre 1952 und 1953 waren dramatisch zurückgegangen, und im Innern der Insel gab es keinen Torf mehr zu stechen – Brennmaterial wurde knapp. Die Regierung entschied, die restlichen Bewohner auf dem Festland rund um Dunquin anzusiedeln.

Am 17. November 1953 sollte die **Evakuierung** erfolgen, doch das Wetter war schlecht, und nur sechs Personen konnten die Insel verlassen. Die anderen folgten in den nächsten Tagen nach. Die alte Heimat wurde jedoch nicht vergessen; einige Familien hielten ihre Häuser instand, kamen im Sommer vom Festland herüber und fischten wie eh und je. Die **Schafe** hatte man ohnehin erst gar nicht mitgenommen, man ließ sie, wie üblich, frei herumlaufen, und scherte sie einmal im Jahr. Noch immer grasen heutzutage die Schafe auf den Feldern und zwischen den Ruinen des Dorfes.

▷ Rückfahrt von den Blasket Islands

Besichtigung und Rückfahrt

Vor einigen Jahren wurde die **Blasket Foundation** gegründet, die im Weiler Dunquin das *Blasket Centre* (5. April–24. Okt. tägl. 10–18 Uhr, 4 €/2 €. Eine Museumsbroschüre in deutscher Sprache ist erhältlich) ins Leben gerufen hat. Hier wird der Besucher mit einer audiovisuellen Vorführung sowie einer Reihe von Exponaten über das harte Leben auf den winzigen, meerumtosten Inseln informiert. Vor einigen Jahren gingen tatsächlich einmal Gerüchte um, Great Blasket Island befände sich im Besitz einiger Privatleute, welche die Insel in den USA zum Verkauf angeboten hätten. Von solchen Albträumen wird man mittlerweile dank der Blasket Foundation verschont.

Der Besucher sollte die wenigen Stunden, die er auf der Insel zubringt, gut nutzen. Man kann das einstige Dorf besichtigen, am Strand sitzen und nach Treibgut Ausschau halten (Schwimmer seien gewarnt, es gibt eine gefährliche Strömung), aber auch ins Hinterland wandern. Great Blasket Island ist übrigens 5,2 km lang und an der weitesten Stelle 1 km breit.

Am späten Nachmittag wird man von Great Blasket abgeholt und landet eine halbe Stunde später wieder am Dunquin-Pier an. Nun lohnt noch ein Besuch – vor allem jedoch ein Guinness oder Lager – im *Kruger's Pub*, der nur wenige Hundert Meter oberhalb von Dunquin Harbour liegt. Der Gasthof hat

124IRL hg

fünf Fremdenzimmer, wer also früh am Morgen am Pier sein möchte, kann hier übernachten (nahebei auch das *Dun Chaoin Hostel,* eine An-Óige-Jugendherberge, Tel. (066) 9156121). *Kruger's* fungiert übrigens nicht nur als Kneipe, sondern auch als Lebensmittelgeschäft für die Bewohner von Dunquin. Wer nicht in der Taverne oder der Jugendherberge übernachten wiII, der sollte, eingedenk der kurvigen Küstenstraße, vor Einbruch der Dunkelheit wieder nach Dingle zurückkehren.

Verzichtet man auf den Besuch des *Kruger's Pub* und folgt von Dunquin aus weiter der R 559, so gelangt man nach einigen Minuten Autofahrt zum **Gallarus Oratorium,** einer der besterhaltenen frühirischen Kirchen in der charakteristischen Form eines umgedrehten Bootes. Besonders beachtenswert ist das fugenlos aufgeschichtete Trockenmauerwerk sowie das „falsche" Gewölbe in Kragtechnik. ln unmittelbarer Nähe befindet sich ein guter Campingplatz.

Tralee XVI/B3

Von Dingle Town aus geht es über den **Connor-Pass,** mit 456 m Irlands höchste Passstrasse, auf die nördliche Küste der Dingle-Peninsula. An schönen Tagen hat man von der Bergstraße fantastische Ausblicke auf die Dingle Peninsula, auf den Hafen von Dingle, den Hausberg Mount Brandon, auf Seen und in die Täler. Häufig jedoch hängen die Wolken so tief, dass man kaum die Hand vor Augen sieht und im Schrittempo die schmale Straße entlangschleicht. Am höchsten Punkt des Passes befindet sich ein kleiner Parkplatz, von dem aus man in Ruhe das Panorama genießen kann. Hat man die Bergstraße hinter sich gelassen, so fährt man entlang der Küste in östlicher Richtung und vorbei an vielen Sandstränden. Über die R 560 und die N 86 ist dann bald Tralee erreicht.

Die an der gleichnamigen Bucht liegende, rund 22.000 Einwohner zählende Stadt beherbergt den **Verwaltungssitz** der Grafschaft Kerry.

Nicht versäumen sollte man einen Besuch im **Kerry County Museum** in der Denny Street (untergebracht in der Ashe Memorial Hall, geöffnet Juni–Sept. 9.30–17.30 Uhr, ansonsten Mo geschlossen, nur bis 17 Uhr, www.kerrymuseum.ie, 8 €/5 €). Neben wechselnden Sonderausstellungen wird im *Audio Visual Room* der zehnminütige Film „Kerry Lives 1950–73" gezeigt, in der *Museum Gallery* geht es um die Geschichte im County Kerry seit 8000 v. Chr., im *Tom Crean Room* um den 1877 geborenen *Tom Crean* aus Kerry, der 1901 an der Antarktis-Expedition von *Captain Scott* teilnahm. In der *Knight's Hall* wird man mit der normannischen Familie der *Geraldines* vertraut gemacht, die Tralee im 13. Jh. gründeten, und in der *Medieval Experience* wird Tralee im Jahr 1450 rekonstruiert.

Ein Spaziergang durch das geschäftige, **von georgianischen Häusern bestandene Ortszentrum** lohnt sich auf jeden Fall. Hauptgeschäftsstraßen sind The Mall, Bridge Street und Russel Street. Von Bridge Street und Russel Street führen Zugänge ins *Tralee Shopping Centre,* hier gibt es auch ein kleines Café.

Auch sollte man eine Vorführung des bekannten irischen **Volkstheaters Siam-**

sa Tíre nicht versäumen; Freunde irischer *Folk Music* kommen bei der Mischung aus Musik, Tanz, Pantomime und Schauspiel auf ihre Kosten (Siamsa Tire Theatre, The National Folk Theatre of Ireland, Town Park).

Alljährlich Ende August/Anfang September findet eine in ganz Irland beachtete Veranstaltung in der Ortschaft statt: die **Wahl der Rose of Tralee.** Die schönsten Mädchen aus aller Welt wollen zur „Rose von Tralee" gekürt werden. Voraussetzung ist jedoch, dass jede der jungen Damen die irische Abstammung nachweisen kann. Das Spektakel wird landesweit im Fernsehen übertragen.

Tourist Information

■ **Ashe Memorial Hall,** am Ende der Denny Street, Tel. (066) 7121288.

Unterkünfte

■ **Grand Hotel** €,
Denny Street, Tel. (066) 7121499,
Fax 7122877, www.grandhoteltralee.com;
■ **Abbey Gate Hotel** €–€€,
Maine Street, Tel. (066) 7129888, Fax 7129821,
www.abbeygate-hotel.com;
■ **Gurrane** € (Mrs. Gertie Deady),
50 Derrylea, Tel. (066) 7124734,
deadysgurrane@eircom.net;
■ **Pebble Beach House** € (Mrs. Anne Griffin),
Derrymore East, Dingle Road, Tel. (066) 7144060,
www.pebblebeachhouse.com;
■ **Finnegan's Hostel** €,
17 Denny Street, Tel. (066) 7127610,
www.finneganshostel.com.

Restaurant

■ **Des O'Sullivan's Restaurant** €, The Mall, durch einen Feinkostladen kommt man in dieses altmodische irische Lokal, in das sich selten Touristen verirren und in dem man preiswert essen kann, Sandwiches, Salate, Fish & Chips.

Pubs

■ **Baily's Corner,** Castle Street, regelmäßig traditionelle Folk Sessions;
■ **Sean Og's,** Bridge Street, mehrfach wöchentlich Live-Musik;
■ **Kirby's Brogue Inn,** Rock Street/Ecke Russel Street, erste Adresse für Live Entertainment.

Verbindung

■ **Züge** mehrmals täglich von Dublin und Limerick;
■ **Busse** mehrmals täglich von Cork, Dingle, Dublin, Killarney, Limerick, Listowel, Rosslare Harbour, Shannon Airport, Waterford und Wexford.

Listowel

XVII/C2

Von Tralee aus geht es nun über die N 69 und vorbei an den Stack's Mountains ins rund 3900 Einwohner zählende Örtchen Listowel. Zwei große, alljährlich stattfindende Veranstaltungen lohnen unbedingt einen Besuch, ansonsten hat das Städtchen – sieht man einmal von den Ruinen einer Burg ab – nichts Aufregendes zu bieten.

Im Mai ist Listowel das Mekka der Dichter und Autoren. Während der **Listowel Writers Week** kommen Literaten aus ganz Irland zusammen und lesen in den vielen Pubs aus ihren Werken. Initiiert hat diese Dichterwoche der in Irland hochgeschätzte, mittlerweile verstorbene Dramatiker *J. B. Keane,* der im Hauptberuf Kneipenwirt war. Demzufolge ist Keane's Pub in der William Street ein Hauptanziehungspunkt der Writers Week. **Keanes** Werke gibt es in den örtlichen Buchhandlungen sowie im *Tourist Office* von Limerick zu kaufen.

Das zweite Großereignis der Stadt findet Ende September statt; wird das Erntedankfest, das **Listowel Harvest Festival,** begangen. Gerüchten zufolge soll es sich dabei auch um den größten Heiratsmarkt Irlands handeln.

Im **Kerry Literary & Cultural Centre** am zentralen Platz The Square gibt es multimedial aufbereitete Informationen über viele bedeutende Schriftsteller der Region; zu hören sind auch ihre Stimmen, wenn sie aus ihren Werken vorlesen (Juni-Sept. Mo–Sa 9.30–17 Uhr, Okt.–Mai 10–16 Uhr).

Hinter dem Kulturzentrum befinden sich die Ruinen von **Listowel Castle,** das im 12. Jh. erbaut wurde.

Hauptgeschäftsstraßen sind die William Street und die Market Street.

Unterkünfte

- **Listowel Arms Hotel** €,
The Square, Tel. (068) 21500, Fax 22524,
www.listowelarms.com;
- **Áras Mhuire** € (Mrs. Mary Costello),
Ballybunion Road, Tel. (068) 21515, Fax 23612,
www.arasmhuirelistowel.com;
- **Palmgrove** € (Mrs. Joan Carmody),
Tarbert Road, Tel. (068) 21857,
www.palmgrovelistowel.com;
- **North County House** € (Mrs. Monica Quille),
67 Church Street, Tel. (068) 212238, Fax 22831,
northcountyhouse@gmail.com;
- **Anne & Ian Everard** €,
Tarbert Road, Tel. (068) 23723,
everardian@eircom.net.

Restaurants

- **The Horseshoe Bar** €, Tea Lane/Ecke Williams Street;
- **Literary Café** €, im *Kerry Literary & Cultural Centre,* The Square, kleine Gerichte und Snacks.

Pubs

- **J. B. Keane's,** William Street, Pub des Stadtdichters, Live-Musik;
- **Pure Drop,** Church Street, beliebteste Kneipe des Örtchens, regelmäßig Live Sessions.

Verbindung

- **Busse** von Limerick, Tralee, Dublin, Killarney, Cork, Kilkee.

Kilkee

XVI/B1

Von Listowel aus fährt man nun entlang der R 523 und dann über die N 20 nach Limerick. Wer die drittgrößte Stadt Irlands nicht besuchen möchte, sollte die N 69 gen Norden Richtung **Tarbert** nehmen und dort mit der stündlich verkehrenden **Autofähre** (Mo–Sa 7.30–21.30 Uhr, So 9.30–21.30 Uhr) den Shannon überqueren.

In Tarbert sorgt das *Ferry House Hostel,* The Square, Tel. (068) 36555, Fax 43194 für Unterkunft. Über den nicht sonderlich interessanten Ort **Kilrush** führt die N 67 zum 1200 Einwohner zählenden Seebad Kilkee.

Hier beeindruckt den Besucher der 1200 m lange, halbkreisförmige und schneeweiße **Sandstrand,** umrahmt von den buntbemalten Häusern des Städtchens. Unbedingt sollte man einen Ausflug an die Küstenformationen südlich des Seebades unternehmen. Bei den **Duggerna Rocks** haben die Wellen ein natürliches Amphitheater aus den Felsen gespült. Sehenswert sind auch die vielen vom Meer ausgewaschenen **Höhlen,** so zum Beispiel die Pink Cave oder die Puffing Hole.

Wer genügend Zeit mitbringt, für den lohnt sich auch die Fahrt entlang der R 487 in südlicher Richtung. Nicht viele Touristen verirren sich auf diese raue, **Loophead** genannte Halbinsel. Besonders eine Fahrradtour bei gutem Wetter bringt dem Radler die landschaftlichen Schönheiten näher.

Tourist Information

- O'Connell Street, Tel. (065) 9056112.

Unterkünfte

- **Halpin's Townhouse Hotel** €, Erin Street, Tel. (01) 2838155 (Zentrale der Hotelkette in Dublin) www.halpinshotel.com;
- **Strand Guest House** €, The Strand, Tel. (065) 9056177, www.thestrandkilkee.com;
- **Kilkee Thalassotherapy Guest House** €, Grattan Street, Tel. (065) 9056742, www.kilkeethalasso.com;
- **Bayview** € (Mrs. Mary Hickie), O'Connel Street, Tel. (065) 9056058, www.bayviewkilkee.com;
- **Nolan's B & B** (Mrs. Anne Nolan), Kilrush Road, Tel. (065) 9060100, www.nolanskilkee.westclare.net;
- **Green Acres Caravan and Camping Park,** Donnaha, Tel./Fax (065) 905 7011, nahe dem Zentrum, am Shannon.

Pubs

- **Kelly's Bar & Restaurant,** 26 Henry Street, auch warme Gerichte, im Pub auch Live-Musik;
- **Crotty's Pub,** Market Square, uraltes Mobiliar, dazwischen mehrmals wöchentlich Live-Musik.

Verbindung

- **Busse** mehrmals täglich von Dublin, Limerick, Shannon, Ennis, Doolin, Cork, Listowel, Tralee, Killarney.

Umgebung

Die **Cliffs of Moher** sind über die N 67 zu erreichen. (Zur Anfahrt von Limerick über Ennis s.u.)

Limerick
0 100 m
©Reise Know-How 2013
English Town
Irish Town
Newtown Pery
King John's Castle
Treaty Stone
Jim Kemmy Municipal Museum (Limerick City Museum)
St Mary's Cathedral
Hunt Museum, Customs House
Athur's Quay Park
St John's Cathedral
Colbert Bus & Railway Station
Belltable Arts Centre
Frank McCourt Museum & Leamy Art Gallery
Limerick City Gallery of Art
People's Park
Priory Park
River Shannon
Abbey River
Canal
High Road
Thomond Bridge
Bishop Street
Island Row
Nicholas Street
O' Dwyer Bridge
Athlunkard Street
Hall
Harry's
Sir
Strand
Clancy's
Bridge Street
Mary Street
Georges Quay
Mathew Bridge
Charlotte Quay
Lock Quay
Clare St.
Broad St.
Michael Street
Grattan Street
John's Street
Rutland Street
Ennis Rd.
Sarsfield Bridge
Honan's Quay
Patrick Street
Ellen Street
Dennmark St.
Mungret Street
Sean Heuson Pl.
High St.
Harvey's Quay
Sarsfield Street
Bedford Row
William Street
Thomas Street
Shannon Street
Lower Cecil St.
Henry Street
Roches Street
Upper William St.
Wickham Street
Lower Gerald Griffin St.
Cathedral Place
Shannon Bridge
The Bishop's Quay
Cecil Street
O' Connell Street
Glentworth Street
Catherine Street
Dominic Street
Parnell Street
Lower Mallow Street
Mallow Street
Pery Street
Davis Street
Upper Mallow Street
Hartstone Street
Barrington Street
The Cres.
Quinlan St.
Perry Square
Boherbouy
Hyde Road
Übernachtung
1 Greenhills Hotel
2 Armada Lodge
3 Coonagh Lodge
4 Ashgrove House
14 Jurys Inn
17 Pery's Hotel
18 Railway Hotel
19 Courtbrack Accomodation
21 Avondale Country Home
Essen und Trinken
5 Curragower Seafood Bar
7 The Round House
8 Nancy Blakes
9 Cornstore
10 Mejana
11 Café on the Row
12 Chocolat - a Fusion of Food
13 Dolan's Warehouse
15 Freddy's Bistro
16 The White House
20 South's
Einkaufen
6 Milk Market

Limerick

XVIII/A1

Limerick (91.454 Einwohner) – war lange Zeit aufgrund der vielen Industriebetriebe im Ort und in der Umgebung ein wenig schmuddelig anzusehen und wurde zu Recht von der Autorin *Kate O'Brien* als *wearing the grave, grey look of commerce* beschrieben. Auch *Frank McCourt* konnte der Metropole in seinem Roman „Die Asche meiner Mutter" nicht viel Freundliches abgewinnen und zeichnete ein Bild von Gewalt, Elend und Armut. Das hat sich mittlerweile geändert, auf den Bürgersteigen tobt das Leben, die Stadt bietete gute Einkaufsmöglichkeiten mit Geschäften des gehoben Einzelhandels und die vitale Pub-, Restaurant- und Café-Szene buhlt um ihre Gäste.

Für Wirtschaftswachstum sorgt heutzutage noch immer der 1945 angelegte **Shannon Airport** – 1947 übrigens rief man hier angeblich den ersten **Duty Free Shop** ins Leben. Mit dem Flughafen, einst gegründet, als die Propellerflugzeuge auf der Nordatlantikroute noch einen Auftankstopp einlegen mussten, ging es im Zeitalter der Düsenjets und der Non-Stop-Verbindungen rapide abwärts. Die findigen Iren leiteten daher als erstes alle Charterflieger von Dublin nach Shannon um, schufen dann eine Freihandelszone und ermutigten auswärtige Investoren. Per Flugzeug gelangen Einzelteile in den Shannon-Industriepark, werden dort zu fertigen Produkten zusammengebaut und gehen per Luftfracht zurück in die Bestellerländer.

In Limerick befindet sich des weiteren der Verwaltungssitz des gleichnamigen County. Tabak-, Metall- und Textilbetriebe, die Verarbeitung landwirtschaftlicher Produkte und die Zementherstellung sorgen für Arbeitsplätze.

Geschichte

Limerick gehört zu den ältesten Orten auf der Grünen Insel. Im 9. Jh. gründeten die **Wikinger** an der strategisch günstigen Stelle eine erste Siedlung, die rund 100 Jahre später vom irischen Hochkönig *Brian Boru* eingenommen wurde.

Gegen Ende des 12. Jh. dann eroberten die eingefallenen **Anglo-Normannen** den Ort und arrangierten sich mit dem lokalen Herrschergeschlecht der *O'Briens.* Im Jahre 1210 weilte der englische König *John* in der Stadt und regte den Bau einer starken Festungsanlage an.

1651 stand die **Armee Cromwells** vor den massiven Mauern und hätte womöglich unverrichteter Dinge abziehen müssen, wenn die Verteidiger nicht aus den eigenen Reihen verraten worden wären.

39 Jahre später zogen die am Fluss Boyne geschlagenen irischen Truppen nach Limerick. Der siegreiche **Wilhelm von Oranien** setzte mit seinen Mannen nach, doch scheiterte sein Eroberungszug an der stark befestigten Burganlage. Die erneute Belagerung ein Jahr später wurde nicht aufgrund militärischer Überlegenheit entschieden, sondern durch Verhandlungen. Den katholischen Iren war es gelungen, im **Vertrag von Limerick** *(Treaty of Limerick)* einen ehrenvollen Abzug sowie eine garantierte Glaubensfreiheit versichert zu bekommen. *Wilhelm von Oranien* selbst unterschrieb das wichtige Papier, und die pro-

testantischen Militärs blieben recht düpiert zurück. Wie nicht anders zu erwarten, billigte das englische Parlament dieses Edikt nicht, erklärte es gar für ungültig. So blieb fast einer halben Million Iren nur die Flucht ins katholische Ausland, wo sie sich als Söldner am französischen und spanischen Hof verdingten.

Sehenswertes

Der Besichtigungsgang beginnt an der **Sarsfield Bridge** (fertiggestellt 1835). Man überquert den Fluss Shannon und flaniert dann nach Norden hin auf der Straße Clancy's Strand am Westufer des Flusses entlang. An der nun folgenden **Thomond Bridge** – an dieser Stelle überspannte übrigens schon Limericks erste Brücke den Shannon – befindet sich der **Treaty Stone,** jener Steinblock, auf dem angeblich der oben erwähnte Vertrag geschlossen wurde. Da die Engländer ihn nicht einhielten, nennt man Limerick bis auf den heutigen Tag die „Stadt des gebrochenen Vertrages".

Blickt man über den Fluss, so erkennt man das beeindruckende **King John's Castle,** eine fünfeckige Burganlage mit drei mächtigen Wehrtürmen und einer Bastion. Die Festung ließ der englische König *Johann Ohneland* ab dem Jahr 1200 auf den Resten einer älteren Burg erbauen. Im Innern erzählt eine Ausstellung, die von einer audiovisuellen Vorführung komplettiert wird, die Geschichte der Stadt und der Befestigungsanlage. Übrigens standen bis 1989 im Burghof Wohnhäuser, welche die Stadtverwaltung dort 1935 baute, nachdem sie einen Teil der historischen Burgmauer abgerissen hatte. Erst Anfang der 1990er wurde King John's Castle zur

Touristenattraktion. Ab 2013 soll die Ausstellung in neuer, modernisierter Form erscheinen.

Nicht weit entfernt in Castle Lane liegt das **Jim Kemmy Municipal Museum** (ehemals Limerick City Museum), das Exponate aus der Stadtgeschichte zeigt (Di–Sa 10–13 Uhr und 14.15–17 Uhr, Eintritt frei).

Südlich der Burg ragt nahe dem Merchant's Quay die in ihren Ursprüngen aus dem 12. Jh. datierende **St. Mary's Cathedral** auf. Vom einstigen romanisch-gotischen Mischstil ist aufgrund der Erweiterungsbauten aus dem 15. Jh. jedoch nicht mehr viel übrig geblieben. Sehr sehenswert ist in dem protestantischen Gotteshaus das 1490 aus schwarzer Eiche geschnitzte Chorgestühl mit seinen grotesken und in der damaligen Zeit furchteinflößenden Figuren.

Über die **Mathew Bridge** gelangt man in die frühere Irish Town, und am Südende der Brücke erkennt man das 1769 im georgianischen Stil errichtete **Customs House,** in dem das **Hunt Museum** untergebracht ist. Hier kann man außer einer ständigen Sammlung auch wechselnde Kunstausstellungen besuchen.

Am St. John's Square, im Osten des ehemals den Iren vorbehaltenen Quartiers, erkennt man nahebei den mit 89 m höchsten Kirchturm Irlands, der zur katholischen, 1894 fertiggestellten **St. John's Cathedral** gehört. Vom St. John's Square geht es durch die Lower Gerald Griffin Street und Sean Heuston Place zum **Milk Market,** den man schon von weitem an seinem futuristischen Zeltdach erkennen kann. Einen der Märkte, die unter diesem Dach am Wochenende stattfinden, sollte man auf keinen Fall verpassen.

Von Cornmarket Row erreicht man nun über die High Street und die William Street Limericks Haupteinkaufsstraße, die **O'Connell Street.** Diese nach Süden abwärts flanierend, kommt man in den Bereich der planmäßig mit rechtwinkligen Straßen angelegten **Newtown Pery.** O'Connell Street mündet auf O'Connell Crescent, wo ein Denkmal *Daniel O'Connell,* huldigt. Die Barrington Street biegt links ab zum **People's Park,** in dessen nordwestlicher Ecke die **Limerick City Gallery of Art** Werke zeitgenössischer irischer Künstler zeigt.

Praktische Tipps

Tourist Information

- Arthur's Quay Park/Ecke Honan's Quay, Tel. (061) 317522.
- **www.limerick.ie**

Hotels

- **Greenhills Hotel** €€, Ennis Road, Tel. (061) 453033, Fax 453307, www.greenhillsgroup.com;
- **Jurys Inn** €€, Lower Mallow Street, Tel. (061) 207000, Fax 400966, www.limerickhotels.jurysinns.com;
- **Pery's Hotel** €, Glentworth Street, Tel. (061)413822, Fax 413074 www.perys.ie;
- **Railway Hotel** €, Parnell Street, Tel. (061) 413653, www.railwayhotel.ie.

◁ Thomond Bridge mit King John's Castle

B & Bs

■ **Armada Lodge** € (Mr. Ken Ryan), 1 Elm Drive, Ennis Road, Tel. (061) 326993, www.armadalodgebandb.com;
■ **Ashgrove House** € (Mrs. Helen Quinn), 42 Rossroe Avenue, Tel. (061) 453338, www.limerickbandb.com;
■ **Avondale Country Home** € (Mrs. Evelyn Moore), Doradoyle Road, Tel./Fax (061) 301590, www.avondoyle.com;
■ **Coonagh Lodge** € (Mrs. Bergie Carroll), off Ennis Road, Tel. (061) 327050, www.coonaghlodge.com.

Hostel

■ **Courtbrack Accomodation** €, Courtbrack Avenue (off Dock Road), Tel. (061) 302500, Fax 302539, www.mic.ul.ie/Courtbrack, Studentenwohnheim, das Juni bis August als Hostel fungiert.

Pubs

■ **Nancy Blakes,** Denmark Street, von außen wenig einladend, aber innen geht die Post ab, gute Folk-Musik;
■ **Dolan's Warehouse,** 3 Dock Road, www.dolans.ie, stetig Konzerte von bekannten irischen Bands, das *Warehouse* gehört zu *Dolan's Pub,* in dem wiederum traditionelle Folk-Musik gespielt wird;
■ **The Round House,** High Street/Ecke Upper Denmark Street, regelmäßig Folk Sessions;
■ **The White House,** 52 O'Connell Street/Ecke Glentworth Street, gemütlicher Pub, seit 2002 jeden Mittwoch um 21 Uhr Spoken Word Poetry (populäre Dichterlesungen);
■ **South's,** 100 O'Connell Avenue, der Pub, in dem *Frank McCourt's* Vater verkehrte, kürzlich neu renoviert aber tradionelles Ambiente mit viel Plüsch, bei Touristen beliebt, aber dennoch kommen die alten Stammgäste.

Restaurants

■ **Chocolat – a Fusion of Food** €-€€, 109 O'Connell Street, Tel. (061) 609709, www.chocolatrestaurant.ie, Gerichte aus aller Welt in modernem Ambient;
■ **Freddy's Bistro** €, Theatre Lane, Tel. (061) 418749, www.freddysbistro.com, sehr gemütliches Lokal in einer ehemaligen Scheune, Meeresfrüchte, Lammgerichte, nur Mehr-Gänge-Menüs;
■ **Curragower Seafood Bar** €, Clancy's Strand, am Westufer des Shannon, Tel. (061) 321 788, www.curragower.com, einfache, aber gute Seafood-Gerichte, von der Terrasse überblickt man beim Essen den Shannon und St. John's Castle;
■ **Mejana** €, 52 Thomas Street, Tel. (061) 278989, www.mejana.ie, libanesisches Restaurant, statt eines Hauptgerichtes kann man sich hier auf libanesische Art auch mehrere kleine Gerichte *(Meze)* schmecken lassen;
■ **Cornstore** €€, 19 Thomas Street, Tel. (061) 409334, www.cornstorerestaurantslimerick.ie, stilvolles preisgekröntes Restaurant, das sich auf hochwertige Küche aus regionalen, oft biologisch angebauten Zutaten spezialisiert, interessante Kinderkarte;
■ **Café on the Row** €€, Bedford Row, Tel. (061) 318441, gemütliches Tagescafé mit Frühstück, kleinen Gerichten und Sandwiches im Angebot – der ideale Ort für die Mittagspause.

Verbindung

■ **Busse** mehrmals täglich von Carrick-on-Suir, Cork, Dingle, Doolin, Dublin, Ennis, Galway, Kilkee, Kilkenny, Killarney, Listowel, New Ross, Shannon Airport, Rosslare Harbour.
■ **Züge** mehrmals täglich von Dublin und Tralee.

Umgebung von Limerick

Lough Gur Heritage Centre XVIII/A2

Ca. 18 km südlich von Limerick liegt an der Straße nach Kilmallock am Ufer des Lough Gur das *Lough Gur Heritage Centre* (Tel. (061) 385186, www.loughgur.com, Öffnungszeiten variieren, 3 €/2 €), in dem man neolithische Wohnformen besichtigen kann. An den Gestaden des kleinen, hufeisenförmigen Sees haben Archäologen eine Vielzahl von eisen- und bronzezeitlichen Funden gemacht, und unsere Kenntnis der Wirtschafts- und Siedlungsgeschichte jener Tage beruht auf diesen Ausgrabungen.

Ein Spaziergang vorbei an den **rekonstruierten Hütten** ist sehr informativ. Vor allem für die Kinder ist dies Geschichte zum Anfassen und wird bei den Kleinen einen bleibenden Eindruck hinterlassen.

Adare XVII/D2

18 km südwestlich passiert man, auf der N 21 fahrend, das Örtchen Adare (mit 500 Einwohnern), das fast wie ein **Museumsdorf** wirkt.

Der Earl of Dunraven ließ im 19. Jh. nach seinen Klischeevorstellungen ein „typisch irisches Dorf" anlegen. Adare zeigt sich dem Touristen mit weißen, strohgedeckten Cottages und gepflegten, blumenüberladenen Vorgärten.

Bunratty Castle & Folk Park XVII/D1

Da lohnt doch eher ein Besuch im *Bunratty Castle & Folk Park* (Tel. (061) 3607 88, www.shannonheritage.com, 9–17.30 Uhr, Juni–Aug. am Wochenende 9–18 Uhr, 15 €/9 €), der 15 km nordwestlich von Limerick an der N 18 liegt. Allererste Attraktion ist hier die aus dem 15. Jh. datierende und vom Clan der *McNamaras* erbaute **Burg,** die – exzellent restauriert – Einblicke in mittelalterliche Wohnformen gibt.

Jeden Abend finden im Castle **mittelalterliche Bankette** statt; man speist ohne rechtes Besteck ganz in der Manier jener Tage und wird von Minnesängern und Spaßmachern unterhalten. Derlei Veranstaltungen sind bei amerikanischen Touristen sehr beliebt, zunehmend finden auch deutsche Besucher den Weg an die Tafel.

Zu Füßen der mächtigen Wehranlage erstreckt sich der hochinteressante **Folk Park,** hier kann man irische Alltagsgeschichte erfahren.

Sehenswert sind vor allem die unterschiedlichen **Cottage-Typen.** So hat man Gelegenheit, einen Blick in die Ein-Raum-Kate eines armen Pächters zu werfen und kann sich alsbald gut vorstellen, wie armselig das Leben in der rauchdurchzogenen „Höhle" war. Nur wenige Einrichtungsgegenstände nannte solch ein Haushalt sein eigen.

Besser präsentiert sich das Zwei-Zimmer-Haus eines Farmers mit Küchen- und Arbeitsraum sowie der guten Stube. Letztlich lohnt ein Besuch im Mehr-Zimmer-Haus eines eher reichen Bauern. Über den Häusern hängt der Rauch der qualmenden Torffeuer in der Luft, so erfahren zwei Sinnesorgane das irische Leben vergangener Tage. Zudem kann man durch eine Dorfstraße mit kleinen Lebensmittelgeschäften und einer Post flanieren – alles ist originalgetreu rekonstruiert – Geschichte zum Anfassen.

Schließlich kann man noch den hübschen, von alten Steinmauern umschlossenen ehemaligen **Küchengarten** von Bunratty House bewundern, der sich nördlich der Burg befindet.

Craggaunowen Castle & Experience

XVII/D1

Über die R 462 gelangt man zum Craggaunowen Castle. Der befestigte, um 1550 ebenfalls von dem Clan der *McNamaras* erbaute **Wohnturm** wurde zu Beginn des 19. Jh. restauriert, endgültig abschließen konnte man die Arbeiten jedoch erst 1965.

Sehenswerter als das Tower House ist die so genannte **Craggaunowen Experience:** Hier hat man – wie auch schon beim *Lough Gur Heritage Centre* – den gelungenen Versuch unternommen, prähistorische Wohnformen zu rekonstruieren (Tel. (061) 360788, www.shannonheritage.com, Öffnungszeiten variieren, 9 €/5,50 €). Auf einem Ringpfad kommt man vorbei an allen Sehenswürdigkeiten. Zuerst passiert man das *Crannog,* ein durch Palisaden geschütztes und auf einer künstlich angelegten Insel befindliches **Rundhüttendorf.** Diese typisch irische Siedlungform bestand von der Eisenzeit bis in die frühchristliche Ära, vereinzelt lebten gar noch im 17. Jh. Menschen in solchen Hütten.

Die nächste Station zeigt ein **Feld,** wie es während der Eisenzeit und der frühchristlichen Epoche angelegt und bewirtschaftet wurde.

Einige Meter weiter gelangt man zu einer eisenzeitlichen Straße *(Togher),* deren hölzerne Planken Archäologen 1985 im County Longford ausgruben.

Die folgende Attraktion ist das *Fullacht Fiadh,* die **Kochstelle eines Jägers.** In einer mit Hölzern eingefassten Bodenvertiefung brachte man mittels erhitzter Steine Wasser zum Kochen und garte Fleisch. Diese Technik wurde von der frühen Bronzezeit bis in die elisabethanische Ära hinein praktiziert.

Es folgt ein rekonstruiertes **Ringfort** mit Steinbasis und Palisadenschutz; interessant ist vor allem der Tunnel, in dem bei einer konstanten Temperatur von 4 Grad Celsius Lebensmittel gelagert wurden.

Die letzte Station bildet ein Glashaus, in dem das originalgetreu nachgebaute **Boot des hl. Brendan** zu besichtigen ist. Laut einem Manuskript aus dem 9. Jh. soll „Brendan der Navigator“ (gest. 583) mit einem solchen Boot den Atlantik überquert und Amerika entdeckt haben. 1976 baute *Tim Severin* nach dieser alten Quelle die kleine Nussschale. Über ein Holzgerüst spannte man eine geteerte Lederhaut, die sich auf der Nordatlantikroute bestens bewährte. Kollidierte das Boot mit Treibeis und bekam dadurch ein Leck, so nähte man einfach einen Lederflicken über den Riss. *Tim Severin* und seine Crew segelten zu den Aran-Inseln, dann weiter in Richtung auf die Hebriden, zu den Faroer-Inseln und überwinterten in Island; weiter ging es dann über Grönland an die kanadische Küste.

Das **Buch,** über diese äußerst gefahrvolle Reise, „The Brendan Voyage“, von

▷ Im Rundhüttendorf von Craggaunowen

Tim Severin selbst geschrieben, ist wieder neu aufgelegt worden. Es ist in jeder Buchhandlung erhältlich.

Knappogue Castle

Nicht weit entfernt von Craggaunowen befindet sich Knappogue Castle, vom 15. Jh. bis 1815 Sitz des *McNamara-Clans* (Tel. (061) 360788, www.shannon heritage.com, Mai–Aug. 10–16.30 Uhr, 6 €/3,40 €).

Quin Abbey XVII/D1

Einige Kilometer weiter liegen mitten in dem Örtchen Quin die Ruinen der gleichnamigen, 1402 gegründeten **Franziskanerabtei.** Beim Bau wurden Teile einer ehemaligen Normannenfestung verwandt, und die drei mächtigen Türme geben der Anlage einen wehrhaften Charakter. Sehenswert sind in der kleinen Kirche vor allem die **Grabsteine der McNamaras,** welche vom 15. bis zum 19. Jahrhundert hier ihre letzte Ruhestätte fanden.

126IRL hg

VON LIMERICK NACH GALWAY – TOUR 5

Auch diese ca. **300 km** lange Route entlang der Westküste nach Norden ist reich an landschaftlichen Höhepunkten, wie z.B. den **Cliffs of Moher,** die 200 m hohen, steil ins Meer stürzenden Felsen, wo sich das Donnern der Brandung mit den Sturmböen und dem heiseren Kreischen der Seevögel mischt.

Nur wenige Kilometer entfernt lockt das Gebiet des **Burren** mit seiner unglaublichen Vielfalt an arktisch-alpinen und mediterranen Pflanzen. Eine weitere Attraktion ist der Besuch auf den **Aran-Inseln,** wo sich die gälische Kultur, die alten Sitten und Gebräuche, noch am besten erhalten haben. Auf dem Eiland **Inishmore** befindet sich einer der Hauptanziehungspunkte dieses kleinen Archipels, das **Steinfort Dún Aengus,** das spektakulär am Rande eines Felsabsturzes hoch über dem Meer liegt.

Vorbei an **Thoor Ballylee,** dem Wohnhaus des Dichters William Butler Yeats, geht es dann in die, von den vielen Studenten geprägte Universitätsstadt **Galway** – einer der sympathischsten Orte auf der Grünen Insel, der zudem eine reiche Musikszene in den vielen Pubs vorweisen kann.

700IRL ks

Bei Kinvara, County Galway

HIGHLIGHTS

Besondere Tipps*:

Doolin Cave | 203
Aillwee Cave | 207
Black Head | 208
Steinfort Dún Aenghus | 211
Kinvara | 215
Coole Park | 217
Spanish Arch, Galway | 218

***Diese Tipps erkennt man im Buch an der gelben Hinterlegung im Kapitel.**

Ennis

XVII/D1

Von Limerick geht es entlang N18/M18 nach Ennis (ca. 25.000 Einwohner). Auf der Fahrt dorthin können einige Sehenswürdigkeiten rund um Limerick mit ins Programm aufgenommen werden (vgl. „Tour 4, Limerick").

In der Hauptstadt des County Clare wurde **Daniel O'Connell** – der katholische Bürgerrechtler – 1828 zum Abgeordneten gewählt. Im Stadtzentrum thront daher die Figur des *Liberators* auf einer hohen Säule.

Es lohnt sich sehr, einen Spaziergang durch das geschäftige, aufgrund des Shannon Airport wirtschaftlich florierende Städtchen zu unternehmen. Den Wagen aber parke man außerhalb, das Einbahnstraßensystem treibt den Fahrer alsbald zur Verzweiflung. Beim Besichtigungsgang kommt man an **georgianischen Stadthäusern** vorbei und findet alte Laden- oder Pub-Fassaden.

Am Ende der Abbey Street lohnen die Ruinen des 1242 von König *Thomond Donough O'Brien* gegründeten **Franziskanerklosters** einen Besuch. Während seiner besten Zeit lebten 350 gläubige Brüder und über 600 Schüler in den mehrfach erweiterten und umgebauten Anlagen. Im Jahre 1606 schafften die Briten in der Kirche das alte irische Brehon-Recht ab.

Im Gebäude der *Tourist Information* befindet sich auch das **Clare Museum,** (Eintritt frei) das mit der *Riches of Clare*-Ausstellung, vielen Exponaten und einer audiovisuellen Show die Geschichte des County über die Jahrtausende lebendig werden lässt. Gewürdigt wird auch der in Clare geborene *J. P. Holland*, der die Entwicklung des U-Bootes maßgeblich beeinflusst hat.

Ende Mai/Anfang Juni findet seit 1974 alljährlich in Ennis das **An Fleadh Nua,** eines der größten Folk Festivals in Irland statt. Tausende von Amateur- und Profimusikern geben sich dann ein Stelldichein und musizieren in den Straßen und Pubs. Ebenfalls zum Programm gehören Tanzveranstaltungen, Storyteller-Kurse in irischer Sprache, Konzerte und Straßenkunst.

Die **Haupteinkaufsstraßen** von Ennis sind die Abbey und die O'Connell Street. Außerdem findet jeden Freitag ein großer **Farmer's Market** statt (Upper Market Street, 8–14 Uhr).

Tourist Information

- Arthur's Row, um die Ecke vom O'Connell Square, Tel. (065) 6828366.
- **www.visitennis.ie**

Unterkünfte

- **Auburn Lodge Hotel** €€, Galway Road, Tel. (065) 6821247, Fax 6821232, www.auburnlodge.com;
- **Old Ground Hotel** €€–€€€, O'Connell Street, Tel. (065) 6828127, www.flynnhotels.com;
- **Queens Hotel** €, Abbey Street, Tel. (065) 6828963, Fax 6828628, www.queenshotelennis.com;
- **Sandborn** € (Mrs. Teresa O'Donoghue), Edenvale, Kilrush Road, Tel. (065) 6824959, sandbornbandb@eircom.net;
- **Brookville House** € (Mrs. Maura Healy), Tobartaoscan, off Limerick Road, Tel. (065) 6829802, maura-healy@hotmail.com;
- **Newpark House** € (The Barron Family), Tulla Road, Tel. (065) 6821233, www.newparkhouse.com;
- **Rowan Tree Hostel** €, Harmony Row, Tel. (065) 6868687, www.rowantreehostel.ie.

Restaurants

- **Cloister Restaurant** €, Abbey Street, Tel. (065) 681234, www.facebook.com/thecloister;
- **Town Hall Café** €€, O'Connell Street, Tel. (065) 6828173, gutes Restaurant im ehemaligen Rathaus von Ennis, das auch vegetarische Gerichte anbietet;
- **Legends Restaurant** €€, im *Temple Gate Hotel*), The Square, Tel. (065) 6823300, www.templegatehotel.com/restaurant_ennis.html, gehobene moderne Küche, immer auch ein vegetarisches Hauptgericht;
- **Café Noir** €, Glór, Causeway Link, gutes Café im Kunst- und Kulturzentrum Glór, etwas außerhalb, vor allem Sandwiches und Kuchen, So. geschl.

Pubs

- **Brogan's Bar and Restaurant,** 24 O'Connell Street, regelmäßig Folk-Musik, guter *Pub Grub;*
- **Paddy Quinn,** Market Place, eine alte Kneipe aus dem Jahr 1898;

■ **Knox's Pub and Bistro,** 18 Abbey Street, www.knoxs.ie, unten gemütlicher Pub, oben ein Bistro;
■ **John O'Dea,** 66 O'Connell Street, altmodischer aber uriger Pub mit Folk Sessions;
■ **The Usual Place,** Market Place, gemütlicher, ruhiger Pub.

Verbindung

■ **Busse** verkehren mehrmals täglich von Limerick, Dublin, Shannon Airport, Doolin, Kilkee, Galway, Cork, Westport, Cliffs of Moher und Lisdoonvarna.

Cliffs of Moher XII/A3

Von Ennis geht es über die N 85 und die R 478 (ca. 35 km, ausgeschildert, Parkplatz am Visitor Centre) zu einem der herausragenden landschaftlichen Höhepunkte Irlands, den Cliffs of Moher. 200 Meter stürzen die Felswände senkrecht ins Meer ab, bei stürmischem Wetter treibt der Wind die Gischt der anbrandenden Wellen bis nach oben. Die steilen Felswände bestehen aus Lagen von Sandstein und Schiefer mit eingeschlossenen härteren Gesteinsarten.

Tausende von **Seevögeln** nisten in den Spalten, ihr Gekreische mischt sich mit dem Wind und dem Schlag der Wellen. Häufig vorkommende Arten sind Tordalk *(Razorbill)*, Dreizehenmöwe (*Kittiwake,* so benannt nach ihrem Ruf), Krähenscharbe *(Shag)*, Eissturmvogel *(Fulmar)* und der Papageientaucher *(Puffin)*.

In mehreren geschwungenen Bögen verlaufen die Klippen über eine Strecke von 8 km. Einen guten Aussichtspunkt hat man auf dem 1835 errichteten **O'Brien's Tower** (nahe dem *Visitor Centre*), von dort oben kann der Besucher einen Blick auf die Küste werfen, weit im Meer sieht man die Aran-Inseln, und gen Norden schaut man auf die karge Landschaft von Connemara. Der Turm wurde übrigens von dem liberalen Politiker und Parlamentsabgeordneten des County Clare *Cornelius „Corney" O'Brien* in Auftrag gegeben. *O'Brien* tat viel für seine Region (*„He built everything around here except the Cliffs of Moher"*), sodass die Gegend auch den Beinamen *O'Brien Country* hat.

Unterhalb des Turms informiert ein großes **Visitors' Centre,** das 2007 eröffnet wurde (Jan., Febr., Nov., Dez. 9–17 Uhr; März 9.15–18 Uhr, Sa, So, Feiertag bis 18.30 Uhr; April, Okt. 9–18.30 Uhr Sa, So, Feiertag bis 19 Uhr; Mai, Sept. 9–19 Uhr, Sa, So, Feiertag bis 19.30 Uhr; Juni 9–19.30 Uhr; Juli–Mitte Aug. 9–21 Uhr; Ende Aug. 9–20 Uhr, www.cliffsofmoher.ie, Eintritt Besucherzentrum und Klippen 6 €/4 €, O'Brien' s Tower 2 €/1 €) über die spektakulären Klippen, und in den angeschlossenen Cafés kann man sich stärken. Für die eine Wanderung durch das Burren-Gebiet kann man sich bereits hier eine Wanderkarte besorgen (s.u.). Das Besucherzentrum ist in den Hügel eingelassen, um optisch möglichst unauffällig zu bleiben, und entspricht neuesten umweltfreundlichen Kriterien, damit der Ansturm der Besucher möglichst wenig negativen Einfluss auf die Natur hat. Allerdings hat dies zur Folge, dass der Blick auf die Klippen durch eine relativ hohe Mauer eingeschränkt wird, die entlang des Abgrunds errichtet wurde. Den besten Blick hat man wohl von etwas weiter auf dem Wanderweg. Entlang des Weges vom Parkplatz befinden

Cliffs of Moher

020IRL ws

sich Kunsthandwerksläden und man kann in der Saison den vielen sogenannten *Buskers* beim Musizieren zuhören.

Wanderung

Sehr empfehlenswert ist die etwa 18 km lange Wanderung entlang der Klippen; Startpunkt entweder in Liscannor (von hier auch Bootsfahrten zum Fuß der Klippen) oder Doolin. Bis auf das kurze Stück rund um das Visitors' Centre ist der Wandersmann weitgehend allein unterwegs.

Man laufe nie außerhalb des Plattenzauns und unterschätze die plötzlichen Windböen nicht, die einen durchaus über die Felsen fegen können! Am **Hags Head,** südlich der Cliffs of Moher, führt ein Pfad hinunter zum Fuß der Klippen. Gute Wanderschuhe sind notwendig, und ein warmer Pullover schützt gegen den Wind. Hilfreich sind die im *Visitors' Centre* zu erstehenden Broschüren.

Doolin

XII/A3

Auf der R 478 erreicht man von den Cliffs of Moher nach 5 km die kleine Streusiedlung Doolin. Das Dörfchen ohne eigentlichen Ortskern hat fünf **Attraktionen** zu bieten: einmal die kürzeste Überfahrt zu den Aran-Inseln, die nahegelegenen Cliffs of Moher, die ebenfalls nahebei befindliche Region des Burren (s.u.), die Doolin Cave und den Ruf, ein Zentrum für irische Musik zu sein.

In einem modernen Büro-Container am Hafen kann man **die Überfahrt zu den Aran Islands** buchen und zahlreiche B & Bs stehen für die Übernachtung zur Verfügung.

Im Sommer ist Doolin hoffnungslos überfüllt mit Besuchern aus aller Welt. Schon gegen 18 Uhr ist es in den drei Pubs gerammelt voll, und das Guinness fließt in Strömen. Allabendlich spielen Musiker auf, und so manche Doolin-Barden gehen mittlerweile auf Tournee.

1952 entdeckte man die **Doolin Cave**, eine Höhle mit mächtigen Stalaktiten, die für Besucher freigegeben ist (www.doolincave.ie, Führungen Ostern–Aug. 10–17 Uhr, Sept.–Mitte Okt. 11–16 Uhr, im Winter nur am Wochenende, 15 €/8 €).

Unterkünfte

- **Aran View House Hotel** €€, Coast Road, Tel. (065) 7074061, Fax 7074540, www.aranview.com;
- **Harbour View** € (Mrs. Cathy Normoyle), Tel. (065) 7074154, Fax 7074935, www.harbourviewdoolin.com;
- **Daly's House** € (Mrs. Susan Daly), Tel. (065) 7074242, Fax 7074668, www.dalys-house.com;
- **Mrs. Maeve Fitzgerald** €, Churchfield, Tel (065) 7074209, Fax 7074622, www.doolinaccommodations.com;
- **Sea View House** € (Mrs. Darra Hughes), Tel. (087) 2679617, www.seaview-doolin.ie;

◁ Die Cliffs of Moher mit O'Brian's Tower

Seevögel an Irlands Küsten

Der **Tordalk** *(Alca torda)* ist leicht an seinem schwarz-weißen Gefieder erkennbar. Kopf, Hals und Oberseite sind bräunlich-schwarz mit einer weißen Flügelbinde. Die Unterseite ist weiß. Charakteristisch gezeichnet ist auch der Schnabel. Im vorderen Drittel ist er schwarz-weiß quergestreift.

Außerhalb der Brutzeit halten sich die Tordalken auf dem Meer auf, wo sie nach kleinen Fischen, Krebsen, Meereswürmern und -schnekken tauchen. Sie brüten an felsigen Steilwänden mit Gesimsen und Nischen in kleineren Gruppen. Die Eier werden ohne Unterlage auf dem Fels abgelegt und von beiden Partnern bebrütet. Die kreiselförmige Gestalt der Eier bewahrt sie einigermaßen vor dem Absturz. Brutzeit ist von Anfang Mai bis Juni. Die Jungen verlassen rund 25 Tage nach dem Schlüpfen den Brutfelsen und schwimmen im Meer.

Die **Dreizehenmöwe** *(Rissa tridactyla)*, so genannt nach den drei Zehen an jedem Bein, ist überwiegend weiß. Rücken und Schwingen sind grau gefärbt. Davon setzen sich die schwarzen Spitzen der Schwingen deutlich ab. Der Ruf klingt „gägägä" oder „kitti-weck". Besonders in der Brutzeit ist dieser Vogel sehr ruffreudig. Daher rührt auch die englische Bezeichnung *Kittiwake* für die Dreizehenmöwe.

Dieser Hochseevogel hält sich fast nur am oder auf dem Meer auf, da er sich nahezu ausschließlich von Seetieren wie Fischen, Krebsen, Meeresschnecken und Plankton ernährt. Die Brut erfolgt immer in großen, teilweise riesigen Kolonien an felsigen Küsten und auch an Gebäuden. Spezielle Verhaltensnormen erlauben das Brüten selbst an kleinsten Vorsprüngen. Die Brutzeit dauert von Ende Mai bis Juni. Die Dreizehenmöwe überwintert auf dem Atlantik, am Mittelmeer und recht vereinzelt im Inland.

www.fotolia.de © kiki

Die **Krähenscharben** *(Phalacrocorax aristotelis)* gehören zu den Kormoranen. Sie haben ein schwarzes Kleid mit starkem grünlichen Metallglanz. Die Vögel sind meist stumm, am Brutplatz sind sie mit „arrck, arrck" oder „kroack, kraick, kroack" zu hören.

Diese Vögel halten sich das ganze Jahr an felsigen Meeresküsten mit steilen Klippen und Wänden auf und brüten dort von Anfang April bis in den Juni in Nischen und Bändern. Die Brutpaare finden sich jeweils für eine Saison. Nestbau und Brüten obliegt vorwiegend den Weibchen. Die Jungen verlassen nach ca. 50 Tagen das Nest und werden noch rund 30 Tage geführt. Krähenscharben fischen zwar wie die Kormorane, d.h. schwimmend oder tauchend, jedoch ausschließlich im Meer.

Die **Papageitaucher** *(Fratercula arctica)* erkennt man am sehr hohen, rot-gelb-schwarz gestreiften Schnabel sowie an den rot leuchtenden Beinen (in der Brutzeit gelb). Die Oberseite ist schwarz, die Unterseite weiß. Die Vögel geben knarrende Laute wie „arr" oder „orr" von sich.

Während der Fortpflanzungszeit trifft man den Papageitaucher an steilen, höhlenreichen Felsklippen und grasbewachsenen Hängen, wo er sich mit Schnabel und Krallen meterlange Röhren gräbt. Am erweiterten Röhrenende wird Anfang bis Mitte Mai das einzige Ei abgelegt. Nachdem die Jungen flügge sind, ziehen sich die Vögel auf die offene See zurück. Papageitaucher erlangen Fische und andere kleine Meerestiere tauchend. Selbst mit einer Anzahl Fische im Schnabel können sie noch weiterjagen.

- **Seascape** € (Mrs. Mary O'Connell), Roadford, Doolin, Tel./Fax (065) 7074451, www.doolin-bandb.com;
- **Doolin Hostel** €, Fisherstreet, Tel. (065) 7074421, www.doolinhostel.com;
- **Rainbow Hostel** €, Tel. (065) 7074415, www.rainbowhostel.net;
- **Aille River Hostel** €, Aille River, Tel. (065) 7074260, www.ailleriverhosteldoolin.ie;
- **Flanaghan's Village Hostel** €, Toomullin, Tel. (065) 7074564, www.flanaganshostel.com.

Restaurants

- **Cullinan's Seafood Restaurant** €–€€, Fitz's Cross, Tel. (065) 7074138, www.cullinansdoolin.com, gutes Restaurant im gleichnamigen *Guest House*, es gibt auch vegetarische Alternativen;
- **Roadford House** €€–€€€, Roadford, Tel. (065) 7075050, www.roadfordrestaurant.com, Gerichte aus frischen, regionalen Zutaten, auch B & B;
- **Stonecutter's Kitchen** €, Tel. (065) 7075962, www.stonecutterskitchen.com, zwischen Doolin und den Cliff of Moher an der R 478, ein kleines, gelbes Reetdachcottage, in dem *Karen Courtney* und *Myles Duffy* häusliche Küche auf den Tisch bringen.

Pubs

- **Gus O'Connor's,** abends gute Pub Grubs;
- **McGann's,** ebenfalls gute Pub Grubs;
- **McDermott,** in allen drei Pubs Live Sessions.

Einkaufen

- Im **Magnetic Music,** Fisherstreet, www.magnetic-music.com, findet der Freund irischer Musik eine gute Auswahl an CD's, dazu Bücher über Irish Folk;
- Im **Village Crafts Shop & Doolin Deli,** Fisherstreet, www.doolincraftshop.com.

Verbindung

- **Busse** mehrmals täglich von Dublin, Limerick, Shannon, Ennis, Lisdoonvarna, Kilkee, Galway, Kinvara.

Der Burren XII/A3

Nördlich und östlich von Doolin schließt sich ein *The Burren* genanntes Gebiet an, das eine unvergleichlich reiche Flora aufweist. Nicht nur für Botaniker ist der 40 x 25 km große Burren (gälisch: großer Felsen) eine Fundgrube, auch Laien, die an fremder Flora interessiert ist, kommt in dieser karstigen Mondlandschaft auf seine Kosten.

Das ganze Gebiet besteht aus unzählig vielen, kleinen und großen **Sandsteinplateaus,** die von Längsrinnen zerschnitten sind. Eiszeitliche Gletscher pflügten vor 15.000 Jahren diese in Nord-Süd-Richtung verlaufenden Furchen in den weichen Kalkstein. Als die Eisberge abzuschmelzen begannen, hinterließen sie nicht nur die gewaltigen, mitgeschleiften Findlinge, sondern auch Samen von arktischen Pflanzen. Mit der folgenden Klimaerwärmung kam die Flora aus südlicheren Regionen hinzu.

So wächst in den geschützten Furchen eine **pflanzliche Artenvielfalt,** die in Europa ihresgleichen sucht. Von Mai bis Juni blüht der Frühlingsenzian *(Gentia-*

na verna), weiße Blüten auf roten Blättern zeigt der Irische Steinbrech *(Saxifraga hibernica),* die arktisch-alpine Silberwurz *(Dryas octopetala)* gedeiht neben dem Kuckucksknabenkraut *(Orchis mascula)* und dem Torfmoos *(Sphagnum),* eine Vielzahl wilder Orchideen verströmen ihre Düfte und wachsen neben dem für uns unbedeutenden Klee oder Heidekraut.

Der Burren dürfte auch das letzte Refugium auch in Kontinentaleuropa seltenen **Baummarders** *(Martes martes)* sein, und durch die Lüfte flattern andernorts schon ausgestorbene Schmetterlinge.

Bei dieser ungewöhnlichen Flora ist es verständlich, dass irische Ökologen einen Teil des Burren, die 400 ha (das gesamte Burren-Gebiet umfasst 26.000 ha) große Region um Mullaghmore unter **Naturschutz** gestellt haben. Wie schon in jüngster Zeit an anderen Orten kollidieren Umwelt- und Naturschutz mit starken Wirtschaftsinteressen: In Massen transportierte man die größten Felsen ab, die seither englische Gärten zieren, dann wurden illegal Tausende von Wildgänsen gefangen und in den Nahen Osten verschickt.

Während man heutzutage **keinen einzigen Baum** mehr im Burren findet („*No tree to hang a man*", soll General ein *Cromwell* einst ausgerufen haben), so war die Region in prähistorischer Zeit dicht bewaldet. Vor etwa 5000 Jahren leiteten die ersten Siedler Rodungsarbeiten ein und sorgten so für die Erosion des Gebietes.

Der Poulnabrone-Dolmen legt Zeugnis von dem frühen Volk ab, das einst hier gelebt hat. Für eine weitere Besiedlung sprechen die Reste von über 100 **Ringforts,** wobei das besterhaltene, mit drei konzentrischen Felswällen versehene Cahercommaun allerdings wohl erst nach der Zeitenwende errichtet wurde.

Im Jahre 1182 gründeten die Zisterzienser östlich von Ballyvaughan **Corcomroe Abbey** – vielleicht bedeckte damals noch eine Bodenkrume die Felsplateaus; die frommen Brüder nämlich nannten ihr Kloster zur „Heiligen Maria der fruchtbaren Felsen". Aus dem späten Mittelalter datieren die **befestigten Tower Houses** Gleninagh und Newtown Castle bei Ballyvaughan und Leamaneh Castle bei Kilfenora.

Fällt ein kräftiger Regenschauer, so versickert das Wasser durch die unzähligen Spalten und dringt in die unterirdischen **Grotten** und Höhlensysteme ein, wo die Kalkablagerungen Stalagtiten (von der Decke herabhängend) und Stalagmiten (vom Boden nach oben wachsend) formen. Die ganze Region ist nämlich komplett „unterkellert"; unter der höchsten Erhebung, dem 343 m hohen Slieve Elva, zieht sich gar ein 11 km langes **Höhlensystem** entlang. Höhlenforscher haben noch längst nicht alle dieser Kammern, Gänge, unterirdischen Seen und Bäche erforscht.

Neben der Doolin Cave ist eine weitere Höhle geöffnet; 3 km südlich von Ballyvaughan befindet sich der Eingang zu **Aillwee Cave** (s.u.).

Das Gebiet lässt sich günstig mit dem Auto, besser mit dem Fahrrad, auf der nun beschriebenen, 55 km langen **Rundfahrt** erkunden.

Lisdoonvarna XII/A3

Von Doolin geht es auf der R 479 in Richtung Ballynalackan, dort rechts ab in die R 477 nach Lisdoonvarna zu **Irlands einzigem Kurort.** Im *Spa Wells Health Centre* (Tel. (065) 7074023) kann, wer möchte, mehrere Schlucke des heilkräftigen Wassers probieren. Aus verschiedenen Quellen sprudelt kostbares Nass, das viel Schwefel, Eisen, Jod und Magnesium enthält. Kontinentaleuropäische Besucher, die Kurstädte wie Baden Baden gewöhnt sind, werden über die wenig mondäne Ausstrahlung des Örtchens eher belustigt sein, die Iren jedoch kuren begeistert in Lisdoonvarna.

Kilfenora XII/A3

Die R 476 führt dann weiter nach Kilfenora, wo das **Burren Display Centre** Auskunft über diese einzigartige Karstregion gibt. Wer die sehr empfehlenswerte Wanderung durch das Burren-Gebiet (s.u.) unternehmen möchte, besorge sich hier die entsprechende Karte (www.theburrencentre.ie, Tel. (065) 708 8030, März–Okt. 10–17 Uhr, Juni–Aug. 9.30–17.30 Uhr, 6 €/4 €).

Wenngleich Kilfenora heutzutage verschlafen und unbedeutend auf den Besucher wirkt, so war dies nicht immer so. Bis ins 18. Jh. residierte hier ein Bischof, wovon die Ruinen der **Kilfenora Cathedral** sowie die vielen aus dem 12. Jh. datierenden Hochkreuze auf dem Friedhof zeugen. Bei seinem Besuch auf der Grünen Insel, rief sich der inzwischen verstorbene Papst *Johannes Paul II.* sehr zur Freude der Bewohner im Jahre 1979 selbst zum Bischof des Örtchens aus.

Von Kilfenora geht es über unklassifizierte Straßen in Richtung Ballyvaughan (ausgeschildert).

Aillwee Cave XII/A3

3 km vor dem sympathisch wirkenden Ballyvaughan sollte man einen Besuch der Aillwee Cave nicht versäumen (10–17 Uhr, Juli–Aug. bis 18.30 Uhr, Tel. (065) 7077036, www.aillweecave.ie, 12 €/5,50 €); im Jahre 1944 entdeckte ein Bauer zufällig dieses unterirdische Höhlensystem. In der Höhle herrscht eine konstante Temperatur von 10 °C.

Ein der Landschaft gut angepasstes **Visitors' Centre** gibt umfassend Auskunft über die unterirdische Anlage.

Ballyvaughan XII/A3

Ballyvaughan (224 Einwohner) hat einen pittoresken Pier, einige schöne Pubs und wenige, aber teure Restaurants zu bieten. Gemütlich geht es im Ortskern zu, an schönen Wochenenden besuchen auch viele Iren der Umgebung das kleine Dorf und flanieren rund um den winzigen Hafen. Hier lohnt sich der Aufenthalt für eine Burren-Erkundung.

Unterkünfte

- **Hyland's Burren Hotel** €€, Tel. (065) 7077037, Fax 7077131, www.hylandsburren.com;
- **Loughrask Lodge** € (Mrs. Annette Flanagan), Tel. (065) 7077151, www.loughrasklodge.com;
- **Rockyview Farmhaus** € (Mrs Ita Linnane), Fanore, Tel. (065) 7076103;

■ **Seacoast Lodge** € (Mrs. Margaret Fitzpatrick), Crannag, Fanore, Tel. (065) 7076250, www.seacoastbb.net.

Pub

■ **Monk's Pub & Seafood Restaurant** €€, ein Stück außerhalb direkt am 1829 erbauten Pier, guter Pub Grub mit frischen Muscheln, Fischgerichte, manchmal Live-Musik am Wochenende.

Verbindung

■ **Busse** mehrmals täglich von Galway, Lisdoonvarna, Kinvara, Kilkee, Listowel, Tralee, Killarney, Cork, Doolin.

Burren-Wanderweg

Der *Burren Way* ist ein 123 km langer Wanderweg, der in sechs Teilstücken gut jeweils als Tages- oder Halbtageswanderung begehbar ist. **Ballyvaughan** ist ein guter Ausgangspunkt für die Routen nach Carran oder Lisdoonvarna. Für etwas geübtere Wanderer kann man auch den Abstecher nach Lisdoonvarna auslassen und bis Doolin oder Lahinch weiterwandern. Höchster Punkt ist hier die 300 m hohe **Slieve-Elva-Schulter,** von der aus man einen guten Blick auf die Galway-Bucht und die Aran-Inseln hat.

Im Frühjahr, wenn die alpin-arktischen und die mediterranen **Pflanzen** in voller Blüte stehen, ist diese Wanderung von einer einzigartigen Schönheit.

Der *Burren Way* ist in Abschnitte aufgeteilt und daher gut für Durchschnittswanderer zu bewältigen. Man sollte allerdings auf gutes Schuhwerk achten und Regenkleidung, ein Picknick und Wasser dabei haben. Nicht fehlen darf eine gute Wanderkarte, z.B. „The Burren – a two-inch map of the uplands of north-west Clare" *(Tim Robinson),* die auch Details zu achäologisch interessanten Orten enthält. Auch zu empfehlen sind *Ordnance Survey Map 51 (Discovery Series, 1:50.000)* und die Publikation „The Burren and the Aran Islands – A Walking Guide" *(Tony Kirby).*

Black Head XII/A3

Von Ballyvaughan nun geht es in nordwestlicher Richtung entlang der R 477 auf den Küstenzipfel Black Head zu und ab dort gen Süden. Die Straße folgt der Küstenlinie, links blickt man auf die Mondlandschaft des Burren, rechts brandet das Meer an die Kalksteinfelsen; die Strecke ist landschaftlich sehr schön.

Lang zieht sich hier ein Strand an der Küste entlang. Wenige Kilometer weiter ist über Ballynalackan wieder Doolin erreicht.

Die Aran-Inseln XI/D3

Überfahrt

Ein Besuch auf den Aran-Inseln gehört ebenso wie auch die Fahrt auf die Blasket Islands (vgl. Tour 4, Dingle-Halbinsel) zu den Höhepunkten einer Irland-Reise. Interessant ist auch, dass Gälisch auf den Aran-Inseln von den meisten Bewohnern noch als Muttersprache gesprochen wird.

Von Doolin aus erfolgt mit modernen Schiffen die Überfahrt. Die Fähren verkehren von Mitte April bis Ende Oktober, manche auch im März und November. Während in der Vor- und Nachsaison jeweils nur eine Überfahrt morgens hin und abends zurück auf dem Fahrplan steht, pendeln die Schiffe im Juni, Juli und August mehrfach am Tag hin und her (natürlich abhängig von den Wetterbedingungen und Gezeiten, deshalb unbedingt vorher anrufen!).

Verbindung

- **Fähren von Doolin:** *O'Brien Line,* Tel. (065) 7075555, www.obrienline.com; *Doolin Ferries,* Tel. (065) 7075949, www.doolinferries.com; *Doolin 2 Aran Ferries,* Tel. (065) 7075949, www.doolin2aran ferries.com.

Wandern

Auf den Inseln gibt es markierte **Wanderwege** des *Aran Way:* 34 km auf Inishmore, 8 km auf Inishmaan und 10,5 km auf Inisheer, die beiden letztgenannten sind Rundwanderwege. Gelbe Pfeile auf schwarzem Grund weisen die Richtung.

Eine gute **Karte** ist „Oileáin Árann: A Map of the Aran Islands“ *(Tim Robinson).* Ebenfalls zu empfehlen ist das bereits erwähnte Buch „The Burren and the Aran Islands – A Walking Guide“ *(Tony Kirby).*

Inisheer XI/D3

Inisheer, die kleinste Aran-Insel, liegt ca. 45 km von Galway entfernt, ist etwas mehr als 4 km lang, 2,5 km breit, hat eine Gesamtfläche von 250 ha und wird von 1000 Personen bewohnt.

Am Pier von Inisheer kann man eine **Inselrundfahrt** buchen: Eine Ponykutsche fährt die Besucher rund um das Eiland. Zu besichtigen sind zum Beispiel die Reste einer aus dem 14. Jh. datierenden Burg, die Ruine einer kleinen mittelalterlichen Steinkirche *(Teampall Chaomháin),* die jedes Jahr neu zur Wallfahrt vom Sand befreit werden muss, und ein großes Schiffswrack, das imposant auf den Klippen steht. In einer Sturmnacht des Jahres 1960 hob eine Springflut den für Galway bestimmten Frachter auf die Felsen von Inisheer.

Wunderschön ist der **Sandstrand,** an dem wie schon seit Jahrhunderten die *Curraghs* (traditionelle irische Boote) aufgebockt sind. Während der Sommermonate kommen hier dutzende Schüler zusammen, um in Ferienkursen ihre gälischen Sprachkenntnisse zu vertiefen.

Unterkünfte

- **Radharc na Mara** €,
(ausgesprochen etwa: „raurk na mara",)
Hostel, Tel. (099) 75024;
- **Ard Mhuire** €,
(ausgesprochen etwa: „arrd wujre")
B & B, Tel. (099) 75005;
- **Rhadarc an Chlair** €,
(ausgesprochen etwa: „raurk ann chlaar")
B & B, Tel. (099) 75019.

Restaurant/Café/Teestube/Pubs

- Ein **Restaurant,** ein **Café,** eine **Teestube** und drei **Pubs,** die berühmt für ihre Live-Musik sind.

Wer ein passendes Instrument spielt, kann bei den Sessions auch mitmachen.

Inishmaan XI/D3

Inishmaan, die zweitgrößte und abgelegenste Insel, umfasst eine Fläche von etwa 900 ha und wird von 154 Personen bevölkert.

Attraktion ist das **Steinfort Dún Chonchúir,** das auf einer Felsenklippe liegt; die drei äußeren Wälle sind verschwunden, gut erhalten ist die eigentliche Festungsmauer. Außerdem kann man das Haus besichtigen, in dem der irische Autor *John Millington Synge* mehrere Jahre lang den Sommer verbrachte.

Unterkünfte

- **Óstán Inis Meáin** €–€€, (ausgesprochen etwa: „oostaan innisch mjaan"), Hotel, Tel. (099) 7302, www.ostaninismeain.com;
- **An Dún** €€, Tel. (099) 73047, B & B und Restaurant;
- **Tig Congaile** €, Tel. (099) 73085, B & B und Restaurant;
- **Inis Meáin Restaurant & Suites** €€€, Tel. (086) 8266026, www.inismeain.com, Luxushotel, Restaurant.

Pub

- **Teach Ósta,** einziger Pub auf der Insel, im Sommer oft Live-Musik.

Inishmore

XI/D3

Inishmore, die Hauptinsel des Archipels, umfasst 3100 ha und zählt 824 Einwohner. Größter Ort ist das Hafendorf **Kilronan,** an dessen Pier die Fähren von Doolin und Rossaveal festmachen.

Es ist sehr empfehlenswert, einige Tage auf Inishmore zu verbringen, oder auf Wanderungen (s.o.) und Fahrradausflügen die Insel kennen zu lernen.

Herausragende Sehenswürdigkeit ist das 9 km von Kilronan entfernte, wahrhaft spektakulär an den 100 m hohen Klippen der Südküste gelegene **Steinfort Dún Aenghus.** Drei konzentrisch verlaufende, halbkreisförmige St… enden jeweils an der Bruchkante der steil abstürzenden Felsenküste. Der innere Mauerwall ist Ende des 19. Jh. restauriert worden, Stufen führen auf die Brustwehr; von dort oben hat man eine weite Sicht über die Insel Inishmore. Vor dem äußeren Steinwall erkennt man die Reste von Tausenden Spanischen Reitern *(Abatis)*, scharfen, aufrechtstehenden Felsnadeln, die einen Vorstoß des Angreifers gehörig behindert hätten.

Gegen wen sich die damaligen Bewohner allerdings zu verteidigen hatten, liegt noch immer im Dunkel der Geschichte; auch kennt man die genaue Entstehungszeit von Dún Aengus nicht, vermutet wird das erste nachchristliche Jahrhundert. Am Fuß des Ringforts, ungefähr 1 km entfernt, erstreckt sich ein schöner Sandstrand.

Die Steilküste von Inishmore

058IRL hs

Einkaufen

In Kilronan befinden sich auch einige *Craft Shops*, wo man neben vielen Souvenirs vor allem die bekannten **Aran-Pullover** erstehen kann.

Angeblich – so heißt es – hatte jede Familie auf der Insel ein eigenes Muster, so konnte man die ertrunkenen Fischer anhand ihrer Pullover identifizieren – nichts davon ist wahr, aber da die Geschichte verkaufsfördernd ist, wird sie so oder so ähnlich auch in Zukunft erzählt werden.

Unterkünfte

■ **Aran Islands Hotel** €€,
Tel. (099) 61104, www.aranislandshotel.com;

■ **Ard Einne Guest House** €€,
Tel. (099) 61126, Fax 61388,
www.ardeinne.com;

Leben und Alltag auf den Aran-Inseln

Geologisch gehören die drei Aran-Inseln zur Region des Burren (vgl. Kap. „Das Burren-Gebiet"), die Eilande sind somit von Kalksteinplateaus übersät und waren von jeher äußerst unfruchtbar. Für die Bewohner, die neben der Fischerei auch Landwirtschaft betreiben wollten, hieß dies, erst einmal **neue Felder anzulegen.**

So mussten die Vertiefungen und Löcher im felsigen Untergrund mit Bruchsteinen aufgefüllt werden, und über die ganze Fläche kam dann eine dicke Schicht Sand, darüber eine kräftige Lage Seetang, wieder eine Schicht Sand sowie erneut eine Lage Seetang und ganz zum Schluss schließlich eine dünne Decke fruchtbarer Humuserde. Diesen Mutterboden hatte man entweder vom Festland herübergebracht, oder aber die Erde war mühselig zwischen den Kalksteinblöcken herausgekratzt worden.

Mit den zuvor fortgeschafften Steinblöcken entstand nun eine **Windmauer** rund um das neue Feld. Um die spärlichen Nährstoffe des Bodens nicht auszulaugen, pflanzten die Bauern auf dem neuen Acker im ersten Jahr Kartoffeln an und im zweiten Jahr dann Getreide; im dritten Jahr wurde auf dem Feld nicht gesät, das dort wachsende Unkraut pflügte man im folgenden Jahr unter, und so erhielt die Bodenkrume den notwendigen Stickstoff. Dieses *Crop Rotation* genannte **Anbauprinzip** erinnert an die frühmittelalterliche Drei-Felder-Wirtschaft.

Hauptanbauprodukte waren natürlich vor allem Kartoffeln sowie Roggen. Gemüse zogen die Insulaner in ihren kleinen Hausgärten. Ideal war die Kartoffel deshalb, weil sie auch in klimatisch feuchten Zonen sowie auch auf armen Böden gute Erträge verspricht. 15 Tonnen pro Hektar ernteten die Aran-Bewohner durchschnittlich, bei der spärlichen Ackerkrume eine gute Leistung.

In ganz Irland, so auch auf den Aran-Inseln, wurden **Kartoffeln** nach einer besonderen Methode angebaut, die die Engländer in ihrer Verachtung für die Bewohner der Grünen Insel *Lazy Beds* nannten. Der Bauer hob einen langen, schmalen Graben aus, in den er die Saatknollen pflanzte, überdeckte diese dann mit einer Schicht Seetang und häufte darüber die beim Ausheben des nächsten Grabens angefallene Erde, wobei die grasige Seite nach unten kam. Seetang und Unkraut dienten als Dünger, und die Knollen wuchsen prachtvoll heran.

Diese Arbeit fand im März oder im frühen April statt. Ein Bauer, der zu spät mit der Aussaat begann, hieß im Volksmund *Cuckoo Farmer,* da er zumeist dann erst im Mai mit der Feldanlage zugange war. Ende Juli dann wurden die Erdäpfel geerntet und dienten – sieht man einmal von einem Überschuss in guten Jahren ab – natürlich der Selbstversorgung.

Auch **Roggen** wächst gut in feuchtkalten Regionen und auf armen Böden, so war dies das ausschließlich angebaute Getreide auf den Aran-Inseln. Mit der Aussaat begannen die Insel-Bauern im Herbst, nachdem sie die Kartoffeln eingebracht hatten, geerntet wurde dann im Juni des folgenden Jahres. Das Stroh fasste man in große Bündel zusammen und deckte damit die Häuser.

Natürlich besaß jeder Hof auch einen kleinen **Viehbestand,** und ein Bauer galt als reich, wenn er eine Kuh in seinem Besitz hatte. Die Größe des verfügbaren Landes wurde übrigens nur selten in konkreten Maßangaben benannt, vielmehr hieß es: Er hat das Gras für zwei Kühe, womit für die Insulaner der Landbesitz des Nachbarn umfassend beschrieben war.

Ein Farmer sorgte sich sehr um seine **wertvolle Kuh,** und in mageren Jahren fütterte er sie mit einem Gemisch aus Kleie sowie – vom eigenen Mund abgesparten – Kartoffeln. Und warf die Kuh – welch ein Glücksfall – ein Kalb, so erlaubte man dem Nachwuchs, eine weitaus längere Zeit die Muttermilch zu saugen als auf dem Festland. Das Neugeborene sollte soviel Kräfte sammeln wie möglich, um die harten Lebensbedingungen auf den Inseln auch zu ertragen. Durchschnittlich brachte eine Kuh 1800 l Milch pro Jahr, wesentlich weniger als ein Tier auf dem geschützten Festland.

Schafe und Ziegen besaß natürlich auch jeder Haushalt, diese Tiere waren wesentlich pflegeleichter als eine Kuh und wurden weitgehend sich selbst überlassen. Damit jede Familie die eigenen Tiere auch indentifizieren konnte, erhielten Schafe und Ziegen bestimmte Ohreinschnitte, die als „Brandzeichen" fungierten. Schafe lieferten Fleisch und Wolle, Ziegen Milch und Leder. Nur wenige Farmer auf den Inseln hielten **Schweine,** die in einer kleinen Umzäunung am Haus lebten und mit Kartoffeln und Speiseabfällen gefüttert wurden. Zuallerletzt hatte natürlich fast jeder Bauer einen **Esel,** der als universales und genügsames Arbeitstier täglich im Einsatz war.

Viel **Aberglaube** mischte sich im tagtäglichen Leben unter die Handlungen der Bauern. So galt es als schlechtes Zeichen, wenn der Farmer beim Kartoffelnpflanzen ein schiefes Beet zustande brachte, und um die Fruchtbarkeit der dünnen Bodenkrume zu erhöhen, streuten die Bauern eine Handvoll teures Salz über ihre Beete. Ein Beerdigungszug, der quer über das eigene Land führte, war ein schlechtes Omen, Gutes verhieß dagegen, wenn eine Ziege inmitten einer Herde Kühe graste. Die erste Milch eines jungen Kalbes ließ man in der Erde versickern, und bestimmte Tage galten für die Feldarbeit als tabu.

Natürlich waren auch alle Aran-Farmer **Fischer,** und der Fang sorgte für Abwechslung auf der Speisekarte und verbesserte die spärlichen Erträge der kleinen Felder. Doch die See ist auch gefährlich, und angstvoll warteten die Familienmitglieder auf die glückliche Rückkehr der ausgefahrenen Männer. Dass die Insulaner die Entwicklung der Wetters sowie Wind, Wellen, Ebbe und Flut sorgfältig einzuschätzen vermochten, war selbstverständlich, trotzdem blieb die Fischerei in den kleinen, lederbespannten Booten (vgl. Blasket Islands) eine gefährliche Sache. Nur wenige Männer konnten übrigens schwimmen, es hieß, dass man mit dieser Kunst seinen Todeskampf nach einer Havarie nur verlängere.

Gefischt wurde mit Treibnetzen, des weiteren mit bis zu 300 m langen Leinen, an denen mehr als 100 Haken befestigt waren, und mit Reusen, in die Hummer und Krabben gingen. Haien, die in der Vergangenheit weit häufiger in den Gewässern rund um die Aran-Inseln vorkamen als heute, rückten die Fischer mit Harpunen zu Leibe. Die Leber eines solch kapitalen Raubfisches konnte bis zu 900 l Öl bringen, das dann als Brennmaterial für die häuslichen Lampen einen hohen Wert hatte.

Aufgrund ihrer gefahrvollen Tätigkeit forderten die Fischer das Schicksal nicht heraus, und eine ganze Reihe von Zeichen galten als **schlechte Omen.** So durfte man auf dem Weg zum Boot auf keinen Fall eine rothaarige und barfüßige Frau treffen, auch die Begegnung mit einem Hasen, einem Priester und einem Fuchs waren schlechte Vorzeichen. Drei Männer mit dem gleichen Namen durften nicht zusammen in einem Boot fischen, Rauchen während der Arbeit war verboten, und zu Hause achtete ein Fischer peinlich genau darauf, dass er keine Fischgräten ins Feuer warf. Samstags nachts durfte man nicht zum Fischfang ausfahren, diese Nacht galt als tabu.

Wichtig für das tägliche Leben war auch der **Strand,** an dem man vor allem kalkhaltigen Sand und jodreichen Seetang „erntete", den einzigen Dünger, der den Insulanern zur Verfügung stand. Und dann wurde natürlich eine ganze Menge an wertvollem Material an den Strand und auf die Klippen der Küste gespült. Besonders Holz, das es auf den waldfreien Inseln ja nicht gab, wurde von den Insulanern begeistert in Empfang genommen.

Und es geschah nicht selten, dass ein Schiff vor den Inseln in Seenot geriet und das **Wrack** dann von den Wellen auf die Felsen getragen wurde. Solch ein Ereignis erzeugte durchaus gemischte Gefühle, denn für die Insel-Bewohner brachte eine Havarie viel Waren und Bargeld ein, ihr Gewinn jedoch bedeutete den Tod anderer.

Das **traditionelle Wohnhaus** auf den Aran-Inseln ist ein niedriges, weißgetünchtes Steingebäude mit tief angesetzten Fenstern, zwei Türen und einem Reetdach. Besondere Sorgfalt kam dem Strohdach zu, dass aufgrund der starken Winde und der häufigen Regenfälle fest verankert und absolut wasserdicht sein musste. Folgerichtig war der Dachdecker ein geachteter Handwerksmann auf den Inseln, und einmal jährlich inspizierte er die Dächer seines Dorfes und besserte sie, wenn nötig, aus.

Im Innern eines jeden Cottage markierte der offene Kamin das Zentrum, in dem zu allen Jahreszeiten ein Torffeuer glomm. Daneben befand sich eine Vertiefung in der Wand, die so genannte *Cleibhi,* in der Tabak, Pfeifen, Salz und Tee trocken aufbewahrt wurden. Nur wenige Einrichtungsgegenstände – Tisch, einige Stühle, Betten und Regale – nannte ein solcher Haushalt sein eigen. Öllampen verbreiteten nach Einbruch der Dunkelheit spärliches Licht. Ein Spinnrad und ein Webstuhl gehörten ebenfalls zu den wichtigen Gerätschaften eines Haushaltes, denn die Frauen versorgten die Mitglieder ihrer Familien mit der notwendigen Kleidung, und aus Kuhleder wurden gar Schuhe, die so genannten *Pampooties,* gemacht. Zu guter Letzt flochten Männer wie Frauen Tragekörbe und Reusen.

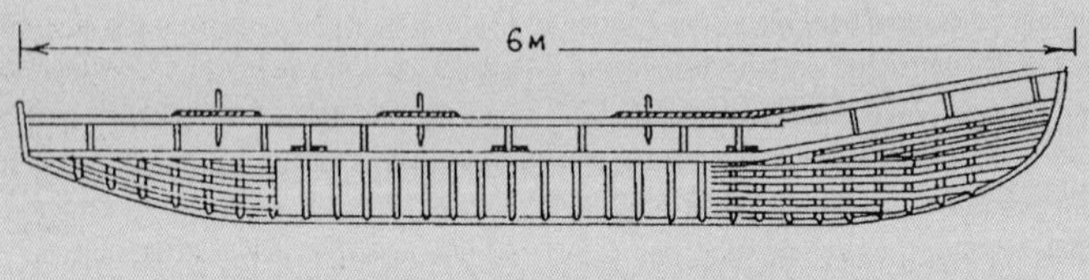

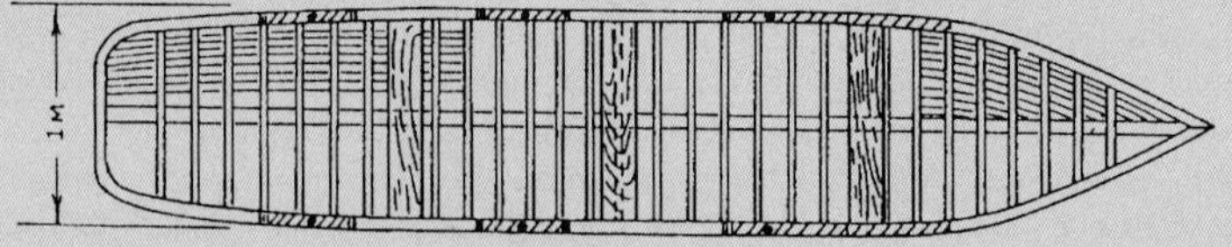

Kilmurvey Guest House €,
Kilronan, Tel. (099) 61218, Fax 61397,
kilmurveyhouse@eircom.net;
Pier House Guesthouse €
Lower Kilronan, Tel. (099) 61417,
www.pierhousearan.com;
Tigh Fitz Guest House €,
Killeany, Kilronan, Tel. (099) 61213,
Fax 61386, www.tighfitz.com;
Port Aran House € (Mrs. Rita McDonagh),
Upper Kilronan, Tel. (099) 61396;
Ard Mhuiris € (Mrs. Cait Flaherty),
Kilronan,Tel. (099) 61208,
www.ardmhuiris.com;
Mano Faran Cottage € (Joe & Maura Wolfe),
Kilmurvey, Tel. (099) 61301, Fax 61324,
www.manofarancottage.com;
Beach View House € (Mrs. Bridie Coneely),
Oatquarter, Kilronan, Tel. (099) 61141,
beachviewhouse@eircom.net;
Cregmount House € (Mrs. Margaret Coneely),
Kilronan, Tel. (099) 61139;
An Crugán € (Mrs. Bridie McDonagh),
Kilronan, Tel. (099) 61150, Fax 61468,
www.ancrugan.com.

Restaurants und Pubs

Es gibt mehrere Pubs und preisgünstige Restaurants in Kilronan, weitere Pubs sind über die ganze Insel verstreut. In vielen Kneipen, vor allem in Kilronan, wird während der Saison jeden Abend Live- Musik geboten.

Das Ruderboot der Aran Islands

Kinvara

XII/B3

Von Doolin führt die Route über die R 479 und die R 477 nach Lisdoonvarna und biegt dort auf die N 67 ab. Über Ballyvaughan geht es in das hübsche Fischerörtchen Kinvara (1600 Einwohner), in dem eine überproportional große touristische Infrastruktur, gemessen an der Größe des Dorfes, der Besucher harrt.

Sehenswert ist das ein wenig außerhalb Kinvaras in Richtung Galway liegende, aus dem 16. Jh. datierende **Dunguaire Castle** (Tel. (061) 360788, www.shannonheritage.com/Attractions/Dunguairecastle, April–Okt. 10–17 Uhr, 6 €/ 3,40 €), ein befestigtes Towerhouse, dessen Name „Burg des Guaire" bedeutet. Man hat hier Gelegenheit, an mittelalterlichen Banketten teilzunehmen.

Jeweils am letzten Wochenende im August findet in Kinvara das **Festival Cruinniú na mBád** statt; Hauptattraktion ist eine Regatta der traditionellen Fischerboote – der *Galway Hookers* – in der Kinvara-Bucht. Es versteht sich von selbst, dass während der Festivität in allen Pubs traditionelle Musik gespielt und getanzt wird. Viele zusätzliche Informationen über Kinvara und Umgebung entnehme man den Publikationen „Kinvara, a Seaport Town on Galway Bay" und „A Rambler's Map and Guide" zu bekommen in den Geschäften des Ortes.

Unterkünfte

Merriman Inn Hotel €–€€,
Main Street, Tel. (091) 638222, Fax 637686,
www.merrimanhotel.com;

■ **The Conneelys** € (Mrs. Sheela Conneely), West Kinvara, Tel. (091) 637206, www.conneelysbedandbreakfast.com;
■ **Mountain View** € (Mrs. Mary Flanagan), Tel./Fax (091) 637275;
■ **Arches B & B** € (Mrs. Ann Smith), Moy Street, Tel. (091) 637127, www.archeskinvara.com.

Restaurant

■ **The Pier Head** €, am kleinen Hafen von Kinvara, Bar and Restaurant in einem knallgelb gestrichenem Haus.

Pub

■ **Keogh's,** freundlicher Pub im Ortszentrum an der Hauptdurchgangsstraße.

Verbindung

■ **Busse** mehrmals täglich von Galway, Ballyvaughan, Lisdoonvarna, Kilkee, Listowel, Tralee, Killarney, Cork, Doolin.

Umgebung

Turmhaus Thoor Ballylee XII/B3

10 km von Kinvara entfernt lohnt eine besondere Attraktion für denjenigen einen Besuch, der an irischer Literatur interessiert ist – der Wohnturm von **William Butler Yeats.** Von Kinvara nimmt man die R 347 in östlicher Richtung, bis man nach ca. 10 km auf die N 18 trifft, dort rechts ab Richtung Gort. Eine Ausschilderung weist zum Turmhaus Thoor Ballylee (Mai bis Sept. Mo–Sa, 10–18 Uhr).

Der efeuumrankte **normannische Turm** stammt aus dem 16. Jh.; im Jahre 1917 kaufte und renovierte *William Butler Yeats* das Gebäude. 35 Pfund hat er damals dafür bezahlt, inklusive dem kleinen Cottage daneben. Einer Freundin schrieb er begeistert: „Ich plane, den Gegensatz zwischen der mittelalterlichen Burg und der bäuerlichen Behausung aufrechtzuerhalten. Während sich in ihr alles erforderliche befindet, kann ich der Burg für wenig Geld ein großzügiges Raumensemble widmen. Was glaubst Du, was denkst Du über die Adresse Thoor Ballylee? Thoor ist der gälische Name für Turm. Das sollte den Leuten den Verdacht nehmen, dass es sich um moderne Gotik oder um einen Tierpark handelt. Ich denke, der schroffe Ton von Thoor berichtigt die Weichheit der Stätte." Und wenig später notierte er: „Alles ist so wunderschön hier!"

Bis 1928 lebte der Dichter mit seiner Frau in dieser abgeschiedenen Gegend – die glücklichsten Jahre seines Lebens und die liebevollsten Zeiten der Ehe verbrachten die *Yeats* in Thoor Ballylee, in diesem „sturmgeschüttelten Ort", „the storm beaten place". Eine 20-minütige audio-visuelle Dokumentation würdigt Leben und Werk von *Yeats* (vgl. Exkurs „Irische Schriftsteller von Weltruhm"), eine Sammlung von Erstausgaben kann besichtigt werden, ein Café bietet Kaffee, Tee und Kuchen an, und selbstverständlich darf man die einstigen, möblierten Wohnräume betreten.

Von oben hat man eine prachtvolle Aussicht auf die Gegend. *Ralph Giordano* zeigt sich in seinem Irischen Tagebuch begeistert von dem Blick über die

Landschaft: „Und dann ist sie erklommen, die Plattform, zinnenbewehrt, sonnengewärmt, rings umgeben von bukolischem Frieden. Im Osten die Höhenzüge der Slieve Aughty Mountains, die Landschaft dorthin hügelig, gewellt, grüne Flächen, Hecken, grasendes Vieh. Tief unten der Fluss, um meinen Kopf, schwirrend, Insekten. Baumwipfel um den Turm, gleich hoch wie seine Zinnen, einige Kronen noch höher."

Hier hat *Yeats* seinen Gedichtzykus „The Tower" geschrieben, in dem es heißt: „I climbe to the tower top and lean upon broken stone ..." Eine Tafel an der Turmwand verrät uns Folgendes: „I the poet William Yeats/with old millboards and/sea-green slates/and smithy work from/the Gort forge/Restowed this tower/For my wife George./And may these characters remain/When all is ruin once again." Zu Deutsch: „Ich, der Dichter William Yeats, habe mit altem Pappkarton und meergrünem Schiefer und Eisenteilen aus der Schmiede von Gort diesen Turm wieder hergestellt für meine Frau George. Und mögen diese Dinge bestehen, wenn alles andere wieder in Ruinen liegt."

Nach 1928 war *Yeats* nie mehr in Thoor Ballylee. Die Gebäude verfielen. Erst 1961 hat die *Kiltartan Society*, unterstützt von der Fremdenverkehrsbehörde und der *Ireland West Tourism*, eine Restaurierung vorgenommen. Die Frau des Dichters, *George*, hat das noch erleben können, sie starb 1968.

Thoor Ballylee – der Wohnturm von William Butler Yeats

127IRL hg

Coole Park XII/B3

Von Thoor Ballylee zurück zur N 18 und dort links ab in Richtung Gort, wird der Freund irischer Literatur kurz vor dem Örtchen per Hinweisschild nach rechts zum Coole Park geleitet (www.coolepark.ie, 10–17 Uhr, Eintritt frei). Leider sind nur noch ein paar Reste des 1941 abgerissenen Coole House vorhanden; hier lebte Anfang dieses Jahrhunderts die Schriftstellerin **Lady Gregory,** sammelte alte irische Volkssagen und Mythen und schrieb diese für die Nachwelt nieder. Die adlige Dame war maßgeblich an der Einrichtung des Abbey Theatre in Dublin beteiligt und erwarb sich große Verdienste um das gälische Erbe. *William Butler Yeats, George Bernard Shaw* und *Sean O'Casey* waren oft zu Besuch in Coole House. In dem allgemein zugänglichen Park mit seinen Wäldern und Wiesen sowie dem kleinen See kann man sehr schöne Spaziergänge unternehmen.

Dabei passiert man den **Autobiografischen Baum,** in dessen Rinde die berühmten Dichterfreunde von *Lady Gregory* ihre Initialen eingeritzt haben.

Schnell und zügig geht es nun auf der N 18 nach Galway.

Galway

XII/B2

Die Universitätsstadt (76.778 Einwohner), deren Straßenbild entsprechend von vielen Studenten geprägt wird, ist die Verwaltungsmetropole und das Wirtschaftszentrum des gleichnamigen County. Das geschäftige, atmosphärereiche Städtchen sollte man unbedingt besuchen, die abendliche **Musikszene** in den vielen Pubs gehört zu den besten Irlands. Darüber hinaus ist Galway das Tor zur rauhbergigen, urwüchsigen Landschaft Connemara und einer großen Gaeltacht-Region.

Geschichte

Um das Jahr 1232 eroberten die **Normannen** unter *Richard de Burgh* den kleinen Marktflecken, dessen Ursprünge im Dunkel der Geschichte liegen, und schlugen die gälischen Stämme in die Flucht. Die neuen Herren bauten sofort eine starke Befestigung und trieben alsbald einen lukrativen Handel mit Spanien – der im 15. Jahrhundert errichtete **Spanish Arch** (Spanische Bogen) nahe dem Hafen erinnert an diese prosperierenden Wirtschaftsbeziehungen.

Richard II. gab Galway das Stadtrecht, woraus sich ein eigener kleiner **Stadtstaat** entwickelte, der von 14 Händlerfamilien (12 normannischen Ursprungs, zwei irischen Ursprungs) regiert wurde, den *Tribes of Galway*. Immer wieder griffen gälische Stämme die Stadt an, die sich jedoch aufgrund ihrer gewaltigen Befestigungen derlei Attacken bis ins 17. Jh. erwehren konnte. Wie an anderen Orten auch, wüteten dann *Cromwells* Söldner unter der Bevölkerung, und die Belagerung durch die Mannen *Wilhelms von Oranien* versetzte der Stadt dann endgültig den Todestoß. 1840 verlor Galway auch noch seinen Stadtstatus und verkam zum britischen Verwaltungssitz für den Westen Irlands.

Nach der Unabhängigkeit des irischen Staates wurde das Stadtrecht neu bekräftigt, und die Bürger von Galway bauten entschlossen an ihrer Zukunft. Wirtschaftspolitische Maßnahmen, Förderungen für die nicht weit von Galway entfernten irischsprachigen Gaeltacht-Gebiete und der wachsende Tourismus sorgten für steigenden Wohlstand.

Sehenswertes

Galways kleine, überschaubare Innenstadt mit den verwinkelten Gassen und den interessanten Geschäften sollte man am besten zu Fuß erkunden. Die **wichtigsten Einkaufsstraßen** sind die Bridge Street, Mainguard Street, William Street, Abbeygate Street und Shop Street.

Zentrum der Metropole ist der **Eyre Square** mit seiner großen Rasenfläche, auf der sich im Sommer bei schönem Wetter die Studenten und Bettler der Stadt ein Stelldichein geben und sich bräunen lassen. Im Gedenken an den amerikanischen Präsidenten *John F. Kennedy,* der 1963 hier die Ehrenbürgerwürde erhielt, bekam die grüne Lunge Galways den Namen *John F. Kennedy Memorial Garden.*

An der Market Street befindet sich die protestantische **Church of St. Nicholas,** deren Ursprünge auf das Jahr 1320 zurückgehen und die im 15. und 16. Jh. mehrmals erweitert und umgebaut wurde. Einer Legende zufolge soll *Christoph Kolumbus* hier eine Messe gehört haben, bevor er die Weiterreise gen Westen antrat.

Ebenfalls an der Market Street lohnt ein **gotischer Torbogen** einen Blick; eine schwarze Marmortafel gibt Auskunft über ein schauerliches Ereignis: „Zum Gedenken an den festen, unbeugsamen Gerechtigkeitssinn von *James Lynch Fitzstephen,* 1493 zum Bürgermeister gewählt, der seinen schuldigen Sohn *Walter* verurteilte und eigenhändig an diesem Ort hinrichtete."

Walter, Sohn des **Bürgermeisters Lynch,** hatte – wir folgen der Stadtchronik– in Liebeshändel einen spanischen Edelmann, der zudem noch Gast der Familie war, getötet. Dem Vater als oberstem Richter der Stadt blieb nichts anderes übrig, als den Sohn zum Tode zu verurteilen. Niemand jedoch wagte es, das Urteil zu vollstrecken, kein Scharfrichter ließ sich finden. So legte der Vater dem Sohn eigenhändig die Schlinge um den Hals und erhenkte ihn. Mit gebrochenem Herzen zog sich Richter *Lynch* dann in die Einsamkeit zurück. Nach irischer Auffassung hat der international bekannte Begriff „lynchen", „Lynchjustiz betreiben" in dieser Geschichte seinen Ursprung.

Von der Market Street zweigt das kleine Gässchen Bowling Green ab; hier befindet sich das Geburtshaus von Nora Barnacle, **Nora Barnacle's House.** Sie war langjährige Lebensgefährtin und spätere Ehefrau von *James Joyce.*

In der Shop Street, die parallel zur Market Street verläuft, ragt **Lynch's Castle** auf. Das aus dem 16. Jh. datierende Patrizierhaus ist eines der besterhaltenen Gebäude aus jener Zeit. Beachtenswert sind die Außendekorationen des Hauses mit ihren Wasserspeiern und weiteren gotischen Schmuckelementen. Auch die Wappen von *Heinrich VII.* sowie die der lokalen *Lynch-Familie* zieren die Fassade. Heute hat eine Bank ihre Niederlassung in dem traditionsreichen Haus. Die *Lynch-Familie* übrigens stellte ab dem Jahr 1484 die folgenden 83 Bürgermeister der Stadt.

Am alten Hafen zeigt neben dem Spanish Arch das **Galway City Museum** Exponate zur Stadtgeschichte (Mai bis Sept. Di–Sa 10–17 Uhr).

Nahe der 1965 eingeweihten, gewaltigen Kathedrale der Stadt, führt die **Salmon Weir Bridge** über den Fluss Corrib. Im Frühjahr kann man Tausende von Lachsen beobachten, wie sie flussaufwärts zu ihren Laichplätzen strömen. Mittels einer Lachsleiter können die Fische das kleine Wehr überwinden.

Wer **Straßenmusik** liebt, kommt in Galway voll auf seine Kosten. Die sogenannten *Buskers* säumen vor allem im Sommer die Straßen und bieten ein breites Spektrum an Musik.

Nicht versäumen sollte man einen Besuch im vorwiegend irischsprachigen **An Taibhdhearc Theatre** in der Middles Street; während der Saison kommen hier irische Musik, Tanz, Folk Drama, aber

Galway

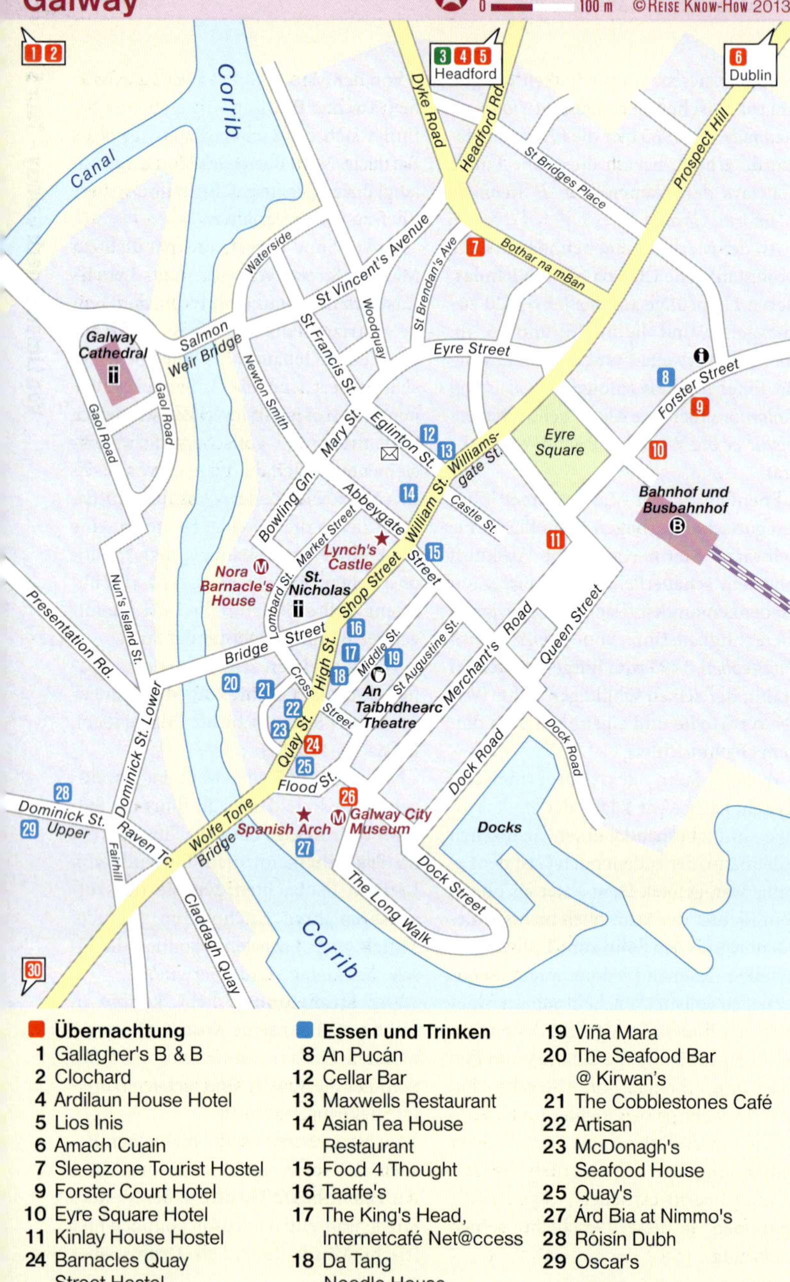

Übernachtung
- 1 Gallagher's B & B
- 2 Clochard
- 4 Ardilaun House Hotel
- 5 Lios Inis
- 6 Amach Cuain
- 7 Sleepzone Tourist Hostel
- 9 Forster Court Hotel
- 10 Eyre Square Hotel
- 11 Kinlay House Hostel
- 24 Barnacles Quay Street Hostel
- 26 The House Hotel
- 30 Kiltevna House

Essen und Trinken
- 8 An Pucán
- 12 Cellar Bar
- 13 Maxwells Restaurant
- 14 Asian Tea House Restaurant
- 15 Food 4 Thought
- 16 Taaffe's
- 17 The King's Head, Internetcafé Net@ccess
- 18 Da Tang Noodle House, The Malt House Restaurant
- 19 Viña Mara
- 20 The Seafood Bar @ Kirwan's
- 21 The Cobblestones Café
- 22 Artisan
- 23 McDonagh's Seafood House
- 25 Quay's
- 27 Árd Bia at Nimmo's
- 28 Róisín Dubh
- 29 Oscar's

Einkaufen
- 3 Kenny's Bookshop

auch Klassisches Theater auf die Bühne (www.antaibhdhearc.com).

Drei große Ereignisse ziehen zu Beginn des Herbstes scharenweise die Besucher ins Zentrum von Galway. Da lockt im Juli zuerst einmal das **Galway Arts Festival** mit Künstlern aus ganz Irland, und in den Pubs sowie auf den Straßen geht es hoch her. Und schließlich sorgt Ende September das **Galway Oyster Festival** für leibliche Genüsse. Dabei werden die ersten auf den vor der Küste liegenden Bänken gezogenen Austern geöffnet und von Touristen wie Bewohnern dutzendweise verzehrt.

Bekanntestes Mitbringsel aus Galway ist übrigens der **Claddagh-Ring,** das traditionelle und sehr symbolträchtige Schmuckstück der Männer und Frauen der Umgebung; der Ring zeigt zwei Hände, die sich an Daumen und Zeigefinger berühren, dazwischen befindet sich ein Herz, auf der Daumenseite sitzt eine kleine Krone. Die sich berührenden Hände symbolisieren Freundschaft, das Herz steht natürlich für die Liebe, und die Krone verspricht ewige Treue. Wer noch zu haben ist, steckt den Ring so auf den rechten Ringfinger, dass die Krone zum Handgelenk zeigt, befindet man sich in festen Händen trägt man den Ring umgekehrt, und Verheiratete tragen ihn an der linken Hand mit der Krone zur Fingerspitze. Die Urspünge dieses Rituals gehen auf das Jahr 1690 zurück und sollen aus der Fischfanggemeinde Claddagh stammen, die einst vor den Toren Galways lag, aber heute zum Stadtgebiet gehört. Der Ring wurde auch von der Mutter auf die Tochter vererbt.

Übrigens: Jeden Donnerstag, Freitag und Samstag um 20 Uhr (Einlass ab 18.30 Uhr) finden im *Galway Greyhound Stadium* **Windhundrennen** statt. Sollte man auf keinen Fall versäumen.

Eine Institution in Galway ist **Kenny's Bookshop,** eine Buchhandlung, die seit den 1940er Jahren existiert und sich sowohl als Antiquariat, wie auch im modernen Buch- und Kunsthandel einen Namen gemacht hat. Ursprünglich verbarg sich das Geschäft hinter einer kleinen Fassade in der High Street. Nachdem sich die Firma 2006 in den Online-Handel zurückgezogen hatte, wurde 2008 nach ständigem Drängen in der Öffentlichkeit im *Liosbaun Retail Park* ein neues Geschäft eröffnet (Tuam Road, Tel. (091) 709350, www.kennys.ie).

Praktische Tipps

Tourist Information

- Forster Street, Tel. (091) 537700.
- **www.galway.net**

Hotels

- **Ardilaun House Hotel** €€, Taylor's Hill, Tel. (091) 521433, Fax 521546, www.theardilaunhotel.ie;
- **The House Hotel** €€, Lower Merchants Road, Tel. (091) 538900, www.thehousehotel.ie;
- **Forster Court Hotel** €, Forster Street, Tel. (091) 564111, Fax 539839, www.forstercourthotel.com;
- **Eyre Square Hotel** €, Forster Street, off Eyre Square, Tel. (091) 569633, Fax 569641, www.eyresquarehotel.com.

B & Bs

Gallagher's B & B € (Mrs. Frances Gallagher), 15 Beechmount Road, Highfield Park, Tel. (091) 522078, www.gallaghersbandb.com;
Clochard € (Mrs. Helen Hanlon), 4 Spires Garden, Tel. (091) 521533, www.clochardgalway.com;
Lios Inis € (Mrs. Joan Gallery), 4 Illaunree Drive, Tel (091) 767753, www.liosinisgalwaycity.com;
Amach Cuain € (Mrs. Mary O'Brien), 36 Wellpark Grove,Tel. (091) 755120, www.bandbgalwaycity.com;
Kiltevna House € (Mrs. Bernadette Donoghue), 24 Grattan Park, Tel. (091) 588477, Fax 581173, www.kiltevna.com.

Hostels

Kinlay House Hostel €, Merchants Road, Eyre Square, Tel. (091) 565244, www.kinlaygalway.ie;
Barnacles Quay Street Hostel €, 10 Quay Street, Tel. (091) 568644, www.barnacles.ie/galway;
Sleepzone Tourist Hostel €, Bóthar na mBan, Wood Quay, Tel. (091) 566999, www.sleepzone.ie.

Camping

Ballyloughane Caravan and Camping Park, Tel. (091) 755338, 7 km östlich vom Ortszentrum nahe der Straße Galway/Dublin;
Salthill Camping and Caravan Park, Tel. (091) 22479, www.salthillcaravanpark.com, gut ausgerüsteter Platz wenige Kilometer südlich in Galway/Salthill gelegen, von Galway mit Bus Nr. 2 vom Eyre Square.

Fußgängerzone in der Innenstadt von Galway

128IRL hg

Restaurants

■ **Viña Mara** €–€€, 19 Middle Street, Tel. (091) 561 610, hervorragendes, ambientereiches Lokal mit Fisch- und Fleischgerichten, gute Weine, hier sitzt man gerne beim Tafeln, mehrfach als *Restaurant of the Year* ausgezeichnet;

■ **McDonagh's Seafood House** €–€€, 22 Quay Street, Tel. (091) 565001, www.mcdonaghs.net, Restaurant und Fish & Chips Bar – eine Institution in Galway (So geschlossen!);

■ **Árd Bia at Nimmo's** €, am alten Hafenbecken, www.ardbia.com, hinter dem Spanish Arch, Tel. (091) 561114, leckere italienische Gerichte in einem uralten Gemäuer aus dem 16. Jh;

■ **Artisan** €€–€€€, 2 Quay Street, Tel. (091) 532655, www.artisangalway.com, sehr gemütliches, auch preisgekröntes Lokal mit französisch beeinflusster Küche;

■ **The Seafood Bar@Kirwan's** €, Kirwan's Lane, off Quay Street, Tel. (091) 568266, www.kirwanslane.com, moderne irische Küche in rustikalem Ambiente, manchmal Live-Jazz oder Blues am Klavier im 2. Stock;

■ **Da Tang Noodle House** €, 2 Middle Street, gute und preiswerte chinesische Nudelgerichte;

■ **Oscar's** €€, 22 Upper Dominick Street, Tel. (091) 582180, www.oscarsbistro.ie, ein Bistro mit vorwiegend Fisch und Meeresfrüchten, leicht exzentrische Dekoration, So. geschlossen;
■ **Maxwells Restaurant** €, 14, Williamsgate Street/ Ecke Eglington Street, Tel. (091) 568974, www. maxwellsrestaurant.ie, preiswertes Familienrestaurant;
■ **The Malt House Restaurant** €€, 15 High Street, Tel. (091) 567866, www.themalthouse.ie, gemütliches Restaurant in einem alten Haus aus der Cromwell-Ära, gute Fisch- und Fleischgerichte;
■ **The Cobblestones Café,** Kirwan's Lane, Tel. (091) 567227, So. geschlossen, kleine Gerichte, hausgebackenes Brot und Kuchen;
■ **Asian Tea House Restaurant** €-€€, Mary Street, Tel. (091) 563749, www.asianteahouse.ie, asiatisches Restaurant (auch vegetarische Auswahl) mit über 20 verschiedenen Teesorten auf der Karte;
■ **Food 4 Thought** €, 5 Lower Abbeygate Street, Tel. (091) 565854, einfaches Restaurant mit großer Auswahl an vegetarischen Gerichten.

Pubs

■ **An Pucán,** Foster Street, www.anpucan.com, beliebt bei Irischsprechern, sehr empfehlenswerter Pub, regelmäßig Tanzvorführungen und Sessions;
■ **Cellar Bar,** Eglington Street, www.thecellar.ie, ebenfalls regelmäßig Live-Entertainment (Rock, Soul, elektronische und traditionelle irische Musik);
■ **The King's Head,** 15 High Street, www.thekingshead.ie, eine der ältesten Kneipen Galways, Ausschank seit 1649, gemütliches Pub-Ambiente mit zwei Kaminen, drei langen Tresen und schwarzen, schweren Holzbalken, Live-Musik, auch gute Speisekarte, Zugang auch von der Middle Street;
■ **Taaffe's,** dort, wo die High Street in die Shop Street übergeht, seit über 150 Jahren regelmäßig Sessions, eine der beliebtesten Kneipen Galways;
■ **Quay's,** Quay Street, sehr schöne Einrichtung, beliebt bei Touristen wie Einheimischen, oft sehr voll, regelmäßig Live-Musik;
■ **Róisín Dubh,** Dominick Street, www.roisindubh.net, einer der beliebtesten Musikpubs in Galway, regelmäßig Konzerte bekannter Künstler;
■ **Internetcafé Net@ccess,** Old Malte Arcade.

Verbindung

■ **Züge** mehrmals täglich von Dublin;
■ **Busse** mehrmals täglich von Dublin, Limerick, Clifden, Cong, Cork, Dingle, Donegal, Doolin, Dublin, Ennis, Kilkenny, Killarney, Letterkenny, Lisdoonvarna, Rosslare Harbour, Roundstone, Shannon Airport, Spiddal, Sligo, Tralee, Westport, Wexford, Waterford.
■ Vom Flughafen Connemara Regional Airport (Inverin, 35 km westlich von Galway) **Flüge** der *Aer Árann,* Tel. (091) 593034, zu den Aran-Inseln; Buchungen auch im *Tourist Office* von Galway.
■ Von Rossaveal mehrmals täglich **Schiffe** von *Aran Island Ferries,* Tel. (091) 568903, zu den Aran-Inseln; Buchungen im Tourist Office von Galway.

Umgebung

Ca. 3 km von Galway entfernt liegt der Vorort **Salthill,** einst ein eigenständiges, kleines Seebad. Mittlerweile ist es Teil der Stadt und ein beliebtes Wohnviertel.

Außer dem langen Sandstrand finden sich hier **Leisureland,** ein Komplex mit Schwimmbad, Sportanlagen und Animation für Kinder sowie eine Reihe von Discos und Casinos, welche die kleine Promenade zum Leben erwachen lassen.

Wie kommt der Geschmack in den Whiskey?

Dem Freund und Kenner des guten irischen Whiskey muss man natürlich nicht mehr erklären, wie sein Lieblingsgetränk entsteht und welche Ingredienzen es enthält. Der Besucher jedoch, der in einem irischen Pub zum ersten Mal mit einem Malt Whiskey Bekanntschaft macht, sicherlich alsbald auch ein Anhänger des hochprozentigen Destillats ist, möchte aber eventuell wissen, was es mit diesem Lebenswasser auf sich hat. Doch seine letzten Geheimnisse gibt das köstliche Getränk nicht preis.

Trotz aufwendiger Forschungsprojekte und **modernster Analyseverfahren** wissen die Wissenschaftler bis heute nicht, wie der gute irische Malt Whiskey zur geschmacklichen Reife gelangt. Dass überhaupt mit Feuereifer an den rund 800 unterschiedlichen Substanzen herumanalysiert wird, hat einen simplen Grund: Echte Malt Whiskeys – wie etwa ein *Macallan,* ein *Bushmill* oder der bei ungeübten Trinkern gefürchtete (allerdings schottische) *Bruichladdach* – benötigen lange Reifezeiten; diese zu verkürzen, ist das Ziel der Brennereiforscher. Denn noch heute muss das hochprozentige Getränk nach **altüberlieferten Prozeduren** hergestellt werden – und das sehr zu recht, wie die Whiskey-Analytiker herausfanden.

Form, Material sowie Aufbau der *Pot Still* (Brennblase) spielen eine wichtige Rolle bei der Kondensierung von Aromastoffen und dienen zum Abbau giftiger Verbindungen wie etwa dem Dimethylsulfid, das in größeren Dosierungen zu Bewusstlosigkeit und Tod führen kann. So mancher Anhänger des illegal gebrannten *Poitien* (gesprochen: potschien), wie die Iren ihr selbst hergestelltes Destillat nennen, ist nur um Haaresbreite dem Tod entronnen. Wie die irische Polizeichronik zu berichten weiß, traf es gar einmal einen ganzen Trupp von Ordnungshütern, die eine illegale Destille aushoben; laut polizeilicher Dienstanweisung Nr. 1667 ist nämlich das Produkt einer Schwarzbrennerei auf seinen Zustand hin zu kosten – eine behördliche Order, die von den Beamten stets gewissenhaft und in der Regel übereifrig befolgt wird.

Wohl nirgendwo sonst auf der Welt wird in **privaten Brennereien** derart viel Whiskey hergestellt wie in Irland (und im schottischen Hochland). Einfache, aber sehr wirksame Testmethoden zur Qualitätserkennung sind noch heute gang und gäbe: So streuen die Destillateure Schießpulver in den Brannt und halten dann ein Streichholz daran – gibt es eine Explosion, ist der Fusel giftig!

Der echte Ire hält ohnedies nichts von legal und industriell hergestelltem Sprit, zu schlecht, so wird behauptet, sei die Qualität – und so wird wie eh und je munter weiter schwarz gebrannt, niemand kümmert sich um das gesetzliche Verbot aus dem Jahre 1760. Schließlich ist guter Whiskey ja auch eine Medizin, die – wie eine Chronik aus dem 17. Jahrhundert zu berichten weiß – Ausschlag, Phlegma und Melancholie heilt, den Alterungsprozess aufhält und Fleischwürmer tötet.

Irische Richter, die Schwarzbrenner abzuurteilen haben, zeigen sich häufig verständnisvoll und damit mildtätig. So rief vor kurzem **Mr. Justice O'Shea** nach einem kräftigen Schluck vom Eigengebräu eines Schwarzbrenners begeistert aus: *„Goddam, right you are!"* Obwohl der Fuseldestillateur zum wiederholten Male vor den Schranken des Gerichts stand, erhielt er nur eine Geldstrafe von elf Pfund, da der Richter sich davon überzeugen konnte, dass dieses **Poitien** wesentlich besser war als der legal hergestellte Whiskey.

Echter Malt Whiskey wird nur aus gemälzter, über dem Torffeuer getrockneter Gerste hergestellt und in der *Pot still* gebrannt. Billiger Fusel dagegen, der den Namen Whiskey nicht verdient, hat als Grundstoff eine Maische, zumeist aus Mais, und wird in Kolonnen-Destilliergeräten *(Patent Stills)* zu Alkohol umgewandelt. Dieses geschmacklose Zeug verschneidet man dann mit einem Drittel Malt und bringt es mit großem Werbeaufwand in die Regale der Läden. Johnny Walker und Ballantines, Spitzenreiter in Deutschland, sind solche Mischprodukte.

Vor allem die Anbieter dieses Billigsprits sind daran interessiert, die bis zu 15 Jahre dauernde Reifezeit in Holzfässern (2 % Verdunstungsquote pro Jahr) chemisch abzukürzen. Doch noch – *St. Patrick* sei Dank – konnte ein wissenschaftlicher Durchbruch nicht erzielt werden.

Ihr Hauptaugenmerk richten die Chemiker mittlerweile auf einen Stoff namens **Lignin,** der beim Wachstumsprozess von Bäumen die Zellmembranen ausfüllt und zu Holz werden lässt. Allerdings widersetzt sich das kompliziert aufgebaute Molekül wissenschaftlicher Analyse. Sehr wahrscheinlich, so der derzeitige Stand der Forschung, löst Lignin bei der Lagerung des Whiskeys eine Vielzahl von chemischen Reaktionen aus, die zur Bildung von Coniferylalkohol und Vanillinsäure führen – diese Substanzen wiederum sorgen für die Aromabildung des Destillats. Dass die Spritforscher auf dem richtigen Weg sind, zeigt die Tatsache, dass in Holzfässern, die kein Lignin mehr enthalten, ein Reifungsprozess nicht mehr stattfindet. Trotz jahrelanger Lagerung kommt ein Rachenputzer dabei heraus, der wohl so ähnlich schmeckt, wie der Whiskey im frühchristlichen 6. Jh.

Damals waren es die missionierenden **irischen Mönche,** die den Fusel sowie seine Her-

129IRL tii

stellung verbreiteten – und dem Sprit tatkräftig zusprachen. Alsbald sah sich der irische Abt Columban gezwungen, Strafmaßnahmen zu verkünden: Ein Priester, der aufgrund von zuviel Whiskey seine Gebete nur noch lallen konnte, musste zwölf Tage bei Wasser und Brot zubringen; 40 Tage der Buße dagegen bestimmte die Lex Columbanis für „einen Bischof, der so besoffen ist, dass er bei der Messe die Hostie ausgewürgt." Solche Härten hielten die gläubigen Männer jedoch nicht davon ab, dem *Uisce Beathad* (gälisch: Wasser des Lebens) weiterhin exzessiv zuzusprechen. So waren die Kirchenbrüder von morgens bis abends stockbreit und trugen eine Fahne vor sich her, die einen frühen Chronisten „an einen Gestank wie von Unschlitt" erinnerte.

Langes Experimentieren führte schließlich zu dem heutigen aromatischen Malt Whiskey, und letztendlich wusste man damals und weiß man heute noch immer nicht, wie das köstliche Destillat reift. Schon im 16. Jh. schrieb ein sachkundiger Whiskey-Freund prophezeiend: „Wuski muss man zum Holze geben, nur dorten er seine Seele erhält. Auf welche Weise sich aber dies Wunder vollzieht, ich sage es Euch, der Mensch vermag es niemals zu deuten." Möge der Mann recht behalten, damit wir vor einem Instant-Whiskey aus der Giftküche der Chemiker geschützt bleiben.

Übrigens: Den irischen Whiskey schreibt man mit einem „e", schottischen Whisky dagegen ohne das „e"!

Der irische Autor **Frank O'Connor** hat auf sehr lapidare Weise, aber ungemein beeindruckend, eine Schlüsselszene beschrieben, welche viele Schwarzbrenner wohl so oder so ähnlich erlebt haben:

„Versuchen Sie das mal, Sergeant!", sagte er. „Er sieht gut aus!", urteilte er. „Das soll er auch." „Und er schmeckt ausgezeichnet!". „Whiskey", sagte der alte Mann, „ist ein Stoff, der seine Zeit braucht. Gut Ding will Weile haben! Jede Kunst hat ihre Geheimnisse, und die geheimen Rezepte für Whiskeybrennen gehen genauso verloren wie die alten Lieder verlorengingen." „Dan, manchmal denk' ich, es war ein großer Fehler vom Gesetz, dagegen einzuschreiten." „Vielleicht – vielleicht auch nicht", erwiderte er sachlich. „Doch bestimmt, Dan! Was bleibt den armen Leuten denn sonst noch?" „Die Gesetzemacher werden schon ihre guten Gründe haben." „Trotzdem Dan, trotzdem: 's ein hartes Gesetz!" (...) „Sie haben wohl nicht im Sinn, die kleine Buße zu zahlen, was, Dan?" „So wie ich nunmal bin, Sergeant", erwiderte Dan gleichmutig, „hab' ich's nicht im Sinn." „Sie haben mir den Haftbefehl mitgegeben", sagte er endlich in einem Ton, der ihn von jeder Beziehung zu dem Schriftstück freisprach. „Wenn es gelegentlich passen würde ..."

Am nächsten Freitag spannte Dan den Esel vor sein Wägelchen und brach auf. Unterwegs sammelte er eine Anzahl Nachbarn auf, die ihm gerne das Geleit geben wollten. Auf der Anhöhe oben hielt er an, um sie wieder heimzuschicken. Nachdem Dan all seinen Freunden die Hand geschüttelt hatte, hieb er dem alten Esel eins über, rief: „Hu!" und begab sich allein auf den Weg zum Gefängnis.

(*Frank O'Connor,* Ja, das Gesetz. Aus: Gesammelte Erzählungen, Diogenes Verlag, Zürich 1976)

◁ Hier lagert eines der Wahrzeichen der Republik Irland: bester Irish Whiskey

VON GALWAY NACH SLIGO – TOUR 6

Diese Route ist **500 km** lang und führt größtenteils durch irischsprachiges Gebiet, dem **Gaeltacht,** was sich in den oft einsprachig irischen Straßenschildern widerspiegelt. Von Galway aus führt die Strecke durch die karge **Connemara-Landschaft.** Weiter geht's dann zum touristischen Zentrum der Connemara-Region, ins Dörfchen **Clifden**, das man als Standquartier für den Besuch der Inseln **Inishboffin** und **Clare Island** nehmen sollte. Nicht weit entfernt lohnen die kleinen Ortschaften **Cong** und **Oughterard** einen Besuch. Über das anheimelnde Städtchen **Westport** erreicht man dann das durch eine Brücke mit dem Festland verbundene **Achill Island,** auf dem ein ausgeschilderter **Atlantic Drive** zu einer landschaftlich schönen Rundfahrt einlädt. Berühmt geworden ist die Achill-Insel durch Heinrich Bölls „Irisches Tagebuch", der Nobelpreisträger verbrachte ab den 1950er Jahren hier in seinem Häuschen die Ferien.

Vorbei an Weilern sowie Irlands heiligem Berg, dem **Croagh Patrick,** führt die Strecke dann in die nördliche Handelsmetropole **Sligo** und weiter nach **Donegal.**

> Küste bei Achill Island

HIGHLIGHTS

Besondere Tipps*:

***Diese Tipps erkennt man im Buch an der gelben Hinterlegung im Kapitel.**

059IRL hs

Nach Clifden

Erstes Ziel nach Galway ist das Örtchen Clifden; zwei Möglichkeiten der Anreise bieten sich an: zum einen entlang der schärenzerfurchten Küste über die Straßen R 336, R 340, R 342 und R 341 – diese Variante ist empfehlenswert aber denjenigen anzuraten, die über etwas Zeit verfügen. Zum anderen kann man auf der N 59 über Oughterard und Maam Cross nach Clifden gelangen, diese Route führt durch eine raue, aber sehr reizvolle Landschaft mit Moor, Bergen und Seen.

Entlang der Küste

Spiddal XII/A2

Vom Ortszentrum Galways folge man der Ausschilderung „Salthill", nachdem das Seebad, ein Vorort von Galway, durchquert ist, gelangt man nach einigen Kilometern auf der R 336 in den winzigen Ort Spiddal. Am Dorfeingang lohnt ein Blick in das **Crafts Centre,** in dem Kunsthandwerker ihre Arbeiten herstellen und verkaufen.

In den Pubs des Weilers gibt es regelmäßig Live-Musik und gute Seafood-Mahlzeiten findet der Gourmet im Res-

Patrick Henry Pearse

Patrick Henry Pearse gilt als einer der Väter der irischen Unabhängigkeit und als Förderer des gälischen Erbes. Er wurde am 10. November 1879 in Dublin als Sohn eines englischen Bildhauers und einer Irin geboren. Nach seiner Schulzeit besuchte er die *Royal University of Ireland*. Im Jahre 1893 trat er der Gälischen Liga bei, die für die Erneuerung der gälischen Sprache und Kultur sowie für die Befreiung Irlands von der britischen Herrschaft eintrat. Sechs Jahre lang, von 1903 bis 1909, gab *Pearse* die Liga-Wochenzeitung „An Claidheamh Soluis" heraus und debütierte mit ersten Erzählungen und Gedichten. Nachdem er in Belgien einige Zeit studiert hatte, gründete er 1908 das St. Enda's College in Cullenswood bei Dublin.

Besondere politische Bedeutung erlangte der Dichter im Jahre 1913 – *Pearse* wurde Mitglied des Provisorischen Komitees einer von der bürgerlich-nationalistischen Partei *Sinn Féin* formierten freiwilligen *Kampftruppe (Irish Volunteers)*. Im Blatt *The Irish Volunteers* forderte er in vielen Pamphleten die Vorbereitung des bewaffneten Kampfes gegen die Briten. Im September 1914 spaltete sich die Organisation – *Pearse* avancierte zum Führer des militanten Flügels.

Während des Dubliner Osteraufstandes (24.–30. April 1916) befehligte der Dichter die republikanischen Truppen und wurde Präsident der proklamierten provisorischen Regierung. Nachdem der irische Befreiungsversuch gescheitert war, verurteilte ihn ein britisches Militärgericht zum Tode, und im Kilmainham-Gefängnis von Dublin starb der Poet unter den Kugeln eines Exekutionskommandos.

taurant *Boluisce*, das nach einem See der Gegend benannt ist.

Rossaveal XII/A2

Weiter geht es nun entlang der Küstenlinie in den Fischerort Rossaveal (irisch: Ros an Mhíl = Halbinsel des Wals/Seemonsters), von dem ebenfalls **Überfahrten** zu den Aran-Inseln möglich sind.

Costelloe

Wenige Autominuten später ist Costelloe (irisch: Casla = Meeresbucht) erreicht, eine Ausschilderung *Road to the Isles* weist zu den durch Brücken mit dem Festland verbundenen **Inseln Lettermore** (irisch: Leitir Móir = großer, rauher Hang) und **Gorumna** (irisch: Garmna). Flache Felsbuckel und viel Heidekraut beherrschen dort die Landschaft. Costello ist das Hauptquartier von *Radió na Gaeltachta* und *TG4* (ausgesprochen: tii dschii a cehir), des staatlichen irischsprachigen Radio- bzw. Fernsehsenders.

Gortmore

Von Costelloe aus führt die R 336 und schließlich die R 340 nach Gortmore (irisch: An Górt Mór = das große Feld), und hier lohnt ein ca. 7 km langer Abstecher gen Süden nach **Ros Muc,** das an der Camus Bay liegt. Ausgeschildert ist das ehemalige Haus des **Dichters Patrick Pearse** (Ostern 10–17 Uhr, Ende Mai bis Ende August 10–18 Uhr, erste Septemberhälfte nur am Wochenende,

3 €/1 €), der hier seine Gedichte in irischer wie auch in englischer Sprache niederschrieb und nach dem Dubliner Osteraufstand von 1916 exekutiert wurde. Das kleine Cottage ist zu einem Museum ausgebaut und ehrt mit seinen Exponaten den Poeten und Revolutionär.

Carna XI/C2

Ab Gortmore wird die **Landschaft** nun rau und überall sieht man verfallene Katen und winzige, von zerbröckelten Mäuerchen umgebene Parzellen. Der Boden ist steinig und unfruchtbar. Man kann sich gut vorstellen, wie hart das Leben der Pächter war, die von den Briten in diesen kargen Landstrich abgedrängt wurden. *To hell or to Connaught* hieß daher ein treffendes Sprichwort jener Tage.

Nächste Station entlang der R 340 ist der Weiler Carna . Wenn man Glück hat, so sieht man auf der Fahrt dorthin **Torfstecher** bei der Arbeit. Die Straßenränder sind gesäumt von Torfstapeln, die in der Sonne trocknen.

Rund um das Dorf erstreckt sich eine ganze Anzahl einsamer, schöner **Sandstrände.** Über eine Brücke ist **Mweenish Island** (irisch: Maínis = weiche/ebene Insel) erreichbar; entlang der lnselküste lohnt eine Rundwanderung.

Cashel

Die Straße von Carna nach Cashel (irisch: An Caiseal = Wallburg) führt durch eine einsame, karge Landschaft – man sieht nur wenige Schafe oder Kühe grasen, auch der eine oder andere Esel versucht, von dem kargen Bodenbewuchs satt zu werden. Angebaut wird in der Gegend offensichtlich schon lange nichts mehr.

ln Cashel locken einige exklusive Hotels; das Örtchen gilt als **Mekka der Angler und Jäger,** in den umliegenden Wäldern äsen große Rotwildherden, und reich ist der Fischbestand vor der Küste. Folgt man von Cashel aus der R 342 und biegt dann links auf die R341 ab, erreicht man einige Kilometer weiter den kleinen Hafenort Roundstone.

Roundstone XI/C2

ln Roundstone (irisch: Cloch Na Ron = Felsen der Seehunde), dem ersten Dorf nach Spiddal, das wieder einen richtigen Ortskern und eine gute touristische Infrastruktur besitzt – sollte man einen Stopp einlegen und in *O'Dowd's Pub* eine Mahlzeit einnehmen. ldyllisch ist der winzige **Hafen** mit seinen bunten, angerosteten Hummer-Kähnen; bei Ebbe steigt etwas Moder- und Fischgeruch auf, Seevögel krächzen.

Über dem netten Dörfchen ragt der 300 m hohe Hausberg **Mount Errisbeg** auf. Der Spazierweg zum Gipfel, von dem man eine weite Aussicht über die Bertraghboy Bay und die Connemara-Landschaft hat, beginnt direkt hinter *O'Dowd's Pub* und dauert hin und zurück ca. zwei Stunden.

Der Ort ist seit Jahren ein Anziehungspunkt für Künstler und man findet **Galerien** und **Kunsthandwerksläden** aller Art. Vor allem südlich vom Zentrum im **Michael Killeen-Park** gibt es so einige Geschäfte, die Keramik, Schmuck, Strickwaren und anderes Kunsthandwerk verkaufen, und hier werden bei der

130IRL hg

kleinen Firma *Roundstone Musical Instruments* die traditionellen, mit Ziegenleder bespannten Bódhran-Trommeln gefertigt.

Unterkunft findet man in *Eldon's Hotel* (Tel. (095) 35933, www.eldonshotel.ie), das in einem ehemaligen Postamt untergebracht ist, 19 Zimmer hat und zudem das *Beola Restaurant* besitzt, in dem es frische Fischgerichte, Krabben und Hummer gibt.

Weiter geht es durch die kleine Siedlung **Ballyconneely** – auch hier ein schöner Strand – nach Clifden.

⌃ Der kleine Pier von Roundstone

Direktroute Galway – Clifden

Oughterard XII/A2

Von Galway aus führt die N 59 gen Nordwesten. Ein erster Stopp lohnt sich in dem rund 2300 Einwohner zählenden, nahe am Ufer des Lough Corrib gelegenen Ort Oughterard, der sich selbst als *Gateway to Connemara* bezeichnet.

Das Gemütlichkeit ausstrahlende Dorf ist eine **Hochburg der Angler;** wer auf dem Corrib-See fischen möchte, kann hier die notwendige Ausrüstung bekommen (inklusive Bootsverleih). Außerdem kann man Bootsrundfahrten buchen oder einen Spaziergang am Seeufer machen.

Einen Besuch lohnt auch die auf dem See gelegene **Insel Inchagoill** mit frühchristlichen Kirchenruinen.

3 km südöstlich von Oughterard erhebt sich das befestigte Tower House **Aughnanure Castle,** das von dem *O'Flaherty*-Clan um 1500 erbaut wurde und in jenen Tagen eine der bestgeschützten Anlagen dieser Art in Irland war.

Unterkünfte

- **The Boat Inn** €, The Square, Tel. (091) 552196, www.theboatinnconnemara.com;
- **Gateway Hotel** €, Tel. (091) 552328, wwww.connemaragateway.com;
- **The Western Way** € (Mrs. Edwina Bunyan), Camp Street, Tel. (091) 552475, www.westernwaybb.com;
- **Foresthill** € (Mrs. Dolores Leonard), Derrymoyle, Tel. (091) 552549, www.foresthillbb.com;
- **Camillaun** € (Mrs. Deidre Forde), Eighterard, Tel. (091) 552678, www.camillaun.com;
- **River Walk House** € (Mrs. Anne Kelleher), Riverside, Tel. (091) 552788, www.riverwalkhouse.com;
- **Pine Grove** € (Mrs. Mary Maloney), Lake Shore Road, Tel. (091) 552101, www.pinegrovebandb.com.

Pubs & Restaurants

- **The Boat Inn** €–€€, (s. Unterkunft), mit einem preisgünstigen Restaurant;
- **Mill Palace** €, Main Street, kleines preiswertes chinesisches Lokal;
- **Power's Bar,** Main Street, sympathischer Pub in einem alten reetgedeckten Cottage.

Verbindung

- **Busse** mehrmals täglich von Galway, Roundstone und Clifden.

Maam Cross XII/A-B2

Weiter geht es auf der N 59 durch eine landschaftlich sehr schöne Gegend. **Für Filmliebhaber** interessant: Etwa 8 km westlich von Oughterard an der N 59 (ausgeschildert) befindet sich die „Quiet Man" Bridge, eine Brücke, die in dem gleichnamigen Film von 1952 mit *John Wayne* und *Maureen O'Hara* als Kulisse diente. Nach wenigen Kilometern ist die von einigen Häusern gesäumte Straßenkreuzung Maam Cross erreicht. Wer hier einen Zwischenstopp einlegen möchte, kann in *Peacock's Hotel* essen und übernachten. Der angeschlossene Kunsthandwerksladen ist zurzeit wegen eines Wasserschadens geschlossen. Der Besitzer hofft aber Mitte 2013 wieder zu eröffnen.

Cong XII/A1

Empfehlenswert ist es nun, rechts ab gen Norden in die R 336 zu biegen und weiter über die R 345 einen Abstecher zum Örtchen Cong machen.

Cong bedeutet **„Landenge"**, und in der Tat liegt das 185-Seelen-Dorf auf dem schmalen Streifen zwischen den beiden Seen Lough Corrib (im Süden) und Lough Mask (im Norden). Ein im letzten Jahrhundert angelegter **Kanal,** der beide Seen miteinander verbinden sollte, brachte den planenden britischen Ingenieuren eine bittere Schmach. Im Beisein des Vizekönigs, des englischen Statthalters auf der Grünen Insel, wurden die Schleusen geöffnet, und das Wasser strömte in den Kanal – nur wenige Minuten jedoch, innerhalb kürzester Zeit versickerte es im Boden, und der

Die Iren erfinden den Boykott

Einige Meilen nördlich von Cong befindet sich am Ufer des Lough Mask der Herrensitz **Loughmask House,** in dem einst *Charles Cunningham Boycott* lebte. Was hatte es mit diesem Mann auf sich?

Zwischen 1845 und 1849 kamen Hunderttausende von Iren bei der großen Hungersnot ums Leben, und der Zorn der Überlebenden richtete sich verständlicherweise gegen die ungerechte Verteilung des Bodens. 80 % des Landes gehörten protestantischen Großgrundbesitzern, die verbleibenden 20 % teilten sich über 5 Mio. Bauern. Die ausgedehnten Ländereien der *Landlords* wurden von Verwaltern beaufsichtigt und von Pächtern bestellt. Der Pachtzins war dabei willkürlich festgelegt, und wer ihn aufgrund von schlechten Ernteergebnissen nicht zahlen konnte, den vertrieb man aus dem ohnehin schon ärmlichen Haus.

1879 gründete *Michael Davitt* unter dem Motto „Das Land Irlands gehört dem Volk Irlands" die **Land League** und rief zum passiven Widerstand auf: Weder sollten die Pächter für die Grundbesitzer arbeiten noch ihren Pachtzins abführen. Die Lage spitzte sich alsbald zu, und die Kleinbauern gingen in die erste große Auseinandersetzung mit Captain *Charles Cunningham Boycott* (1832–1897), der im County Mayo die Güter von Lord *Erne* verwaltete.

Im Herbst 1880 war es wieder einmal zu einer schlechten Ernte gekommen, und die Bauern baten *Boycott,* die Pachtzahlungen um ein Viertel zu kürzen. Der arrogante Brite lehnte natürlich ab und machte sich an die übliche Vertreibungspolitik.

Doch diesmal hielten die Iren zusammen: Ausnahmslos alle Pächter weigerten sich, seine Ernte einzubringen, die Hausangestellten, Hirten und Stallburschen rührten keinen Finger, die Händler in dem kleinen Örtchen Ballinrobe verkauften ihm keine Waren, und die Handwerker führten keine Arbeiten mehr für ihn aus.

Auf einer großen Versammlung in Ennis rief *Charles Stewart Parnell* (1846–1891), der Führer der *Irish Parliamentary Party* und einer der brillantesten irischen Politiker des vergangenen Jahrhunderts, die folgenden Worte über *Boycott* aus: *„You must show what you think of him on the roadside when you meet him, you must show him in the streets of the town, you must show him at the shop counter (...) even in the house of worship, by leaving him severely alone, by putting him into a sort of moral Coventry, by isolating him from the rest of his kind as if he were a leper of old, you must show him your detestation of the crime he has committed."*

Vollständig alleingelassen – eben boykottiert – suchte der Verwalter Hilfe bei der britischen Regierung. Er bekam eine Abteilung Soldaten zugewiesen, mit denen er seine landwirtschaftlichen Aufgaben erledigen konnte. Die Armeehelfer brachten zwar die Ernte ein, doch aßen sie einen Großteil davon auch gleich auf. Zu ihrer weiteren Versorgung schlachteten sie *Boycotts* Schafe und Rinder, fällten Bäume, um sich Feuerholz zu verschaffen – denn auch ihnen verkauften die irischen Händler nichts. Noch gegen Ende des Jahres war der britische Verwalter vollständig ruiniert, zog zurück nach England und starb nach wenigen Jahren in bitterer Armut.

Der Fall machte natürlich Schlagzeilen in der britischen Presse, und die Regierung leitete Landreformen ein. Der **Begriff Boykott** aber, der von den englischen Zeitungsmachern geprägt wurde, ging in viele Sprachen ein.

Durchstich war trocken wie eh und je. Die Planer hatten nicht bedacht – obwohl dies längstens bekannt war – dass der Untergrund aus porösem Kalkstein besteht und die Landenge darüber hinaus geradezu „unterkellert“ ist. Mehr als 40 **Höhlen** finden sich in der Umgebung von Cong.

Attraktion im Ort ist das wunderschön in einem Park gelegene **Ashford Castle,** der frühere Familiensitz der Guinness-Dynastie. Heute gehört das herrschaftliche Anwesen, in dem ein exzellentes Hotel untergebracht ist, einem amerikanischen Konsortium. Wer einen Blick hineinwerfen möchte, sollte hier z.B. einen Tee trinken oder etwas essen. In den weitläufigen Gartenanlagen von Ashford Castle drehte *John Ford* 1952 mit *Maureen O'Hara* und *John Wayne* in den Hauptrollen den schon erwähnten Film „The Quiet Man“. Gegen ein Eintrittsgeld darf man durch den Park spazieren. Außerdem können Filmfans das **Quiet Man Cottage Museum,** einen Nachbau des im Film vorkommenden Häuschens, besichtigen (www.museumsofmayo.com/quietman.htm).

Mitten im kleinen Ortskern von Cong liegen die Ruinen einer aus dem 12. Jh. datierenden **Augustinerabtei.**

Während der Sommermonate sollte man **Bootsausflüge** auf beiden Seen unternehmen, genügend Bootsvermieter stehen bereit, so dass man selbst über die glatten Wasserflächen rudern kann.

In jedem Geschäft des Ortes findet man die kleine Broschüre „The Glory of Cong“, die weitere Einzelheiten über das Dorf mitteilt.

Von Cong geht es über die Straßen R 345, R 336 und die N 59 weiter nach Clifden.

Unterkünfte

- **Ashford Castle Hotel** €€€, Tel. (094) 9546003, Fax 9546260, www.ashford.ie, eines der bestenHäuser Irlands, einst der Stammsitz der *Guinness*-Dynastie;
- **Ryan's Hotel** €, Tel. (092) 9546243, Fax 9546634, www.ryanshotelcong.ie;
- **Ashfield House** € (Mrs. Christina Dunleavy), Caherduff, Tel. (094) 9546759, www.congaccommodation.com;
- **Hazel Grove** € (Mrs. Ann Coakley), Drumshiel, Tel./Fax (094) 9546060, www.hazelgrove.net;
- **Ashford Haven** € (Mrs. Anne Kineavy-Martin), Lackafina, Tel. (094) 9545759, www.congashfordhaven.com;
- **Breezy Heights** € (Mrs. Christina Moran), Houndswood, Tel. (094) 9546112, www.breezyheights.net;
- **Villa Pio** € (Mrs. Anne Holian), Gortacurra, Tel./Fax (094) 9546403, www.villapio.com;
- **Cong Hostel** €, Lisloughrey, Quay Road, Tel. 956846, Fax 9546448, mit angeschlossenem **Campingplatz.**

Restaurants

- **Danagher's Restaurant and Pub** €, im gleichnamigen Hotel, diente als Filmkulisse bei den Dreharbeiten zum *Quiet Man*, irische Küche, im Pub regelmäßig Live-Musik;
- **Fennell Seed** €€, gutes Lokal in *Ryan's Hotel*, das von zwei ehemaligen Köchen von *Ashford Castle* betrieben wird;
- **Coffee Shop The Quiet Man** €, gute Snacks.

Verbindung

- **Busse** verkehren mehrmals täglich von Galway, Westport, Ennis, Limerick, Cork, Clifden, Letterfrack.

Clifden

XI/C1

Clifden (ca. 2600 Einwohner) ist das touristische Zentrum der Connemara-Region und im Sommer immer oft überfüllt. Daran hat die Landschaft maßgeblich Anteil – im Osten ragen die Gipfel der Bergkette *The Twelve Bens* dramatisch in den Himmel, im Westen brandet der Atlantik an die raue Küste. Die **Hauptstadt von Connemara** liegt an der Clifden Bay, in die der Fluss Owenglin mündet. Unschwer erkennt man anhand der geordneten Straßen- und Hausanlagen, dass der Ort im Jahre 1812 am Reißbrett entworfen wurde. Für Ausflüge in die Umgebung eignet sich Clifden hervorragend als Standquartier. Im Ort verkaufen mehrere *Crafts Shops* gutes Kunsthandwerk.

Im **Connemara Walking Centre** in der Market Street bekommt man Bücher und Karten für Wanderungen in die nähere und weitere Umgebung. Das Centre organisiert auch geführte Touren aller Art, auf denen Geschichte, Geografie und Geologie der Region sowie Flora und Fauna von Experten erklärt werden.

Tourist Information

- Galway Road, Tel. (095) 21163.
- **www.connemara.ie**

Unterkünfte

- **Alcock & Brown Hotel** €, Tel. (095) 21880, Fax 21883, www.alcockandbrown-hotel.com;
- **Ben View Guest House** € (Mrs. Eileen Morris), Tel. (095) 21256, Fax 21226, www.benviewhouse.com;
- **Winnowing Hill** € (Mrs. Margaret Kelly), Ballyconnneely Road, Tel. (095) 21281, www.winnowinghill.com;
- **Kingstown House** € (Mrs. Regina Hopkins), Bridge Street, Tel. (095) 21470, Fax 21530;
- **Sea View** € (Mrs. Joan Coyne), Westport Road, Tel. (095) 22822, Fax 21394, www.clifdenbedandbreakfast.com;
- **Heather Lodge** € (Mrs. Jane Delapp), Westport Road, Tel. (095) 21331, Fax 22041, www.heatherlodge.ie;
- **Rossfield House** € (Mrs. Maureen Geoghegan), Westport Road, Tel. (095) 21392, rossfieldhouse@eircom.net;
- **Mallmore House** € (Mrs. Kathleen Hardman), Ballyconeely Road, Tel. (095) 21460, www.mallmore.com;
- **Clifden Town Hostel** €, Market Street, Tel. (095) 21076, www.clifdentownhostel.com.

Restaurants

- **Clifden Station House Restaurant** €€, Galway Road, Tel. (095) 21699, gutes Restaurant im alten Bahnhof, neben Fisch- und Lammgerichten auch Vegetarisches, das **Bistro** im alten Wartesaal serviert preiswertere Speisen;
- **Moorings Restaurant** €, Market Street, Tel. (095) 21422, atmosphärereiches Lokal in einem reetgedeckten, kleinen Bruchsteinhäuschen, spezialisiert auf Meeresfrüchte und irische Küche;
- **Mitchell's Restaurant** €, Market Street, Tel. (095) 21867, kleines, gemütliches Lokal mit guter irischer Küche und Seafood;
- **High Moors Restaurant** €, 1 km außerhalb in Dooneen an der Straße nach Ballyconeely, Tel. (095) 21342, schöner Panoramablick beim Tafeln, sehr gute Lammgerichte, auch Meeresfrüchte;

- **Off the Square Restaurant** €, Main Street, Tel. (095) 22281, Pasta, Fleisch- und Fischgerichte;
- **Derryclare Restaurant** €, Market Square, Tel. (095) 21440, irische Küche;
- **J. Conneely's Restaurant & Bar** €-€€, Main Street, Tel. (095) 22733, beliebtes Pub mit angeschlossenem Restaurant, gutes Preis-Leistungs-Verhältnis, regelmäßig Live-Musik;
- **Cullen's Bistro & Coffee Shop** €-€€, Market Street, Snacks, Kaffee, Kuchen, Tee und einige warme Gerichte.

Pubs

- In vielen Pubs regelmäßig Live-Musik;
- **E. J. King's,** Market Square, täglich Live-Musik in der Saison, hat den *James Joyce Pub Award* für eine typisch irische Kneipe gewonnen, mit angeschlossenem Restaurant im ersten Stock;
- **Lowry's,** Market Street, gemütlicher Pub;
- **Mannion's Bar,** Market Street, Irish Folk Music, *Musicians Welcome,* Snacks und Meeresfrüchte.

Verbindung

- **Busse** verkehren mehrmals täglich von Galway, Roundstone, Oughterard, Westport, Letterfrack.

Umgebung

Connemara Heritage & History Centre XI/C1

Wenige Kilometer östlich von Clifden an der N59 liegt dieses **Freilichtmuseum,** das über die Geschichte und Lebensweise in Connemara in früherer Zeit informiert (auch auf Deutsch, Tel. (95) 21808, www.connemaraheritage.com, April–Okt. 10–18 Uhr, 8 €/4 €).

The Twelve Bens

The Twelve Bens, die Gebirgskette vor der Haustür von Clifden, eignet sich ganz hervorragend für **Bergwandertouren.** Wenn möglich – diese Publikation ist nur noch antiquarisch erhältlich – sollte man sich den kleinen Wanderführer mit Karte „The Mountains of Connemara“ von *Joss Lynam* zulegen. *Lynam* ist Irlands bekanntester Bergsteiger und Wanderer. 1948 gründete er den *Irish Mountaineering Club* und schreibt seitdem Wanderbücher. Außerdem enthält auch der „Connemara & Mayo – A Walking Guide: Mountain, Coastal & Island Walks“ von *Paul Phelan* eine Wanderung in dieser Region.

Sky Road

Zu einem Ausflug lockt die von Clifden ausgeschilderte, rund 15 km lange *Sky Road* rund um eine Halbinsel, sehr schön vor allem mit dem **Fahrrad.**

Ebenfalls mit dem Fahrrad sollte man die so genannte *Brandy-&-Soda-Route* befahren; von Clifden geht es über **Ballyconneely** nach **Roundstone** und zurück. Ihren Namen hat die Strecke von dem würzigen Torfgeruch bekommen, der sich mit der frischen Atlantikbrise mischt.

Insel Inishbofin XI/C1

Ein Besuch lohnt auf der 10 km vor der Küste liegenden Insel Inishbofin. Erst geht es ein Stück die N 59 in Richtung Norden, dann über kleine Straßen zum Hafenort Cleggan (ausgeschildert). Von hier verkehren **Fähren** der *Island Discovery* (Tel. (095) 45894/45819, www.inishbofinislanddiscovery.com) zur Insel, die Rückfahrt ist am späten Nachmittag. Infos auch im Kiosk am Pier, Fahrräder können auch mitgenommen werden.

Die Insel zählt rund 200 Einwohner, ist 5 km lang und 3 km breit. Der **Name** leitet sich von dem gälischen *Inis Bó Finne* ab und bedeutet soviel wie „Insel der weißen Kuh". Um 664 wählte der *hl. Colman* die Insel als sein Exil; der fromme Mann hatte sich mit seiner Kirche überworfen. Von dem Kloster, das er hier gründete, finden sich nahe dem Hafen noch die Ruinen. Der Legende nach soll die Piratin *Grace O'Malley* im 16. Jh. dieses Eiland befestigt und als sicheres Quartier benutzt haben.

1632 eroberten die Truppen des berüchtigten englischen Lord Protector *Oliver Cromwell* die Insel und erbauten ein Gefängnis für die katholischen Geistlichen der Region, in dem viele von ihnen ums Leben kamen. Daran erinnert auch der **Bishop's Rock** am Hafen, an dem angeblich ein Bischof angekettet wurde, um von der hereinlaufenden Flut ertränkt zu werden.

Auf dem Eiland bieten das *Doonmore Hotel* (Tel. (095) 45804, www.doonmorehotel.com) mit Restaurant sowie eine Anzahl von **B-&-B-Unterkünften,** auch während der Hochsaison gibt es keine Engpässe. Will man allerdings ein Bett im *Inishbofin Island Hostel,* sollte man vorsichtshalber unter der Nummer Tel. (094) 45855 oder www.inishbofin-hostel.ie vorbuchen. Ein kleiner Lebensmittelladen verkauft Selbstversorgern das Nötigste, und in *Day's Bar & Restaurant* kann man nicht nur Essen und Trinken, sondern regelmäßig während des Sommers Live-Musik hören. Dabei gibt es keine Sperrstunde, da kein Inselpolizist dies überwacht.

Einige schöne **Strände** eignen sich für Badefreuden, so beispielsweise der Rusheen Beach am östlichen Ende der Insel. **Vorsicht** ist allerdings an der Westküste bei Trá Geall, unterhalb von Doonmore (gegenüber der Insel Inishark), angeraten, dort zieht eine sehr starke Strömung selbst den besten Schwimmer hinaus aufs Meer.

Nach Westport

Letterfrack XI/C1

Von Clifden folgt die Route der N 59 gen Norden. Bald ist die Streusiedlung Letterfrack, eine ehemalige Quäker-Niederlassung, erreicht. Hier befindet sich das *Visitor's Centre* des **Connemara-Nationalparks** (Tel. (95) 41329, www.connemaranationalpark.ie, März–Okt. 9–17.30 Uhr, Eintritt frei). Dieser erstreckt sich östlich von Letterfrack. Ausgeschilderte Spazierwege sowie auch Naturlehrpfade führen durch das ausgedehnte Areal.

6 km westlich von Letterfrack liegt laut Eigenwerbung der *superb beach* von Renvyle (ausgeschildert) in der Nähe des **Campingplatzes** *Renvyle Beach Caravan and Camping Park,* Tel. (095) 43462, www.renvylebeachcaravanpark.com.

Die beiden Hostels, *Old Monastery Hostel,* Tel. (087) 2349543, www.oldmonasteryhostel.com, sowie das *Connemara National Park Hostel,* Tel. (087) 41222, bieten **Unterkunft** an.

Kylemore Abbey

XI/C1

Von Letterfrack weiter der N 59 folgend, geht es durch ausgedehnte Hochmoore, in denen man immer wieder Torfstecher bei der Arbeit sieht. Etwas weiter taucht linker Hand wie ein Märchenschloss Kylemore Abbey auf, heute eine Benediktinerinnen-Abtei, die an einem schilfbewachsenen See liegt und mit ihren vielen Zinnen und Türmchen wie eine Bilderbuchburg aus einem Fantasy-Film wirkt. Teile des Anwesens sowie die nahebei gelegene **Gothic Church** (neogotisch) sind täglich zwischen 10 und 18 Uhr zu besichtigen; außerdem locken eine Töpferei, ein *Crafts Shop* und ein Restaurant (Tel. (095) 52001, www.kylemoreabbeytourism.ie, Öffnungszeiten variieren, im Sommer 9–18 Uhr, 12,50 €/ 8,50 €, Kinder unter 10 Jahre frei).

Der Connemara-Nationalpark

2000 ha groß ist der 1976 auf uraltem Siedlungsland eingerichtete Nationalpark. Von den frühen Bewohnern zeugt ein 4000 Jahre altes **Megalithgrab,** und schaut man sich sorgfältig in der Landschaft um, so erkennt man Reste von Entwässerungssystemen, Windmauern und Häusern.

In diesem Schutzgebiet findet man sicherlich die **unberührteste Landschaft Irlands,** die zudem recht typisch für die Grüne Insel ist – kahle Hochebenen wechseln mit grünen Tälern, rauhe Berghänge stehen im Kontrast zu den von Wollgras überzogenen Flachmooren, dazwischen eingestreut immer wieder dunkle Bergseen.

Für den Botaniker dürften vor allem die **Moor- und Heidekrautpflanzen** von Interesse sein. Herausragende Bedeutung kommt der Irischen Heide *(Daboecia cantabrica)* zu, die – wie ihr lateinischer Name schon andeutet – eigentlich nur in mediterranen Regionen wächst und besonders häufig in Portugal zu finden ist. Attraktionen sind auch die vielen, vor allem auf Moorböden wachsenden, fleischfressenden Pflanzen der Sonnentau- und Fettkrautarten, die Insekten anlokken, einschließen und dann zersetzen; dem Eiweiß entnehmen die Pflanzen Stickstoff, den es auf Moorböden kaum gibt.

In früheren Tagen ästen **Rothirsche** in der Region, während der vergangenen 150 Jahre jedoch hat der Mensch das Wild bis auf wenige Restexemplare dezimiert. Mit der Einrichtung des Parks hat man auch ein Zuchtprogramm für diese Art begonnen, und wer Glück hat, bekommt einen kapitalen Hirsch vor das Tele-Objektiv. Recht typisch sind die **Connemara-Ponys,** die man überall antrifft.

Auch **Ornithologen** kommen auf ihre Kosten; beobachten lassen sich Wiesenpieper *(Anthus pratensis),* Steinschmätzer *(Oenanthe oenanthe)* Schwarzkehlchen *(Saxicola torquanta),* Feldlerchen *(Alauda arvensis)* sowie Wanderfalken *(Falco peregrinus),* Turmfalken *(Falco tinnunculus),* Sperber *(Accipiter nisus)* und Merline *(Falco columbarius).* Im Herbst und Winter kommen Waldschnepfen *(Scolopax rusticola),* Bekassinen *(Gallinago gallinago)* und Mistdrosseln *(Turdus viscivorus)* hinzu.

Empfehlenswert ist es, auf den 450 m hohen **Diamond Hill** zu wandern, der sich im Zentrum des Nationalparks erhebt und von dessen Gipfel man tolle Ausblicke auf die Region hat.

Leenaun und Killary Harbour XI/D2

Die N 59 erreicht nun die Gestade des 16 km tief ins Land schneidenden fjordähnlichen Killary Harbour.

Einige Kilometer in westlicher Richtung befand sich einmal die An-Óige-Jugendherberge *Killary Harbour.* Der Philosoph *Ludwig Wittgenstein* (1889–1951), der seine Professur an der Cambridge Universität „als eine Art Lebendig-Begrabensein“ empfand und folgerichtig seinen Lehrstuhl aufgab, beendete im Jahre 1948 in diesem Haus sein bedeutendes Werk „Philosophische Untersuchungen“. Die Straße folgt nun dem Ufer des Killary-Fjord, man passiert das winzige Fischerörtchen Leenane und sollte nun darauf achten, dass man dahinter die links abzweigende R 335 nicht verpasst (wer nicht über ausreichend Zeit verfügt, der folge der Straße N 59 weiter nach Westport).

Delphi XI/D1

Erste Station ist das Dörfchen Delphi, das seinen Namen dem *Marquis von Sligo* verdankt. Der war nämlich 1811 zusammen mit *Lord Byron* zu der bei englischen Adligen beliebten so genannten Kavalierreise nach Griechenland aufgebrochen und zeigte sich derart von der hellenischen Kultur begeistert, dass er nach seiner Rückkehr nach Irland dem Örtchen den Namen der bekannten antiken Stätte gab.

Louisburgh VI/A3

Die Straße windet sich weiter, und über den **Doo-Lough-Pass** – im Osten erkennt man die 761 m hohen Sheeffry Hills, im Westen die 817 m hohen Mweelrea Mountains – geht es auf das kleine Fischerdorf Louisburgh zu, in dem das **Gránuaile Visitor Centre,** benannt nach dem irischen Namen der Piratin *Grace O'Malley,* deren Lebensgeschichte man dort nachvollziehen kann (Tel. (098) 66341, 4 €/2 €, für Öffnungszeiten anrufen). In der Umgebung von Louisburgh findet man mehrere **schöne Sandstrände.**

Dort, wo die Straße hinter Delphi durch das Tal führt, links der Doo-See, rechts der Fuß der Sheeffry Mountains, achte man auf der rechten Straßenseite auf einen **kreuzförmigen Gedenkstein.** Auf dem Mahnmal stehen die Worte: *„To commemorate the hungry poor who walked here in 1849.“* Eine weitere Inschrift mit aktuellem Bezug erinnert an die Hungernden in Afrika unserer Zeit.

Was ist hier geschehen? Am 30. März 1849, im fünften Jahr der großen **Hungersnot,** hatten die Behörden 600 Menschen aus der Region rund um Delphi mitgeteilt, sie sollten sich auf den Weg zur Anglerhütte des *Marquis of Sligo* am Doo-See machen, dort würden sie von Regierungsbeauftragten Hilfe bekommen. Viele waren schon so schwach, dass sie den 15 km langen Marsch erst gar nicht antraten, die ausgemergelten, fast verhungerten Gestalten aber, die sich doch auf den Weg machten, waren nur notdürftig bekleidet und mobilisierten ihre letzten Kräfte. Die Gruppe kam in einen Schneesturm und traf erst gegen Mittag am Ziel ein. Die Vertreter der

Regierung saßen gerade beim Essen und wollten nicht gestört werden. Während drinnen stilvoll getafelt wurde, bibberten die halbverhungerten Iren draußen vor Kälte. Nachdem der *Marquis von Sligo* und seine Gäste satt waren, traten er, Colonel *Horgrove* und Captain *Primrose* vor die Tür und schickten die Menschen nach Hause, ohne das Versprechen um Hilfe eingelöst zu haben. Auf dem Rückweg sanken viele von ihnen vor Entkräftung zusammen und starben im Schnee.

Clare Island VI/A3

Von dem kleinen Örtchen Louisburgh verläuft die R 378 gen Westen nach **Roonagh Quay,** von dort verkehren in der Saison mehrmals täglich **Fähren nach Clare Island** (*O'Malley Ferries,* Tel. (098) 25045, www.omalleyferries.com oder *Clare Island Ferry,* Tel. (098) 237 37, www.clareislandferry.com).

Auf der ca. 32 km² großen Insel findet man einige **Burgruinen,** schöne, einsame **Strände,** einen die Landschaft dominierenden 451 m hohen **Gipfel,** bizarre Klippenformationen, Möglichkeiten für viele Wanderungen.

Unterkunft im *Bay View Hotel,* welches auch über ein Restaurant verfügt, Tel. (098) 26307, www.mayohotels.com/clare-island/bay-view-hotel.html.

Croagh Patrick VI/B3

Von Louisburgh geht es auf der R 335 nun nach Westport. Zuvor jedoch passiert man den **heiligen Berg Irlands,** den Croagh Patrick (762 m), dessen breiter, in Murrisk am *Campbell's Pub,* beginnender Pilgerweg nicht zu verfehlen ist. Hier befindet sich auch ein *Visitor Centre.*

Außerdem gedenkt nahebei das **National Famine Memorial,** den Toten der großen Hungersnot im 19. Jh. Die Skulptur zeigt ein von Skeletten flankiertes Geisterschiff; in solchen *Coffin Ships,* Sargschiffen, versuchten die Menschen damals vor der Hungersnot nach Übersee zu fliehen.

Der **Überlieferung** nach verbrachte Irlands heiliger Mann, der Missionar *Patrick,* im Jahre 440 eine 40-tägige Fastenzeit auf dem Gipfel, dabei ständig in Versuchung geführt von Dämonen und Attacken des Teufels. Wie nicht anders zu erwarten, bestand *Patrick* die Glaubensprobe und verhandelte dann hart mit einem Engel über die Zukunft der irischen Gläubigen: Schließlich wurde ihm zugesichert, dass er selbst am Tage des Jüngsten Gerichts seine Schäflein richten dürfe.

Nebenbei übrigens rief er mit machtvoller Stimme alle Schlangen Irlands zu sich und befahl ihnen, sich vom Berggipfel in den Tod zu stürzen – so verbannte er für alle Zukunft dies verführerische Getier von der Grünen Insel, und noch heute muss der Besucher keine Angst vor Schlangen haben.

Jeweils am letzten Sonntag im Juli *(Reek Sunday)* findet mit der Besteigung durch Abertausende von **Pilgern** die nationale Wallfahrt zu diesem heiligen Ort statt. Unübersehbar sind die Menschenmassen, die sich von morgens bis abends den ausgetretenen Pfad hochmühen. Besonders gläubige Wallfahrer, die zudem noch Buße tun wollen, nehmen die 40 km lange Route von der **Ballitubber Abbey** hoch zum Croagh Patrick barfuß.

Die Piratin Grace O'Malley

Wann genau *Grace O'Malley* geboren wurde, wissen wir nicht, es muss um 1530 gewesen sein, zu einer Zeit, in welcher der englische Einfluss in Connaught, in Nordwest-Irland, recht gering war. Ihr Vater – Clanchef der Umhall Uachtarach – war *Owen „Dubhdarra" O'Malley,* dessen Beiname *Schwarze Eiche* bedeutete und der sich großer Beliebtheit in der Region erfreute.

Die einzigen Begebenheiten, die wir aus den Jugendtagen von *Grace* kennen, gehen auf ihre beiden **Spitznamen** zurück; offensichtlich war sie schon als Mädchen eine gute Kartenspielerin, denn die Männer nannten sie *Gráinne-na-gCearbhach,* Grace von den Spielern. Laut einer anderen Geschichte wollte sie schon früh auf dem Schiff ihres Vater mitsegeln, doch ihre Mutter erklärte ihr, dass dies nicht der rechte Ort für ein Mädchen sei. Also schnitt sich *Grace* die Haare ab, um als Junge durchzugehen, und man nannte sie *Grainne Mhaol,* Grace die Kahlköpfige.

Mit 16 Jahren **heiratete** sie *Donal O'Flaherty,* dessen Beiname *Donal-an-Chogaidh,* Donal von den Schlachten, auf seinen ausgeprägten Kampfesmut schließen lässt und der nach dem Tod seines Vaters zum *Tanaist,* zum Oberhaupt seines Clans avancierte. *Grace* gebar in den folgenden Jahren die beiden Söhne *Owen* und *Murrough* und die Tochter *Margaret.* Nachdem die Kinder älter geworden waren und nicht mehr so viel Aufmerksamkeit benötigten, begann *Grace,* sich um den Auslandshandel der *O'Flahertys* zu kümmern. Sie exportierte die landwirtschaftlichen Produkte des Clans bis nach Portugal und Spanien und ließ von dort Wein, Gewürze, Glas und Seide nach Hause bringen. Aufgrund ihres **ökonomischen Geschicks** mehrte *Grace* auch ihre Autorität innerhalb der Männerwelt ihres Clans.

Als um 1560 *Donal* starb, stand ihr nach gälischem Recht ein Drittel seiner Besitztümer zu, und nun stieg sie richtig ins Geschäft ein. Mit angeheuerten schottischen Söldnern, den so genannten *Gallowglasses,* griff sie in die Clan-Fehden ein, raubte das nachbarliche Vieh und kaperte in der Clew Bay Handelsschiffe, die auf dem Weg nach Galway waren. Über 200 Männer sollen in ihren Diensten gestanden haben und erwarben sich bei der – wie es im typischen Understatement einer englischen Quelle heißt – *Maintanance by land and sea* Reichtümer. Die schärenübersäte Clew Bay war hervorragend geeignet für solche **Kaperfahrten;** im Schutze einer der vielen Inselchen konnte *Grace* mit ihren Männern auf der Lauer liegen, und sollte die Sache einmal gefährlich ausgehen, so konnten die Piraten schnell im Labyrinth der vielen Eilande verschwinden. War so ein Handelssegler geentert, so forderte *Grace* vom Kapitän und den Passagieren ein Schutzgeld für die Weiterfahrt; dabei achtete sie darauf, dass es möglichst zu keinem Blutvergießen kam, wollte sie doch die Engländer nicht mit der Nase auf ihre Aktivitäten stoßen. Allein die Übermacht von 200 wilden Recken war schon furchteinflößend genug.

Man kann sich vorstellen, dass *Grace* über eine außergewöhnlich **starke Persönlichkeit** verfügt haben muss, anders hätte sie in jenen Tagen ihre zusammengewürfelte Horde nicht zusammenhalten können.

In den 80er Jahren des 16. Jh. musste *Grace* sich der Attacken des englischen Gouverneurs von Connaught erwehren, und als der einen ihrer Söhne einsperrte, fackelte sie nicht lange, segelte nach England und bat *Elisabeth I.* um eine Audienz. Anfang September 1593 trafen die beiden ungewöhnlichen Frauen zusammen und waren beide voneinander beeindruckt. Für *Grace* war der Besuch **bei Hofe** ein voller Erfolg, *Elisabeth* erfüllte alle ihre Bitten, und *Grace* hatte einen ruhigen Lebensabend. 1603, im gleichen Jahr wie auch *Elisabeth,* starb sie.

Auf dem Gipfel werden auch Messen gelesen.

Auch wer kein Pilger ist, sollte bei gutem Wetter den Aufstieg unternehmen, denn von der Bergspitze aus hat man einen unvergleichlichen **Ausblick** über die Clew Bay, die Inseln im blauen Meer und über das hügelige Hinterland.

Westport

VI/B3

Wenige Kilometer weiter ist das 5543 Einwohner zählende Städtchen Westport erreicht. Der Marquis von Sligo ließ im 18. Jh. nach Plänen des damals bekannten Architekten *James Wyatt* die Ortschaft planmäßig anlegen. Im Zentrum liegt der **achteckige Platz,** treffend *The Octogon* genannt, von dem sternförmig die Straßen ausgehen.

Der **Flanierboulevard The Mall** verläuft beiderseits des kanalisierten Fluss Carrowbeg und ist üppig mit Bäumen bestanden, georgianische Hausfassaden tun ein übriges, um dieser Straße Ambiente und Atmosphäre zu verleihen.

Parallel mit der Errichtung des Ortes legte man den ca. 3 km vom Zentrum entfernten **Hafen** an, der jedoch heute versandet ist. Die Lagerhäuser und Magazinspeicher entlang des alten Hafens wurden sorgsam renoviert und Café, Restaurants, Pubs und *Craft Shops* sind dort eingezogen. Interessant ist auch **The Quay Kiosk,** eine vollautomatisierte unbemannte Touristeninformation, an der man auch telefonieren und E-Mails verschicken kann.

Eine herausragende Sehenswürdigkeit ist das **Westport House** nahe dem Hafen mit seinem großen englischen Park. 1731 errichtete der deutschstämmige *Richard Castle* dieses Herrenhaus für *Lord Altamount,* Marquis of Sligo, und seit jenen Tagen befindet es sich ununterbrochen im Besitz dieser Familie. Um die drückenden Steuerlasten durch Eintrittsgelder zu mindern, machte der Besitzer im Jahr 1960 das Anwesen für die Öffentlichkeit zugänglich. Kostbare Möbel, das Familiensilber, Gemälde und chinesisches Porzellan sind im Innern zu besichtigen. Westport House ist sehr kinderfreundlich und abgesehen vom angeschlossenen **Pirate Adventure Park** gibt es auch im Inneren des Hauses viele Aktivitäten für jüngere Besucher (Tel. (098) 27766, www.westporthouse.ie, Jan. und Febr. geschlossen, im Sommer 10–16 oder 18 Uhr, Haus und Park 20 €/16,50 €, nur Haus 12 €/6,50 €).

Das **Westport Heritage House** gibt Erläuterungen zur Geschichte (www.westportheritagehouse.com).

Im **Clew Bay Heritage Centre** am Hafen ist eine Ausstellung über die Geschichte der Stadt bis heute und über altes, lokales Kunsthandwerk untergebracht (Tel. (098) 26852, www.museumsofmayo.com/clewbay.htm, April, Mai und Okt. Mo–Fr 10–14 Uhr, Juni–Sept. Mo–Fr 10–17 Uhr, So (nur Juli und Aug.) 15–17 Uhr).

Praktische Tipps

Tourist Information

- James Street, Tel. (098) 25711.
- **www.westporttourism.com**

Unterkünfte

Ardmore Country House Hotel €€, The Quay, Tel. (098) 25994, www.ardmorecountryhouse.com;
Clew Bay Hotel €, James Street, Tel. (098) 28088, www.clewbayhotel.com;
Hazelbrook € (Mrs. Mary Cafferkey), Newport Road, Tel. (098) 26865, www.hazelbrookhouse.com;
Broadlands € (Mrs. Bridget Gibbons), Broadlands, Quay Road, Tel. (098) 27377, www.westportholidays.com;
Woodside Lodge € (Mrs. Helen Goberville), Golf Course Road, Tel. (098) 29158, www.woodsideireland.com;
Rosmo House € (Mrs. Mary Jordan), Rosbeg, Tel. (098) 25925, www.rosmo-accommodation.com;
Ard Bawn € (Mrs. Teresa Geraghty), Leenane Road, Tel. (098) 25150, ardbawn1@eircom.net;
St. Anthony's Riverside B & B € (Mrs. Sheila Kilkelly), Destillery Road, Tel. (087) 6301550, www.st-anthonys.com;
Old Mill Holiday Hostel €, Barrack Yard, James Street, Tel. (098) 27045, www.oldmillhostel.com;
Campingplatz *Westport House Caravan and Camping Park,* Tel. (098) 27766, www.westporthouse.ie/caravan-and-camping, schöner Platz, auch für *Mobile Homes,* der rund 3,5 km in Richtung Louisburgh gelegen ist.

Restaurants

Quay Cottage Restaurant €€, The Harbour, Tel. (098) 26412, an der Einfahrt zum *Westport House,* auch vegetarische Gerichte, Spezialität ist Schellfisch, weiterhin gute Meeresfrüchte;
The Ardmore Country House Hotel & Restaurant €€, The Quay, Tel (098) 25994, www.ardmorecountryhouse.com/dining, gutes, intim-gemütliches Lokal;

131IRL hg

■ **The Asgard Restaurant and Tavern** €€–€€€, The Quay, Tel. (098) 25319, siehe Foto, preisgekröntes Restaurant, irische Küche;
■ **Sage** €€, 10 High Street, Tel. (098) 56700, www.sagewestport.ie, gemütliches, preisgekröntes italienisches Restaurant mit Antipasti, Nudelgerichten (auch vegetarisch) und Fleischgerichten;
■ **The Waterfront Restaurant** €, im Pub **The West,** Bridge Street, auch vegetarische Speisen;
■ **Mango's Restaurant** €, kleines, freundliches Lokal in der Bridge Street.

Pubs

■ **The Clock Tavern,** Shop Street/Ecke High Street, schöner alter Fachwerk-Pub mit angeschlossenem Restaurant, regelmäßig Live-Musik;
■ **The Helm** (und **Restaurant** €€, auch **Unterkunft**) am alten Hafen, gemütliche Kneipe, Live-Musik;
■ **Matt Malloy's Pub,** allererste Adresse für traditionelle irische Musik, Bridge Street, gehört *Matt Malloy,* einem Mitglied der Gruppe *The Chieftains,* urige Einrichtung mit Holzbänken und Hockern und viele alten Fotos und Plakaten an den Wänden;
■ **The Sheebeen,** reetgedeckter Pub und Restaurant €€, ca. 800 m hinter den Kaianlagen gelegen, regelmäßig Live-Musik;
■ **The Towers,** am alten Hafen, Pub und Restaurant €–€€ mit Biergarten, in einer ehemaligen Station der Küstenwache;
■ **Dunnings Cyber Pub,** The Octagon, Pub, Restaurant, Internet, Unterkunft und Live-Musik – alles in einem.

Verbindung

■ **Züge** mehrmals täglich von Dublin;
■ **Busse** mehrmals täglich von Achill, Clifden, Cork, Dublin, Ennis, Galway, Kilkenny, Limerick, Shannon Airport, Sligo, Waterford.

Achill Island

VI/A2-3

Von Westport nun folgt die Route der N 59 entlang der Küstenlinie der Clew Bay, passiert dabei den gesichtslosen Ort Newport und biegt einige Kilometer weiter in die R 319 ein, die zu Irlands größter Insel führt. Achill Island ist bei der Ortschaft **Achill Sound** (irisch: Gob an Choire = Hügelvorsprung) durch eine 1888 errichtete **Drehbrücke** mit dem Festland verbunden.

Das 148 km² große Eiland ist weitgehend unfruchtbar, die 2700 Einwohner gruben in früheren Tagen nach Amethysten, heute dagegen leben die Insulaner vom Fischfang, der Schafzucht und vor allem vom Tourismus. Außerdem ist die Insel ein Teil des offiziell irischsprachigen Gebietes (Gaeltacht).

Achill bietet alle Landschaftsformationen, die die Grüne Insel ihr eigen nennt: ausgedehnte Hochmoore, dunkle Seen, schroff aufragende Felsbuckel, lange Sandstrände und natürlich steil abfallende Klippen.

Atlantic Drive

Ein ausgeschilderter Rundkurs, *Atlantic Drive,* führt rund um die Insel zu allen landschaftlichen Höhepunkten. Die schönsten Strände findet man an der Südküste bei Keel und Dooagh sowie im Norden bei Doogort; die imposanten 240 m steil ins Meer abfallenden **Minaun-Klippen** grenzen an den Tramore-Strand bei Keel.

Von der größten Ortschaft Achill Sound führt der *Atlantic Drive* gen

Göttliche Wunder und Schildbürgerstreiche in Connemara

Fast jedes Land hat einen Wallfahrtsort, in dem sich – glaubt man den Beteuerungen der Kirche – einst einmal ein göttliches Wunder ereignet haben soll. Berühmt in Europa sind vor allem Lourdes in Frankreich und Fatima in Portugal. Da darf natürlich in Irland, wo der Katholizismus skurrile Blüten treibt und über 95 % der Bevölkerung katholischen Glaubens sind, ein mit Gottes Hilfe gesegneter Wallfahrtsort nicht fehlen:

Am 21. August 1879 gegen acht Uhr trauten 15 Einwohner des kleinen und unbedeutenden Ortes **Knock** ihren Augen nicht. Trotz strömenden Regens erschienen an der Dorfkirche *Maria* mit Ehemann *Josef* und dem Evangelisten *Johannes;* an Attributen waren ihnen ein Altar, ein Kreuz sowie zwei strahlende und schwebende Engel beigegeben. *Maria* trug – wie kann es anders sein – ein schneeweißes Kleid und eine Krone. Die 15 Bewohner von Knock, im Alter zwischen sechs und 75 Jahren, beobachteten das **Wunder** und beteten zwei Stunden lang mehrere Rosenkränze.

Die Erscheinung sprach sich natürlich schnell herum, und eine vom Erzbischof eingerichtete Untersuchungskommission nahm sich die 15 Teilnehmer vor und befragte sie emsig. Hier war die einmalige Chance gegeben, dass nun auch Irland einen richtigen, wundersamen Wallfahrtsort bekam. Sehr zur Freude der kirchlichen Autoritäten berichteten alle 15 „Wunderseher" mehr oder weniger das Gleiche, und das Mirakel von Knock wurde offiziell bestätigt. Sofort strömten nun Pilger aus aller Welt in das kleine irische Örtchen, und wie es sich für einen **Wallfahrtsort** gehört, ereignete sich vor dem Schrein der *hl. Maria* die eine oder andere Wunderheilung.

Zum **hundertsten Jahrestag** dieses göttlichen Ereignisses kamen 1979 nicht nur die Gläubigen in Scharen, auch der damalige *Papst Johannes Paul II.* machte Knock seine Aufwartung. Rechtzeitig genug war die 6000 Menschen fassende, gleichermaßen große wie hässliche Basilika fertiggestellt – Knock erlebte einen Wundertaumel!

Ein so bedeutender Ort musste natürlich, sieht man einmal von der Monumentalbasilika ab, auch im Erscheinungsbild Akzente setzen, und der lokale Oberhirt, Pfarrer *James Horan,* dachte über adäquate Großprojekte nach. So verfiel er auf den Gedanken, in Knock einen **internationalen Flughafen** bauen zu lassen – so gewaltig, dass die Landebahn selbst noch für Jumbo Jets zu groß dimensioniert sein sollte. Flugzeugladungen von Pilgern, so stellte sich Pfarrer *Horan* vor, würden in Scharen in Knock einfallen und Lourdes und Fatima – da ohne Großflughafen – nahezu bedeutungslos machen.

Monsignore *Horan* begann, die Werbetrommel zu rühren, und versicherte sich in seinen vielen Gebeten natürlich der Hilfe des Herrn.

Kein Mensch weiß bis heute, wie der Pfarrer die Politiker und Regierungsmitglieder von seinem Nonsensprojekt überzeugen konnte, aber die Gelder flossen immer reichhaltiger, und im Jahr des Papstbesuches gingen Millionen in die Kassen. Neben vielen **Spendengeldern** zahlte allein der irische Staat sage und schreibe 35 Mio. Pfund für den Flughafen. Einwände von Experten – an über 100 Tagen herrscht dichter Nebel, und die Sicht ist gleich Null – wischte *Horan* energisch vom Tisch. Wenn der Airport erst einmal eröffnet wäre, gäbe es keinen Grund, warum Gott dann das Wetter nicht auch verändere.

Und so kam es, wie es kommen musste! Am 25. Oktober 1985 schwebten drei große Boeing-Passagiermaschinen in schönstem Formationsflug auf das „bedeutende" Knock zu und setzten trotz Schlechtwetter und miserabler Sichtverhältnisse sicher zur Landung an. **Knock Airport** war damit **eingeweiht,** und der Ort sah seiner führenden Rolle als Nabel der Welt entgegen.

Unter wirtschaftlichen Gesichtspunkten ist der Großflughafen natürlich völliger Unsinn. Die strukturschwache Region braucht alles andere als einen internationalen Airport.

Während der Sommermonate – im Winter ist das Wetter zu schlecht – gibt es nun von Knock Airport aus Direktflüge nach Dublin und in die größten britischen Städte. Die Hoffnung, auch kontinentaleuropäische Metropolen ins Flugnetz aufzunehmen, scheiterten bisher an der Nachfrage – wer will schon von Knock aus nach Frankfurt oder umgekehrt?

Um nicht völlig blamiert dazustehen, entwickelten die Flughafenbetreiber Ende der 1980er Jahre einen Plan, das Passagieraufkommen auf mindestens 100.000 Personen zu erhöhen; Ziel war es, vom Pilgerflughafen Knock **Wallfahrer nach Rom und Israel** zu befördern, doch ist die hochgesteckte Vorgabe bisher nicht einmal ansatzweise erreicht worden. Mittlerweile hat man sich damit abgefunden, einem **Schildbürgerstreich** aufgesessen zu sein.

Süden zu dem winzigen Hafen **Cloghmore** (irisch: An Chloich Mór = der große Stein). Zwischen dem Weiler Derreen und Cloghmore achte man auf der linken Straßenseite auf einen Friedhof, den **Kildownet Old Cemetary,** erkennbar an einer alten Kirchenruine. Links von der zerstörten Kapelle findet der Besucher in einem gitterumsäumten Areal einen Gedenkstein mit folgender Inschrift: „Of our charity pray for the souls of ...", nun folgen 32 Namen, „who were accidentally drowned in Clew Bay on 14th of June 1894". Auf den Tag 100 Jahre später wurde auch in Cloghmore nahe einer Fischverarbeitungsfabrik eine **Gedenkplakette** enthüllt, deren Text lautet: „Zur Erinnerung an die 32 Opfer, die in der Clew Bay ertranken".

1894 waren eine Reihe von Iren, die im Landesinnerern lebten, an die Westküste gekommen und wollten nach Schottland auswandern. Zwei Fischerboote, die so genannten **Hookers,** nahmen die zumeist noch sehr jungen Leute auf, und die Fahrt begann. Die Migranten waren noch nie am Meer gewesen, kannten die See nicht, und als ein großer Dampfer an Backbord vorbeizog, da strömten sie alle vor Staunen und Neugier auf die linke Seite. Die Hooker kenterten und 32 Personen gerieten unter die Segel und ertranken.

Im Sommer besteht die Möglichkeit, von Cloghmore aus nach Clare Island überzusetzen (Informationen vor Ort).

Die Rundfahrt führt nun weiter entlang der Küste, gewaltig donnert die Brandung gegen die Schären und Felsbuckel in der Portnahally Bay.

Am Weiler **Dooega** (irisch: Dumha Éige = schwarzes Land), ausgestattet mit Pub und B & B, biegt die Straße gen Norden ins Landesinnere ab, der 464 m hohe **Mweelin Mountain** lässt eine Weiterfahrt entlang der Küste nicht zu.

Nach wenigen Minuten ist die R 319 erreicht, links ab geht's zu der Streusiedlung **Keel** (ausgeschildert ist Dooagh). Am Strand findet sich ein Campingplatz, und im Weiler selbst gibt es das preisgekrönte *Calvey's Restaurant.* Im Pub *Annexe Inn* geben sich regelmäßig die Musiker ein Stelldichein und bieten traditionelle *Music Sessions.* Ein Wanderpfad führt auf die 240 m hohen **Minaun-Klippen,** von denen man einen imposanten Ausblick genießen kann.

Von Keel sollte man nun weiter gen Westen bis nach Dooagh fahren. Hier lockt der lange **Keem Beach.** In *Gielty's Clew Bay Bar & Restaurant* finden abends regelmäßig *Live Sessions* statt, und die knapp und präzise bezeichnete Kneipe *The Pub* bietet ebenfalls ab und an Folk Music.

Außerdem würdigt die Gaststätte mit etlichen Erinnerungsstücken die Leistungen von **Don Allum,** der als erster Mensch in beiden Richtungen über den Atlantic gerudert ist. 1982 legte er mit seinem 6 m langen Holzboot *QE 3* nach 77 Tagen auf See in Dooagh an; außerhalb vom Pub steht auch ein Denkmal für den beherzten Ruderer.

Von Dooagh führt eine Stichstraße bis zum Moyteoge Head. Ab hier kann man

eine schöne **Wanderung** entlang der Klippen **zum Achill Head** unternehmen, von dort dann weiter unterhalb des Croaghaun-Hill bis zu einem in ca. 160 m Höhe gelegenen Bergsee und nun querfeldein zurück. Den Weg muss man sich weitestgehend selber suchen. Wanderschuhe, nach Möglichkeit wasserdicht, erforderlich!

Nun zurück nach Keel. Folgt man hier nicht der R 319, sondern biegt an der Gabelung im Ort links ab (Richtung *Achill I.T. Centre*), gelangt man zum weit auseinandergezogenen Ort **Doogort;** hier verbrachte übrigens *Heinrich Böll* seine Ferien, nachzulesen in seinem berühmten „Irischen Tagebuch". *Bölls* Cottage ist schon seit langem in eine Stiftung eingebracht und dient als Rückzugsort für ausgewählte Schriftsteller und Maler, die hier in der Einsamkeit arbeiten möchten. Auf Deutsch und Englisch werden die Besucher gebeten: „Dies ist ein privater Ort, bitte respektieren Sie die Ruhe der Gäste und Künstler, die hier für einige Wochen leben und an ihren Werken arbeiten. Danke."

Westlich vom Dorf Doogart ragt der 672 m hohe **Slievemore,** Achills höchster Berg auf. Sehr lohnenswert ist eine ca. 12 km lange Wanderung rund um das Felsmassiv, dabei passiert man nach einigen Kilometern das westlich von Doogort gelegene **Geisterdorf** Slievemore (auch *Deserted Village* genannt), das die Bewohner während der Großen Hungersnot 1847 aufgaben. An der Südküste gründeten sie dann Dooagh – hier ließ es sich besser fischen.

Auf der dem Meer zugewandten Seite des Berges Slievemore lohnen die **Seal Caves** einen Besuch, mit etwas Glück sieht man dort Seehunde; Anfahrt nur

132IRL tii

☐ Keem Blue Flag Beach auf Achill Island

mit dem Boot von Doogort möglich, Preis Verhandlungssache.

Am langen **Sandstrand** befindet sich ein Campingplatz, und die Restaurant-Bar *Masterson's*. Die Straße führt nun wieder ins Landesinnere, und man schaut auf weite Moorgebiete.

Tourist Information

- **Achill Sound,** Tel. (098) 20705, 20400.
- **www.achilltourism.com**

Unterkünfte

- **Achill Cliff House Hotel** €, Keel, Tel. (098) 43400, Fax 43007, www.achillcliff.com;
- **Óstan Oileán Acla** € (ausgesprochen etwa: „oostaan iilaan akkla"), Achill Sound, Tel. (098) 45138, Fax 45198, www.achillislandhotel.com;
- **Realt-na-Mara** € (Mrs. Rowena Lavelle), Dooagh, Tel. (098) 43005, Fax 43006, info@realtnamara.com;
- **Woodview House** € (Mrs. T. Moran), Achill Sound, Tel. (098) 45261, woodviewhousespringvale@hotmail.com;
- **Lavelle's Seaside House** €, Dooega, Tel. (0 98) 45116 / (085) 2330026, lavellesseasidehouse@gmail.com;
- **Lavelle's Golden Strand Caravan & Camping Park,** Tel. (098) 47232, Doogort;
- **Keel Sandybanks Caravan and Camping Park,** Tel. (094) 43211,www.achillcamping.com, Keel.

Verbindung

- **Busse** im Sommer mehrmals täglich von Sligo und Westport nach Dooagh über Achill Sound und Keel.

Halbinsel Mullet

VI/A-B2

Auf der R 319 geht es nun in östlicher Richtung bis zum Örtchen Mulrany (auch Mallaranny) und dort weiter auf der N 59 gen Norden auf den Ort **Bangor** zu – rechts und links der Straße flache, Moorgebiete. Wer über wenig Zeit verfügt und schnell nach Sligo kommen möchte, nimmt nun die N 59 nach Osten über Ballina.

Doch lohnt sich durchaus von Bangor ein Abstecher über die R 313 zur Mullet-Peninsula, auf der rund ein Dutzend **einsamer Sandstrände** sowie steile Felsklippen zu finden sind. Vor der Küste liegen einige **unbewohnte Inseln** mit den Resten frühchristlicher Mönchssiedlungen. Hauptort der Halbinsel ist der planmäßig angelegte Fischerort Belmullet. Von dort führt die R 314 in einem großen Bogen entlang der Küste nach Osten.

Kurz vor Ballina, an der **Killala Bay** gelegen, lohnen die beiden Franziskaner-Abteien **Moyne Abbey** und **Rosserk Abbey** (Anfang/Mitte 15. Jh.) einen Besuch. Über Ballina geht es nun „in einem Rutsch" die restlichen 50 km nach Sligo.

VII/D1-2

Die ca. 19.500 Einwohner zählende Stadt ist mit ihrem kleinen Seehafen sowie der Lebensmittel- und Textilindustrie ein wichtiges ökonomisches Zentrum im Nordwesten der Grünen Insel. Darüber hinaus nennt sich SIigo (irisch: Sligeach

= Ort der Muscheln) selbst das „Tor zum Nordwesten".

Im Jahre 807 eroberten die Wikinger den Ort, doch erst 400 Jahre später erlangte Sligo im Zuge der normannischen Invasion wenigstens bescheidene Bedeutung. *Maurice Fitzgerald,* Earl of Kildare, nahm die umliegenden Ländereien in Besitz, legte den Grundstein für eine Festung und gründete ein Dominikanerkloster.

Die Gegend rund um Sligo wird auch *Yeat's Country* genannt; **William Butler Yeats,** kehrte im Laufe seines Lebens immer wieder in diese Region zurück und beschrieb sie in seinen Gedichten.

Sehenswertes

In der Stephen Street lohnt ein Besuch im **Sligo County Museum** (Tel. (071) 9111679, Di–Sa 9.30–12.30 Uhr, Mai–Sept. auch 14–16 Uhr), das Exponate zur Stadtgeschichte, Erstausgaben, Briefe und die Nobelpreismedaille von *William B. Yeats* zeigt.

Die Galerie **The Model,** The Mall (Di–Sa 10–17.30 Uhr, So 12–17 Uhr) zeigt Gemälde von *Jack Yeats,* der zu seiner Zeit einer der bedeutendsten modernen Künstler Irlands war. Aber auch viele Werke anderer Maler sind vertreten, so etwa von *Charles Lamb* und *Sean Keating.* In der Kunstgalerie werden Wechselausstellungen gezeigt, aber es gibt auch Filmvorführungen, Vorträge sowie kleine Konzerte.

Sligo Abbey (Abbey Street) wurde in der Mitte des 13. Jh. von *Maurice Fitzgerald* für den Orden der Dominikaner erbaut. Während der Reformation in der elisabethanischen Ära konnte die Abtei nur durch den beherzten Einsatz der Bevölkerung vor Zerstörung bewahrt werden, ein kostbarer geschnitzter Altar wurde in Sicherheit gebracht und war das einzige Stück, das die religiösen Wirren gut überstand. 1641 fiel das Kloster einem Brand zum Opfer und wurde danach als Steinbruch genutzt. Während der großen Hungersnot fanden die Opfer ihre letzte Ruhestätte in der Ruine der Abtei (Tel. (071) 9146406, April–Mitte Okt. 10–18 Uhr, sonst Fr–So 9.30–16.30 Uhr, 3 €/1 €).

An der Ecke Stephen Street/Rockwood Parade befindet sich das **Yeats Building,** in dem alljährlich die *Yeats International Summer School* tagt, eine zweiwöchige wissenschaftliche Konferenz, die sich mit dem Werk des Dramatikers und Schriftstellers befasst.

Tourist Information

- Temple Street, Tel. (071) 9161201, Fax 9160360.
- **www.sligotourism.ie**

Unterkünfte

- **Sligo Southern Hotel** €, Strandhill Road, Tel. (071)9162101, Fax 9160328, www.sligosouthernhotel.com;
- **Tree Tops** € (Mrs. Doreen MacEvilly), Cleveragh Road, off Pearse Road/R287, Tel. (071) 9160160, www.sligobandb.com;
- **Teach Eamainn** € (Mrs. Evelyn McPartland), Old Manorhamilton Road, Tel./Fax (071) 43393, www.teacheamainn.com;
- **Stradbrook** € (Mrs. Kathleen Noonan), Pearse Road, Tel. (071) 9169674, Fax 9169933, www.stradbrook.com;

Lough Gill House € (Mrs. Florrie Gilmartin), Pearse Road, Tel. (071) 9150045, Fax 9153639, www.loughgillhouse.net;

Harbour Hostel €, Finisklin Road, Tel. (071) 9171547, www.harbourhousehostel.com;

White House Hostel €, Markievicz Road, Tel. (071) 9145160;

Greenlands Caravan and Camping Park, Rosses Point, Tel. (071) 9177113, rossespointcvp @eircom.net, 8 km westlich;

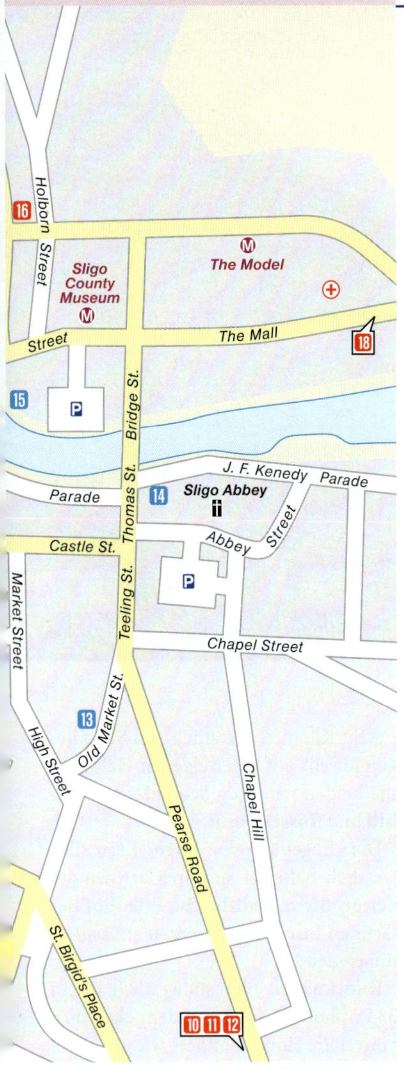

■ **Strandhill Caravan and Camping Park,** Strandhill, Tel. (071) 9168111, standhillcvp@eircom.net, ebenfalls 8 km westlich gelegen. Gemeinsame Webseite beider Campingplätze: www.sligocaravanandcamping.ie.

Restaurants

■ **The Embassy Wine Bar & Grill** €€–€€€, John F. Kennedy Parade, Tel. (071) 9161250, www.embassygrill.eu, gute Seafood- und Fleischgerichte sowie originär irische Küche;

■ **Montmartre** €, Market Yard, Tel. (071) 916 9901, www.montmartrerestaurant.ie, exzellente französische Küche, umfangreiche Weinkarte, auch vegetarische Speisen im Angebot;

■ **Lyon's Café** €, Quay Street, Tel. (071) 9142969, www.garystafford.com, exzellentes, gemütliches Tagescafé mit guter Auswahl fürs Mittagessen sowie für den Nachmittagstee;

■ **Bistro Bianconi** €–€€, 44 O'Connell Street, Tel. (071) 9141744, www.bistrobianconi.ie, Pizza, Pasta, Fisch- und Fleischgerichte;

■ **Poppadom** €, O'Connell Street, Tel. (071) 9147 171, www.poppadomsligo.com, indische Küche, gute vegetarische Auswahl.

Pubs

■ **Hennigan's,** Wine Street, Established 1787, während der Saison Live Music;

■ **The Harp Tavern,** Quay Street, www.theharptavernsligo.com, nette Kneipe am Flussufer, mit Biergarten, regelmäßig Live-Musik;

■ **McLynn,** Old Market Street, Established 1889;

■ **McGarrigle's,** O'Connell Street, gemütlicher Pub, zur Mittagszeit kleine Gerichte, abends oft Musik;

■ **Garavogue Bar,** Stephen Street, www.garavoguebar.ie, schicke und damit beliebte Bar, regelmäßig Live-Musik und Disco;

Verbindung

■ **Busse** von Cork, Donegal, Dublin, Galway, Limerick, Waterford, Westport.

■ **Züge** mehrmals täglich von Dublin.

Umgebung von Sligo VII/D1-2

Westlich der kleinen Metropole erstreckt sich der Haus-See von Sligo, der **Lough Gill,** den man mit dem Fahrrad auf der ausgeschilderten Route *Lough Gill Loop* (ca. 40 km) umfahren sollte. Er gehörte zu den Lieblingsplätzen des Schriftstellers **William Butler Yeats.** Von Riverside aus finden während der Sommermonate Rundfahrten auf dem See statt, unermüdlich werden dabei Yeats-Verse zitiert. Eine halbe Stunde Aufenthalt auf Inishfree ist inbegriffen.

Nördlich von Sligo lockt der **Bergsee Glencar Lake,** vom Parkplatz aus führt ein beschilderter Pfad zu einem **Wasserfall,** wo aus 15 m Höhe der Differeen River hinunterstürzt.

Acht Kilometer westlich von Sligo liegen jeweils auf einer eigenen Halbinsel die beiden winzigen **Seebäder Strandhill** und **Rosses Point.**

Die Umgebung von Sligo, 4 km südwestlich befindet sich in Carrowmore der **größte megalithische Friedhof** der Grünen Insel, viele Dolmen sind allerdings zerstört.

Knocknarea, 7 km südwestlich, ist ein 333 m hoher Gipfel, auf dem ein *Cairn* von 10 m Höhe, ähnlich wie in Newgrange, aufgeschichtet ist.

Bulben Mountain im County Sligo

133IRL tii

Nach Donegal VII/D1

Von Sligo geht es entlang der N 15 in das 8 km entfernte **Drumcliff;** direkt an der Straße befindet sich rund um eine Kirche der Friedhof, auf dem *William Butler Yeats* seine letzte Ruhestätte gefunden hat. Seinen Grabspruch hat er selbst getextet: *Cast a cold eye on life, on death, Horseman pass by.*

Weiter der Straße N 15 folgend, passiert man die nur mäßig interessanten kleinen Seebädchen **Bundoran** und **Ballyshannon** und gelangt nach etwa 65 km ins Städtchen Donegal.

Irlands Sagen und Legenden – eine Reise in die „Anderswelt"

Auf der Grünen Insel haben sich eine Menge uralter Sagen und Legenden erhalten, die vor allem in den gälischsprachigen Gebieten, den Gaeltacht-Regionen, über die Jahrhunderte innerhalb der Familien in **mündlicher Überlieferung** weitergegeben worden sind. Und hier wird die Folklore-Kommission aus Dublin bei ihren Legenden-Recherchen immer wieder fündig.

Einer der ersten, der sich um das kulturelle Erbe Irlands verdient machte, war **Thomas Crocker,** der im Jahre 1825 eine erste Sammlung von alten Sagen unter dem Titel „Fairy Legends and Traditions of the South of Ireland" herausgab und damit eine ganze Anzahl von Heimatforschern beflügelte: die Gebrüder *Grimm, Sir William Wilde,* (der Vater von *Oscar Wilde*), *William Butler Yeats, Lady Gregory, John M. Synge* und *Douglas Hyde,* der von 1938 bis 1945 Präsident Irlands war.

Feenglaube

„Was sind eigentlich Feen? Diese Frage kann nur jemand stellen, der nie in Irland gewesen ist." So heißt es beim Herausgeber des *Irischen Zaubergartens,* einer Sammlung von irischen Sagen.

In der Tat ist bis heute der **Glaube an Feen** auf der Grünen Insel nach wie vor weit verbreitet. Einer ersten Theorie zufolge soll es sich bei den mythischen Wesen um die von den Kelten verdrängten Ureinwohner handeln, welche zu ihrem Schutz in Höhlen flüchteten; nur bei Nacht und Nebel trauen sie sich hervor und piesacken die neuen Herren der Insel. Einer anderen These nach sind Feen ehemalige Götter und Heroen; so avancierte beispielsweise die *Queen Medb,* eine der Heldinnen des irischen Epos, später zur Königin des Feenlandes. Einer dritten Variante nach sind Feen Vermenschlichungen von Naturgeistern; so wurde der Baumgeist zu *Dryade,* der Wassergeist zu *Undine* und das Wesen, das den Sidh, den Hügel bewohnt, zum *Sidhe.* Laut einer letzten Version nun sind Feen die Verstorbenen, denn sie wohnen ja unter der Erde und müssen beim ersten Hahnenschrei vor Tagesanbruch aus der Welt der Lebenden verschwunden sein.

Was für Feen aber gibt es nun? Bei den Fischern recht beliebt sind die **Seejungfrauen,** von denen es heißt, dass sie sich des nachts der einsamen Männer annehmen. Doch ist bei den netten Damen durchaus Vorsicht geboten, denn in einer Chronik aus dem 9. Jh. heißt es: „Eine Meerjungfrau enormer Größe wurde im Nordosten Schottlands angespült. Sie war 195 Fuß groß, ihr Haar war 18 Fuß lang, ihre Finger waren sieben Fuß und ihre Nase auch. Sie war über und über weiß wie ein Schwan."

Angst kommt auf, wenn dem Iren eine **Banshee** über den Weg läuft; die dürre und klapprige Gestalt mit den rot geweinten Augen und zudem noch gewandet in Spinnweben stößt heulende Klagelaute aus und kündet vom nahen Tod eines geliebten Menschen.

Bekanntester Racker der Feenwelt ist der **Pooka,** dessen Name sich von *Poc,* dem Ziegenbock ableitet und der auch in dessen Gestalt daherkommt. Auf den Pooka geht *Shakespeares* Kobold *Puck* zurück, der im *Sommernachtstraum* seinen Schabernack treibt, und auch die *Puck Fair* in Killorglin (s. Tour 4, Ring of Kerry), wo der Ziegenbock im Zentrum des Geschehens steht.

Den **Cluricane** muss man sich als Gnom mit rotem Mantel, roter Nachtmütze, einer Lederschürze und langen, blauen Strümpfen vorstellen; der Pimpf hat ganz entgegen seiner Größe gigantischen Appetit auf Honig, Milch, Butter und Wein und kommt gern stockbetrunken daher, um dann seinen Unfug umso ärger zu treiben. Es heißt, wer ihn fängt, dem gibt er einen großen Beutel Gold, um wieder frei zu kommen. Der zwergige **Leprechaun** ist gleichermaßen bekannt für seine Schuhmacherarbeiten wie auch für seine kräftigen Foppereien. Der **Ganconer,** zu deutsch Liebredner, ist eine Fee mit Tonpfeife im Mund, die sich in einsam gelegenen Farmhäusern gerne und erfolgreich des nachts an die Mägde heranmacht.

Wer das alles nicht glaubt, der denke an den Satz von *William Butler Yeats:* „Irland, noch immer vorwiegend keltisch, hat sich neben weniger schönen Dingen eine Begabung zur Vision bewahrt, die bei hektischeren Völkern ausgestorben ist. Uns konnten keine lichtspendenden Leuchter hindern, ins Dunkel zu blicken, und wenn man ins Dunkel blickt, ist etwas drin."

Die Sage von Cú Chulainn

Cú Chulainn, so heißt der mystische, irische Volksheld, der als tapferer und ehrenhafter Mann durch die reiche Sagen- und Legendenwelt der Grünen Insel streift.

Als kleiner Junge hörte er auf den Namen *Setanta* und war der Ziehsohn von vier alten, würdigen Männern. Diese lehrten ihn die Tugenden der vergangenen Tage – Weisheit, Kriegskunst, Zauberkraft und Dichtung. Als sie ihm anboten, sich zwischen einem langen Leben oder aber dem ewigen Ruhm zu entscheiden, zögerte der begabte Schüler keine Sekunde: Er wählte den Ruhm. So prophezeiten ihm denn seine Lehrmeister, dass er dereinst in einer furchtbaren Schlacht die ersehnte Ehre erlangen werde und dass seine erste wie auch seine letzte Heldentat darin bestünde, einen Hund zu töten. Auch eine

Anzahl mythischer Gesetze erlegten ihm die vier Weisen auf: Niemals dürfe er vom Fleisch eines Hundes essen, und wann immer *Setanta* an einem Herd vorbeigehe, müsse er von der dort kochenden Speise kosten.

Kaum war *Setanta* sieben Jahre alt geworden, ging die erste Prophezeiung in Erfüllung. Beim Ballspiel griff ihn der Hund des Schmieds *Cullen* an. Der Knabe warf seinen Ball in die Schnauze des Hundes und tötete ihn. Als sich *Cullen,* der Schmied, bei *Setantia* wütend über die Tat beschwerte, rief der kleine Held aus: „Ich versprach, für den Rest meines Lebens der Wachhund von Ulster zu sein." Fortan nannte man ihn *Cú Chulainn – Cullens* Hund.

Im Laufe der Jahre musste der junge Mann weitere schwere Prüfungen bestehen, doch alle Situationen meisterte er mit großem Geschick, heldenhaftem Mut und der ihm verliehenen Zauberkraft. Gern war er am Hofe gesehen, trug dort mit sanfter Stimme Verse vor und war beliebt ob seines edlen Charakters.

Da kam nun die schwerste aller Prüfungen über ihn: Die drei riesenhaften Recken *Thrataunа, Trita* und *Apta* forderten *Cú Chulainn* – dessen Kraft auf den Schlachtfeldern gerühmt wurde – zum Kampf heraus. Erschrocken baten ihn alle seine Freunde, von dem selbstmörderischen Unterfangen abzulassen, doch der Held zögerte keine Sekunde, für die Verteidigung seiner Ehre zu kämpfen. Die drei Riesen erwarteten ihn in ihrem Streitwagen, den die Rosse *Rappe von Saingliu* und *Schimmel von Macha* zogen. Ihnen kam der unerschrockene Streiter mit furchteinflößender Bewaffnung entgegengaloppiert: Sein Haar flatterte wie eine Fahne im Wind, seine Augen sandten Blitze gegen die Feinde, und sein Schlachtgesang übertönte das Donnern der Hufe. Wie der Wirbelwind kam *Cú Chulainn* über die drei Riesen, geschmeidig, stark und überall zugleich. Rasend vor Zorn metzelte er mit seinen Waffen die Herausforderer nieder, köpfte sie und warf die seelenlosen Körper in den Sand.

Doch der Blutrausch wollte nicht weichen, und am Hofe fürchtete man sein Erscheinen. Doch die Königin von Ulster ersann eine List. Als *Cú Chulainn* eintraf, stellten sich ihm alle Hofdamen splitternackt entgegen, und der Recke schloss für einen Moment höflich die Augen. Da konnten ihn die Krieger ergreifen und in eiskaltes Wasser tauchen. So verflog der Taumel des entsetzlichen Kampfes.

In den folgenden Jahren erwarb sich der Held durch seinen Mut den gewählten Ruhm, wurde in vielen Schlachten oft verletzt, doch immer besiegte er seine Feinde. Mit Hilfe des Zauberers *Cú Roi* gelang es ihm und seinen Mannen, in die „Andere Welt" einzudringen, doch als *Cú Chulainn* sich weigerte, die Beute aus jenem Kosmos mit dem Magier zu teilen, grub ihn dieser bis zu den Schultern ein. Doch unser Recke besaß genügend Kenntnisse der Magie, um sich auch aus dieser Lage zu befreien.

Die dem Held feindlich gesonnene Königin *Medh* sandte einen Fluch aus, der alle Krieger lähmte – nicht aber den tapferen Recken, der *Medhs* Streitmacht mit einer Hand niederwarf. So sandte das rachsüchtige Weib Hexenmeister aus, den Unbesiegbaren zu bezwingen. Und diese erfuhren von den mythischen Gesetzen, die *Cú Chulainn* niemals brechen durfte.

Auf dem Weg in eine Schlacht traf er auf drei Zauberinnen, die auf einem Herd das Fleisch eines Hundes kochten. *Cú Chulainn* kostete von dem Gericht und merkte, wie seine Kräfte schwanden. In der Schlacht machten ihm seine Gegner fast den Garaus, doch er entkam. An einem Bach wusch er seine Wunden aus, als ein Otter, herbeischwamm und von dem Blut trank. In wilder Raserei griff der Wasserhund den Helden an und dieser tötete ihn. Nun wusste *Cú Chulainn,* dass auch die letzte Weissagung in Erfüllung gehen würde. Doch Schwäche wollte er seinen Feinden niemals zeigen, und so band sich der aufrechte Mann an eine Steinsäule, und seine Feinde konnten ihn – stehend – töten.

DER NORDWESTEN – TOUR 7

Die gesamte Rundreise hat eine Länge von rund **600 km.** Sie führt in den hohen Norden, entlang der sturmumtosten Küste. Wahrhaft einzigartig ist ein Besuch der **Slieve League,** der höchsten Klippen Irlands, die 601 m steil aus dem Atlantik aufragen. Die Strecke führt vorbei an winzigen Weilern wie **Glencolumbkille, Ardara** und **Burtonport.**

Ganz im Norden schlängeln sich der ausgeschilderte **Atlantic Drive** sowie der **Fanad Drive** hoch über der See entlang. Über **Letterkenny** und **Glenties** geht es zurück nach **Donegal.**

139IRL tii

› Glenveah Castle im gleichnamigen Nationalpark

HIGHLIGHTS

Besondere Tipps*:
- Donegal Craft Village | 260
- Folk Village Glencolumbkille | 264
- Glengesh-Pass | 264
- Tory Island | 267
- Fanad Head | 271
- Donegal County Museum | 272
- Glenveagh-Nationalpark | 273

***Diese Tipps erkennt man im Buch an der gelben Hinterlegung im Kapitel.**

Donegal II/B3

Donegal (2339 Einwohner) ist der frühere Verwaltungssitz und Namensgeber des Countys und Zentrum der Tweed-Industrie sowie Verkehrsknotenpunkt für den Norden der Insel.

Mittelpunkt des geschäftigen Örtchens ist der große, dreieckige Platz The Diamond, auf dem ein 7 m hoher Obelisk die Brüder des lokalen **Franziskanerklosters** ehrt. In der Abtei verfassten und kompilierten im 17. Jh. vier Gelehrte in irischer Sprache die Annalen der vier Meister, eine Chronik der irischen Geschichte von der Sintflut bis ins Jahr 1616. Vor allem die Einträge zu den Ereignissen im späten 16. und frühen 17. Jahrhundert sind heute eine wichtige Quelle für die Geschichte jener Zeit. Geschützt vom Fluss Esk liegt im Ortszentrum die aus dem 15. Jh. datierende **Burg** der *O'Donnells*, die bis 1607 im Besitz der Familie war. Dann versuchten die Engländer, die lokalen Clanführer zu entmachten und bemächtigten sich ihrer Burgen. Bevor *Rory O'Donnell* jedoch den verhassten Besatzern seine Festung übergab, brannte er sie lieber nieder und setzte sich dann bei der Flucht der Earls nach Frankreich ab. 1623 restaurierte ein gewisser *Basik Brooke* die Burg und ließ einen dreistöckigen Anbau anbringen. (Besichtigungen von Ostern bis Mitte Sept. täglich 10–18 Uhr, ansonsten Do–Mo 9.30–16.30 Uhr, Tel. (074) 9722405, 4 €/2 €). Dort, wo der Fluss Eske ins Meer mündet, liegen zudem die Ruinen der Franziskaner-Abtei, die von den *O'Donnells* 1474 errichtet wurde.

Im ehemaligen Bahnhof an der Tirchonaill Street ist das **Donegal Railway Heritage Centre** (geöffnet Mo–Fr 10–17 Uhr, im Sommer nach Vereinbarung auch Sa/So, www.cdrrl.com) untergebracht und macht den Besucher mit der Geschichte der Dampfeisenbahn bekannt, die bis in Jahr 1959 von Ballyshannon über Donegal bis hinauf nach Derry schnaufte.

Ein wenig außerhalb vom Stadtzentrum an der Straße von Donegal in Richtung Ballyshannon und Sligo gibt es das **Donegal Craft Village,** in dem man den lokalen Kunsthandwerkern über die Schulter sehen kann. Um die strukturschwachen Gebiete des hohen Nordens für Touristen attraktiver zu machen und damit Arbeitsplätze zu schaffen, hat die *Industrial Development Authority* dieses *Craft Village* aus der Taufe gehoben (geöffnet Mo–Sa 9.30–17.30 Uhr, www.donegalcraftvillage.com).

In dem ansprechenden Gebäude befinden sich ein ganze Reihe von *Workshops,* in denen „fulltime professional craftworkers" an ihren Produkten arbeiten. So gibt es hier beispielsweise **Töpfer, Porzellan- und Keramikhersteller, Gold-** und **Silberschmiede** und auch einen **Dudelsackbauer.** Der *Aroma Coffee Shop* ist dem Haus angeschlossen.

Tourist Information

- The Quay, Tel. (074) 9721148.
- **www.donegaltown.ie**

Unterkünfte

- **Central Hotel** €€, The Diamond, Tel. (073) 9721027, Fax 9722295, www.centralhoteldonegal.com;
- **Milltown House** € (Mrs. Bernie Mulhern), Ardlenagh, Sligo Road, Tel./Fax (073) 9721985, www.milltownhousebandb.com;
- **Ardlenagh View** € (Mrs. Eileen Mulhern), Sligo Road, Tel. (073) 9721646, www.ardlenaghview.com;
- **The Cove Lodge** € (Mrs. Joan McCrea), Drumgowan, Tel. (074) 9722302, www.thecovelodgebandb.com;
- **Ardeevin Guest House** € (Mrs. Mary McGinty), Lough Eske, Barnesmore, Tel. (074) 9721790;
- **Drumcorroy House** € (Mrs. Martina O'Sullivan), Druminin, Tel. (074) 9722335, www.drumcorroyhouse.com;
- **Donegal Town Independent Hostel** €, Doonan, Tel. (073) 9722805, www.donegaltownhostel.com;
- **Blue Stack Hostel** €, An-Óige-Jugenherberge, Dimarone, 8 km von Donegal, Tel. (074) 9735564, www.donegalbluestacks.com.

Restaurants

- **The Harbour** €, Quay Street, www.theharbour.ie, Pizzen, Pasta, Seafood, gutes Preis-Leistungsverhältnis und daher enorm beliebt bei den Bewohnern von Donegal;
- **Dom's Pier 1** €, Quay Street, www.domspier1.ie, Bar & Restaurants, Fleisch- und Seafood-Gerichte.

Pubs

- **S. Mac Cafartigh Tirconaill Bar,** Diamond Square/Ecke Quay Street, Tel. (074) 9722938, gemütliche Kneipe im Ortszentrum;
- **The Olde Castle Bar,** Tirconnell Street, www.oldecastlebar.com, mit angeschlossenem *Red Hugh's Restaurant,* an der Burg und dieser nachgebildet einschließlich der Steinmetzarbeiten, gemütlich;
- **The Schooner,** Main Street, Tel. (074) 9721671, viel nautischer Schnickschnack, regelmäßig Live Sessions;
- **Internetcafé:** *Blueberry Tearoom and Restaurant,* Castle Street, Tel. 074 9722933.

Verbindung

- **Busse** mehrmals täglich von Sligo, Cork, Dublin, Galway, Killybegs, Limerick.

☒ Im Hafen von Killybegs

Killybegs

II/A3

Von Donegal aus folgt man nun der N 56 Richtung Westen und erreicht bald den Fischerort Killybegs. Seit mit EU-Mitteln der Hafen ausgebaut wurde und nun Trawler aus allen Herren Ländern am Pier festmachen, ist in dem rund 1000 Einwohner zählenden Ort alles auf die **Fischfangindustrie** zugeschnitten. Mehrmals in der Woche finden morgens und abends in der Markthalle direkt am Hafen Fischauktionen statt, eindrucksvoll ist es auch, wenn eine Fangflotte gerade unter Sirenengeheul und umflogen von Schwärmen krächzender Möwen in den Hafen einläuft. Leider sucht man in den örtlichen Restaurants oft vergebens nach fangfrischen Meeresfrüchten – das meiste geht gleich in den Export.

134IRL hg

Überhaupt hat Killybegs für einen Hafen solcher Größe wenig zu bieten, und nachdem man die Fangschiffe bestaunt hat, zieht es den Besucher rasch weiter zu einem der landschaftlichen Höhepunkte nahebei.

Slieve League II/A3

Anfahrt

Weiter geht es entlang der R 263; wenige Kilometer hinter Killybegs ist ein Sandstrand ausgeschildert, und von einem hochgelegenen Parkplatz an der Straße hat man einen schönen Blick auf das weiße Gestade. In dem kleinen Weiler Carrick weist eine Ausschilderung (Bunglass/Slieve League) links ab zu Irlands höchsten Klippen (601 m). Zwei Anfahrtswege führen zu der eindrucksvollen Steilküste.

Variante 1

Ca. 2,5 km hinter Carrick zeigt in einer scharfen Linkskurve ein Wegweiser mit dem Wandersmann-Symbol und der Aufschrift *Slieve League* geradeaus in einen **Feldweg** (dieser Pfad ist für größere Wohnmobile nicht befahrbar). Die sehr schmale, schlaglochübersäte Piste windet sich steil den Hügel hoch. Nach einigen Hundert Metern geht es rechts ab

über eine kleine **Brücke,** und ein Stückchen weiter passiert man ein Gatter. Man vergesse nach der Durchfahrt nicht, das **Gatter** wieder zu schließen, damit die rechts und links des Weges grasenden Schafe nicht ausreißen! Nach wenigen Minuten Fahrt erreicht man einen kleinen **Parkplatz.** Der Weg wird sehr bald für Motorfahrzeuge unpassierbar, zudem gibt es keine Wendemöglichkeit!

Vom Parkplatz aus gelangt man nach einer ca. eineinhalbstündigen **Wanderung** (gutes Schuhwerk ist zwingend vonnöten) entlang eines immer schmaler werdenden Pfads, das letzte Drittel über offenes Gelände, oben auf die Klippen. 601 m über dem Meer schaut man auf die tosende Brandung hinunter, auch hat man die Möglichkeit, weit ins Hinterland zu blicken und erkennt mehrere dunkle Seen.

Variante 2

Diese Anfahrt bietet sich besonders für Fußfaule an. In der besagten Linkskurve von Variante 1 weist ein weiteres Schild mit der Aufschrift *Bunglass/The Cliffs* und dem Symbol für einen Aussichtspunkt den Weg zu den Klippen.

Auf der linken Straßenseite achte man nun auf ein beige gestrichenes Haus, in dem sich der Pub *The Rusty* befindet, ca. 150 m weiter geht ein Sträßchen nach rechts ab. Die schmale Trasse schraubt sich steil den Hügel hoch, man passiert ein **Gatter** und kommt nun durch den Weiler Bunglass. Nach einigen Minuten Fahrt endet die Straße an einem kleinen **Parkplatz,** nur wenige Schritte, und man ist am Rand der Klippen. Atemberaubend ist die Aussicht auf die grandiose Steilküste.

Klippenwanderung

Am Parkplatz beginnt auch der Wanderweg *The One Man's Path,* der so schmal ist, dass keine zwei Personen nebeneinander passen. Der Weg führt direkt an der Abbruchkante entlang und ist an einigen Stellen nicht ungefährlich, vor allem **muss man schwindelfrei sein,** will man den Pfad begehen. Bergsteigerschuhe und Bergwander-Ausrüstung sind hier unerlässlich.

135IRL hg

☐ Slieve League, die höchsten Klippen Irlands, sind oft wolkenverhangen

Glencolumbkille

II/A3

Zurück zum Örtchen Carrick, geht es weiter auf der R 263 zu dem kleinen Dorf Glencolumbkille (oft auch Glencolmcille geschrieben). Der Name bedeutet „Tal der Kirche des Columban", denn der Heilige soll hier im 6. Jh. ein Kloster gegründet haben. Alljährlich am 9. Juli, dem *Columbkille Feast Day,* umrunden um Mitternacht die gläubigen Bewohner des Dörfleins die Ruine von *Columbans* Gotteshaus und gehen dann mitten in der Nacht zur Messe in die Kirche. Auf dem Weg nach Glencolumbkille passiert man die Seen, die man hoch oben von den Klippen Slieve League gesehen hat.

Mit dem ca. 250 Seelen zählenden Dorf Glencolumbkille hat es eine besondere Bewandtnis: Um in dem strukturschwachen Gebiet die Abwanderung der jugendlichen Bewohner zu verhindern und den Ort vor dem Aussterben zu bewahren, gründete vor einigen Jahrzehnten der Gemeindepfarrer *James McDyer* eine **lokale Kooperative** zur Ankurbelung des Fremdenverkehrs; eine Anzahl von Ferienhäusern im Cottage-Stil entstand, und die Bewohner erinnerten sich ihrer kunsthandwerklichen Fähigkeiten. Des weiteren wurde ein **Folk Village** eingerichtet; der Besucher hat die Möglichkeit, in vier unterschiedlich großen, vollständig eingerichteten Cottages die Lebens- und Alltagsumstände der Bewohner während des letzten Jahrhunderts nachzuvollziehen (www.glenfolkvillage.com, Ostersonntag bis September, Mo–Sa 10–18 Uhr, So 12–18 Uhr, 3,50 €/2 €).

Hier ist die **Sprachschule** *Oideas Gael* angesiedelt, in der Interessierte aus aller Welt Kurse für Irisch-Gälisch belegen.

Glencolumbkille hat einen schönen **Sandstrand,** und in der Umgebung findet man Relikte aus der frühchristlichen Ära Irlands, so z.B. viele **verzierte Steine** aus dem 7. und 8. Jh.

Nahe beim Museumsdorf befindet sich das Restaurant *An Chistin* (ausgesprochen: ann chischtinn = die Küche). Die Pubs *Roarty's Bar* und *Biddy's Crossroad Bar* haben abends oft Live-Musik im Angebot. Weiterhin gibt es einige B & Bs, sowie das *Dooey Hostel,* Tel. (074) 973 0130, das auch Camping-Möglichkeiten anbietet.

Ardara

II/A3

Weiter geht es von Glencolumbkille über schmale, unklassifizierte Straßen in Richtung Ardara. Ab und an erkennt man nahe der Straße die traditionellen **strohgedeckten Cottages,** die auch heute in diesem armen Landstrich noch immer bewohnt sind.

Die Straße windet sich in Haarnadelkurven den Berg hoch, rechts und links bestanden von einem dichten Nadelholzwald. Dieser Streckenabschnitt ist der **Glengesh-Pass.** Am höchsten Punkt hat man einen atemberaubenden Blick in das tief unten liegende Tal von Ardara, und in engen Serpentinen führt die Straße extrem steil nach unten.

Ardara (578 Einwohner) gilt als das Zentrum für den berühmten **Donegal-Tweed;** in etlichen Crafts Shops kann man sich mit dem edlen Tuch eindecken, und in den Webereien hat der Besucher die Möglicheit, beim Produktionsprozess zuzuschauen.

Unterkünfte

- **Nesbitt Arms Hotel** €, Main Street, Tel. (074) 9541103, Fax 41895, www.nesbittarms.com;
- **Bay View Country House** € (Bennett Family), Portnoo Road, Tel./Fax (074) 9541145, www.bayviewcountryhouse.com;
- **Gort na Móna** € (Mrs. Fiona Breslin), Donegal Road, Tel./Fax (074) 9537777, www.gortnamonabandb.com;
- **The Green Gate**€ (Mr. Paul Chatenoud), Tel. (074) 9541546, www.greengate.eu, von einem Franzosen betriebenes, einfaches und sehr entspanntes B & B.

Restaurant & Pub

- **Woodhill House** €€, Tel. (074) 9541112, gutes Restaurant in einem alten Country-Haus, ca. 300 m vom Ortszentrum, exzellente Gerichte, umfangreiche Weinkarte, schöne Ausblicke auf die Highlands;
- **Nancy's Bar,** Tel. (074) 9541187, 200 Jahre alt, kleine gemütliche Bar und **Seafood Restaurant** in separaten Räumen.

Verbindung

- **Busse von Killybegs** nur an Werktagen mehrmals am Tag.

In der Umgebung

Portnoo und Rossbeg II/A2

Von Ardara folgt die Route der R 261, biegt aber alsbald, den Ausschilderungen Portnoo und Rossbeg folgend, gen Westen ab. Die beiden kleinen Streusiedlungen haben nahebei mehrere schöne **Sandstrände,** und **Hochseeangler** können hier Bootstouren buchen.

Dunglow II/B2

Weiter der R 261 entlang, mündet diese in die N 56, und es geht Richtung Norden zum Städtchen Dunglow (1068 Einwohner), das sich stolz die Hauptstadt der Rosses – so heißt die raue, naturbelassene Landschaft der Umgebung – nennt. Geschäfte reihen sich beiderseits der langen Hauptstraße.

Da Dunglow in einer **Gaeltacht** (einem gälisch-sprachigen Gebiet) liegt, sieht man auf Straßenschildern in der Gegend oft ausschließlich den irischen Namen „An Clochán Liath" (= Der graue Trittstein). Noch verwirrender wird das ganze durch variierende Schreibweisen des englischen Namen. Alternativ zu Dunglow ist auch Dungloe weit verbreitet.

Ende Juli/Anfang August geht es beim **Festival Mary of Dunglow** hoch her; in den Pubs ist die Sperrstunde aufgehoben, überall in den Straßen wird musiziert und getanzt, und zum Abschluss steht die Wahl der *Miss Dunglow* an.

Burtonport

II/A2

Nach 8 km auf der R 259 erreicht man den kleinen teilweise noch gälischsprachigen Hafenort Burtonport (irischer und auf lokalen Ortsschildern verwendeter Name: Ailt an Chorráin = Gekrümmte Schlucht). Angeblich werden an keinem anderen Pier in lrland mehr Lachse und Hummer umgeschlagen als in Burtonport – schaut man auf den wahrhaft **winzigen Hafen,** so kommen Zweifel an dieser Behauptung auf.

Ein Pint oder auch frische Meeresfrüchte bekommt man im *Pub and Restaurant Lobster Pot* (Tel. (074) 9542012, www.lobsterpot.ie).

Arranmore-Insel

II/A2

Burtonport ist Ausgangspunkt für eine Überfahrt zu der Arranmore-lnsel; eine kleine **Autofähre** verkehrt je nach Saison bis zu achtmal am Tag hin und zurück, die Mitnahme des Wagens auf das 10 km² große Eiland lohnt jedoch nicht (www.arranmoreferry.com, Tel. (074) 95 42233, Fußpassagiere hin und zurück 15 €/7 €). Rund 600 Einwohnern leben auf der Insel, doch konzentrieren sich die Häuseransammlungen an der Südostküste. Die westlichen und nördlichen Regionen sind sehr einsam.

Den besten Aussichtspunkt auf die Klippen und das Meer hat man vom **Leuchtturm,** der am nördlichen Zipfel des Eilands die Schiffsrouten sichert, nahebei erstreckt sich auch einer der schönsten Strände. Einmal rund um die Insel führt ein **Wanderweg,** für den man bis zu fünf Stunden einplanen muss, und vor der Südküste liegt das **Vogelschutzgebiet** Green Island. **Getränke** und **Mahlzeiten** bietet *Bonner's Ferryboat Restaurant,* das auch gleichzeitig ein B & B ist, Tel. (087) 6266928. **Unterkunft** findet man ebenfalls im *Arranmore Hostel,* Leabgarrow, Tel. (074) 9520015.

Crolly

II/B2

Von Burtonport führt die R 259 in einem großen Bogen zu der Gaeltacht-Streusiedlung Crolly (gälisch auf Ortsschildern: Croichshlí und Croithlí).

Am Beginn des Weilers, von Burtonport kommend, ist **Leo's Tavern** (www.leostavern.com) ausgeschildert, die Attraktion des Ortes. Der berühmteste Pub von Donegal wird von *Leo Brennan,* dem Vater von drei Mitgliedern der Folkrock-Gruppe *Clannad* geführt. Mitte Juli, zur Jack's Fair, gibt es das Beste an Musik weit und breit, auch zu anderen Zeiten verspricht ein Schild: *Live Music Every Night, Home of Good Music, Bar Snacks and Seafood.*

> Traumstrand im hohen Norden

Tory Island

II/B1

Von Crolly geht es über die R 257 nach **Bunbeg,** entlang der Straße reihen sich endlos die Flachbauten mit B-&-B-Unterkünften aneinander.

Von Bunbeg könnte man eine **Fähre** nach Tory nehmen, die etwa anderthalb Stunden unterwegs ist, kürzer ist aber die Überfahrt vom **Magheraroarty-Pier.** Die Fahrt dorthin geht weiter auf der R 257. Der Zipfel, der hier ins Meer ragt, wird Bloody Forehead genannt, da während des abendlichen Sonnenuntergangs

137IRL hg

die Felsen rötlich schimmern sollen. Bald gelangt man zum Weiler **Min Larach,** wo sich an einem langen Sandstrand der Magheraroarty-Pier befindet. Von hier verkehren die **Fähren** *Toraigh na dTonn* und *Tormór* (oder gelegentlich auch die *Whispering Dawn*) von April bis Oktober (*Toraigh na dTonn,* Tel. (074) 9135920, *Tormór* Tel. (074) 9531340, www.toryislandferry.ie), das ganze Jahr hindurch nach Tory Island. Der Pier ist von der oberhalb der Küste verlaufenden Straße gut zu erkennen. Die Überfahrt von Magheraroarty dauert ca. 35 Minuten, bei verstärktem Wellengang kann sie sehr rau sein. Bei schlechter Wetterlage kann auch mal eine Rückfahrt gestrichen werden und zu einer unfreiwilligen Verlängerung des Aufenthaltes auf der Insel führen.

Auf das 142 Seelen zählende Eiland, dessen Einwohner als erste Sprache Gälisch sprechen, verirren sich nur wenige Besucher, zwei Häuseransammlungen – **East Town** und **West Town** – haben einige wenige Lebensmittelläden, ein paar B & Bs sowie auch das 14-Zimmer-Hotel *Óstán Thoraí* (ausgesprochen etwa oostaan horri = Hotel Tory), West Town, Tel. (074) 9135920.

Am Pier beginnt ein 4 km langer **Wanderweg.** Interessant sind die an den Klippen nistenden Kolonien von Papageitauchern *(puffins).* Auf Tory kommt auch der ansonsten in Europa sehr seltene Wachtelkönig *(corncrake)* vor. Von historischem Interesse sind der Rundturm aus dem 6. oder 7. Jahrhundert, **The Bell Tower,** sowie das Antoniuskreuz **Tau Cross** aus dem 12. Jahrhundert, von dem es nur zwei in Irland gibt. Spät abends finden in der Bar des Hotels und im Club *Sóisialta Thóraí* (englische Übersetzung: *Tory Social Club*) oft spontane traditionelle Musik-Sessions oder *Céilís* (traditioneller irischer Tanz) mit Einheimischen und Besuchern statt.

Inishbofin II/B1

Ebenfalls von **Magheraroarty Pier** gelangt man per Fähre auf die Insel Inishbofin (= Insel der weißen Kuh), die den gleichen Namen wie eine Insel vor der Küste der Connemara trägt (siehe Tour 6). Nur 36 Menschen leben laut Volkszählung auf dieser etwa 3 km vom Festland entfernten Insel, wobei die meisten Einwohner mittlerweile im Winter auf das Festland gehen. Wer etwas Gälisch gelernt hat, kann es hier anwenden. Die Insel hat Sandstrände und Felsenküste und bietet sich, ähnlich wie Tory Island, für **Vogelbeobachtungen** an.

Nach Bedarf fährt das **Schiff** *Carmel Olivia* (Info: *Mícheal Ó Briain,* Tel. (087) 6279789) die zehnminütige Strecke auf die Insel. Infos zu individuellen Übernachtungsmöglichkeiten auf der Insel unter Tel. (074) 9136535, Camping-Infos unter Tel. (087) 6279789.

Dunfanaghy II/B1

Nun fährt man weiter Richtung **Gortahork** (gälisch: Gort an Choirce). In dieser Streusiedlung ist das Gälische noch sehr lebendig, viele Nordiren kommen zum Erlernen oder Üben der irischen Sprache hierher. *Gerry Adams,* der Präsident von *Sinn Féin,* hat hier ein Ferienhaus. Hier wurden, oft aus der Ferne observiert von der Polizei der Republik Irland, wichtige Entscheidungen der Führungsspitzen von *IRA* und *Sinn Féin* im nordirischen Friedensprozess getroffen.

Von Gortahork führt die N 56 entlang der Küste zu dem Dörfchen Dunfanaghy, ebenfalls ein typischer Donegal-Weiler. Über eine sechs Kilometer lange Stichstraße gelangt man vorbei an Mooren zu den 200 m hohen **Klippen von Horn Head.** Weiter der N 56 folgend und vorbei am Ards Forest Park – ein Abstecher lohnt – führt ab dem Ort Creeslough die R 245 nach **Carrickart.**

In der Umgebung

Atlantic Drive

Über die R 248 geht es nach **Downings** (Gälisch: Na Dúnaibh, Englisch auch Downies). Während der Fahrt hat man gute Ausblicke aufs Meer und die gegenüberliegende Fanad-Halbinsel. Downings hat einen **langen Sandstrand** (Sheephaven Bay), an dem sich der vor allem auf Mobile Homes spezialisierte Campingplatz *Casey's Caravan Site,* Tel. (074) 9155301, befindet. Hier verbringen vor allem nordirische Familien ihren Urlaub. Zelten kann man auf diesem Platz auch. In Downings beginnt die landschaftlich imposante **Panoramastrecke Atlantic Drive.** Am besten erkundet man die 12 km jedoch zu Fuß.

Ein Stückchen hinter Downings achte man auf das nach links in eine Stichstraße weisende Schild „Singing Pub", in der Taverne gibt es regelmäßig Folk Sessions. Ca. 3 km weiter sorgt die An-Óige-Jugendherberge *Trá na Rosann,* Downings, (Tel. (074) 9155374, heaney@anoige.ie) für **Unterkunft,** der schöne Sandstrand gleichen Namens liegt direkt vor der Haustür.

2 km weiter taucht ein weiterer einladender Strand, **Boyeeghter Strand,** auf, an dem man allerdings nicht schwimmen gehen sollte, eine große **Warntafel** weist auf die Gefahren hin. Die Einheimischen nennen diesen Strand *Murder Hole* (Mörderloch), denn gefährliche Strömungen ziehen selbst gute Schwimmer auf das offene Meer hinaus.

Wenige Meter weiter ist die Trasse zu Ende und zum **Melmore Head,** dem nördlichsten Zipfel der Halbinsel, geht es nur noch per pedes weiter. Man geht dann zurück zur Straße und folgt dem *Atlantic Drive.* Am Ende kommt man wieder in Downings an.

Fanad-Pensinsula

III/CI-2

Rathmelton III/C2

Zurück in Carrickart, führt die R 245 über Millford nach Rathmelton (auch Ramelton geschrieben) – und hier beginnt der 80 km lange, ausgeschilderte **Fanad Drive,** die Rundfahrt auf der Fanad-Peninsula. Man sollte unbedingt der hier vorgeschlagenen Route folgen. Zwar könnte man schon von Millford gen Norden und im Uhrzeigersinn den Fanad Drive befahren und damit einige Kilometer einsparen, doch dagegen spricht ein Grund, der sich allerdings erst während der Tour offenbart.

Rathmullan III/C2

Von Rathmelton geht es entlang der R 247 zum Örtchen Rathmullan, das mit seiner netten Häuserreihe entlang der Seefront recht gemütlich wirkt.

Ca. 2 km vor dem Ortseingang lockt das *Waters Edge Restaurant* mit seinen guten Meeresfrüchten und B & B, Tel. (074) 9158182, www.thewatersedge.ie, und in *Murray's Bar* kann man seinen Durst löschen. Im Dorf selbst befindet sich das Hotel *Rathmullan House* (www.rathmullanhouse.com). Im sehr guten Hotelrestaurant *The Weeping Elm* bereitet Chefkoch *Ian Orr* Gerichte mit irischen Zutaten. Preiswerter kann man in den beiden anderen Lokalen im Hotel essen: *Batt's Bar & Café* (nur tagsüber) und in der *Cellar Bar and Eatery*.

Mitten im Ort ragt die **Ruine eines Klosters** auf, das im Jahre 1508 für den Karmeliterorden errichtet, aber schon 1595 von englischen Soldaten geplündert wurde. Danach diente es als Armeeunterkunft, und ab 1618 residierte ein Bischof in den Gemäuern.

Von Rathmullan aus gingen im Jahre 1607 heimlich etwa 90 irische Fürsten aus dem Norden ins Exil, was zur Besiedlung Ulsters mit Protestanten aus Schottland und England führte. Im **Flight of the Earls Heritage Centre** am Hafen wird dieses Ereigniss und dessen Folgen thematisiert (3 €/2 €). Die Zukunft des Museum ist derzeit allerdings ungewiss.

Portsalon III/C1

Weiter fährt man die R 247 in Richtung Portsalon. Nach 15 km folgt man der Ausschilderung und biegt rechts ab.

Sechs Kilometer vor Portsalon biegt man dann um eine Felsnase, und dem Fahrer bietet sich ein wahrhaft atemberaubender **Ausblick:** Tief unten leuchtet ein mehrere Kilometer langer, elegant geschwungener **Sandstrand** vor den türkisblauen Fluten. Eine Ausbuchtung am Straßenrand sorgt dafür, dass man in Ruhe diesen landschaftlichen Höhepunkt betrachten kann. Wäre man die Strecke in umgekehrter Richtung gefahren, hätte man diese Aussicht höchstwahrscheinlich nicht bemerkt. Das Gestade ist sicherlich eines der schönsten des Landes.

In Serpentinen windet sich die Straße steil nach unten; am Strand angekommen, weist ein Schild den interessierten Besucher darauf hin, dass hier regelmäßig die Beschaffenheit des Wassers mittels Analyseproben kontrolliert wird.

Ein Stückchen weiter dann ist das winzige, aber sehr freundlich wirkende Dörfchen Portsalon erreicht, das am Ortseingang einen kleinen Strand mit zugehörigem Picknickplatz sowie einen **Neun-Loch-Golfplatz** zu bieten hat.

Am Pier von Portsalon befinden sich ein weiterer kleiner und geschützter **Strand.** *Sarah's Restaurant*, www.portsalon.net/sarah und der zwei Minuten Fußmarsch vom Pier entfernte Pub *The Stores Olde World Bar* (www.portsalon.net/stores) sorgen für's leibliche Wohl.

In Portsalon können kleine Ferienhäuschen gemietet werden, aber auch einige B & Bs sind vorhanden.

Am Fanad Head

138IRL hg

Fanad Head III/C1

Weiter geht es gen Norden auf unklassifizierten Straßen und vorbei an einem Café. Nach ca. 6 km weist eine Ausschilderung nach rechts, und es geht ungefähr 1,5 km eine Schotterpiste entlang zu dem *The Arch of Doaghbeg* genannten, riesigen Felsbogen, der an der Steilküste in der Brandung steht. Wenige Minuten Fahrt, und man gelangt zum Fanad Head, der mit einem Leuchtturm bewehrt ist.

Wer **Hunger** oder **Durst** verspürt, kann nahe dem Leuchtturm in der *Lighthouse Tavern* etwas trinken oder bekommt über Mittag eine Reihe von *Pub Grubs* serviert.

Carrowkeel III/C1

Im weiteren Verlauf führt der ausgeschilderte Fanad Drive wieder nach Süden zum Örtchen Carrowkeel (331 Einwohner). Kurz bevor man das Dorf erreicht, hat man einen guten Blick auf die Broad Water Bay und die dahinterliegende Rosguill-Halbinsel.

Verwirrenderweise wird der Ort auch Quigley's Point genannt. Diesen Namen sieht man vor Ort auf Schildern und auf dem Postamt. Der gälische Name des Ortes ist An Cheathrú Chaol (= Das schmale Viertel). Übrigens gibt es auch in Mayo einen Ort namens Carrowkeel.

Letterkenny III/C2

Entlang der Küstenstraße geht es über Millford und Rathmelton nun über die R 245 nach Letterkenny, dem ökonomischen Zentrum des County Donegal.

Die 15.062 Einwohner zählende Stadt und damit die Metropole Donegals eignet sich gut als Standquartier, um das Inland oder den Norden zu erkunden.

Letterkenny ist eine **moderne Universitätsstadt** mit einem lebendigen Nachtleben und einem vielseitigen kulturellen Angebot. Hervorzuheben sind das **Grianán Theatre,** Port Road, www.angrianan.com, sowie auch das daneben befindliche **Regional Cultural Centre,** www.donegalculture.com, in dem Musikveranstaltungen, Filmvorführungen sowie Kunstausstellungen stattfinden. Ein Wahrzeichen Letterkennys ist übrigens die **St. Eunan's Cathedral,** die im späten 19. Jahrhundert erbaut wurde.

Im **Donegal County Museum,** High Road, Tel. (074) 9124613, wird in Dauer- und Sonderausstellungen die Geschichte des County von der Steinzeit bis heute dargestellt (Mo–Fr 10–12.30 Uhr, 13–16.30 Uhr, Sa 13–16.30 Uhr, Eintritt frei).

Tourist Information

- Blarney Road, Tel. (074) 9121160.

Unterkünfte

- **Silver Tassie Hotel** €€, Ramelton Road, Tel. (074) 9125619, Fax 9124473, www.silvertassiehotel.com;
- **Ardlee** €(Mrs. Elizabeth Cullen), Gortlee, Tel./Fax (074) 9121943, www.ardleehouse.ie;
- **Glencairn House** € (Mrs. Maureen McCleary), Ramelton Road, Tel. (074) 9124393, www.glencairnhousebb.com;
- **White Park** € (Mrs. Ann O'Donnell), Ballyraine, Tel. (074) 9124067, www.accommodationletterkenny.com;
- **Larkfield B & B** € (Mrs. Philomena Mc Daid), Drumnahoe, Tel. (074) 9121478, www.bandbletterkenny.ie.

Restaurants

- **The Lemon Tree Restaurant** €€, Lower Main Street, www.thelemontreerestaurant.com, laut Eigenwerbung eine Mischung aus „traditional Irish and French Classic";
- **Pat's on the Square** €, Market Square, www.patsonthesquare.patspizzas.com, dort wo Upper und Lower Main Street aufeinanderstoßen. Pizzeria;
- **The Yellow Pepper Restaurant** €, Lower Main Street, www.yellowpepperrestaurant.com, preiswertes Lokal mit großer Auswahl, die nur regionale und irische Zutaten verwenden.

Pubs

- **Cottage Bar,** Upper Main Street, neben der Post, regelmäßig Live-Musik;

■ **McGinley's,** Lower Main Street, sehr gemütliche Pub-Atmosphäre um den runden Tresen, beliebteste Kneipe im Örtchen, regelmäßig Live-Musik;
■ **The Cavern,** Lower Main Street, www.thecavern.ie, in der Saison spielen hier regelmäßig Bands jeglicher Couleur auf.

Verbindung

■ **Busse** mehrmals täglich von Dublin, Cork, Limerick, Sligo, Donegal und Galway.

In der Umgebung

Glenveagh-Nationalpark II/B2

Nordwestlich von Letterkenny, erreichbar über die N 56 und R 255 (ausgeschildert), erstreckt sich rund um den Lough Veagh der erst 1986 eingeweihte und 10.000 ha große Glenveagh-Nationalpark und lockt mit seiner reichen Vegetation die Besucher an. Naturlehrpfade und viele Wanderwege durchziehen das geschützte Areal. Im **Visitor's Centre,** am Nordostende des Lough Veagh, bekommt man Informationen zur Flora und Fauna. Vorsichtshalber sollte man bei Touren in die Umgebung das Ziel

Der Glenveagh-Nationalpark

Die gepflegten Gartenanlagen von Schloss Glenveagh mit ihren vielen **exotischen Pflanzen** stehen im starken Kontrast zu der umgebenden Bergwelt des Nationalparks. Die Hügelflanken und die Täler sind mit Torfmoosen und Heidekräutern bewachsen, im Frühjahrs und im Sommer geben die blühenden Pflanzen dieser eintönig grünen Decke eine Menge Farbtupfer, dann erstrahlen der Blutwurz *(Potentilla erecta)* und die Moorlilie *(Narthecium ossifragum)*. Drei kleine Regionen des Nationalparks sind mit Eichen und Birken bewaldet. Zwischen den Bäumen wächst Hautfarn *(Hymenophyllum)*.

Reich ist die **Vogelwelt,** Kolkraben *(Corvus corax)* und Moorschneehühner *(Lagopus scoticus)* sind in dieser Bergkette heimisch. Geübte Ornithologen erkennen aber sicher auch den Wanderfalken *(Falco peregrinus)*, den *Merlin (Falco columbarius)*, Wiesenpieper *(Anthus pratensis)* und das Schwarzkehlchen *(Saxicola torquata)*. Seit langem äst hier auch die größte Population an Rotwild der Art *Cervus elaphus;* schon seit dem 19. Jahrhundert schützt die Tiere ein fast 50 km langer Zaun.

Im Lough Veagh tummeln sich viele **Fische,** vor allem *Seeforellen (Salmo trutta lacustris)*, geringer ist der Bestand an Meerforellen *(Salmo trutta trutta)*, doch selbst Lachse *(Salmo salar)* sind vorhanden. Weitere Informationen zu **Angellizenzen** findet man auf www.donegalholidays.com oder über Tel. (074) 9551141. Die Saison dauert vom 15. Juli bis zum 30. September.

und die ungefähre Rückkehrzeit im *Visitor's Centre* hinterlassen.

3 km vom Besucherzentrum entfernt liegt am Seeufer das aus dem 19. Jh. datierende **Schloss Glenveagh Castle,** das man nur im Rahmen einer 30-minütigen Führung besichtigen kann. Bis vor einigen Jahren gehörte das Anwesen einem Amerikaner mit irischer Abstammung, der die umgebenden Ländereien an den Staat verkaufte, Schloss und zugehörige Gärten aber dem irischen Volk stiftete (Aug.-Sept. 10–18 Uhr, Okt.-März 9–16 Uhr, der Eintritt zum Park einschließlich der Gärten ist kostenlos, Schlossführung 5 €/2 €, weitere Führungen nach Anfrage, www.glenveaghnationalpark.ie).

Grianan of Aileach

Unbedingt sollte man von Letterkenny eine ca. 30 km lange Fahrt in Richtung Derry (auf den Straßenschildern ist die nordirische Stadt Londonderry ausschließlich als „Derry" ausgeschildert) unternehmen und das **Steinfort** *Grianan of Aileach* – „Palast der Sonne", so die Übersetzung des gälischen Namens *Grianán Ailigh* – besuchen. Von der Hauptstraße N 13 weist eine Ausschilderung nach rechts, und über ein 5 km langes Sträßchen erreicht man die recht eindrucksvolle Befestigungsanlage.

Die runde **Steinmauer** ist 4 m dick und 5 m hoch und entstand wahrscheinlich im 1. oder 2. nachchristlichen Jahrhundert. Vom 5. Jh. dann diente das Steinfort für 700 Jahre als Sitz der lokalen Könige und wurde im 12. Jh. vom Herrscher von Munster als Rache für den Angriff auf seinen Königssitz zerstört. Wie die **Legende** überliefert, befahl er seinen Mannen, dass jeder einen Stein mitnehmen müsse. 1870 renovierte ein gewisser *Dr. Bernhard* aus Derry mit viel Engagement das Ringfort. Ihm verdanken wir die heute intakte Anlage.

Von den Mauern des Ringforts hat man einen **fantastischen Ausblick** auf die grüne, leichtgewellte Hügellandschaft, dann weiter über den Lough-Swilly-Fjord bis zur Fanad-Halbinsel.

Ausflug ins nordirische Derry/Londonderry III/C/D2

Von hier aus nun ist es nur noch ein Katzensprung bis nach **Derry** im zum Vereinigten Königreich gehörenden Nordirland. Die Überquerung der Grenze bemerkt man mangels Kontrollen kaum. Die Straßenschilder sind jenseits der Grenze nur noch englischsprachig, Derry wird als **L'derry** (= **Londonderry**) ausgeschildert. Auf kommunaler Ebene wird die Stadt übrigens Derry und das County Londonderry genannt.

In Nordirland gilt das **britische Pfund,** eigene nordirische Banknoten sind aber häufiger als solche von der Nachbarinsel. Der Euro wird aber in und um Derry zu mehr oder weniger guten Wechselkursen akzeptiert.

Glenties II/B3

Zurück zum Ausgangspunkt der Tour nach Donegal, geht es von Letterkenny nun die R 250 in Richtung Südwesten vorbei an einer grünen Hügellandschaft auf das sympathische Dörfchen Glenties (811 Einwohner) zu. Glenties ist in der Vergangenheit mehrfach zum saubersten Örtchen der Region gekürt worden, so teilt es das Ortseingangsschild *(Glenties Tidy Town Winner)* dem Besucher mit.

Attraktion ist das **St. Connell's Museum** (Mai–August täglich 10–18 Uhr, Besuch in anderen Monaten nach telefonischer Vereinbarung möglich, 2 €/1 €, Tel. (074) 9551766), das eine Vielzahl von interessanten Exponaten zur lokalen Kulturgeschichte aufbewahrt.

Unterkünfte

- **Highland Hotel** €, Tel. (074) 9551111, www.highlandshotel.ie;
- **Brennan's B & B** €, Main Street, Tel. (074) 9551235, www.brennansbnb.com;
- **Avalon** € (Mrs. Mary Ita Boyle), Glen Road, Tel./Fax (075) 9551292, www.avalonbedandbreakfast.net.

Restaurant & Pub

- **Molloy's Bar,** während der Saison fast täglich Live-Musik, der Bar ist der *Limelight Club* angeschlossen, zu dem an jedem Wochenende die Jugendlichen aus der gesamten Umgebung strömen;
- Das **Highland Hotel** (s.u.) verfügt auch über ein gutes Restaurant.

Verbindung

- **Bus von Killybegs** werktags mehrmals täglich.

☑ Das Steinfort Greanan of Aileach

040IRL hg

ENTLANG DES SHANNON – TOUR 8

Diese Tour führt entlang der schiffbaren Strecke des Shannon durch die **zentrale Kalksteinebene** der Insel. Vorbei an kleinen Örtchen rechts und links des Shannon passiert man die beiden bemerkenswerten Städte **Carrick-on-Shannon** und **Athlone.**

Die Region ist vor allem für diejenigen interessant, die mit dem **Kabinenkreuzer** auf dem Shannon und den vielen Seen kreuzen möchte.

Der Rundturm von Clonmacnoise

HIGHLIGHTS

Besondere Tipps*:

- Drumshanbo | 278
- Athlone Castle | 281
- Clonmacnoise | 283
- Portumna Castle | 285
- Garrykennedy Marina | 285

***Diese Tipps erkennt man im Buch an der gelben Hinterlegung im Kapitel.**

Der Shannon

Durch die zentrale irische Kalksteinebene (wegen der zahlreichen Seen auch die **irische Seenplatte** genannt) schlängelt sich der längste Fluss Irlands, der Shannon, bis er hinter Limerick in den Atlantik mündet. In seinem Verlauf bildet er Hunderte von kleinen Seitenarmen und verbreitert sich an mehreren Stellen zu großen Seen; von Nord nach Süd: **Lough Allen, Lough Key, Lough Boderg, Lough Bofin, Lough Forbes, Lough Ree** und **Lough Derg.**

Im Verlauf der Historie des Landes kämpften die einzelnen Stämme immer wieder um die Herrschaft über diese Wasserstraße, die Wikinger zogen mit ihren Booten entlang des Shannon zu Raubzügen ins Hinterland aus, die Anglo-Normannen und später die Briten sicherten sich ebenfalls mit Waffengewalt die Kontrolle über den Fluss und seine Seen. Im Jahre 1925 verabschiedete die Regierung des erst wenige Jahre unabhängigen Irlands die **Shannon Bill,** mit welcher der mächtige Fluss zur Energiegewinnung genutzt werden sollte, um dem Import britischer Kohle zu entgehen.

Der Shannon entspringt im County Cavan, im so genannten *Shannon Pot,* und ist bis zu seiner Mündung bei Limerick 368 km lang; die Quelle liegt 152 m über NN. Auf den ersten 15 km bis zum Lough Allen beträgt der Höhenunterschied 104 m, von Drumshanbo bis Killaloe fällt die Wasserstraße nur um 18 m ab, und von Killaloe bis Limerick beträgt das Gefälle 30 m. Von Drumshanbo im Norden bis Killaloe im Süden kann der Fluss von Booten befahren werden; rechnet man alle Seitenarme und die Seen zusammen, so kommt man auf eine **Gesamtstrecke von 1800 km,** die mit dem Kabinenkreuzer zu entdecken sind.

Bootsfahrt von Nord nach Süd

Modalitäten

Die einzigen nennenswerten Städte sind **Carrick-on-Shannon** und **Athlone.** Hier kann man auch Kabinenkreuzer mieten, ein Motorbootführerschein ist nicht erforderlich, das Mindestalter muss jedoch 21 Jahre betragen. Es empfiehlt sich aber vor allem während der Hauptsaison, bereits in Deutschland ein Boot gebucht zu haben. Auf einer kleinen Probefahrt wird man in alle technischen Details eingeweiht und bekommt eine detaillierte Karte, auf der Tankstellen, Anlegeplätze, Untiefen, Schleusen, Pubs und Restaurants eingezeichnet sind. Die besten Stützpunkte für Bootsanmietungen sind wegen ihrer günstigen Lage und der damit verbundenen vielen Möglichkeiten, unterschiedliche Regionen kennenzulernen, die Orte Banagher und Athlone.

Routen

Je nach Übergabeort des Bootes und nach Zeit lassen sich die folgenden Touren unternehmen:

- **Von Carrick-on-Shannon** hat man die Möglichkeit, den Lough Key zu erkunden, interessanter noch ist es, durch den Lough-Allen-Kanal entlang der Ufer des Allen-Sees zu kreuzen; gen Süden geht es in den Lough Boderg, wo eine Fahrt auf dem teilweise schiffbaren Mountain River lohnt. Abwechslungsreich ist auch die kanalisierte Strecke über den Lough Bofin bis in den Lough Ree.
- **Von Athlone** nach Norden geht die Fahrt ebenfalls in den Lough Ree, nicht versäumen sollte man einen Besuch auf Hare Island. Die meisten Skipper aber wird es von Athlone gen Süden nach Clonmacnoise, der berühmten frühchristlichen Klostersiedlung, ziehen.
- Das Örtchen **Banagher** liegt günstig sowohl für Fahrten über Clonmacnoise nach Norden in den Lough Ree als auch gen Süden in den Lough Derg.
- Von **Killaloe** geht es in den Lough Derg, wo der sicher schönste Anlegeplatz am Örtchen Garrykennedy liegt (häufig überfüllt).

Drumshanbo VIII/A2

Sehr schön am Südende des Lough Allen liegt das Dorf Drumshanbo (1061 Einwohner) mit seinem heimeligen Ortskern. Die Umgebung ist hügelig und es gibt **ausgeschilderte Wanderwege,** die teilweise auch für Fahrradfahrer geeignet sind.

Im Ortszentrum lohnt der Besuch des kürzlich renovierten **Sliabh an Iarann**

Visitor's Centre, in dem Besucher mit der Transport-, Wirtschafts- und Sozialgeschichte der Region zwischen den Bergen Sliabh an Iarainn und Arigna vertraut gemacht werden. Man bekommt hier Infos zu Wander- und Fahrradwegen in der Umgebung (April–Oktober, Do–Sa 10–18 Uhr, So 14–18 Uhr, der Eintrittspreis stand bei Redaktionsschluss noch nicht fest, Tel. (071) 9640678).

Fahrräder bekommt man bei *Morans*, einen Motorradladen mit Fahrradverleih (geschlossen Mi und So, www.morans motorcycles.com, Tel. (071) 9641974).

Unterkünfte

- **Lough Allen Hotel and Spa** €€, Tel. (071) 9640100, www.loughallenhotel.com, 4-Sterne-Hotel mit Fitness-Studio, Schwimmbad und Wellness-Angebot;
- **Berry's Tavern** €, High Street, Tel. (071) 9641070;
- **Cottages für Selbstversorger,** *Maguire's Cottages*, www.mcguiresirishcottages.com; Acres Cove, www.selfcateringleitrim.ie.

Pubs/Restaurants

- **Berry's Tavern,** High Street, gemütlicher Pub;
- **Conway's,** The Square, gemütlicher Pub, erste Adresse für irische Live-Musik im Ort;
- Es gibt zwei gute **Restaurants** im *Lough Allen Hotel:* das *Lakeside Bar & Bistro* €–€€ und das *Rushes Restaurant* €€–€€€.

Festival

- **An Tóstal** (Irisch für „der Festzug"): ein 1953 im ganzen Land eingeführtes Festival zum Zelebrieren des Lebens in Irland. Hat nur hier – ohne Unterbrechung (!) – überlebt und findet Ende Mai und Anfang Juni statt, www.antostalfestival.ie;
- **Joe Mooney Summer School:** Festival traditioneller Musik mit Kursen, Konzerten, *Céilís* und *Set-Dancing*. Benannt nach einem 1988 verstorbenen bekannten Politiker aus Drumshanbo. Im Juli, www.joemooneysummerschool.com;
- **Written Word Weekend:** Literaturfestival am August-Bank Holiday Weekend (erster Montag im August), writtenwordweekend.wordpress.com.

Verbindung

- **Bus** von Sligo nur werktags;
- **Busse** von Dromod und Carrick-on-Shannon nur an Werktagen.

Leitrim VIII/A3

Entlang der R 280 geht es gen Süden; nach wenigen Minuten Fahrt ist das Dorf Leitrim erreicht, das den gleichen Namen wie das County trägt. Das Straßendörfchen wird von einem **Kanal** durchflossen, dessen Bootsverkehr man von der unmittelbar daneben gelegenen *Carthy's Bar* (www.leitrimpub.com) beobachten kann.

Carrick-on-Shannon VIII/A3

Schnell ist nun Carrick-on-Shannon (2595 Einwohner) erreicht. Der Administrationssitz des County Leitrim und die **große Marina** sorgen für den sichtbaren Wohlstand im gepflegten Örtchen. Eine alte Steinbrücke führt über den Shannon, und eine Reihe von Kunsthandwerksgeschäften und Anglerausrüstungsläden, Lebensmittelgeschäfte, Pubs und Restaurants machen Carrick zu einem **Zentrum der Freizeitkapitäne.**

Ein Kuriosum ist die winzige, 4,80 m lange und 3,60 m breite, 17 m² große **Costello Memorial Chapel** an der Ecke Bridge Street/Main Street. *Edward Costello*, ein Bürger Carricks, ließ 1877 diese Kapelle im Gedenken an seine im Alter von 46 Jahren verstorbene Frau errichten. Links im Boden eingelassen und mit einer Glasplatte bedeckt, ruht die Gemahlin in einem Sarg, rechts liegt der Gatte, der im Jahre 1891 das Zeitliche segnete. Angeblich ist die Kapelle die zweitkleinste der Welt (der Besucher bekommt jedoch leider nicht mitgeteilt, wo die kleinste steht).

Tourist Information

- Nahe der Brücke über den Shannon an der Marina, Tel. (071) 9620170.
- **www.mycarrick.ie**

Unterkünfte

- **Bush Hotel** €, Main Street, Tel. (071) 9671000, Fax 9621180, www.bushhotel.com;
- **Carrick Plaza Suites** €€, Town Centre, Tel. (071) 9672001, www.carrickplazasuites.ie, kein Frühstück erhältlich, Zimmer mit Kühlschrank und Apartments mit Küchenzeile;
- **Aisleigh Guest House** €, Dublin Road, Tel. (071) 9620313, www.aisleighguesthouse.com, 1 km außerhalb;
- **Hartley Lodge** € (Ruth Cashill & Martin Barnes), Hartley, Tel. (071) 9650883, www.hartleylodge.com, Laufweite zum Ortszentrum;
- **Lock View House B & B** €, Kilclare, Tel. (071) 9640790, www.bedandbreakfastleitrim.com, 10 km außerhalb.

Restaurants

- **Vitto's Italian Restaurant & Bar** €€, Bridge Street, Tel. (071) 9627000, im Ortszentrum, www.vittosrestaurant.com, ambientereich, hell und gemütlich, Pizzas, Pasta, Risottos und Grillgerichte;
- **The Oarsman**€–€€€, Bridge Street, Tel. (071) 9621 733, www.theoarsman.com, Restaurant und Gastro-Pub von den Brüdern *Ronan* und *Conor Maher* betrieben, Bio-Nudeln, Wraps, Sandwiches, Fischgerichte und wechselnde Tagesgerichte, kleine Gerichte und Snacks im Pub; Fasan, Steak und anderes (auch vegetarisches Tagesgericht) im Restaurant;
- **Chung's Chinese Restaurant**€, Main Street, Tel. (071) 9620777, preiswertes chinesisches Restaurant;
- **Coffey's Pastry Case**€, Bridge Street, Tel. (071) 9620929, preisgünstige Snacks.

Pubs

- **Anchorage Bar,** Bridge Street, beliebt beim Jungvolk von Carrick;
- **Flynn's Corner House,** Ecke Main Street und Bridge Street, altmodisches Pub mit Live-Sessions;
- **Cryan's,** Bridge Street, Traditional Music Bar, mit angeschlossenem Restaurant, es gibt auch vegetarische Speisen;
- **Dunnes Bar,** Main Street, www.dunnesbar.ie, mit Biergarten und regelmäßiger Live-Musik;
- Internetcafé **Gartlan's Cyber Café,** Bridge Street, www.gartlans.ie.

Verbindung

- **Busse** mehrmals täglich von Dublin, Sligo, Dromod, Galway, Athlone.

Dromod VIII/A3

Über die N 4 geht es weiter nach Süden; am Lough Bofin passiert man dabei die beiden winzigen Siedlungen Dromod und Roosky. Ca. 500 m vom Zentrum entfernt hat Dromod einen **kleinen, schön angelegten Hafen,** umgeben von gepflegten Grünflächen, auf denen die Bootsbesatzungen wie auch die Besucher an warmen Tagen picknicken. Die Zufahrt dahin verläuft von der Hauptdurchgangstraße bei *Cox's Bar and Steakhouse.*

Das nächste Dorf ist **Roosky** und dann ist es nicht mehr weit bis Athlone, das am südlichen Ende des Lough Ree liegt.

Athlone XIII/D2

Athlone ist mit 6958 Einwohnern die größte Stadt der *Lakelands* und liegt geografisch in der Mitte der Grünen Insel. Durch die Autobahn M6 wird Athlone mit Galway im Westen und Dublin im Osten verbunden. Die kleine Metropole ist das **ökonomische Zentrum** eines weiten Einzugsgebietes, Sitz einer Technischen Hochschule und verfügt über einige sehr gute Restaurants.

Im 13. Jh. erbauten die Normannen eine starke Befestigung an dieser strategisch günstigen Stelle; drei Versuche benötigten im 17. Jh. die Truppen *Wilhelms von Oranien,* um die mächtigen Bollwerke einzunehmen.

Das Schlossmuseum **Athlone Castle** wurde im Sommer 2012 renoviert und wird voraussichtlich Ende 2012 wieder eröffnet. Im Bergfried soll es um die Geschichte der Belagerung von Athlone durch die Truppen von *Wilhelm von Oranien* gehen, während in anderen Gebäuden in modernen audiovisuellen Präsentationen die Stadt- und Burggeschichte thematisiert wird. Aktuelle Informationen gibt es unter www.athlone heritage.ie/athlone-castle und Tel. (090) 6442100. Rund um die Burg in den Straßen Main Street und Castle Street ist noch einiges an Atmosphäre zu finden.

Athlone ist auch **Zentrum des Angler- und Bootstourismus** für den größten aller Shannon-Seen, den Lough Ree.

Von der **Uferpromenade Strand** kann man Bootsausflüge zur frühchristlichen Klosteranlage Clonmacnoise unternehmen oder aber auch auf einer Kreuzfahrt den Lough Ree kennen lernen.

Vom Strand erkennt man auch gut das flussabwärts gelegene, halbkreisförmige Wehr, an dem viele Angler in ihren Booten sitzen und fischen. Kabinenboote können dieses Wehr mittels einer **Schleuse** durchfahren.

Tourist Information

- **Athlone Tourist Information Office,** Church Street, Tel. (090) 6494630.
- **www.athlone.ie**

Unterkünfte

- **Hodson Bay Hotel** €, Tel. (090) 6442000, Fax 6442020, www.hodsonbayhotel.com;

142IRL hg

Riverview House € (Mrs. Carmel Corbett), Galway Road, Tel. (090) 6494532, www.riverviewhousebandb.com;

Villa St. John € (Mrs. Maura Duggan), Roscommon Road, Tel. (090) 6492490, www.villastjohn.ie;

B & B Logh Ree Lodge € (Mrs. E. Kelly), Kiltoom, Tel. (090) 6489214, www.loughreelodge.com;

Campingplatz *Lough Ree (East) Caravan and Camping Park,* Tel. (090) 6478561, am Ufer des Lough Ree gelegen, von Athlone auf der N 55 3 km nach Norden bis nach Ballykeeran, wo der Campingplatz sich hinter dem Steinhaus befindet.

Restaurants

Wineport Restaurant €€, im Weiler Glasson, Tel. (090) 6439010, www.wineport.ie, wenige Kilometer nordöstlich an der N 55, eines der besten Lokale von Athlone, gute Fleisch- und Fischgerichte;

The Left Bank Bistro€, Fry Place, Tel. (090) 6494446, www.leftbankbistro.com, unterhalb der Burg gelegen, mehrfach preisgekröntes kleines und gemütliches Bistro;

Pavarotti's Restaurant €€, Fry Place, Tel. (090) 6493066, unterhalb der Burg gelegen, Pizzas und Pasta, ein freundliches, kleines italienisches Lokal;

The Olive Grove Restaurant €, Custume Pier, Tel. (090) 6476946, www.theolivegrove.ie, am rechten Ufer des Shannon, gemütliches kleines Lokal;

Kin Khao €€, Abbey Lane, Tel. (090) 6498805, www.kinkhaothai.ie, für authentische thailändische Küche gelobtes Restaurant.

Der Shannon bei Athlone

Pubs

- **Sean's Bar,** Main Street, an der Burg, interessantester Pub von Athlone und angeblich der älteste Irlands, seit 900, ein langer niedriger und dunkler Raum, die Einrichtung scheint aus jenem Jahrhundert zu stammen, nach hinten ein kleiner Biergarten, von dort nur wenige Schritte bis zum Shannon, regelmäßig Folk Music;
- **The Castle Inn,** Main Street, www.thecastleinathlone.com, nette Kneipe unterhalb der Burg.

Verbindung

- **Busse** mehrmals täglich von Dublin, Westport, Cork, Sligo, Carrick-on-Shannon, Galway und Roscommon.
- **Züge** mehrmals täglich von Dublin, Westport und Galway.

Clonmacnoise XIII/D2

Von Athlone geht es nun ein Stück die N 6 in Richtung Dublin, dann rechts ab in die N 62 nach Süden und bald wieder rechts ab, der Ausschilderung Clonmacnoise folgend, kommt man zu der nach Glendalough bedeutendsten **frühchristlichen Klosteranlage** Irlands, Clonmacnoise. Natürlich kann man die Entfernung auch mit dem Boot zurücklegen. Direkt unterhalb der Klosteranlage befindet sich die Bootsanlegestelle.

Landschaftlich schön eingerahmt vom Shannon liegen die Ruinen oberhalb des Flusses. Um das Jahr 550 gründete der *hl. Kieran,* ein Glaubensbruder des in Irland nicht minder berühmten *hl. Kevin,* diese Mönchssiedlung, die dank ihres Abtes zu einem bekannten Zentrum kirchlicher Gelehrsamkeit heranwuchs.

Glaubt man der **Legende,** so soll *Kieran* nicht nur die Menschen, sondern auch die Tiere des Waldes in seinen heiligen Bann geschlagen haben: Ein Fuchs nämlich trug ihm den Psalter, und ein Hirsch stellte dem Heiligen sein ausladendes Geweih als Lesepult für die Bibel zur Verfügung.

Natürlich blieb auch das reiche Clonmacnoise während des 9. bis 13. Jh. nicht von den Raubzügen der Wikinger und später von Plünderungen der Anglo-Normannen verschont. Schenkt man den alten Chroniken Glauben, so plante der Wikinger-Fürst *Turgesius* gar die Ausrottung der Christenheit, ließ daher im Jahre 845 seine Frau *Ota* als Orakel auf dem Hochaltar fungieren und heidnische Bräuche zelebrieren. All dies überstand das Kloster, doch nachdem im Zuge der von *Heinrich VIII.* verordneten Reformation 1552 sämtliche Kirchenschätze und das gesamte liturgische Gerät geraubt wurden, erholte sich diese geistige Stätte nicht mehr und verfiel zusehends.

Vor dem Eingang des Klosterareals breitet sich ein ehemaliges **Normannen-Kastell** aus, dessen Erdwälle noch gut erkennbar sind. Im Besucherzentrum hat man die Möglichkeit, eine Anzahl von **frühchristlichen Grabsteinen** zu bewundern, welche aus dem 8. und 12. Jahrhundert datieren und einst flach auf den Gräbern lagen. Darüber hinaus informiert das *Visitor's Centre* über die Geschichte von Clonmacnoise sowie über die Flora, Fauna und Landschaft der Region.

Im Mittelpunkt des Komplexes ragt die **Kathedrale** auf, deren einzelne Bauteile aus dem 10–15. Jahrhundert stammen. Über dem Nordportal erkennt man neben anderen großen Kirchenmännern den *hl. Patrick.*

Östlich der Kathedrale befindet sich noch die kleine Kirche **Temple Kieran** (9. Jh.), in der sich das Grab des Klostergründers befinden soll. Im Norden des Bezirks stehen **Temple Connor,** eine aus dem 11. Jahrhundert datierende, heute protestantische Kirche, und **Temple Finian,** das aus dem 12. Jahrhundert stammende Gotteshaus mit einem an den Chor angebauten, 17 m hohen Rundturm. Ein weiterer, 18 m hoher **Rundturm,** der O'Rourke's Tower, steht frei auf dem Gelände.

Drei beachtenswerte **Hochkreuze** schmücken die Klosteranlage; das Inschriftenkreuz, das nach einhelliger Meinung von Kunsthistorikern zu den schönsten seiner Art in ganz Irland gehört, erhebt sich vor der Kathedrale. An der Westseite sieht man den Verrat von Judas, die Gefangennahme Christi, den Gekreuzigten und die Bewachung seines Grabes; an der östlichen Seite sieht man, wie *König Dermot* dem *hl. Kieran* beim Kirchenbau zur Hand geht, oben tagt das Jüngste Gericht. Auf der Südseite sieht man einen Bischof sowie *David* mit der Harfe, auf der Nordseite dann einen weiteren Bischof, eine Figur mit Flöte sowie einen Falkner, am Sockel Reiter, Kriegswagen, Jäger und verschiedene Tiere. Zwei weitere Hochkreuze stehen nördlich bzw. südlich von diesem.

Am Eingang lohnen rund 200 **Grabsteine** aus dem 8.–12. Jahrhundert einen längeren Blick, deutlich erkennt man die Unterschiede der über die Jahrhunderte entstandenen Steinmetzkunst. Häufig findet sich die eingemeißelte Formulierung „OR DO...", was soviel wie „ein Gebet für ..." bedeutet.

Außerhalb des ummauerten Klosterareals befindet sich die gut erhaltene, 1167 vollendete **Nun's Church** (Nonnenkirche). Jährlich am 9. September, dem Tag des *hl. Kieran,* gibt es eine Wallfahrt nach Clonmacnoise, vor einem überdachten Freialtar zelebriert ein Priester die Messe.

Das Klostergelände ist immer zugänglich, das **Besucherzentrum** ist geöffnet von Juni bis August 9–18.30 Uhr, sonst 10–18 Uhr, November bis Mitte März nur bis 17.30 Uhr, Tel. (090) 9674195, 6 €/2 €.

Shannonbridge XIII/D2

Von Clonmacnoise geht es weiter in südlicher Richtung zum Straßendorf Shannonbridge. Wie der Name schon sagt, überspannt hier eine schmale Brücke den Shannon; sie ist mit einer **Ampelanlage** gesichert. Unterhalb der Flussüberspannung befindet sich die kleine Anlegestelle für Boote.

Am Ortseingang lockt der Pub *Killeen's Village Tavern,* Tel. (090) 9674112.

Am westlichen Ufer befinden sich große **Befestigungsanlagen,** die von den Engländern während der napoleonischen Kriege errichtet worden waren. Heute ist dort das gute *Old Fort Restaurant* untergebracht, Tel. (090) 9674973, www.theoldfortrestaurant.com, das hervorragende Gerichte serviert.

Portumna XIII/C3

Durch das Straßendorf **Banagher** mit einer stark frequentierten Marina sowie ein paar Restaurants (z.B. *Flynn's*) und

Übernachtungsmöglichkeiten (z.B. *Brosna Lodge Hotel*, www.brosnalodge.com) geht es weiter nach Portumna, der traditionellen **Marktstadt** am Nordende des Lough Derg. Darüber hinaus profitiert das Örtchen vom Bootstourismus, und die Freizeitkapitäne finden hier Läden für die Selbstversorgung.

Die **Marina** von Portumna liegt etwas außerhalb des Örtchens. Die Zufahrt befindet sich bei der Tourist Information.

Nahe am Gestade des Lough Derg und oberhalb der Marina befindet sich die **Portumna Dominican Priory,** eine aus dem 15. Jahrhundert datierende Dominikaner-Abtei. Nicht weit entfernt steht **Portumna Castle,** kein Schloss, sondern ein im 17. Jh. erbautes Herrenhaus (5. April bis 26. Sept. täglich 9.30–18 Uhr, Okt. am Wochenende 9.30–17 Uhr, 3 €/1 €). Um die „Burg" erstreckt sich ein **Forest Park,** in dem eine Rotwildherde sowie japanische Sika-Rehe äsen.

Terryglass XIII/C3

Nächste Station ist das Örtchen Terryglass. *Paddy's Bar* (www.paddysbar.ie) hat eine recht gemütliche Einrichtung und serviert einen guten *Pub Grub,* auch im Pub *The Derg Inn* (www.derginn.ie) lohnt die Einkehr. Wer möchte, kann einen Blick in den *Crafts Shop* werfen und Andenken erstehen. Die **Marina** liegt ca. 750 m vom kaum erkennbaren Ortskern entfernt.

Dromineer XIII/C3

Einige Meilen weiter südlich liegt an einem Zipfel des Lough Derg das gleichfalls winzige Örtchen Dromineer mit seinem **schönen Yachthafen.** *The Whiskey Still* versorgt hier den Durstigen und auch Hungrigen. Übernachten kann man im *Lough Derg House,* dem das *Lake Café* angeschlossen ist. Sehr zu empfehlen ist es, nachmittags dort mit einer Tasse Tee oder hervorragendem Kaffee *Scones* mit Marmelade zu verzehren.

Garrykennedy XIII/C3

Garrykennedy, wiederum einige Kilometer weiter südlich, hat sicherlich die **schönste Marina** von allen Shannon-Orten zu bieten, und die ist dementsprechend oft überfüllt. Direkt am Hafen locken die Pubs *Larkin's* (www.larkins.ie) und *Ciss Ryan's,* beide oft mit Freizeitkapitänen überfüllt – damit ist aber die Angebotspalette von Garrykennedy dann auch schon erschöpft.

Killaloe XVIII/A1

Letzte Station der Shannon-Reise ist nun Killaloe, hier endet die Schiffbarkeit des Shannon. Das Städtchen hat eine **große Marina** sowie sämtliche Versorgungsstationen für den Bootstourismus. Eine alte Steinbrücke führt über den Shannon in das gegenüberliegende **Ballina.**

The Anchor Inn, Tel. (061) 376108, an einem Ende der Flussüberspannung, bietet manchmal Live-Entertainment. Auf der gegenüberliegenden Flussseite besitzt das *Lakeside Hotel* ein gutes Restaurant (*Derg Room Restaurant,* www.lakesidehotel.ie).

Praktische Reisetipps A–Z

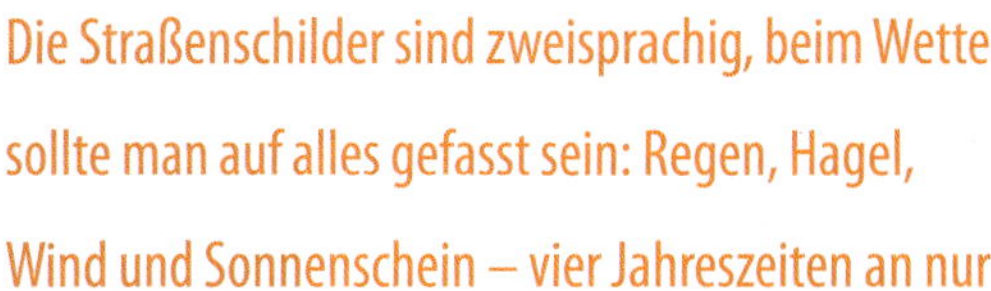

Die Straßenschilder sind zweisprachig, beim Wetter sollte man auf alles gefasst sein: Regen, Hagel, Wind und Sonnenschein – vier Jahreszeiten an nur einem Tag können vorkommen. Die irische Gastfreundschaft ist sprichwörtlich und die irische Küche besser als ihr Ruf.

200IRL ts

‹ Auf der Autofähre nach Valentia Island im County Kerry

An- und Rückreise

Mit dem Flugzeug

Die irische Fluggesellschaft *Aer Lingus* fliegt von Düsseldorf, Frankfurt, Hamburg, Berlin, Wien und Zürich nach Dublin und von München nach Dublin und Cork. Die *Lufthansa* startet von Frankfurt, Köln/Bonn, München, Zürich nach Dublin sowie von Düsseldorf nach Dublin und Knock. *Swiss* hat eine Verbindung von Zürich nach Dublin und *Austrian Airlines* hat die Verbindung von den meisten österreichischen Flughäfen über Frankfurt nach Dublin im Angebot.

030IRL ws

Flugpreise

Ein **Billigflug-Ticket** von Deutschland, Österreich und der Schweiz hin und zurück nach Irland bekommt man je nach Jahreszeit und Aufenthaltsdauer **ab 100 Euro** (Endpreis inkl. aller Steuern, Gebühren und Entgelte).

Meistens noch preisgünstigere Flüge sind mit den **Jugend- und Studententickets** (je nach Airline Leute bis 25 Jahre und Studenten bis 34 Jahre) möglich.

Gegen eine geringe Gebühr kann man bei den Linienfluggesellschaften das eigene **Fahrrad** mitnehmen.

Für die Tickets der **Linienairlines** kann man bei folgenden zuverlässigen Reisebüros meistens günstigere Preise als bei vielen anderen finden:

- **Jet-Travel,** Buchholzstr. 35, 53127 Bonn, Tel. (0228) 284315, Fax 284086, www.jet-travel.de;
- **Globetrotter Travel Service,** Löwenstr. 61, 8023 Zürich, Tel. (01) 2286666, www.globetrotter.ch.

Billigfluglinien

Preiswerter geht es nur, wenn man bei einer sogenannten Billigairline **sehr früh online bucht.** Vorsicht: Durch viele Gebühren können die Kosten höher sein als sie ursprünglich erscheinen, die Preise sind nicht automatisch billiger als bei den großen Fluggesellschaften. Es werden keine Tickets ausgestellt, sondern man bekommt nur eine Buchungsnummer per E-Mail. Die Bezahlung erfolgt

per Kreditkarte. Verpflegung wird meist extra berechnet. Für die Region interessant sind:

- **Germanwings,** www.germanwings.com. Von Köln, Dresden, Berlin, Leipzig/Halle, München, Friedrichshafen, Wien und Zürich nach Dublin;
- **Ryanair,** www.ryanair.com. Von Berlin,Memmingen (München West) und Frankfurt/Hahn nach Dublin, von Frankfurt/Hahn zudem noch nach Kerry und Knock.

Faszinierendes Wetterschauspiel auf den Aran-Inseln

Last-Minute

Wer sich erst im letzten Augenblick für eine Reise nach Irland entscheidet oder gern pokert, kann Ausschau nach Last-Minute-Flügen halten, die von einigen Airlines mit Ermäßigung **ab etwa 14 Tage vor Abflug** angeboten werden, wenn noch Plätze zu füllen sind. Diese Flüge lassen sich nur bei Spezialisten buchen:

- **L'Tur,** www.ltur.com, in Deutschland: Tel. (01805) 212121, in Österreich: Tel. (0820) 600 800, in der Schweiz: Tel. 0848 808088, sowie 140 Niederlassungen europaweit. Unter *Super Last Minute* gibt es Angebote für den Abflug innerhalb der nächsten 72 Std;

- **Lastminute.com,** www.de.lastminute.com, Tel. (01805) 777257;
- **5 vor Flug,** www.5vorflug.de, in Deutschland: Tel. (01805) 105105;
- **www.restplatzboerse.at,** Schnäppchenflüge für Reisende aus Österreich.

Mit der Bahn

Einiges teuerer als die bekannten Billig-Airlines ist die Anreise per Bahn und Schiff auf die Grüne Insel. **Zwei Standard-Routen** stehen zur Verfügung:

Die erste geht zunächst per *Thalys* nach Brüssel und von dort mit dem *Eurostar* durch den **Kanaltunnel** nach London. Weiter geht es ins walisische Holyhead, wo die Fähren nach Dublin abfahren. Will man unterwegs keinen Stopp einlegen, dauert die gesamte Anreise ab Köln rund 20 Stunden.

Die zweite Variante geht via Frankreich/Paris nach Cherbourg (ab Köln in ca. 8 Stunden), von wo aus *Irish Ferries*, saisonal unterschiedlich oft, eine gemächliche 18-stündige Fähr-Überfahrt nach Rosslare anbietet.

Mini-„Flug-Know-how"

Check-in

Nicht vergessen: Ohne einen **gültigen Reisepass oder Personalausweis** (letzteres nur für EU-Bürger) kommt man nicht an Bord.

Bei den innereuropäischen Flügen muss man mindestens **eine Stunde vor Abflug** am Schalter der Airline eingecheckt haben.

Das Gepäck

In der Economy-Class darf man in der Regel nur **Gepäck bis zu 20 kg pro Person** einchecken (Ausnahme z.B. Ryanair mit 15 kg) und zusätzlich ein Handgepäck von 7 kg in die Kabine mitnehmen, welches eine bestimmte Größe von 55 x 40 x 23 cm nicht überschreiten darf. In der Business Class sind es meist 30 kg pro Person und zwei Handgepäckstücke, die insgesamt nicht mehr als 12 kg wiegen dürfen. Man sollte sich beim Kauf des Tickets über die Bestimmungen der Airline informieren.

Fluggäste dürfen **Flüssigkeiten** oder Vergleichbares in ähnlicher Konsistenz (z.B. Getränke, Gels, Sprays, Shampoos, Cremes, Zahnpasta, Suppen, Käse) nur in der Höchstmenge von je 0,1 Liter als Handgepäck mit ins Flugzeug nehmen. Die Flüssigkeiten müssen in einem durchsichtigen, wiederverschließbaren Plastikbeutel transportiert werden, der maximal einen Liter Fassungsvermögen hat. Da sich diese Regelungen jedoch ständig ändern, sollte man sich beim Reisebüro oder der Fluggesellschaft nach den derzeit gültigen Regelungen erkundigen.

Aus Sicherheitsgründen dürfen **Taschenmesser, Nagelfeilen, Nagelscheren,** sonstige Scheren und Ähnliches nicht mehr im Handgepäck untergebracht werden. Diese sollte man unbedingt im aufzugebenden Gepäck verstauen, sonst werden diese Gegenstände bei der Sicherheitskontrolle entsorgt. Darüber hinaus gilt, dass Feuerwerke, leicht entzündliche Gase (in Sprühdosen, Campinggas), entflammbare Stoffe (in Benzinfeuerzeugen, Feuerzeugfüllung) etc. nichts im Passagiergepäck zu suchen haben.

Buchung

Wer sich nicht selbst durch den Dschungel der Bahntarife und Fahrpläne schlagen und trotzdem Geld sparen will, erhält bei folgeldem Bahn-Reisebüro kompetente **Beratung** und die **Tickets** ins Haus geschickt:

- **Gleisnost am Stadttheater,** Bertoldstr. 44, 79098 Freiburg, Tel. 0761 383031, www.gleisnost.de.

Mit dem Auto

Direkte Fährverbindungen mit *Irish Ferries* gehen von den nordfranzösischen Häfen Cherbourg und Roscoff ins irische Rosslare, bzw. nach Cork/Cobh. Auf der fast 20-stündigen Seereise muss man das Auto natürlich verlassen und sollte, wenn man die Nacht nicht auf unbequemen Sesseln verbringen will, eine Kabine buchen. Verpflegung nimmt man ebenfalls am besten mit, will man nicht auf die überteuerten Angebote der Fähren zurückgreifen.

Wählt man den Weg über die Landbrücke, die sogenannte **Landbridge-Verbindung** – gemeint ist damit die Fahrt durch Großbritannien – so setzt man zuerst von den französischen Häfen nach Südengland über und fährt durch das Land bis nach Wales, um von dort entweder von Pembroke oder Fishguard nach Rosslare, von Swansea nach Cork/Cobh oder von Holyhead nach Dublin oder Dún Laoghaire zu kommen.

Wer über die britische Landbrücke nach Irland fährt, könnte seinen Besuch der Grünen Insel mit den landschaftlichen Schönheiten und den Städtchen von Südengland und Wales verbinden. Lohnenswerte Abstecher sind dann z.B. London, Canterbury, Oxford, Cambridge, Stratford-on-Avon, Bath sowie das walisische Pembrokeshire. Hierfür empfehlen wir den Reiseführer **„England – der Süden“,** ebenfalls beim Reise Know-How Verlag erschienen.

Wer jedoch von Dover zu den oben erwähnten Fährhäfen „in einem Rutsch“ durchfahren will, muss mit Fahrtzeiten zwischen acht und elf Stunden rechnen.

Informationen zu den Fährverbindungen findet man auf den Internet-Seiten der irischen Fremdenverkehrszentrale, www.tourismireland.de, auf der Seite www.ferrysavers.de oder beim auf Irland spezialisierten Reisebüro *Gaeltacht Irland Reisen*, www.gaeltacht.de.

Der **Tarifdschungel** aber ist enorm dicht. Mal gelten die Preise nur für den Pkw, mal für den Pkw und vier Erwachsene, mal für den Pkw und zwei begleitende Personen, dann wiederum gibt es Familienspartickets, wenn die eigenen Kinder dabei sind; bei mehr als drei Kindern kommt es erneut zu einem Aufschlag, und je nach Altersgruppe gibt es dann wiederum Ermäßigungen für die Kleinen. Auf einer Linie gelten manchmal bis zu sieben unterschiedliche Tarifgruppen, je nachdem, ob die Fähre tagsüber oder nachts oder auch zu bestimmten Uhrzeiten ablegt. Selbstverständlich haben die meisten Linien auch Senioren- und Studentenermäßigungen in ihrem Programm, und schließlich machen sie sich noch mit allen möglichen Spezial- und Supertarifen untereinander Konkurrenz. Alle möglichen Arten von Aufpreisen – Einbettkabine, Zweibettkabine, mit Dusche/WC, mit Waschbecken, Außenkabine, Liegesitze, Schlafsessel etc. – sorgen beim Studium der Fährbroschüre für weiteren Unmut. Beim schon erwähnten Reisebüro *Gaeltacht Irland Reisen* oder bei *Marina Tours,* die auf Schottland, Wales und Irland spezialisiert sind (www.marina-tours.de), kann man sich diese Arbeit abnehmen lassen.

Wichtig sind **Landbridge-Tarife,** Verbindungen via Großbritannien, wo man u.a. folgende Strecken zu günstigen Preisen untereinander kombinieren kann. Fährverbindungen **nach Großbritannien** sind u.a.:

- **Boulogne – Dover**
- **Calais – Dover**
- **Calais – Folkestone**
- **Cherbourg – Poole**
- **Cherbourg –Portsmouth**
- **Dieppe – Newhaven**
- **Dunkerque – Dover**
- **Hoek van Holland – Harwich**

Fährverbindungen **von Großbritannien nach Irland** sind u.a.:

- **Fishguard – Rosslare**
- **Holyhead – Dublin**
- **Liverpool – Dublin**

Direktverbindungen sind:

- **Cherbourg – Rosslare**
- **Roscoff –Rosslare**
- **Roscoff – Cork**

Die Fährverbindungen zwischen Irland, Großbritannien und dem Kontinent entnehme man der **Karte „Fährverbindungen"** im Atlas am Ende des Buches.

Preisbeispiele für die Landbridge-Verbindungen von Frankreich nach England und weiter von Wales nach Irland sowie vom Kontinent nach Irland:

Landbridge-Tarif: Calais – Dover und Pembroke – Rosslare für zwei Personen hin und zurück in der Hauptsaison gibt es für **478 €.**

Direktverbindung: Cherbourg – Rosslare für zwei Personen mit einem Pkw hin und zurück kosten in der Hauptsaison **876 €.** Eine Kabine für zwei Personen kostet zwischen **70 €** und **375 €.**

Eurotunnel

Der Shuttle-Zug fährt in Spitzenzeiten alle 15 Minuten, nachts mindestens einmal stündlich von Calais nach Folkestone; Fahrtzeit 35 Minuten. Informationen und Buchungen über www.eurotunnel.com oder in deutscher Sprache bei www.ferrysavers.de/eurotunnel.htm.

Organisierte Reisen

Weit über 100 Reiseveranstalter bieten Pauschalarrangements zu unterschiedlichen Urlaubsaktivitäten an. Da kann man einen Studien-, Sprach-, Angel-, Golf-, Wander-, Fahrrad- und Reiturlaub buchen, seine Touren im Pferdewagen durchführen oder mit Booten auf dem Shannon kreuzen. Viel Gebrauch wird von den **Fly-&-Drive-Angeboten** gemacht; dabei bucht man einen Leihwagen mit, der am Flughafen bereitsteht (keine Kilometerbegrenzung).

Außerhalb der Saison, von Oktober bis April, gibt es viele Vorzugsangebote zu stark verbilligten Preisen. Eine Liste vieler Reiseveranstalter wird von der Irischen Fremdenverkehrszentrale auf deren deutschen Internetpräsenz bereitgestellt, **www.tourismireland.de.**

Arbeiten oder studieren in Irland

Wer ein **Au-Pair-Arrangement** in Irland treffen möchte, kann sich vom Irischen Fremdenverkehrsamt in Deutschland an eine der vielen Sprachschulen vermitteln lassen, die Au-Pair-Aufenthalte organisieren.

Für Leute zwischen 18 und 25 Jahren ist Kost und Logis frei, wenn sie in **Workshops** arbeiten und beim Bau von Kinderspielplätzen helfen oder sich der Erhaltung nationaler Kulturdenkmäler widmen. Infos dazu findet man hier:

- **Freiwilligenarbeit:** europa.eu/youth/volunteering_-_exchanges/index_eu_de.html; www.vsi.ie.

Jobs vermittelt:

- **FAS Training & Employment Authority,** 27–33 Upper Baggot Street, Dublin 4, Tel. (01) 6070608, Fax 60770600, www.fas.ie.

Wer in Irland **studieren** möchte, erhält ausführliche Informationen beim:

- **Education Board in Irland,** *The Plaza*, East Point Business Park, Dublin 3, Tel. (01) 7272359, www.educationireland.ie.

Behinderte

Wer körperlich behindert oder auf einen Rollstuhl angewiesen ist, sollte trotzdem nicht auf einen Irland-Urlaub verzichten, denn viele Restaurants, Hotels und B & Bs sind darauf vorbereitet. Behinderte erhalten Informationen für die Republik Irland auch bei der **National Disability Authority,** Clyde Road, Dublin 4, Tel. (01) 6080400, www.nda.ie.

Einkaufen

Vor allem in den touristischen Zentren sind Geschäfte aus dem Boden geschossen, die **typisch irische Waren** verkaufen und mit dem Emblem *Guaranteed Irish* geschmückt sind. Hier kann der Besucher die dicken und guten Aran-Pullover, Tweed-Stoffe und Spitzen, Marmorarbeiten, Töpferwaren, Korb- und Flechtwerk, aber natürlich auch guten irischen Malt Whiskey, Räucherlachs und CDs mit irischem Folk erstehen.

Die **Ladenöffnungszeiten** in Irland sind liberaler als etwa in Deutschland. Supermärkte, Einkaufszentren und kleine Lebensmittelläden haben sieben Tage die Woche geöffnet. Andere Geschäfte in den Städten sind in der Regel montags bis samstags geöffnet, seltener sonntags. Die Kernöffnungszeiten sind von 9 oder 10 Uhr bis 18 Uhr, donnerstags auch oft bis 20 oder 21 Uhr. Lebensmittelläden aller Art schließen normalerweise erst zwischen 19 und 22 Uhr, einige größere Supermärkte in Ballungszentren sind sogar 24 Stunden am Tag geöffnet (außer sonntags). Der einzige Tag, an dem quasi alle Geschäfte geschlossen sind und man sich rechtzeitig mit Lebensmitteln versorgen sollte, ist der 25. Dezember.

Ein- und Ausreisebestimmungen

Reisedokumente

EU-Bürger, Schweizer und Liechtensteiner benötigen nur den einheimischen **Personalausweis** oder **Reisepass.** Wer seinen Aufenthalt dokumentiert haben möchte, kann sich bei der Botschaft seines Landes in Dublin registrieren lassen. Man beachte, dass seit Juni 2012 **jedes Kind über ein eigenes Reisedokument verfügen muss,** wenn es Deutschland verlässt. Es reicht nicht mehr aus, wenn es im Reisepass eines Elternteils eingetragen ist.

Informationen für Bürger aus Nicht-EU-Staaten finden die aktuellen Bestimmungen unter www.citizensinformation.ie *(Moving Country)*. Man kann sich auch bei einer **Botschaft** der Republik Irland beraten lassen:

- **Deutschland:** Jägerstraße 51, 10117 Berlin, Tel. (030) 22072-0, Fax 22072-299, www.embassyofireland.de;
- **Österreich:** Rotenturmstr. 16–18, 1010 Wien, Tel. (01) 7154246, Fax 7136004, www. embassyofireland.at;
- **Schweiz:** Kirchenfeldstr. 68, 3000 Bern 6, Tel. (031) 3521442, Fax 3521455, www.embassyofireland.ch.

Für **Fahrzeuge** sowie auch für mitgeführte Wohnwagen reicht der nationale Führerschein aus; eine grüne Versicherungskarte sollte man vorsichtshalber ebenfalls mitführen.

Haustiere

Für alle EU-Länder gilt, dass man eine **Tollwutschutzimpfung** und einen EU-Heimtierausweis *(Pet Passport)* für Hund oder Katze haben muss. Dieser kostet 10 Euro.

Darüber hinaus muss das Tier mit einem **Microchip** gekennzeichnet sein. Für Irland und Großbritannien gelten jedoch zusätzliche Bestimmungen. Genaue Informationen unter www.agriculture.gov.ie/ pets.

068IRL tii

Zollbestimmungen

In allen EU- und EFTA-Mitgliedstaaten gelten weiterhin **nationale Ein-, Aus- oder Durchfuhrbeschränkungen,** z.B. für Tiere, Pflanzen, Waffen, starke Medikamente, Drogen und auch für Cannabis-Besitz und -handel. In Irland unterliegt die Mitnahme von Fleisch und anderen tierischen Produkten zum eigenen Gebrauch Beschränkungen. Das Gewicht darf 10 kg nicht überschreiten, die Lebensmittel müssen fest verschlossen oder eingeschweißt sein und einen Prüfstempel der EU besitzen. Waffen jeglicher Art dürfen nicht eingeführt werden (es sei denn, man hat einen Jagdurlaub gebucht und verfügt über entsprechende, vom Veranstalter besorgte Genehmigungen). Desweitern sind die Einfuhr von Betäubungsmitteln, Pornografie und Waren, die Gesundheit und Umwelt schädigen, verboten.

Zollfrei einführen darf man persönliches, gebrauchtes Reisegut, Reiseproviant sowie alkoholfreie Getränke. Waren, die zu **gewerblichen Zwecken** verwendet werden, müssen beim Finanzamt zur Umsatzsteuer und, sofern sie der Verbrauchssteuer unterliegen, auch beim Hauptzollamt angemeldet werden.

In Westport, County Mayo

Freimengen innerhalb der EU

- **Alkohol** (für Personen über 17 Jahre): 90 l Wein (davon max. 60 l Schaumwein) oder 110 l Bier oder 10 l Spirituosen über 22 Vol.-% oder 20 l unter 22 Vol.-% oder eine anteilige Zusammenstellung dieser Waren.
- **Tabakwaren** (für Personen über 17 Jahre): 800 Zigaretten oder 400 Zigarillos oder 200 Zigarren oder 1 kg Tabak oder eine anteilige Zusammenstellung dieser Waren.

Freimengen für Reisende aus der Schweiz

- **Alkohol** (für Personen ab 17 Jahren): 2 l Spirituosen (über 22 Vol.-%) oder 2 l Schaumweine oder Likörweine und 4 l nicht schäumende Weine und 16 l Bier oder eine anteilige Zusammenstellung dieser Waren.
- **Tabakwaren** (für Personen ab 17 Jahren): 200 Zigaretten oder 100 Zigarillos oder 50 Zigarren oder 250 g Tabak oder eine anteilige Zusammenstellung dieser Waren.

Freimengen bei Rückkehr in die Schweiz

- **Alkohol** (für Personen ab 17 Jahren): 2 l bis 15 Vol.-% und 1 l über 15 Vol.-%.
- **Tabakwaren** (für Personen ab 17 Jahren): 200 Zigaretten oder 50 Zigarren oder 250 g Schnitttabak oder eine anteilige Zusammenstellung dieser Waren und 200 Stück Zigarettenpapier.

Nähere Informationen

- **Deutschland:** www.zoll.de, Tel. (0351) 44834510;
- **Österreich:** www.bmf.gv.at oder beim Zollamt Klagenfurt Villach, Tel. (01) 51433564053;
- **Schweiz:** www.ezv.admin.ch oder bei der Zollkreisdirektion in Basel, Tel. (061) 2871111.

Mehrwertsteuererstattung für Schweizer

Für Besucher aus Deutschland und Österreich entfiel mit der Einführung des Europäischen Binnenmarktes die Möglichkeit der Mehrwertsteuerrückerstattung. Für Schweizer ist diese allerdings noch möglich.

Fast alle irischen Geschäfte wenden das **Cashback-Verfahren** an. Dabei erhält der Käufer im jeweiligen Geschäft einen Cashback-Gutschein, der auf den Flughäfen bzw. den Fährhäfen vom Zoll abgestempelt werden muss. Diesen Gutschein schickt man dann an das Geschäft zurück und die Mehrwertsteuer wird – abzüglich einer Bearbeitungsgebühr – erstattet. Bei den Geschäften, die ihr eigenes Verfahren anwenden, bekommt der Käufer eine Rechnung, die ebenfalls vom Zoll abgestempelt werden muss und an den Verkäufer zurückgeht. Dann erfolgt die Rückerstattung – ebenfalls gegen eine Bearbeitungsgebühr.

Elektrizität

Wie in Deutschland auch, beträgt die Netzspannung in Irland **230 Volt.** Das Problem sind jedoch die Stecker *(Plugs).* Stecker mit Commonwealth-Norm bekommt man in Deutschland bei großen Reiseausrüstern, in jeder ADAC-Geschäftsstelle oder in Irland in großen Kaufhäusern. Wer mit *Aer Lingus* auf die Grüne Insel fliegt, kann so einen **Adapter** auch im Flugzeug erstehen.

Feiertage und Ferien

Die **ersten Montage** in den Monaten **Mai** *(May Bank Holiday),* **Juni** und **August** sowie der **letzte Montag** im **Oktober** sind gesetzlich festgelegte Werktage, an denen nicht gearbeitet wird; sie sind eine **britische** Erfindung und haben keine nationale oder religiöse Bedeutung.

Weitere **Feiertage** sind der **1. Januar** *(New Year's Day),* **17. März** *(St. Patrick's Day),* **Ostermontag** *(Easter Monday),* **25. Dezember** *(Christmas Day)* und **26. Dezember** *(St. Stephen's Day).* An Feiertagen ruht das öffentliche Leben, und abgesehen von kleineren Lebensmittelläden sind alle Geschäfte und Institutionen geschlossen. **Karfreitag** *(Good Friday)* ist kein gesetzlicher Feiertag, aber alle Schulen und viele Geschäfte sind geschlossen, ebenso (ausschließlich an diesem Tag) die Pubs des Landes.

Die irischen Sommerferien gehen von Mitte Juni bis Anfang September, zwei Wochen **Schulferien** gibt es auch zu Ostern und Weihnachten.

Geldfragen

Mit der Einführung des **Euro** im Jahre 2002 gehörte das Irische Pfund der Vergangenheit an. Die Rückseite der in Irland in Umlauf gebrachten Euro- oder Cent-Münzen zeigt eine Harfe, ein typisches Motiv der Grünen Insel.

Bei bestimmten Unterkünften, Veranstaltungsorten, Museen, Tourveranstaltern, Sportstätten etc. kann man **Rabatt** bekommen, wenn man im Besitz eines **internationalen Studentenausweises** *(International Student Identity Card = ISIC)*, Jugendausweises (bis 26, *IYTC*) oder Lehrerausweises (für Vollzeitlehrende an Schule und Uni, *ITIC*) ist. Den Ausweis muss man allerdings schon zu Hause bei *STA Travel* (www.statravel.de, bzw. at, bzw. ch) oder bei einem Studentenwerk erworben haben. Hierfür muss man eine Bescheinigung über seinen Status, Personalausweis und Passbild vorlegen.

- **Deutschland:** *ISIC/IYTC* (12 €), *ITIC* (18 €), www.isic.de;
- **Österreich:** *ISIC/IYTC/ITIC* (10 €), www.isic.at;
- **Schweiz:** *ISIC/IYTC/ITIC* (20 SFr), www.isic.ch.

Man sollte vorsichtshalber genügend **Bargeld** dabeihaben, da viele B & Bs und Restaurants keine Kreditkarten akzeptieren. Die Akzeptanz von *Plastic Money* wie *MasterCard, American Express, Diners Club, Visa Card* usw. nimmt jedoch immer mehr zu. Innerhalb der EU-Länder sollte die Barauszahlung per **Kreditkarte** nach der EU-Preisverordnung nicht mehr kosten als im Inland, aber je nach ausgebender Bank können das bis zu 5,5 % der Abhebungssumme sein (am Schalter in der Regel teurer als am Geldautomaten). Für das bargeldlose Zahlen per Kreditkarte innerhalb der EU dürfen die ausgebenden Banken keine Gebühr für den Auslandseinsatz veranschlagen; für die Schweizer wird ein Entgelt von ca. 1–2 % des Umsatzes berechnet.

Mit der **Maestro-(EC-)Karte** kann man bei allen irischen Geldautomaten Bargeld abheben. Je nach Hausbank wird dafür pro Abhebung eine Gebühr von 1,30–4 Euro bzw. 4–6 Schweizer Franken berechnet.

Öffnungszeiten der Banken und Sparkassen: Montag bis Freitag 9.30–16.30 Uhr. Einige Banken haben auch am Samstag geöffnet. Einige *Tourist Offices* verfügen über Wechselstuben.

Trinkgeld ist obligatorisch und sollte ungefähr 10 % des Rechnungsbetrages ausmachen. Vergessen Sie auch Touristenbusfahrer, Reiseleiter und die Zimmermädchen nicht.

Wechselkurse für Schweizer

Stand: Januar 2013

- 1 Euro = 1,23 SFr, 1 Sfr = 0,80 Euro

Gesundheit

Apotheken

Medikamente aller gängigen Produzenten erhält man in Irland beim *Chemist* (Drogerie) oder in der *Pharmacy.* In den ländlichen Gebieten firmieren die Apotheken ab und an noch unter dem alten Namen *Medical Hall.* Rezept nennt man *Prescription.*

Die **Öffnungszeiten** variieren an Werktagen zwischen 9 und 9.30 Uhr bis 18 oder 19 Uhr, an Sonntagen zwischen 11 und 13 Uhr. In Dublin hat die *O'Connell Pharmacy,* 310 Harold's Cross, Dublin 6, an allen Tagen einen Spätdienst bis 22 Uhr.

Ärztliche Versorgung

Mit der **Europäischen Krankenversicherungskarte** haben alle EU-Bürger und auch Schweizer das Recht, im Notfall in Irland die gleiche medizinische Versorgung wie Bewohner der Republik Irland in Anspruch zu nehmen.

Im Krankheitsfall besteht Anspruch auf ambulante oder stationäre Behandlung bei jedem zugelassenen Arzt und in staatlichen Krankenhäusern. Es kann sein, dass man gebeten wird, zunächst **die Kosten der Behandlung** selbst zu tragen. Obwohl bestimmte Beträge von der Krankenkasse erstattet werden, kann ein Teil der finanziellen Belastung beim Patienten bleiben und zu Kosten in kaum vorhersagbarem Umfang führen.

Deshalb wird der Abschluss einer **privaten Auslandskrankenversicherung** dringend empfohlen. Diese sollte eine zuverlässige Reiserückholversicherung enthalten, denn der Krankenrücktransport wird von den gesetzlichen Krankenkassen nicht übernommen. Auslandskrankenversicherungen sind in Deutschland mit Preisen ab 5–10 Euro pro Jahr auch sehr günstig.

Schweizer sollten bei ihrer Krankenversicherungsgesellschaft nachfragen, ob die Auslandsdeckung auch für Irland inbegriffen ist. Sofern man keine Auslandsdeckung hat, kann man sich kostenlos bei *Soliswiss* (Gutenbergstr. 6, 3011 Bern, Tel. 031 3810494, www.soliswiss.ch) über diverse Krankenversicherer informieren.

Zur Erstattung der Kosten benötigt man ausführliche **Quittungen** (mit Datum, Namen, Bericht über Art und Umfang der Behandlung, Kosten der Behandlung und Medikamente).

Die **Praxen** für Allgemeinmediziner tragen die Bezeichnung *surgery,* Zahnärzte nennt man *dentists.*

Der zentrale, landesweit gültige **Notruf für Krankenwagen** lautet Tel. 999, der **Euronotruf** lautet Tel. 112.

☒ Delfinskulpturen an einer Hauswand in Dingle, County Kerry

Informationen

Vor der Reise

An folgenden Stellen kann man **Informationen und Broschüren** über Irland bekommen:

Vertretung der irischen Fremdenverkehrszentrale für den deutschen Sprachraum

- **Irland Information – Tourism Ireland,** Gutleutstr. 32, 60329 Frankfurt/a.M., Tel. (069) 66800950, Fax 92318588, www.tourismireland.de.

Auf Irland-Reisen spezialisierte Reisebüros

In Deutschland

- **Gaeltacht Irland Reisen,** Schwarzer Weg 25, 47447 Moers, Tel. (02841) 93011, Fax 30665, www.gaeltacht.de.

In der Schweiz

- **IT Ireland Tours,** Predigerplatz 2/6, 8001 Zürich, Tel. (043) 2226707, Fax (043) 2226709, www.irlandtours.ch.

Irland-Informationen aus Österreich

- **ww.irlandreise.at**
- **www.irland-reisen.at**

Goethe-Institut

- **German Cultural Institute,** 37 Merrion Square, Dublin 2, Tel. (01) 6611155, Fax 66111358.

Touristen-Informationsbüros in Irland

In allen größeren Ortschaften gibt es Touristen-Informationsbüros, in denen sachkundige Mitarbeiter/innen hilfreiche Auskünfte geben; auch Broschüren aller Art – häufig gegen eine geringe Gebühr – können hier erstanden werden. Viele *Tourist Offices* verfügen auch über eine Wechselstube. Gegen einen geringen Obolus vermitteln die Mitarbeiter auch Hotels und nehmen verbindliche Buchungen für B & Bs vor.

Generelle **Öffnungszeiten:** Montag bis Freitag 9–18 Uhr; Samstag 9–13 Uhr.

203IRL ts

In kleinen Dörfern sind die Büros nur in der Saison von April bis September geöffnet.

Internetcafés

Viele irische Orte verfügen über Internetcafés. Die Adressen findet man weltweit unter **www.cybercafes.com.** Hier kann man nicht nur seine E-Mails lesen, sondern sich auch beispielsweise die Fotos der Digitalkamera auf eine CD brennen lassen, um den Speicherchip zu entlasten. Der Wandel in diesem Bereich ist jedoch enorm und **WiFi** in Pubs und Hotels ersetzt zunehmend die Internetcafés.

Kriminalität

Naturgemäß ist die Kriminalitätsrate in Metropolen höher als auf dem Land, und auf der Grünen Insel ist dies nicht anders. Vor allem in Dublin häufen sich die **Autoeinbrüche.** Beliebt sind vor allem die Wagen der ausländischen Touristen. Keinesfalls sollte man das Auto mit voller Ausrüstung im Stadtzentrum parken. Es empfiehlt sich, Radio und Navigationsgerät auszubauen, wenn beide nicht durch einen Code gesichert sind, das Handschuhfach leerzuräumen und offenzulassen sowie die Kofferraumabdeckung hinter den Rücksitzen aufzuklappen, um potentiellen Dieben zu zeigen, dass nichts Wertvolles im Wagen ist. Wunder wirkt auch sehr oft ein Aufkleber in mehreren Sprachen: „Achtung: Alarmanlage". Muss man den Wagen, aus welchem Grund auch immer, mit sämtlichem Gepäck für einige Zeit abstellen, so sollte man dies in einem gutbürgerlichen Vorort von Dublin tun; empfehlenswert ist zum Beispiel die Halbinsel Howth mit dem gleichnamigen Dörfchen (vgl. Kap. „Ausflug von Dublin"). Von dort gelangt man recht schnell mit der Vorortbahn DART ins Zentrum der irischen Metropole.

Auch vor **Taschendieben** muss man sich, vor allem in Dublin, sowie in den anderen großen Städten hüten. In Dublin sollte man nach Einbruch der Dunkelheit und nachts den Phoenix Park meiden sowie die O'Connell, Montjoy und Gardiner Street, an denen Drogendealer ihr Revier haben. Nach Schließung der Pubs kann es vor allem an Wochenenden zu Schlägereien von Betrunkenen kommen.

Generell aber gilt, dass Irland ein sehr sicheres Reiseziel ist, und auch **alleinreisende Frauen** haben keine Probleme.

Auch für einen Hilferuf an die Polizei lautet die zentrale **Notfalltelefonnummer 999.**

Sollte man doch einmal Opfer eines Verbrechens geworden sein, so wende man sich an **Tourist Assistance Service,** Garda HQ, 6–7 Hanover Street East, Dublin 2, www.itas.ie, Tel. (1890) 365700 (kostenlos aus dem irischen Festnetz) oder Tel. (01) 6610562. Die teilweise ehrenamtlichen Mitarbeiter dort sprechen verschiedene Sprachen.

Kostenloser Notruf

- **Feuerwehr, Polizei, Krankenwagen, Ärzte: 999**

Maße und Gewichte

Irland hat 1970 mit der **Umstellung des imperialen Maßsystems** aus Großbritannien begonnen und dies 2005 weitgehend abgeschlossen, lediglich das *Pint* blieb den Iren mit 0,5694 Litern erhalten. Im Alltag, vor allem bei älteren Iren, sind die britischen Maßeinheiten aber noch sehr weit verbreitet.

Umrechnungstabelle

1 inch	2,52 cm
1 foot	30,48 cm
1 yard	91,44 cm
1 mile (= 1760 yards)	1,60935 km
1 fluid ounce	28,47 ml
1 pint	569,4 ml
1 quart	1,1364 l
1 gallon	4,5459 l
1 ounce	28,35 g
1 pound (16 ounces)	453,6 g
1 stone (14 pounds)	6,350 kg
1 hundredweight	50,80 kg
1 ton (2240 pounds)	1016,064 kg
1 square foot	9,29 dm^2
1 square yard	0,836 m^2
1 square mile	2,508 km^2 (= 259 Hektar)
1 acre	4046,848 m^2 (= 0,40 Hektar)

Notfälle

Autopanne/-unfall

Empfehlenswert ist, sich bei seinem Automobilclub für Pannenhilfe im Ausland zu versichern. Beim *ADAC* (www.adac.de) benötigt man die ADAC Plus-Mitgliedschaft, beim *ÖAMTC* (www.oeamtc.at) den Schutzbrief sowie beim *TCS* (www.tcs.ch) den ETI Schutzbrief. Die **Notrufnummern für Mitglieder,** auch ohne Schutzbrief, sind:

- **ADAC,** (D-)Tel. (0049) 89 222222 und (004) 89 767676 für medizinische Notfälle;
- **ÖAMTC,** (A-)Tel. (0043) 1 2512000 und (0043) 1 2512020 für medizinische Notfälle;
- **TCS,** die Notrufnummern der irischen Automobilclubs finden Sie unter „Unterwegs in Irland", „Hilfe und Information".

Verlust von Kreditkarten

Bei Verlust oder Diebstahl der Kredit- oder Maestro-(EC-)Karten sollte man diese umgehend sperren lassen. Für deutsche Maestro- und Kreditkarten gibt es die einheitliche **Sperrnummer (0049) 116116** und alternativ (0049) 30 40504050. Für österreichische und schweizerische Karten gelten:

- **Maestro-(EC-)Karte,** (A-)Tel. (0043) 1 2048800; (CH-)Tel. (0041) 44 2712230, UBS: (0041) 848888 601, Crédit Suisse: (0041) 800 800488;
- **MasterCard/VISA,** internationale Tel. (001) 636 7227111;
- **American Express,** (A-)Tel. (0049) 69 9797 1000; (CH-)Tel. (0041) 44 6596333;

■ **Diners Club,** (A-)Tel. (0043) 1 501350; (CH-)Tel. (0041) 58 7508080.

Ausweisverlust/dringender Notfall

Wird der Reisepass oder Personalausweis im Ausland gestohlen, muss man diesen bei der örtlichen Polizei melden. Darüber hinaus sollte man sich an die nächste diplomatische Auslandsvertretung seines Landes wenden, damit man einen Ersatz-Reiseausweis zur Rückkehr ausgestellt bekommt (ohne Reisepass oder ggf. Personalausweis kommt man nicht an Bord eines Flugzeuges!).

Auch in **dringenden Notfällen,** z.B. medizinischer oder rechtlicher Art, Vermisstensuche, Hilfe bei Todesfällen, Häftlingsbetreuung o.Ä. sind die Auslandsvertretungen bemüht zu helfen.

■ **Deutschland:** *Deutsche Botschaft* in **Dublin,** 31 Trimleston Av., Booterstown, Blackrock, Tel. (01) 2693011, 2693123, 2693772 oder 2693381; *Deutsches Honorarkonsulat* in **Inverin,** Kilroe West, Galway, Tel. (091) 593223; *Deutsches Honorarkonsulat* in **Cork,** c/o *Ronan Daly Jermyn Solicitors,* 1. Stock, 12 South Mall, Tel. (021) 4802700;
■ **Österreich:** *Österreichische Botschaft* in **Dublin,** 15 Ailesbury Court Apartments, 93 Ailesbury Road, Tel. (01) 2694577, 2691451 oder 2694115;
■ **Schweiz:** *Schweizerische Botschaft* in **Dublin,** 6 Ailesbury Road, Ballsbridge, Tel. (01) 21863-82 oder -83.

204IRL ts

Post und Telefon

In kleinen Ortschaften auf dem Land sind die **Postämter** häufig in Lebensmittelgeschäften untergebracht. Die Öffnungszeiten liegen gewöhnlich von Montag bis Samstag 9–13 Uhr und 14.15–17.30 Uhr.

Der **Standardbrief** zum Kontinent sowohl in EU-Länder als auch in Nicht-EU-Länder kostet 82 Cent. Gleiches gilt für **Postkarten.**

Die **Vorwahlnummer** nach Deutschland lautet 0049, nach Österreich 0043 in die Schweiz 0041 und nach Irland 0035; die folgende 0 für die Ortskennzahl entfällt.

Durch die weite Verbreitung von Handys nimmt die Zahl der **Telefonzellen** *(payphones)* beständig ab. Vor allem an Verkehrsknotenpunkten wie Flugplätzen, Bahnhöfen und Busbahnhöfen findet man sie noch. Teilweise funktionieren sie mit Münzen, teilweise mit Kreditkarten. Telefonkarten mit Guthaben auf einem Chip sind kaum noch erhältlich, auch wenn noch ein paar *Cardphones* übrig sind. Die sicherste Bezahlvariante sind **Telefonkarten ohne Chip,** bei denen man zunächst eine kostenlose Nummer wählen muss und dann durch einen Code auf sein Guthaben zurückgreift. Solche Karten bekommt man in vielen Lebensmittel- und Zeitschriftenläden. Sie funktionieren auch von jedem Festnetztelefon, wobei bei Telefonen in Hotelzimmern manchmal Extrakosten anfallen. Bei der Nutzung mit Handys muss man sich gut die Zusatzkosten ansehen, da die Zugangsnummern nur vom Festnetz aus kostenfrei sind.

Handys heißen im Englischen *mobile phones*, abgekürzt als *mobile* geläufig. Das Wort „Handy" für Mobiltelefon wird nur im deutschen Sprachraum benutzt, auch wenn es sich vom gleichlautenden englischen Adjektiv für „praktisch" ableitet. Die meisten Irlandreisenden werden vermutlich mit ihrem eigenen Handy telefonieren. Es gibt dabei zwei Möglichkeiten: Zum einen kann man sein Handy mitnehmen und in Irland benutzen, allerdings über irische Netze. Dieses Verfahren wird *Roaming* genannt. Anrufer bemerken nicht, dass man in Irland ist, aber man selber muss auch dann Gebühren zahlen, wenn man angerufen wird. Über die genauen Roaming-Gebühren in Irland sollte man sich bei seinem Provider informieren. Oder man wartet, bis man zum ersten Mal von einem irischen Mobilfunknetz erfasst wird. Dann bekommt man von seinem Provider automatisch eine SMS, in der alle Kosten genau aufgeschlüsselt sind. Zu beachten ist, dass man beim *Roaming* bei Anrufen ins Heimatland wie auch nach Irland die internationale Vorwahl mitwählen muss.

Die größte Kostenfalle für **Smartphone-Besitzer** ist der extrem teuere Datenverkehr bei Internetverbindungen. Man sollte den mobilen Datenverkehr abschalten und sich auf den in vielen Hotels, B & Bs und Pubs kostenlos angeboteten **WiFi-Zugang** beschränken.

⊲ Bei Inch fährt man schon mal mit dem Auto an den Strand, doch Achtung wenn die Flut kommt …

Wer aber immer und – wenn es der Empfang zulässt – überall aufs Internet zugreifen oder viel telefonieren möchte, kann sich in Irland eine **Prepaid-SIM-Karte** besorgen und ins Handy einsetzen. Dazu muss dieses Sim-Lock-frei sein (mehr Infos zum Entsperren: www.teltarif.de/handy/simlock.html). Mit einer einheimischen SIM-Karte ist man dann unter einer irischen Nummer erreichbar und kann sich in Lebensmittel- und Zeitungsläden Guthaben kaufen. SIM-Karten bekommt man in vielen Supermärkten oder in den zahlreichen Läden der Provider. Die wichtigsten sind: *O2, Vodafone, 3* und *Meteor.* Es gibt diverse vorbezahlte Pakete (z.B. *Meteor mobile internet add-on,* 30 Tage, 500 MB, 4,99 €), über die man sich genau informieren sollte, um den günstigsten Preis zu zahlen.

Rauchen

Als erstes Land der EU hat Irland im Jahre 2004 ein **vollständiges Rauchverbot in öffentlichen Gebäuden und an Arbeitsplätzen** eingeführt. Dies gilt z.B. für Banken, Ämter, Geschäfte, Pubs, Bars, Restaurants, öffentliche Verkehrsmittel, Hotels und B-&-B-Unterkünfte. Man sollte als Raucher bei der Buchung fragen, ob Raucherzimmer angeboten werden. Wer sich über das Rauchverbot hinwegsetzt, riskiert eine Strafe von bis zu 3000 Euro.

Reisegepäck

Warme Kleidung und gutes Regenzeug gehören unbedingt ins Reisegepäck, des weiteren feste Schuhe und Gummistiefel. Gute Wanderstiefel sollte man für die vielfältigen Wandermöglichkeiten nicht vergessen, dazu gehört auch die entsprechende **Wanderausrüstung** wie Tagesrucksack, Erste-Hilfe-Set, Survival Kit etc. (s. Kapitel „Urlaubsaktivitäten"). Eine Taschenlampe ist im Urlaub immer nützlich, ebenso das intelligent konstruierte Mehrzweckwerkzeug *Leatherman.* Auch wenn man kein Ornithologe ist, sollte man in Erwägung ziehen, ein Fernglas mitnehmen, denn viele geschützte Vogelbeobachtungsstellen in Irland lohnen einen Besuch.

Neben sportlicher **Kleidung** benötigt man eventuell in guten Lokalen elegantere Kleidung, denn es besteht häufig am Abend ein sogenannter *Dress Code.* Die Iren machen sich gerne schick, wenn sie ausgehen.

Reisezeit

Die beste Reisezeit reicht von Anfang Mai bis Mitte September. Zwar gibt es vor- und nachher auch schöne Tage, die Regenstatistik jedoch spricht eine eindeutige Sprache (vgl. Kapitel „Klima"). Die trockensten Monate sind Mai und Juni, die sonnigsten Juli und August.

Allerdings sind in den beiden letztgenannten Monaten nicht nur die vielen ausländischen Touristen auf der Grünen

Insel unterwegs, auch die Iren selbst sind dann *very busy,* wie sie selbst sagen, reisen also auch im eigenen Lande umher. In dieser Zeit sind nahezu alle Unterkünfte belegt und in den Restaurants bekommt man keinen Tisch. Die empfehlenswertesten Urlaubstage liegen deshalb in der Zeit von Anfang Mai bis Mitte Juni. Außerhalb der Saison, von Oktober bis April, bieten viele Reiseveranstalter Vorzugsangebote zu stark verbilligten Preisen an (vgl. Kapitel „Anreise/Organisierte Reisen").

Toiletten

Fast ausnahmslos alle Ortschaften, sogar noch die allerkleinsten Dörfer, haben öffentliche Toilettenanlagen und zwar zumeist am zentralen Ortsparkplatz.

Herren: auf Englisch *Men*
oder *Gentlemen/Gents;*
auf Gälisch *Fir.*

Damen: auf Englisch *Women;*
oder *Ladies;*
auf Gälisch *Mná.*

Unterwegs in Irland

Mit dem Flugzeug

Inlandsflüge verkehren zwischen den fünf internationalen Flughäfen Dublin, Shannon, Cork, Knock und Kerry County, sowie auch zwischen den Regional-Airports Galway, Sligo, Carrickfinn und Waterford. Allerdings lohnen sich bei den relativ geringen Entfernungen Flüge nur dann, wenn man wirklich in Eile ist.

Mit Bahn und Bus

Busse und Züge betreibt die staatliche Transportgesellschaft *C.I.E. (Coras Iompair Eireann).* Während noch in den fünfziger Jahren ein dichtes **Eisenbahnnetz** die Grüne Insel überzog, sind inzwischen viele unrentable Strecken stillgelegt worden. Nördlich von Sligo gibt es keine Eisenbahnverbindungen mehr. Zudem führen die meisten Verbindungen nach Dublin. Beachten sollte man auch, dass die Preise für Zugfahrten wesentlich teurer sind als die Bustickets. Eine einfache Fahrt nach Cork kostet 44 €.

Busse sind das wichtigste öffentliche Verkehrsmittel des Landes, auch für lange Strecken. Da die Iren den *Small Talk* schätzen, kommt man oft mit Mitfahrenden ins Gespräch oder man kann Gesprächen im Bus lauschen und sich so in alltägliches irisches Englisch einhören. Die Busse der staatlichen Gesellschaft *Bus Éireann* sind komfortabel und haben oft kostenlos *WiFi* an Bord, sodass man mit Smartphone oder anderen Geräten im Bus gut E-Mails schreiben oder die weitere Reise planen kann. Kleinere, private Anbieter machen *Bus Éireann* auf vielen Strecken Konkurrenz und bieten Verbindungen an, die ansonsten nicht angesteuert werden. Eine einfache Fahrt mit *Bus Éireann* von Dublin nach Cork kostet 14 €, mit z.B. dem Privatanbieter *Go Bus* 10 €.

Es gibt für Busreisen zahlreiche **Vergünstigungen.** So bietet *Bus Éireann* den *Open Road Bus Pass* an, mit dem man je nach Ticket an einer bestimmten Zahl von Tagen innerhalb eines festen Zeitraums jeden Bus der staatlichen Gesellschaft benutzen kann. Drei Tage Busnutzung innerhalb von sechs Tagen kosten 57 €, 15 Tage innerhalb von 30 Tagen kosten 249 €. Dazwischen gibt es zahlreiche Varianten. Das ähnliche *Irish Rover Ticket* gilt auch für *Ulster Bus* in Nordirland. Drei Tage innerhalb von sechs kosten 88 €, 51 € für Kinder. Zudem ist eine 15-tägige Variante für einen Zeitraum von 30 Tagen erhältlich (295 €/160 €). Das *Irish Explorer Ticket* ermöglicht für acht Tage innerhalb von 15 die unbegrenzte Nutzung von Bussen und Bahnen in der Republik Irland (245 €/122 €).

Wenn man seine Fahrkarten für *Bus Éireann* im **Internet bucht,** spart man 5 %. Leider benötigt man einen Ausdruck der Buchung, weshalb der Nutzen dieser Möglichkeit unterwegs etwas eingeschränkt ist. Ermäßigungen für Kinder und Studenten bieten die meisten Bahn-, Bus-, Fähr- und Fluggesellschaften. Um sich als Student auszuweisen, sollte man deshalb unbedingt eine ISIC-Karte dabei haben (siehe auch unter „Geldfragen").

Weitere **Informationen, Fahrpläne** zum Herunterladen und Buchungsmöglichkeit findet man hier:

- **Bus Éireann,** www.buseireann.ie. Tickets müssen ausgedruckt werden;
- **Irish Rail** (Bahn), www.irishrail.ie. Im Internet gebuchte Tickets können aus Automaten an Bahnhöfen ausgedruckt oder am Schalter abgeholt werden. Man benötigt die Buchungsnummer und am Schalter seinen Pass oder Ausweis.

In vielen Regionen verkehren auch kleine **Unternehmen** und halten dort die Infrastruktur aufrecht. Informationen darüber bekommt man in den *Tourist Offices* oder im örtlichen *Post Office.*

Mit eigenem Auto oder Leihwagen

Verkehrsvorschriften

Wie in Großbritannien herrscht auch in Irland **Linksverkehr** (Achtung: wer von rechts kommt, hat trotz allem Vorfahrt). Auf die Briten gehen auch die *Roundabouts* zurück; anstelle einer Kreuzung gibt es einen **Kreisverkehr,** bei dem der Verkehr wesentlich besser fließt. Der im Kreis Fahrende hat immer Vorfahrt.

Die **Höchstgeschwindigkeiten** in der Republik Irland betragen innerhalb geschlossener Ortschaften 50 km/h; auf Landstraßen, auf den *Regional* und den *Local Roads* 80 km/h; auf gut ausgebauten Landstraßen, den *National Roads* 100 km/h und auf den wenigen Autobahnen 120 km/h.

Auf einigen Autobahnen, wie z.B. der M 50 und auf der M 3 rund um Dublin, muss eine geringe **Autobahngebühr** bezahlt werden, Schilder kündigen diese Streckenabschnitte an.

Die **Promillegrenze** liegt bei 0,5, für Fahranfänger (weniger als zwei Jahre Fahrerfahrung) gelten 0,2 Promille.

Es herrscht **Anschnallpflicht** für den Fahrer und alle Beifahrer, Kinder unter zwölf Jahre müssen auf die rückwärtigen Sitze platziert werden.

Für Motorradfahrer besteht in Irland **Helmpflicht.**

Verkehrssituation

Die **Ausschilderung** ist gut, wenngleich gewöhnungsbedürftig; zum einen erscheinen alle Ortsnamen gleich zweifach, einmal in Englisch und zusätzlich noch in Gälisch (in gälischsprachigen Regionen sind sie nur gälisch), und dann befindet sich nicht selten ein Dutzend Hinweisschilder an einem einzigen Pfahl, verdeckt sich gegenseitig und zeigt in alle Himmelsrichtungen. Gelegentlich findet man noch alte Schilder mit Meilenangaben, das wird aber zunehmend selten. Bei diesen steht dann, anders als bei den modernen Hinweisschildern, keine Maßeinheit. Fernstraßen tragen die Bezeichnung „N" (mit einer Zahl dahinter), Landstraßen die Bezeichnung „R" (mit Zahl). Häufig sind noch viele Hinweisschilder in Gebrauch, die die alte Bezeichnung „L" tragen.

Unerlässlich ist ein gute **Straßenkarte,** so beispielsweise die praktische Karte „Irland" (1:350.000) des *world mapping project* aus dem Reise Know-How Verlag.

Alle Straßen sind durchweg asphaltiert. Vor allem Landstraßen, aber auch die unklassifizierten Straßen sind schmal und vor allem kurvenreich; Hecken, Mauern und Zäune machen die **Kurven** uneinsehbar, und **Tiere** weiden am Straßenrand – unbedingt empfiehlt sich eine defensive Fahrweise, will man nicht ein Lamm oder einen Esel ums Leben bringen. Esel, Rinder und Schafe – so führt sehr richtig die Broschüre des irischen Fremdenverkehrsamtes aus – sind gleichberechtigte Verkehrsteilnehmer, nur sind ihnen die einschlägigen Vorschriften weniger bekannt. In ländlichen Gegenden stehen viele Häuser direkt am Straßenrand, hier muss man mit **spielenden Kindern** rechnen!

Vor allem in Dublin, aber auch auf den Parkplätzen der Touristenzentren grassieren **Einbrüche und Diebstähle.** Man sollte keine Wertgegenstände im Wagen zurücklassen.

Hilfe und Information

Ist man mit dem eigenen Auto in Irland unterwegs, so hilft bei **Pannen** ein Auslandsschutzbrief der heimischen Automobilclubs. Vor allem auf dem Lande sind Ersatzteile nicht immer sofort lieferbar und müssen häufig in Dublin angefordert werden. Allerdings ist dafür die Improvisationsbereitschaft der Me-

Entfernungen (in Kilometern)

Dublin – Cork	256
Dublin – Donegal	220
Dublin – Galway	217
Dublin – Killarney	307
Dublin – Shannon/Airport	220
Dublin – Rosslare	160
Dublin – Limerick	197
Dublin – Sligo	214
Dublin – Belfast	166
Belfast – Galway	306
Belfast – Sligo	206
Dublin – Londonderry	232
Londonderry – Cork	428
Londonderry – Sligo	135
Sligo – Galway	138
Galway – Limerick	104
Limerick – Killarney	111
Rosslare – Killarney	275
Rosslare – Limerick	211

chaniker weitaus höher als in großen, gutbestückten Werkstätten.

Wenn man nicht Mitglied in einem Automobilclub ist, muss man sich direkt an die beiden **irischen Automobilclubs** (*AA:* Tel. 1800 667788, *RAC:* Tel. 1800 535005) wenden. Diese Variante ist sehr teuer, man wartet länger und muss sein Problem am Telefon auf Englisch erklären. Die aufgeführten kostenfreien Sondernummern kann man von ausländischen Handys aus nicht anrufen!

Tanken

Das Tankstellennetz ist auch auf dem Lande dicht genug, an Sonntagen sind allerdings nur wenige *Petrol Stations* geöffnet. Der **Reifendruck** wird in *Pound per square inch* (pps) gemessen.

atü	pps
1	14
1,4	20
1,6	23
1,8	26
2,0	28,5
2,2	31,5
2,4	34,5

Unfall

Bei Unfällen mit Personenschäden sollte man sofort die Polizei **(Garda)** unter der zentralen **Notfallnummer 999** rufen.

Handelt es sich nur um einen kleinen Blechschaden, ist es am vorteilhaftesten, mit dem jeweiligen Unfallgegner die Personalien sowie die Adresse der **Versicherung** auszutauschen; auch irische Autobesitzer müssen über eine Haftpflichtversicherung verfügen. Sollte es wider Erwarten Probleme geben, so wende man sich an die oben aufgeführten Adressen der Automobilclubs. Auch die eigene Versicherung sollte man so schnell wie möglich benachrichtigen.

Fahrrad

Wer Irland mit dem Fahrrad erkunden möchte sollte allerdings bedenken, dass die Grüne Insel, abgesehen von der zentralen Kalksteinebene, eine sehr gebirgige Region ist und es daher stetig auf und ab geht. Ein gutes **Mountainbike** mit 21 Gängen ist beileibe kein Luxus, sondern hilft, die oft sehr steilen und zudem noch extrem langgestreckten Passagen zu überwinden.

Leichtlauf- oder Rennräder sind für Touren auf den oft holprigen Straßen der Grünen Insel aufgrund ihrer schmalen Reifen nicht geeignet; ideal ist ein stabiles Mountainbike mit dicken Reifen, einem robusten Rahmen und kräftigem Gepäckträger. Auch die notwendigsten Ersatzteile sollte man mitführen; neben der Luftpumpe und dem obligatorischen Werk- und Flickzeug gehören dazu natürlich Ersatzschlauch und -speichen, Brems- und Schaltzüge, Bremsgummis und Schrauben.

Gegen eine geringe Gebühr kann man sein eigenes Fahrrad auch im **Flugzeug** mit nach Irland transportieren (das Fahrrad muss dabei aber gut verpackt sein, auch sollte man daran denken, die Hälfte der Luft aus den Schläuchen zu lassen, die in der drucklosen Frachtkabine des Flugzeugs platzen können).

Das Irische Fremdenverkehrsamt hat insgesamt **23 Routen** für Fahrradfahrer

Vokabelliste rund ums Auto

Verkehrs- und Straßenhinweise

bend	Kurve
car park	Parkplatz
cattle/sheep	Kühe/Schafe
concealed exit	unübersichtliche Ausfahrt
fallen rocks	Steinschlag
ferry terminal	Fähranleger
heavy lorries	schwere Lastwagen
keep left	links halten
keep right	rechts halten
level crossing	Eisenbahnübergang
loose chippings	Rollsplit
no entry	keine Einfahrt
no through road	keine Durchfahrt
reduce speed now	jetzt Fahrt verlangsamen
road blocked	Straße gesperrt
road works	Straßenbauarbeiten
slippery	Schleudergefahr
slow	langsam
speed limit	Geschwindigkeits-begrenzung
traffic lights	Ampelanlage
uneven surface	unebene Fahrbahnoberfläche

Wichtige Vokabeln Deutsch – Englisch

Abblendlicht	dipped lights
abschleppen	to tow
Abschleppseil	tow rope
Abschleppwagen	recovery vehicle
Anhänger	trailor
Anlasser	starter
Auspuff	exhaust (pipe)
Batterie	battery
Benzin	petrol
Benzinpumpe	fuel pump
bleifrei	unleaded
Bremsen	brakes
Bremslicht	brake light
Dichtung	gasket
Ersatzeile	spare parts
Gas geben	to accelerate
Gaspedal	accelerator
Getriebe	gear box
Handbremse	hand brake
Kanister	can
Karosserie	body work
Keilriemen	fan belt
Krankenwagen	ambulance
Kühler	radiator
Kupplung	clutch
Lenkung	steering
Lichtmaschine	generator
Motor	engine
Öl	oil
Ölstand	oil level
Ölwechsel	oil change
Panne	breakdown
Radarfalle	speed control
Rad	wheel
Reifen	tyre
Reifendruck	tyre pressure
Reifenpanne	puncture
Reifenventil	tyre valve
Reparatur	repair
Rückleuchte	rear light
Schaltung	gears
Scheinwerfer	headlight
Standlicht	parking light
Tank	tank
Tankstelle	petrol station
Unfall	accident
Vergaser	carburetor
Wagenheber	jack
Werkstatt	garage
Zündkerze	sparking plug
Zündverteiler	distributor
Zylinder	cylinder

ausgearbeitet, die durch die interessantesten und landschaftlich schönsten Teile der grünen Insel führen und zusammen über 5000 km lang sind. Diese Strecken sind in der Broschüre *Cycling in Ireland,* die es in jedem Tourist Office oder zum Herunterladen auf www.discoverireland.com gibt, zusammengestellt.

Busse und Bahnen transportieren übrigens auch Fahrräder, kostenlos wenn Platz ist. Im Zug kann man für 6 € einen Fahrradplatz reservieren. Bei den Radtouren achte man unbedingt auf einen ausreichenden Regenschutz!

Gut ausgerüstet macht das Radfahren in Irland viel Spaß, und man ist der Natur näher als unterwegs im Auto

Kleine Vokabelliste rund ums Fahrrad

Achse	spindle
Felge	rim
Felgenbremse	caliper brake
Gangschaltung	gear shift
Kettenblatt	chain ring
Kettenwerfer	changer
Kurbelkeil	crank wedge
Lenker	handlebar
Nabe	hub
Reifen	tyre
Sattel	saddle
Schlauch	inner tube
Schutzblech	mudguard
Tretlager	bottom bracket bearing
Tretkurbel	crank

Trampen

Noch Anfang der 1990er Jahre war das Trampen *(hitchhiking)* in Irland sehr verbreitet, doch ist es mittlerweile wie überall in Europa eher unüblich geworden. Nur sehr selten sieht man noch Einheimische und Rucksacktouristen mit ausgestrecktem Daumen an der Straße stehen.

069IRL tii

Unterkunft

Irland bietet vom Luxushotel bis zur Jugendherberge die gesamte Palette der gängigen Unterbringungsmöglichkeiten. **Preiskategorien** der Unterkünfte (in Hotels, B & Bs und Hostel pro Nacht im Doppelzimmer) in diesem Buch:

€ = bis 80 €
€€ = 81–150 €
€€€ = ab 151 €

Hotels

Die **Klassifizierung** von Hotels folgt dem internationalen Sterne-Standard. Sehr beliebt sind Hotels, die in ehemaligen **Landsitzen** oder **Schlössern** eingerichtet sind; umgeben von Antiquitäten, alten Gemälden, riesigen Zimmern mit Bädern und gepflegten Parkanlagen genießt man das Ambiente der ehemaligen Burgherren. In der Vor- und Nachsaison geben auch die großen Hotels Rabatte, im Winter sind viele Hotels geschlossen. Mehr Infos zu irischen Hotels gibt es im Internet unter **www.irelandhotels.com.**

Bed & Breakfast (B & B)

Die klassische Art und Weise der Übernachtung in Irland. Man wohnt **bei Privatpersonen,** die zwei, drei oder manchmal auch vier Zimmer für Besucher ausgerüstet haben. Es gibt viele B & Bs , die

Zimmer mit eigener Dusche und Bad anbieten *(Rooms en suite)*. Alle B & Bs sind durch große Schilder kenntlich gemacht und liegen zumeist ein wenig außerhalb des Ortszentrums an den Ausfallstraßen. Einzelreisende müssen manchmal einen Zuschlag zahlen, viele B & Bs haben indessen auch ein Einzelzimmer im Angebot. Vor allem in der Hauptsaison sind viele B & Bs schon mittags ausgebucht, man sollte also rechtzeitig telefonisch reservieren. Alle *Tourist Offices* nehmen gegen eine geringe Gebühr ebenfalls Buchungen vor.

Mit im Preis eingeschlossen ist das immer vielfältige irische **Frühstück.** Gereicht werden Cornflakes, Müsli oder Porridge, gebratener Speck mit Spiegel- oder Rühreiern, die irischen Frühstückswürstchen, gelegentlich auch *Black Pudding* (eine Scheibe gebratene Blutwurst), eine gebratene Tomatenhäfte und natürlich Brot (oft selbstgemacht), Toast, Butter und Konfitüre. In vielen B & Bs kann man abends auf Wunsch eine kleine Mahlzeit bekommen, die man bereits zur Mittagszeit bestellen sollte. Da B & Bs über keine Alkohollizenz verfügen, bringe man den eigenen Wein mit.

Privatunterkünfte, die vom irischen Fremdenverkehrsverband *Fáilte Ireland* empfohlen sind, werden regelmäßig Qualitätskontrollen unterzogen, was aber nicht heißt, dass B & Bs ohne Kleeblatt-Siegel schlechter sein müssen. Manchmal scheuen die Besitzer die Gebühren, die mit dieser Qualitätsbescheinigung verbunden sind. Kenntlich gemacht sind die empfohlenen B-&-B-Unterkünfte durch ein Schild mit dreiblättrigem Kleeblatt. Die Preise liegen in etwa zwischen 60 und 80 Euro für zwei Personen im Doppelzimmer (Preiskategorie: €).

Hostels

Irland ist überzogen von einem dichten Netz an preisgünstigen Hostels, die von Reisenden aller Altersgruppen genutzt werden. Typischerweise übernachtet man in Schlafsälen, es gibt aber auch eine begrenzte Zahl an Einzel-, Doppel- und Familienzimmern. Heutzutage sind Jugendherbergen sehr komfortabel und ermöglichen preisbewusstes Reisen. Im Preis eingeschlossen ist meist ein **einfaches Frühstück** (*continental breakfast*: Toast, Butter, Marmelade, Orangensaft, Kaffee oder Tee). Ansonsten gibt es eine Küche, die man nutzen kann, was ein wesentlicher Vorteil ist, um sich z.B. auf einem Markt selber zu versorgen. Ein Bett kostet im Schlafsaal 10–25 € und ein Doppelzimmer 40–55 €.

Der irische Jugendherbergsverband, **An Óige** (gälisch = Die Jugend), betreibt 26 Herbergen. Anders als noch vor wenigen Jahren oder in anderen Ländern ist es nicht notwendig, Mitglied von *An Óige* oder im Jugendherbergswerk seines Heimatlandes zu sein. Bei einer Ersparnis von 10 % und der recht geringen Zahl von An-Óige-Jugendherbergen lohnt sich eine Mitgliedschaft kaum. Wer sich dennoch interessiert, findet hier mehr Informationen:

- **D:** www.jugendherberge.de, 12,50–21 Euro;
- **A:** www.oejhv.or.at, 15–25 Euro;
- **CH:** www.youthhostel.ch, 22–33 SFr;
- **IRL:** www.anoige.ie, 10–20 €, hier findet man auch sämtliche Jugendherbergen des Verbandes.

Viel zahlreicher sind die **kommerziellen Hostels,** die teils in einem der zwei im folgenden aufgeführten Verbände organisiert sind. Auf den Websites findet man eine Liste der Hostels:

- **www.hostels-ireland.com**
- **www.independenthostelsireland.com**

Camping

An die 200 von der Irischen Fremdenverkehrszentrale **anerkannte Campingplätze** überziehen die Grüne Insel. Alle sind mit Pflege und Bewachung, festgelegter Parzellendichte und einer einheitlichen Gebührenordnung ausgestattet. Darüber hinaus gibt es oft Minigolfanlagen, Planschbecken für die Kleinen, Restaurants, Läden und Waschsalons.

Wildes Campen ist nach Rücksprache mit dem Landbesitzer möglich. Viele Hostels haben auf ihrem Gelände ein Areal, auf dem gegen eine Gebühr Zelte aufgeschlagen werden können.

Eine **Liste der Campingplätze** findet man auf folgender, auch deutschsprachigen Internetseite des *Irish Caravan & Camping Council:* www.campingireland.ie. Dort kann man auch für 5 € den „Caravan, Camping & Motorhome Guide" bestellen, der alle Campingplätze mit vielen Zusatzinformationen auflistet.

Ferienhäuser

Selbstverständlich kann man auch Ferienhäuser in Irland mieten und als Selbstversorger die hohen Restaurantpreise damit umgehen. Je nach Größe und Ausstattung variieren die Preise. Viele Cottages stehen in kleinen Touristendörfchen zusammen. Informationen unter **www.iscf.ie.**

Wer höhere Ansprüche stellt, kann auch kleine Landsitze bis hin zu Normannenburgen für seinen Urlaub mieten. Da Ferienhäuser in der Regel nur über die Reiseveranstalter zu buchen sind, empfiehlt sich eine rechtzeitige Vorbestellung.

Eine preiswerte, eher bei irischen Touristen beliebte Ferienunterkunft sind die **Mobile Homes,** riesige, stationäre Wohnwagen, die viele als eigenes Ferienhaus auf Campingplätzen stehen haben. Teilweise kann man sie aber auch wochenweise mieten: www.campingireland.ie/sales-and-hire/mobilehire.html.

Urlaubsaktivitäten

Abenteuerferien unter Anleitung

Wer im Urlaub eine neue sportliche Betätigung unter professioneller Anleitung erlernen möchte, sollte diese in einem irischen **Outdoor Education Centre** buchen. Dort werden Bergsteigen, Bergwandern, Wellenreiten, Windsurfing, Segeln, Kanu-Touren, Bogenschießen, Tauchen und andere Sportarten angeboten und von erfahrenen Sportlern gelehrt. Die *Outdoor Education Centres* unterhalten in Irland an zehn Standorten Filialen, nähere Informationen unter **www.oec.ie.**

Angeln

Irland ist ein klassisches Angelsport-Land und unter Anglern berühmt für seine reichen Fischgewässer. Man unterscheidet zwischen *Coarse Fishing,* dem Angeln auf Nichtsalmoniden, *Game Fishing,* dem Forellen- und Lachsfang sowie dem *Sea Fishing,* zu dem das *Deep Sea Angling,* das Hochseeangeln, gezählt wird. (Gute Informationen unter www.fishing inireland.info)

Coarse Fishing

Hecht (*Pike,* März bis November),
Brachse (*Bream,* April bis Oktober),
Schleie (*Tench,* Mai bis September),
Rotfeder (*Rudd,* April bis Oktober),
Rotauge (*Roach,* bis Oktober),
Barsch (*Perch,* Mai bis September),
Karpfen (*Carp,* ganzjährig),
Aal (*Eel,* ganzjährig).

Wichtige Begriffe für Angler

baits	Köder
dapping	mit Heuschrecken oder Maifliegen fischen
float	Schwimmer
fly-casting	mit Fliegen fischen
hook	Haken
landing net	Kescher
line	Schnur
lure, spinner, spoon	Blinker
maggots	Maden
reel	Rolle
rod	Angel
shot, weight	(Blei-)Gewicht
tackle	Anglerausrüstung
tackle shop	Anglerbedarfsladen
worms	Würmer

Fast überall kann man ohne Lizenz fischen. Das Angeln mit Lebendködern *(Live Bait)* ist ausnahmslos überall **verboten,** und mit mehr als zwei Angelruten darf man nicht fischen.

Die **besten Gegenden** für den Sportangler sind die Irische Seenplatte sowie die Region des County Clare. Stege und Parkplätze sind an den besten Stellen reichlich vorhanden, überall kann man Boote mieten. Die örtlichen Touristeninformationen vermitteln auch einen sogenannten *Ghillie,* einen **Fischführer.** Häufig weisen sogar Straßenschilder auf gute Fischgründe hin (*Fishing;* auf gälisch: *Iascaireacht*).

Da die oben aufgeführten Fische in Irland durchweg schwerer und kräftiger als die heimischen sind, empfiehlt sich eine stärkere Angelrute, auch die Blinker sollten größer sein. Spezialgeschäfte gibt es in Hülle und Fülle, man kann vor Ort seine Ausrüstung verbessern.

Game Fishing

Irische Angler machen ausschließlich Jagd auf Lachse und Meeresforellen, und entsprechend gehegt sind die sogenannten Salmonidengewässer. Für die Jagd auf Bach- und Regenbogenforelle *(Brown Trout, Rainbow Trout)* benötigt man keine Lizenz; wohl jedoch für den Salmonidenfang. Lizenzen bekommt man in den Anglergeschäften.

Deep Sea Angling

Die irische Küste ist über 3000 km lang und verfügt über gute vorgelagerte Fanggründe. Mit hochseetüchtigen, bestens ausgerüsteten Booten sowie fachkundigen Skippern geht es aufs offene Meer hinaus, wo vor allem die Jagd auf Blauhaie und Rochen beliebt ist. Hochseeangel-Zentren sind vor allem Kinsale, Galway, Westport und Baltimore.

Fahrrad fahren

Siehe dazu die Hinweise im Kapitel „Unterwegs in Irland".

Golf

Neben den Anglern zieht es wohl vor allem die Golfer auf die Grüne Insel, denn Golf ist hier ein Massensport, dem nichts Elitäres anhaftet – entsprechend niedrig sind die Preise für die *Green Fees,* die je nach Platz normalerweise zwischen 10 und 60 Euro betragen.

Über 200 Golfclubs, davon entsprechen mehr als die Hälfte dem internationalen 18-Loch-Standard, stehen dem Anfänger wie dem Fortgeschrittenen zur Verfügung. Eine Mitgliedschaft ist nicht nötig, die Ausrüstung wird gestellt, und jeder Club verfügt über Golflehrer, die den Novizen individuell oder in einer Gruppe betreuen. Bei jedem *Tourist Office* kann man eine Broschüre erstehen, die alle Plätze auflistet. Größere Ferienhotels verfügen über eigene Anlagen.

Mit dem Kabinenkreuzer auf dem Shannon

Von Drumshanbo im Norden der Irischen Seenplatte bis Killaloe im Süden kann man den Shannon sowie eine Vielzahl miteinander verbundener Seen mit dem Boot befahren (vgl. Kap. „Tour 8"). Diese Kreuzer haben je nach Größe Platz für zwei bis zehn Passagiere und sind mit allen notwendigen Utensilien bestückt. Ein **Motorboot-Führerschein** ist **nicht** notwendig, das Mindestalter beträgt jedoch 21 Jahre.

Verpflegung ist nicht an Bord, jedoch gibt es selbst in kleinen Dörflein Lebensmittelläden, wo man alles Notwendige einkaufen kann; auch hat man die Möglichkeit, an jeder Marina Lebensmittel zu erstehen. Damit man an den Anlegestellen auch mobil ist, kann man gegen eine geringe Gebühr auch Klappfahrräder auf dem Boot mitführen.

Die **Handhabung** der zumeist mit einem 5-PS-Dieselmotor bestückten Boote ist recht einfach: Vor Beginn der Tour wird man in der Marina in alles Wichtige eingewiesen. In jedem Boot befindet sich auch der *Shannon Guide,* der ausführlich über die gesamte Wasserstraße informiert, exakte Karten besitzt und alles Wissenswerte über Tank- und Wasserversorgungsstellen, Pubs, Restaurants und Lebensmittelläden bereithält. Zusammen mit den Bojen, Warntafeln und dem Wassermarkierungssystem erleichtert der *Shannon Guide* die Navigation ganz erheblich.

Einige **grundsätzliche Hinweise:** Fahren Sie – besonders an schmalen Flusskrümmungen – immer rechts! Die Wasserstraßenmarkierungen (Bojen, schwar-

ze Balken) müssen bei der Vorbeifahrt auf backbord (links) liegen. Vor allem in der Nähe der vielen kleinen Inselchen müssen Sie mit Untiefen und Felsen unter der Wasseroberfläche rechnen. Fahren Sie langsam und behalten Sie sorgfältig die Wasseroberfläche im Auge! Laufen Sie niemals zu seichte Stellen an, denn Schlamm oder Sand können in die Ansaugkanäle für die Motorkühlung gelangen! Vor der Einfahrt in die großen Seen Lough Derg und Lough Ree sollten Sie sich über die Wetterverhältnisse informieren, denn plötzlich ausbrechende Stürme sind keine Seltenheit. Beachten Sie auch immer die Anweisungen der erfahrenen Schleusenwärter (der Shannon hat übrigens sechs Schleusen)!

Informationen zur Anmietung von Kabinenkreuzern oder umgebauten ehemaligen *River Barges* bekommt man auf den Grünen Ferienseiten von www.tourismireland.de. Infos zur Bootsfahrt gibt auch *Waterways Ireland,* Tel. (028) 6632 3004, www.waterwaysireland.org, oder *Inland Waterways Association of Ireland,* Tel. (028) 38325329, www. iwai.ie.

Kanu-Wandern

Kanu-Wandern und harmlose „Wildwasserfahrten" kann man auf vielen irischen Flüssen unternehmen. Längster Strom, immer wieder von Seitenflüssen und großen wie kleinen Seen gesäumt,

31IRL ws

ist der Shannon. Entlang des Flusses konzentrieren sich auch die **Anbieter,** deren Informationen und Adressen man im Internet unter www.shannonregiontrails.ie/TrailOperators/Water-BasedOperators/Canoeing findet.

Wer sein Kanu perfekt bis zur Eskimo-Rolle beherrschen möchte, kann **Kurse** bei folgender Adresse buchen: *The Irish Canoe Union,* Sport HQ, Joyce Way, Park West, Dublin 12, Tel. (01) 6251105, Fax 6251106, www.irishcanoeunion.com.

Drachenfliegen

Mit seinen vielen Gebirgszügen ist Irland ein ideales Reservoir für die Freunde des *Hang Gliding.* Die besten Wind- und Wetterverhältnisse findet man in der Zeit von Mai bis September. Wer seinen eigenen Flugdrachen mitbringen will, muss sicher sein, dass das Gerät den Bestimmungen der *FAI* entspricht.

Eine Haftpflichtversicherung ist obligatorisch und kann für wenige Euro durch eine einmonatige Mitgliedschaft bei der *Irish Hang Gliding & Paragliding Association* (www.ihpa.ie) erworben werden. Durch diese Organisation erfährt der passionierte Drachenflieger auch die besten Startpunkte. Die besten Regionen liegen in den Wicklow Mountains, auf der Dingle-Halbinsel und auch auf Achill Island.

Reiten

Das gängige irische Reitpferd, **Hunter** genannt, ist ein Halbblüter, der gut zur Fuchsjagd geeignet ist und ein gutes Springpferd abgibt. Um einiges kleiner ist das *Pony,* ein robustes und daher vor allem für Reitanfänger geeignetes Pferd.

Man kann **Pauschal-Reiterferien** buchen oder sich an *Equistrian Holidays* wenden. Über das ganze Land verstreut

◁ Hafen auf den Aran-Inseln

findet man genügend **Reiterhöfe,** auf denen man Pferde jeden Temperaments mieten kann. Fachkundiger Unterricht wird natürlich auch erteilt.

Immer beliebter werden die sogenannten **Pony Trecks,** bei denen man eine Woche lang pro Tag ca. 5 Stunden im Sattel zubringt. Das Gepäck wird vom Veranstalter vorausgeschickt. Beliebte Regionen sind Connemara, die Dingle-Halbinsel sowie rund um Sligo und Killarney.

Wer es einmal mit dem **Polo** versuchen möchte, kann Auskünfte einholen beim *All Ireland Polo Club,* Phoenix Park, Dublin 8, Tel. (01) 6776248.

Wandern

Irland ist ein ideales Wanderland, daher sollte man die folgenden sehr empfehlenswerten **Publikationen** für Wandertouren im Lande selbst erstehen:

- **„Walking in Ireland: 50 Walks Through the Heart and Soul of Ireland"** von *Christopher Somerville* beschreibt sehr informativ 50 Touren auf der ganzen Insel. Außerdem liefert das Buch Einblicke in die Geschichte, Flora und Fauna der beschriebenen Regionen.
- Sehr empfehlenswert sind auch die Publikation von *Paddy Dillon,* **„Irish Coastal Walks"** und **„The Mountains of Ireland: A Guide to Walking the Summits".**
- Für das Connemara-Gebiet – hier lockt vor allem die Gebirgskette *The Twelve Bens* – ist der Wanderführer **„Connemara & Mayo: Mountain, Coastal & Island Walks"** von *Paul Phelan* zu empfehlen.
- Für den Nordwesten Irlands empfehlen sich **„Donegal, Sligo & Leitrim: A Walking Guide"** sowie **„Kerry Walks"** von *Kevin Corcoran.*

Wichtige Begriffe für Pferdefreunde

to bet	wetten
betting office	Wettbüro
bridle	Zaumzeug
oats	Hafer
pasture	Weide
saddle	Sattel
shaft	Deichsel
shoe	Hufeisen
stirrup	Steigbügel
to groom	striegeln

■ Gute Dienste leisten auch die in vielen Buchläden und bei den *Tourist Offices* erhältlichen detaillierten Gebietskarten **„Ordnance Survey Maps, O.S.“**, mit denen man eigene Routen ausarbeiten kann.

Bei den Ortsbeschreibungen dieses Bandes werden die **interessantesten Regionen** mit Wandervorschlägen und Kartenhinweisen beschrieben, und für die Killarney-Region finden Wanderfreunde vier genau beschriebene Touren (vgl. Kapitel „Irlands Südwesten“). Bei jedem *Tourist Office* sind Broschüren und Karten mit detailliert beschriebenen Wanderruten erhältlich – oft gratis.

Obwohl Irlands höchster Berg gerade einmal 1041 m hoch ist, sollte man die **Gefahren** vor allem beim Bergwandern nicht unterschätzen. Rasche Wetterumschwünge sind an der Tagesordnung, die Bergregionen sind sehr einsam; hat man sich unterwegs verletzt und kann nicht aus eigener Kraft zurück zum Ausgangspunkt, gerät man schnell in eine lebensbedrohende Situation.

⌃ Wandern auf den Aran-Inseln

Lebenswichtige Hinweise für Wanderer

- Hinterlassen Sie unbedingt im Hotel, bei ihrer B-&-B-Wirtin oder in den Besucherzentren der Nationalparks **eine Nachricht,** welche Tour Sie in Angriff nehmen!
- **Achtung:** In den zerklüfteten Bergregionen versteigt man sich sehr leicht und kommt dann weder vor noch zurück!

Wandern Sie in den Bergregionen nur mit einer vollständigen **Ausrüstung,** zu der gute, wasserdichte Wanderschuhe, wasserdichte, kniehohe Gamaschen für die Unterschenkel, ein Tagesrucksack für warme Kleidung, Extra-Socken, Regenschutz, Kraftnahrung, Kompass, Erste-Hilfe-Set, Survival Kit (Trillerpfeife für Notsignale, eventuell sogar Leuchtmunition mit Abschussgerät, aluminiumbeschichtete Rettungsdecke, Sturmstreichhölzer, Brennglas, Signalspiegel, Draht, Wasserentkeimungstabletten, Angelhaken und -schnüre etc.), Messer und detailliertes Kartenmaterial gehören! Ein GPS-Gerät leistet ebenfalls gute Dienste.

Man beachte weiter, dass es kaum (sieht man von *Long Distance Walking Routes* ab) **Wegmarkierungen** gibt, man häufig über offenes Gelände marschiert und sich anhand von Karte und Kompass den Weg selbst suchen muss. Auch benötigt man eine gewisse Portion an Erfahrung, um Geländeformationen richtig einschätzen zu können.

Ab und an findet man *Cairns,* **Steinpyramiden,** die von Wanderern angelegt wurden, um den Weg zu markieren. Wenn Sie sicher sind, auf der richtigen Route zu sein, so legen Sie ebenfalls solche *Cairns* an, oder schichten Sie zerfallene Markierungspyramiden wieder auf – so helfen Sie den nachfolgenden Wanderern, sicher zum Ziel zu gelangen.

Weitere **Auskünfte** erteilt: *Mountaineering Council of Ireland,* Sport HQ, Joyce Way, Park West, Dublin 12, Tel. (01) 6251115, www.mountaineering.ie.

Hier bekommt man auch Informationen über **alpines Bergsteigen** *(Rock Climbing);* die besten Regionen sind die Wicklow Mountains, die Kalksteinklippen bei Doolin, nahe den Cliffs of Moher, der Gebirgszug Twelve Bens bei Clifden sowie die Berge auf der Kerry-Halbinsel. Bergwanderungen auf der Kerry-Halbinsel bieten auch viele Pauschalreiseveranstalter an; dazu gibt z.B. das Gaeltacht-Reisebüro (siehe unter „Information") umfassend Auskunft.

Und bitte respektieren Sie die folgenden **Country Codes:**

- *Guard against all risks of fire.*
- *Leave gates as you find them.*
- *Keep your dogs under close control.*
- *Keep to public paths across farmland.*
- *Use gates and stiles to cross fences, hedges and walls.*
- *Leave livestock, crops, machinery alone.*
- *Take your litter home.*

Buchtipps

- Zum Thema sind folgende Titel aus der Praxis-Reihe im Reise Know-How Verlag erschienen: **„Richtig Kartenlesen", „Wildnis Ausrüstung", „Orientierung mit Kompass und GPS".**

- *Help to keep all water clean.*
- *Protect wildlife, plants and trees.*
- *Take special care on country roads.*
- *Make no unnecessary noise.*

Wellenreiten und Windsurfen

Für das Wellenreiten und Windsurfen, das man auch unter Anleitung während der sogenannten *Adventure Holidays* erlernen kann (vgl. Kapitel „Anreise, Organisierte Reisen"), bieten sich folgende **Küstenabschnitte** an. An der Ostküste lohnt sich dieser Sport nicht, da selbst bei einem kräftigen Südwind die Wellenhöhe einen Meter nur selten übersteigt.

- **Südküste** (Wellenhöhe bis 2,50 m) Tramore Strand, Annestown, Bunmahon Bay, Garrettstown, Courtmacsherry, Barley Cove, Inchadoney, Owenahincha.
- **Südwestküste** (Wellenhöhe bis zu 3,50 m) Derrynane, Waterville Bay, Reenroe Strand, Inch, Slea Head, Brandon Bay, Ballyheigue, Banna Strand, Ballybunion.
- **Mittlere Westküste** (Wellenhöhe bis 4 m) Doughmore, Spanish Point, Silver Strand, Lahinch, Cornish Point, Moy Bay, Fanore Strand.
- **Nordwestküste** (Wellenhöhe bis 4 m) Achill Island (Dooagh, Keel Strand, Minaun Cliffs, Dooega), Enniscrone, Easkey, Aughris Quay, Strandhill, Bundoran, Tullan Strand, Rossnowlagh, Ards, Bloody Forehead, Loughros, Beg Bay, Rosbeg, Marble Strand, Rosapenna.

Tauchen

Wer noch nicht die faszinierenden Taucherfahrungen vor tropischen Korallenriffen gemacht hat, den dürfte das *Scuba-Diving* vor Irlands Küste noch begeistern. Die Wassertemperaturen liegen geringfügig unter denen der Nordsee. Dank des Golfstroms ist bis zu einer **Wassertiefe** von 20 m mit 16° C zu rechnen, zwischen 20 und 30 m mit 13° C, ab 30 m um 10° C. Die **Sichtweiten** unter Wasser betragen ca. 30 m. Die besten Tauchzeiten liegen zwischen Juni und September.

Vor der Westküste ist die Unterwasserflora und -fauna am reichhaltigsten. Zahlreiche **Wracks** liegen hier auch auf dem Meeresgrund, u.a. einige Schiffe der Spanischen Armada. Erfahrene Tauchführer kennen die jeweiligen Standorte, in Karten sucht man sie allerdings vergeblich.

Umfassende Informationen erhält man unter **www.diving.ie.**

Segeln

Der Segelsport ist beliebt bei den Bewohnern der Grünen Insel. Dies verwundert auch nicht weiter, da die Irische See und der Atlantik ideale, wenngleich häufig auch rauhe Segelgebiete sind. Wie

Buchtipp

- Zum Thema Tauchen ist der Titel **„Tauchen in kalten Gewässern"** aus der Praxis-Reihe im Reise Know-How Verlag erschienen.

sehr die Segler Tradition in Irland haben, zeigt auch der *Royal Cork Yacht Club*, der 1720 gegründet wurde und angeblich der älteste Seglerverein der Welt sein soll.

Wie hoch die **Wellen** werden können und wie sehr der Sturm den Seglern zu schaffen machen kann, erfuhren die Teilnehmer der berühmten *Fastnet-Race-Regatta* (dabei dient der Fastnet Rock vor der irischen Südküste als Wendepunkt): Fast alle Boote gerieten in Seenot, und die britischen und irischen Rettungsdienste waren pausenlos im Einsatz, trotzdem ertrank eine ganze Anzahl von Skippern in den Fluten.

Wer als Besucher die Küstengewässer unsicher machen möchte, findet eine Vielzahl von Möglichkeiten, fast die gesamte 3200 km lange Küste weist Segelzentren auf. Wer den Umgang mit Pinne und Vorschot perfekt erlernen möchte, kann **Segelkurse** in Irland buchen. Das irische Abschlusszertifikat wird vom Deutschen Seglerverband anerkannt.

Informationen über Segelschulen, Segelzentren und Yacht-Charter vermittelt das Irische Fremdenverkehrsamt in Deutschland. Hier kann man auch eine kostenlose Sonderbroschüre rund um das Segeln und artverwandte Wassersportarten anfordern.

Auf dem River Shannon, im Hintergrund die Ruinen der Klosteranlage Clonmacnoise

Verpflegung

Restaurants

Vom Spitzenrestaurant bis zum *Fast Food Take-Away* reicht die irische Gastronomie-Palette. Der Besucher sei jedoch vorgewarnt, denn die Preise sind selbst in einem Mittelklasselokal recht hoch. **Preisklassen** für die Gastronomie in diesem Buch:

€ = bis 15 €
€€ = 16–25 €
€€€ = ab 26 €

Viele Lokale bieten ein sogenanntes **Early Bird Menu** an, das in der Regel aus drei Gängen besteht. Es beinhaltet aber eine kleinere Auswahl als die normale Speisekarte.

In den Restaurants ist die Bedienung entweder im Preis mit eingeschlossen *(Service Included),* oder wird zusätzlich berechnet (*Service Charge,* 10 oder 15 %), hier erübrigt sich dann ein **Trinkgeld,** was sonst nach dem Bezahlen auf dem Tisch liegen gelassen wird. In irischen Restaurants sucht man sich seinen Tisch nicht selbst – das ist nur in Pubs oder Cafés üblich – sondern man wartet bis man von der Bedienung an einen Tisch geführt wird. Hier bekommt man dann die Speisekarte (Achtung: *Menu* bezeichnet nicht das Menü, sondern ist das englische Wort für die „Speisekarte"). Übrigens: Auch die besten Restaurants servieren auf Wunsch ein großes Glas Leitungswasser *(tap water)* zum Essen.

Rauchen ist in allen Restaurants verboten, allerdings finden sich häufig Außenbereiche, manchmal sogar beheizt oder überdacht, wo das Rauchen erlaubt ist.

Noch in dem allerkleinsten Ort sind **Take-Aways** zu finden, sehr häufig sind das die sogenannten *Chipper,* in denen man vor allem die traditionellen *Fish & Chips* bekommt (Vorsicht: Ketchup und Mayonnaise sind weniger üblich. Normalerweise gibt man Salz und Malzessig auf die Pommes Frites!), natürlich auch die internationalen Ketten wie *McDonald's* oder *Kentucky Fried Chicken.* Aber es gibt auch originär irische Fast-Food-Ketten, z.B. *Supermacs,* das den amerikanischen Ketten sehr ähnlich ist und, vor allem in Städten *Abrakebabra,* spezialisiert auf Kebab. Außerdem gibt es meist eine gute Auswahl an chinesischen und indischen *Take-Aways.*

Pubs

Vielen Restaurants ist eine Bar oder ein Pub angeschlossen, und hier sind die **Bar Menu** außerordentlich gut; zwar ist die Auswahl geringer als im Lokal, aber das Essen kommt aus der gleichen Küche. Allerdings sitzt man nicht so bequem und gemütlich wie im Restaurant – das aber fangen die moderaten Preise leicht wieder auf. Aber auch ganz normale Pubs servieren – vor allem auf dem Lande und in den kleinen Ortschaften – um die Mittagszeit sowie häufig auch abends den sogenannten *Pub Grub.*

Ähnlich berühmt wie die englischen sind auch die irischen Pubs. **Ausschank-**

zeiten: Mo–Do 10.30–23.30 Uhr, Fr/Sa 10.30–0.30 Uhr, So. 12.30–23.30 Uhr. Viele Pubs dürfen ihre Öffnungszeiten vor allem am Wochenende individuell verlängern. Unmissverständlich wird vom *Bar Keeper* die *Last Order* angekündigt. Man kann dann noch eine allerletzte Bestellung aufgeben und hat nun laut Gesetz noch 30 Minuten Zeit, sein Bier auszutrinken. Nicht ungewöhnlich ist es,

Kleine Vokabelliste rund ums Essen

Vorspeisen

smoked salmon	Räucherlachs
seafood cocktail	Meeresfrüchte-Cocktail
egg mayonnaise	Russische Eier

Hauptgerichte

leg of lamb	Lammkeule
with mint sauce	..in Minzsoße
roast rib of beef	geröstete Rippe vom Rind
gammon steak	Schinkensteak
grilled sirloin steak	Rumpsteak
plaice fillet	Schollenfilet
tartar sauce	Remouladensauce
grilled salmon	gegrillter Lachs
lamb cutlets	Lammkoteletts
saddle of lamb	Lammrücken
pork	Schweinefleisch
cockles	Herzmuscheln
lobster	Hummer
mussels	Muscheln
oysters	Austern
prawns	Garnelen
scalops	Jakobsmuscheln
trout	Forelle
turbot	Steinbutt

Beilagen

brussels sprouts	Rosenkohl
mushrooms	Champignons
celery au gratin	überbackener Sellerie
baked potatoes	Folienkartoffel
vegetables	Gemüse
peas	grüne Erbsen
cabbage	Grünkohl
cauliflower	Blumenkohl
leeks	Lauch

Desserts

lemon pie	Zitronentarte
hot apple pie	warmer Apfelkuchen
with custard	mit Vanillesauce
fruit salad	Obstsalat
with fresh cream	mit Schlagsahne

Zubereitungsarten

smoked	geräuchert
poached	gekocht
deep fried	in heißem Fett gebraten
fish	Fisch
on the bone	mit Gräten
off the bone	ohne Gräten

Kampftrinker zu sehen, die bei der letzten Bestellung gar noch drei große Biere ordern.

Beliebtestes **Getränk** ist natürlich das *Guinness*, wenngleich die unserem Pils vergleichbaren *Lager*-Sorten stark auf dem Vormarsch sind. In den Pubs wird viel Flaschenbier angeboten, doch sollte man sein Bier vom Fass – also *draught* (gezapft) – verlangen. Selbstverständlich führen Pubs auch alkoholfreie Getränke.

Normalerweise ordert man gezielt die Menge und die Sorte Bier – *A pint of Lager* – und setzt ein kräftiges *please* dahinter. Noch besser ist es, die Sorte anzugeben: *A pint of Guinness* (*Harp* = Lager, *Carlsberg* = Lager etc.) *Half a pint* (Bestellung häufig auch: *A glass of ..., please)* entspricht ca. 0,25 l, ein *Pint* etwa 0,57 l.

Wichtig ist in Irlands Pubs noch das **Rundensystem,** sollte man mit Einheimischen etwas trinken gehen. Normalerweise wird man von jemandem gefragt, was man trinken möchte, und eine Person geht zur Bar und bestellt für alle. Dies sollte man aber keinesfalls als Einladung ohne Gegenleistung verstehen. Selbstverständlich wird erwartet, dass jeder in der Gruppe am Abend eine Runde ausgibt (Paare gelten dabei als zwei Personen!) und man riskiert einen schlechten Ruf, wenn man sich nicht an diese Gepflogenheiten hält. Irische Pubs sind jedoch vor allem wegen ihrer Live-Musik berühmt; im Reiseteil sind hauptsächlich solche **Singing Pubs** aufgelistet. Nicht alle Kneipen haben während der Saison täglich Folk Music, viele nur an bestimmten Tagen der Woche. In der Vor- und Nachsaison ist das Angebot noch ein wenig begrenzter.

Selbstversorger

Auch in den kleineren Dörfern gibt es keine Probleme für Selbstversorger. Zumeist findet sich immer ein Supermarkt der über das ganze Land verteilten Kette *Super Valu,* wo Lebensmittel aller Art sowie oft auch Alkohol gekauft werden können.

In kleinen Orten ist entweder dem Pub oder aber auch dem Post-Office ein Lebensmittelgeschäft angeschlossen. Große Tankstellen an den Überlandstraßen verfügen recht häufig über Mini-Märkte, wo man auch nach Ladenschluss die notwendigsten Sachen für ein einfaches Abendessen bekommt.

Die irische Küche

Die irische Küche ist – wie so vieles auf der Grünen Insel – vom großen Nachbarn Großbritannien beeinflusst und genoss lange Zeit keinen allzu guten Ruf. Dies hat sich aber gründlich geändert und bestimmte Gegenden der Insel haben sich geradezu zum **Mekka für Feinschmecker** entwickelt. Man findet viele kleine Betriebe, die sich auf gehobene Produkte aus regionalen Zutaten spezialisiert haben, z.B. Käse, Meeresfrüchte oder Brot. Auch viele Restaurants sind darauf bedacht, moderne irische Küche aus Zutaten der Region anzubieten.

Äußerst nahrhaft und damit zu Recht berühmt ist das **irische Frühstück,** das bis meist zum Spätnachmittag vor Hunger schützt. Nach einem Glas Orangensaft oder einer halben Grapefruit werden die *Cereals,* entweder Müsli, Corn Flakes oder *Porridge,* gereicht, weiter geht es mit gebratenem Schinkenspeck, Spiegel-

oder Rühreiern, kleinen Würstchen, alles garniert mit einer gegrillten Tomate, häufig gebackenen Bohnen, sowie Toast, gesalzener Butter und Konfitüre.

Vom englischen Frühstück unterscheidet sich das irische vor allem dadurch, dass sich der Auswahl noch *black pudding* oder *white pudding* hinzugesellt. Aber Vorsicht, es handelt sich hier nicht um eine Süßspeise, sondern um gebratene Scheiben Blut- oder Grützwurst.

Fisch und Meeresfrüchte, während der Hungersnöte die Ausweichnahrung der Insulaner und von daher als reine Überlebensmahlzeiten mit dem Makel der Armut behaftet, sind seit einiger Zeit stark auf dem Vormarsch. Vor allem Lachs, aber auch Hummer und Krabben haben aufgrund des steigenden Tourismus ihren Siegeszug durch die Restaurants angetreten und kommen wegen der kurzen Entfernungen – kein Ort Irlands liegt mehr als 100 km vom Meer entfernt – nahezu fangfrisch auf den Tisch.

Immer mehr Sea-Food-Lokale öffnen ihre Pforten, denn fischreich sind die Atlantikgewässer vor der irischen Westküste (wenngleich ausländische Trawler mit effektiven Fangmethoden dabei sind, dieses Seegebiet in nicht allzu ferner Zukunft zu überfischen). Vor allem bei den Vorspeisen haben der *Smoked Salmon* (geräucherter Lachs) oder ein *Sea Food Cocktail* die traditionellen *Egg Mayonnaise* (Russische Eier) fast von der Speisekarte verdrängt.

⌃ Der Besuch im Pub – ein Muss für jeden Irland-Reisenden

Guinness – das irische Nationalgetränk

In fast 150 Länder der Erde wird *Guinness* exportiert, und glaubt man dem Brauer, so trinken die Durstigen weltweit rund 10 Mio. Gläser pro Tag. Selbst in Staaten wie Malaysia, wo der Islam herrscht und den Genuss von Alkohol verbietet, wird *Guinness* in Lizenz hergestellt – und so ist es auch in Ländern wie Ghana oder Jamaica.

Dass das bekömmliche Gebräu auch bei den nachwachsenden Generationen beliebt bleibt, dafür sorgen aufwendige **Werbekampagnen,** für die bekannte irische Musikgruppen oder nationale Fußballstars verpflichtet werden. Mit dem *Guinness Book of Records,* das die pfiffigen Brauer Jahr für Jahr neu herausgeben, ist ihnen ebenfalls ein Reklamecoup gelungen. Auch das jährlich stattfindende *Galway Oyster Festival* sowie eine ganze Reihe weiterer Ereignisse werden vom Konzern unterstützt, der so an der stetigen Verbesserung seines Image feilt.

Zudem halten Millioneninvestitionen in die Brautechnik das Unternehmen konkurrenzfähig, und dass die Brauerei wegen steigender Mieten ihres Firmengeländes auf ein neues Quartier ausweichen muss, steht auch nicht zu befürchten: Im Jahre 1759 pachtete *Arthur Guinness* das Areal am St. James's Gate für 9000 Jahre.

Die **Ursprünge** des schwarzen Gebräus gehen eigentlich auf den Versuch zurück, das in England beliebte Porter-Bier zu kopieren. Unter Zuhilfenahme von Wasser, Malz, Hopfen und Hefe experimentierte *Arthur Guinness* so lange herum, bis ihn das Ergebnis zufriedenstellte.

Als Erstes begann er mit dem Mälzvorgang der Gerste *(Barley)*. Dabei überschüttete *Arthur* das Getreide so lange mit Wasser, bis es zu keimen begann, danach wurde es getrocknet. In das so entstandene Malz *(Malt)* mischte er dann ein wenig geröstete Gerste – die übrigens gibt dem Bier die schwarze Farbe. Das dermaßen veredelte Malz wurde nun gemahlen, dann im Brauhaus in große Behälter gefüllt *(Kieves)* und mit heißem Wasser verdünnt. Aus diesem Maischebrei filterte Arthur dann die so genannte Würze *(Wort)* heraus, fügte Hopfen hinzu und ließ den Sud einige Stunden kochen. Der danach abgeschöpften Flüssigkeit fügte *Arthur* die Hefe hinzu, die nun den Gärprozess einleitete und den Zucker von Hopfen und Malz in Alkohol umwandelte. Fertig war das bekömmliche und alkoholreiche *Stout* (Starkbier) und trat alsbald seinen Siegeszug rund um die Welt an. *Arthur Guinness* wurde ein steinreicher Mann, und die Familie gehört zu den begütertsten Irlands.

Wer über derlei viel Geld verfügt, der möchte auch von Adel sein. In den blaublütigen Stand wurde als erster **Benjamin Lee Guinness** (1798–1868), der Sohn des Gründers erhoben. Zum Dank ließ er die St. Patrick's Cathedral von 1860 bis 1863 mit einer Bausumme von 110.000 Pfund renovieren und sponsorte das *Dublin Exhibition Palace Project* im Jahre 1856. Auch in der Lokalpolitik tat er sich hervor und wurde 1851 zum Bürgermeister von Dublin gewählt.

Benjamin Lees Sohn, **Arthur Edward Guinness** (1840–1915) ging als *Lord Ardilaun* in die Geschichte Dublins ein; er nämlich stiftete 1880 der Bevölkerung den Park St. Stephen's Green. Sein jüngerer Bruder *Edward Cecil* (1847–1927), *First Earl of Iveagh,* tat sich ebenfalls als Philantrop hervor und ließ eine Reihe vorbildlicher Arbeiterhäuser im Bezirk der Liberties errichten.

Viele irische und englische Literaten waren begeisterte **Anhänger des Guinness** und propagierten es in ihren Schriften. So vor allem *James Joyce,* der es den „Wein des Landes", oder auch das „schäumende, ebenholzfarbene Bier" nannte. Skurril ist die Geschichte von dem Australier *Douglas Mawson,* der den Südpol entdeckte und das *Guinness* tiefgefroren in seinem antarktischen Basislager aufbewahrte.

Beliebteste **Hauptspeisen** sind gepökeltes Schweinefleisch mit Kohl *(bacon and cabbage)* sowie alle Arten von Steaks und natürlich – da recht preisgünstig – der *Irish Stew,* ein nahrhafter Eintopf mit Kartoffeln, Lammfleisch und vielen Gemüsesorten. Gegrillte oder pochierte Lachs- oder Schollenfilets, letztere mit einer kräftigen Remouladensoße, gehören zu weiteren beliebten Gerichten.

Gängig als **Beilagen** sind gedünstete Pilze, in der Regel Champignons, Kartoffelpüree und Salat sowie alle Arten von Gemüsen. Dazu wird das sogenannte *Brown Bread* gereicht, das zusammen mit der gesalzenen irischen Butter äußerst schmackhaft ist.

Irische Getränke

Da in Irland die Voraussetzungen für den Weinanbau fehlen, sind vor allem die edlen Tropfen aus guter Hanglage importiert und entsprechend teurer als auf dem Kontinent. Zwar schätzen die Iren zum Essen einen guten, kräftigen Rotwein französischer Provenienz, doch ist das irische Nationalgetränk natürlich das Guinness. Für die **anderen Biersorten** gilt: *Lager* ist dem deutschen Pils verwandt; *Ale,* ein dünnes, helles und bei Kontinentaleuropäern häufig verlachtes Bier und das in irischen Pubs seltene *Bitter,* dem deutschen Alt vergleichbar, sind die weiteren Biersorten auf der Grünen Insel. Mit Ausnahme des *Guinness* werden alle Sorten schnell und randvoll in das Glas gezapft, wobei die dünne Schaumkrone häufig auch noch weggewischt wird. Alle Biere haben weniger Kohlensäure und – sieht man einmal vom *Guinness* ab – einen geringeren Alkoholgehalt als die heimischen Braugetränke.

Probieren sollte man unbedingt einmal einen guten **Malt Whiskey** (vgl. den Exkurs über den irischen Whiskey; im Gegensatz zu seinem schottischen Verwandten mit „e" geschrieben), der in Irland nicht mit Eis, sondern mit Wasser gereicht wird. Bekömmlich sind auch *Bailey's,* ein Sahnelikör, *Irish Mist,* ein Heidekrautlikör, sowie der berühmte *Irish Coffee* – der angeblich während einer Nebelperiode auf dem Shannon-Airport von einem Barkeeper erfunden wurde, um die verärgerten Fluggäste bei Laune zu halten –, Kaffee mit Whiskey, Zucker und Sahneaufsatz. Außerdem beliebt ist *Cider,* eine Art Apfelwein, der dem französischen *Cidre* ähnelt.

Weltmeister sind die Iren im Trinken von **Tee.** Traditionell nimmt man den Tee hier mit Milch und Zucker und spricht von *Cream Tea.*

Zeitdifferenz

Irland liegt mit seiner Zeitrechnung eine Stunde hinter der mitteleuropäischen Zeit (auch Sommerzeit) zurück, d.h. um 12 Uhr ist es dort erst 11 Uhr.

☒ Typisch irisch: Seafood und Guinness

Zeitungen

Die Iren gelten als eifrige Zeitungsleser. Laut einer Studie von 2006 lesen 91 % von ihnen regelmäßig eine der großen **Tageszeitungen.** Die beiden größten seriösen Blätter sind *The Irish Independent* und *The Irish Times.* Mehr Informationen zur Zeitungslandschaft der Republik finden sich im Kapitel „Land und Leute", „Medien".

Deutsche Zeitungen und Zeitschriften, vor allem *Spiegel, Stern, FAZ* und die *Zeit,* sind meist nur in größeren Städten wie Dublin, Waterford, Cork, Limerick, Galway und Sligo zu bekommen oder aber in den Touristenzentren wie Killarney und Dingle. Hauptvertriebsstelle ist die Buchhandelskette *Eason's,* die in allen genannten Städten Dependancen unterhält.

Antiques
ASH
Antiques
Sale
Kilkenny People sport

Land und Leute

Der Geschichte begegnet man auf Schritt und Tritt und der unglaubliche Wirtschaftsboom der 1990er Jahre und die darauffolgende Krise werfen nach wie vor ihre Schatten. Man kommt leicht mit Einheimischen ins Gespräch und kann bei einem Whiskey oder Guinness die Kunst des Small Talks pflegen.

◁ In Kilkenny

Geografie

Irland – auch die Grüne Insel genannt – erstreckt sich vor der Westküste Großbritanniens, von der britischen Insel durch die ca. 200 m tiefe und daher oft sehr raue **Irische See** getrennt; die kürzeste Entfernung zur großen Nachbarinsel beträgt 18 km, die längste 220 km. So weit nördlich, wie viele Leute vermuten liegt die Insel gar nicht: Galway und Bremen sowie Cork und Münster befinden sich auf dem gleichen Breitengrad.

Das Staatsgebiet der Republik Irland bedeckt eine **Fläche** von 70.285 km² (Nordirland, das zu Großbritannien gehört, hat eine Größe von 14.120 km²) und ist damit in etwa so groß wie das Bundesland Bayern. Von Norden nach Süden misst das Land 465 km, von Westen nach Osten 285 km. Die Küstenlinie der Republik ist rund 3170 km lang; kein Ort der Insel liegt weiter als 110 km vom Meer entfernt.

Entlang der Küste ragen Gebirgszüge auf und umschließen eine zentrale Kalksteintiefebene im **Inselinnern.** Hier ist das Landschaftsbild geprägt von Mooren, vielen kleineren und größeren Seen sowie dem ausgedehnten Flusssystem des Shannon, das ein Fünftel des Landes bedeckt.

Irlands **höchster Berg** ist mit 1041 m der Carrauntoohil in den Macgillycuddy's Reeks im Südwesten, **längster Fluss** ist der stark mäandrierende Shannon, der nach 358 km bei Limerick in den Atlantik mündet und mittels vieler Schleusen auf 220 km schiffbar gemacht wurde. Die **größten Seen** sind der Lough Derg, der Lough Ree, der Lough Mask und der Lough Corrib in Connemara.

Klima

Irlands Beiname „Grüne Insel" kommt nicht von ungefähr. Die Einflüsse des Atlantischen Ozeans sowie des Golfstroms

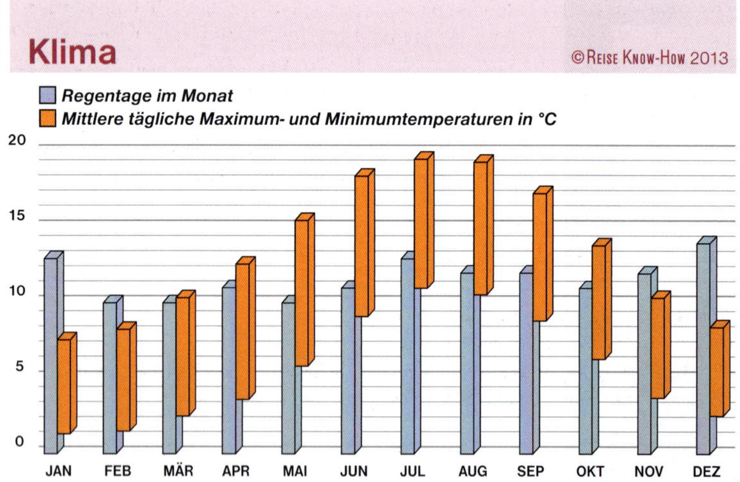

075IRL tii

prägen das Wetter auf der Insel, das durch milde Winter und kühle Sommer bestimmt wird. Nahezu gleichmäßig geht **Regen,** an der Westküste mehr als im Landesinnern oder im Osten, das ganze Jahr über nieder.

Die **Temperaturen** sind auf der gesamten Insel in etwa gleich, sie differieren zwischen dem äußersten Nordwesten und dem Südosten nur um etwa 3 °C. Der Januar ist im Südosten mit ca. 7 °C der kälteste Monat, im Juli und August steigt das Thermometer auf rund 16 °C (dies sind Tagesdurchschnittstemperaturen, keineswegs handelt es sich hierbei um Minimal- bzw. Maximaltemperaturen). Die sonnigsten und **regenärmsten Monate** sind Mai und Juni, und wer es einrichten kann, sollte seinen Irlandurlaub in dieser Zeit verbringen. Überall blüht gelb der Ginster, relativ wenig Regen mindert den Feriengenuss, nur wenig Besucher zieht es zu den landschaftlichen Höhepunkten, und überall erhält man problemlos Unterkunft.

Vom Atlantik her treiben die Seewinde feuchte Luftmassen auf die gebirgige Westküste zu, die dort in kältere Luftschichten aufsteigen und als **Steigungsregen** niedergehen. Hier fallen das ganze Jahr hindurch ca. 3000 mm Niederschlag, während es im Osten der Insel nur 750 mm sind. Es kommt jedoch eher selten zu dem gerade bei Besuchern gefürchteten ergiebigen Dauerregen, zumeist klart es nach kurzer Zeit wieder auf, der Himmel ist blau, und ein Regen-

Die irische Landschaft ist eine Komposition aus Grün, Wasser und Bergen

bogen kündet vom Ende des feuchten Gusses. Dies ist die Zeit, in der Fotografen stimmungsvolle Lichtwirkungen auf den Film bannen können.

Four Seasons on a Monday heißt es im irischen Volksmund, das Wetter aller vier Jahreszeiten kommt an einem einzigen Tag vor.

Typisches Irlandwetter – Sonne und Regenwolken beim Blick vom Mount Brandon in Kerry

Flora

Irland wurde am Ende der letzten Eiszeit von Großbritannien getrennt, und eine Vielzahl von Pflanzen „erreichte" Irland nicht mehr. So findet man im Land des Regenbogens „nur" etwa 1000 Pflanzenarten, in England sind es schon 1500, und auf dem Kontinent gibt es je nach Land einen weitaus größeren Artenreichtum. Zusammen mit den westeuropäischen Küstengebieten und den Britischen Inseln gehört Irland zur **Florenregion des atlantischen Gebiets.** Doch kommen regional auch arktisch-alpine

076IRL tii

Pflanzen sowie solche aus dem Mittelmeerraum vor.

Zu den **atlantischen Arten** zählen die Botaniker das Nabelkraut *(Umbilicas rupestris)*, die Stechpalme *(Ilex aquifolium)*, den Stechginster *(Ulex europaeus)*, den Efeu *(Hedera helix hibernica)*, die Glockenheide *(Erica tetralix)*, die Graue Heide *(Erica cinerea)* und den Roten Fingerhut *(Digitalis purpurea)*.

Zu der Gruppe der **mediterranen Pflanzen** gehören der Frauenhaarfarn *(Adiantrum capillus veneris)*, die Porzellanblume *(Saxifraga umbrosa)*, die sehr selten gewordene Irische Wolfsmilch *(Euphorbia hiberna)*, die Irische Heide *(Daboecia cantabrica)*, der Erdbeerbaum *(Arbutus unedo)*, die Mittelmeerheide *(Erica mediterranea)* und das Großblütige Fettkraut *(Pinguicula grandiflora)*.

Eine Anzahl von eigentlich **in Nordamerika beheimateten Pflanzen** kommt im europäischen Raum ausnahmslos nur in Irland vor, ist allerdings auch dort äußerst selten. Dazu zählen beispielsweise die amerikanische Orchidee, genauer gesagt das Kanadische Johanniskraut *(Hypericum canadense)* sowie das Bermudagras *(Cynodon dactylon)*.

Arktisch-alpine Arten treten – wie ihre Bezeichnung schon andeutet – an den Fels- und Berghängen im Nordwesten Irlands auf. Reich vertreten sind unter anderem der Knöllchenknöterich *(Polygonum viviparum)*, der Alpensäuerling *(Oxyria digyna)*, das Norwegische Sandkraut *(Arenaria norvegica)*, die Alpenwiesenraute *(Thalictrum alpinum)*, der Rote Steinbrech *(Saxifraga o. oppositifolia)*, die Silberwurz *(Dryas octopetala)*, die Echte Bärentraube *(Arctostaphylos uvaursi)* und das Alpenrispengras *(Poa alpina)*.

Zu den nur in Irland vorkommenden, also zu den sogenannten **endemischen Arten,** zählen die Irische Weide *(Salix hibernica)*, der Irische Ampfer *(Rumex hibernica)* und die Irische Mehlbeere *(Sorbus hibernica)*.

Bäume oder gar Wälder sieht man in Irland wenig. Wenngleich die Insel in grauer Vorzeit dicht bewaldet war, so haben Brandrodung und Kahlschlag über die Jahrhunderte hinweg ihre Spuren hinterlassen. Nur 5 % der irischen Landmasse sind von Bäumen bestanden, der weitaus größte Teil davon, 280.000 ha, gehört zum **Staatsforst** und ist mit langweiligen Monokulturen – Nutzholz eben – bepflanzt. In Regierungskreisen wird

The Boglands – Europas letzte noch intakte Moorlandschaft

Zu über 14 % bedecken Moore die irische Landfläche, der dort gewonnene Torf wurde über die Jahrhunderte traditionell als Brennmaterial verfeuert. So sind die *Boglands,* die Moorgebiete, und der *Peat,* der Torf, ganz untrennbar mit der irischen Lebensweise verbunden.

Auch heute noch wird der Torf – vor allem im Nordwesten – mit der Hand gestochen, zum Trocknen auf dem Land verteilt und dann in kleinen Haufen am Straßenrand gestapelt. Zum Spätsommer hin bringt man die Soden dann in die heimische Miete. Zum **Torfstechen** verwendet man einen speziellen Spaten (gälisch: *Sléan, Englisch: slane*), der ein langes, schmales Blatt hat. Die getrockneten Torfstücke brennen im Kamin oder im Küchenherd – herb liegt dann der Geruch des Torffeuers über dem Cottage.

Die ausgedehnten **Hochmoore** *(Raised bogs)* entstanden dadurch, dass die Natur immer wieder Pflanzenreste übereinander häufte und festpresste. Diese Hochmoore sind an der Oberfläche mit Torfmoosen bedeckt, deren abgestorbene Teile eine Torfbasis bilden, die nach und nach immer dicker wird. Im Ersten Weltkrieg übrigens verwendete man das irische Torfmoos als desinfizierende Wundauflage.

Bei den **Flachmooren** *(Blanket bogs)* dagegen ist die Torfbasis nur wenig mehr als 2 m tief. Diese – wie der englische Name schon sagt – Deckenmoore findet man hauptsächlich im gebirgigen Westen der Grünen Insel. Die Flachmoore allerdings beziehen ihre Feuchtigkeit in der Regel aus dem Grundwasser, Hochmoore dagegen bilden sich dort, wo hohe Niederschlagsmengen vorkommen und das Regenwasser nicht durch einen porösen Untergrund versickern kann.

Natürlich gibt es noch eine ganze Reihe von **Zwischenformen,** die sich entsprechend dem Untergrund, der Feuchtigkeitsintensität und dem Wasserabfluss bilden. Betrachtet man die irische Landschaft in dieser Hinsicht genauer, so muss man zwischen den Nieder- und Flachmooren des Westens, den Berg-Flachmooren, den Zwischenmooren, den Hochmooren der zentralen Ebene, dem Sumpfland ohne Torfbildung und der Berg- und Küstenheide unterscheiden.

Bis vor einigen Jahren lohnte sich ein **industrieller Abbau** der flachen Deckenmoore oder der in ungünstigen, gebirgigen Regionen liegenden *Bogs* nicht. Mittlerweile werden aber auch schon kleine und kleinste Moore mit modernen Torfabbaumaschinen leergeräumt. Der Staat nämlich gewährt dafür großzügige Unterstützungsgelder. So werden die letzten intakten Moorgebiete Europas, die Refugien für seltene Pflanzen und Tiere, zunehmend schneller vernichtet.

Das vor über 60 Jahren gegründete Torfabbauunternehmen *Bord na Móna* stellt alljährlich mehr als vier Millionen Tonnen Brennstofftorf und rund eine Million Tonnen Düngetorf her. Der **Brennstofftorf** geht vor allem in die Kraftwerke, wo er der Elektrizitätsgewinnung dient, und spart dem irischen Staat die teuren Ölimporte, was sich wiederum günstig auf die Zahlungsbilanz auswirkt. Auf der anderen Seite verliert Irland mehr und mehr das Image von unberührter Natur und ökologisch intakten Landschaften.

In der EU-Zentrale in Brüssel überlegt man, ob Zuschüsse an Irland zukünftig mit der Auflage versehen werden, wenigstens einen Teil der Hochmoore unter **Naturschutz zu** stellen. Nach

Untersuchungen der Mitarbeiter des *Forest and Wildlife Service* gibt es in einigen Grafschaften bereits keine intakten Moorgebiete mehr und pro Jahr verschwinden weitere acht Moore. Die Wissenschaftler verlangen, dass 48 Sumpflandschaften mit einer Größe von 28.000 ha unter staatlichen Schutz gestellt werden.

Was man mit den nun abgeräumten, **einstigen Moorgebieten** machen kann, ist den Agrarwissenschaftlern noch immer ein Rätsel. Einerseits hat man die Flächen mit schnellwachsendem Nutzholz aufgeforstet, andererseits versucht man, durch großangelegte Drainageprojekte neues Farmland zu gewinnen. Doch haben die beiden Methoden bisher nicht die gewünschten Ergebnisse gebracht.

Neben dem intensiven Torfabbau ist es vor allem das bei den Bauern beliebte **Abbrennen von Heidelandschaften,** was das ökologische Gleichgewicht weiter aus dem Tritt bringt. Diese „Brandrodung" soll das Sprießen frischer Heidekrauttriebe verhindern sowie auch das Heidegestrüpp möglichst in Gänze vernichten. Die Farmer wenden diese Methode an, damit sich die Wolle der freilaufenden Schafe nicht in dem knorrigen Geäst verfängt. Seltene Pflanzen und Moose fallen dabei dem Feuer zum Opfer und die Lebensräume vieler Vögel, Insekten und Kleinnager gehen unwiederbringlich verloren.

In den ausgedehnten Sumpflandschaften wachsen vor allem Torfmoose, Heidekräuter und Riedgräser. Der botanisch erfahrene Besucher entdeckt das Gemeine Heidekraut *(Calluna vulgaris),* die purpurn blühende Glockenheide *(Erica tetralix),* die vor allem in Hochmooren vorkommende Rosmarinheide *(Andromeda polifolia),* Beinbrech *(Narthecium ossifragum)* und das Schmalblättrige Wollgras *(Eriophorum angustifolium),* das mit seinen weißen Büscheln im Sommer leuchtend über den Mooren steht. Vier gelbe Blütenblätter zeigt von Mai bis September das Aufrechte Fingerkraut *(Potentilla erecta),* ebenfalls von Mai bis September blüht blau die Gemeine Kreuzblume *(Polygala vulgaris),* von Juni bis August erstrahlt das Sumpfherzblatt *(Parnassia palustris)* sowie der wilde Thymian (Thymus *serpyllum).*

Elf verschiedene Karnivoren-Arten, die sogenannten fleischfressenden Pflanzen, kommen in den irischen Moorgebieten vor. Darunter sind beispielsweise der Rundblättrige Sonnentau *(Drosera rotundifolia),* das Gewöhnliche Fettkraut *(Pinguicula vulgaris)* und das Alpen-Fettkraut *(Pinguicula alpina).*

immer wieder überlegt, Teile dieser Wälder zu privatisieren, um mit der Hege und Pflege den Staatssäckel nicht weiter zu belasten.

Richtige Laub- und Mischwälder sieht der Besucher nur selten. Diese **Mischbewaldung** wurde zumeist vor 1900 angelegt, heute brechen in jedem Jahr mehr von diesen alten Baumriesen in den winterlichen Weststürmen weg oder werden aufgrund fehlender Gesetze einfach gefällt – irische Bauern haben kein Verhältnis zu Bäumen auf ihrem Land. Nach irischem Recht kann man nämlich nur einen einzelnen Baum schützen, nicht jedoch einen ganzen Wald. Das **irische Waldsterben** beruht nicht auf dem sauren Regen, sondern liegt an der Ignoranz der Menschen und das, obwohl die gälischen Vorfahren der heutigen Iren in den Liedern und Sagen immer wieder dazu aufriefen, Bäume und Wälder zu schützen.

Fauna

Vögel

Ornithologen oder solche, die es erst noch werden wollen, finden in Irland Vögel aller Couleur. Hier kann man gefiederte Freunde beobachten, die auf dem Kontinent nicht mehr oder nur noch in kleinen Populationen vorkommen. Ein Fernglas gehört daher unbedingt ins Reisegepäck. Nach Schätzungen gibt es auf der Grünen Insel rund 200 **Vogelarten** sowie etwa weitere 180 Arten, die ab und an die Insel anfliegen. Von diesen 200 Arten sind 35 nur im Sommer und 40 nur im Winter zu beobachten, 30 verweilen nur kurzfristig auf der Insel, und 100 Vogelarten sind in Irland sesshaft, darunter vier, die **originär irische Spezies** sind: der Irische Eichelhäher *(Jay, Garrulus glandarius hibernicus)*, die Wasseramsel *(Dipper, Cinclus cinclus hibernicus)*, die Tannenmeise *(Coul-Tit Mouse, Parus ater hibernicus)* und das Moorschneehuhn *(Lagopus lagopus hibernicus)*.

Überall da, wo Wasser reichlich vorkommt, also an See- und Flussufern, in Bächen und Teichen, kann der Besucher leicht den **Graureiher** *(Grey Heron, Ardea cinerea)* ausmachen, der reglos im Wasser steht, bereit, mit seinem langen Schnabel zuzustoßen, sobald ein Fisch in die Nähe kommt. Wo einer ist, ist ein zweiter, ein dritter und ein vierter nicht weit, Graureiher sind gesellige Vögel.

An glasklaren, sauberen Flüssen sieht man häufig den exotisch bunten **Eisvogel** *(Kingfisher, Alcedo atthis)* mit seinem blaugrünen Rücken und dem gelbroten Bauch, sehr zu recht häufig als „fliegender Edelstein" charakterisiert. Wie der Reiher auch, ist der Eisvogel ein sogenannter Lauerjäger; man findet ihn reglos verharrend auf einem Ast ein Stückchen über der Wasseroberfläche; sichtet er seine Beute, so stürzt er kopfüber in die Fluten und greift mit seinem langen, kräftigen Schnabel den Fisch.

Weit verbreitet ist in Irland die **Löffelente** *(Northern Shoveler, Anas clypeata)*, ein Schwimmvogel, der in Deutschland vom Aussterben bedroht ist. Lustig ist es, den hintereinander im Kreis schwimmenden Enten bei der Nahrungsaufnahme zuzusehen: Mit dem löffelartigen Schnabel filtert jede Ente – mit vorgerecktem Hals und den Kopf seitlich schwenkend – Kleinstlebewesen aus dem Wasser und das unter unaufhörlichem Geschnatter. Leider hat man jedoch nur selten das Vergnügen, da die Löffelente zumeist des nachts auf Nahrungssuche geht.

Ganz besonders vogelreich sind die steil ins Meer abfallenden Felsen im Westen Irlands, beispielsweise die Cliffs of Moher oder die Slieve Leagues. Hier sieht man vor allem die **Dreizehenmöwe** *(Rissa tridactyla)*, die unentwegt ihren englischen Namen ruft: *Kittiwake, Kittiwake*. Abertausende von Kittiwakes sitzen dicht an dicht in der steilen Felswand. Ihnen tun es die **Basstölpel** *(Northern Gannet, Sula bassana)* gleich, die ebenfalls in großer Population an den Felsklippen nisten. Ihren Namen haben diese Vögel von der unbeholfenen Gangart auf dem Land, in der Luft dagegen sind sie hervorragende Flieger und stoßen, wenn sie ihre Beute entdeckt haben, mit angelegten Flügeln senkrecht ins Wasser ab.

☑ Eisvogel

www.fotolia.de © Goef

Freude kommt auf bei groß und klein, wenn die **Papageientaucher** *(Puffin, Fratercula arctica)* ins Blickfeld des Feldstechers kommen; die bunten, lustig aussehenden Vögel nisten in kleinen Höhlen und Nischen. Weitere Bewohner der Vogelfelsen sind die Trottellumme *(Guillemot, Uria aalge)*, der Tordalk *(Razorbill, Alca torda)*, die Sturmschwalbe *(Storm Petrel, Hydrobates pelagicus)* und der Große Sturmtaucher *(Great Shearwater, Puffinus gravis)*.

Auch viele **Singvögel** sind auf der Grünen Insel beheimatet und erfreuen mit ihrem Gesang die Herzen der Besucher. Traditionell verkündet der Kuckuck *(Cuckoo, Cuculus canorus)* den Beginn der Touristensaison, und die Iren sind begeistert, wenn sie schon im März seinen Ruf hören. Auch Schwalben – häufig vorkommende Arten sind die Rauchschwalbe *(Common Swallow, Hirundo rustica)* und die Mehlschwalbe *(House Martin, Delichon urbica)* – sind gern gesehen, künden sie doch den nahenden Sommer an.

Auch an **Greifvögeln** ist Irland nicht arm. Über die ganze Insel verbreitet sind der Sperber *(Eurasian Sparrowhawk, Accipiter nisus)* und der Turmfalke *(Old World Kestrel, Falco tinnunculus)*, der in der Luft „steht“, von oben sein Opfer ausmacht und dann niederstößt. Der Merlin *(Merlin, Falco columbarius)*, ein Zwergfalke, ist hauptsächlich im Moorland heimisch, und auch in Irland selten geworden ist der Wanderfalke *(Peregrine Falcon, Falco peregrinus)*.

Säugetiere

Nicht nur die Pflanzenvielfalt ist gering in Irland, nach der letzten Eiszeit blieben auch recht wenig Säugetiere auf der Insel zurück. Von den weltweit über 4000 vorkommenden Säugetieren zählt Europa 150 Arten, auf der Grünen Insel kommen jedoch nur 28 vor. Das **Irische Hermelin** *(Mustela erminea)*, für kontinentale Ohren fälschlich als *Weasel* bezeichnet, ist braun und hat einen weißen Bauch. Häufig erblickt man das auch tagsüber jagende Tier in freier Wildbahn. Der Besucher, der es näher ansehen möchte, sei davor gewarnt, die Hand auszustrecken. Hermeline sind recht aggressive Angreifer, die zudem auch in Gruppen jagen.

Zu den Insektenfressern gehört das kleinste Säugetier der Insel, die überall vorkommende **Zwergspitzmaus** *(Lesser Shrew, Sorex minutus)*, die nur 4 cm lang und rund 6 g schwer ist. Rote **Eichhörnchen** *(Squirrel, Sciurus vulgaris)* sowie die ursprünglich aus dem Osten Nordamerikas stammenden **Grauhörnchen** *(Grey Squirrel)* sind ebenfalls weit vertreten; die possierlichen Tierchen bauen nicht nur hoch oben in den Bäumen, sondern auch in Hecken ihre Behausungen. Die Grauhörnchen wurden angeblich bei einer Hochzeit 1911 im County Longford in Irland eingeführt. Seitdem haben sie weite Teile Irlands kolonialisiert und vielerorts die einheimischen roten Eichhörnchen verdrängt. Ebenfalls gerne in Hecken lebt der **Igel** *(Erinaceus europaeus)*, der deshalb zutreffend auch als *Hedgehog*, als Heckenschwein bezeichnet wird.

Aus England stammt der Feldhase *(Hare, Lepus europaeus)*, originär irisch dagegen ist der **Irische Hase** *(Lepus timidus hibernicus)*. Der *Irish Hare* ist eine Unterart des Schneehasen.

Trotz intensiver Bejagung ist der **Rotfuchs** *(European Fox, Vulpes vulpes)* noch mit beträchtlichen Populationen vorhanden, selten dagegen ist der **Baummarder** *(Pine Marten, Martes martes)* geworden, dessen letzte Exemplare in Irland wohl nur noch im Burren (vgl. Tour 5) ihr Leben fristen. Erfreulich dagegen, dass es noch eine ganze Menge **Dachse** *(Badger, Meles meles)* gibt; auch große, mehr als 20 kg schwere Tiere sind darunter.

In der Regel auf die Gelände der Nationalparks beschränkt kommen **Damwild** *(Dama d. dama)*, der japanische **Sika-Hirsch** *(Sika Deer, Cervus n. nippon)* und Irisches **Rotwild** *(Cervus elaphus hippelaphus)* vor.

Noch hat Irland den größten **Otterbestand** in ganz Europa, doch heißt dies wenig, da die putzigen Tiere auf dem Kontinent vor dem Aussterben stehen. Leider versucht man auch in Irland, dem Otter *(Common Otter, Lutra lutra)* den Gar aus zu machen; entweder verenden die Tiere in den Reusen, oder aber die Angler machen gezielt Jagd auf sie. Da sich der Otter auch von Fischen ernährt, nimmt er den Anglern die Sportgrundlage.

Meerestiere

Vor der über 3000 km langen irischen Küste tummeln sich natürlich eine ganze Anzahl von Meeresbewohnern. Auf einen Bestand von 2000 bis 3000 Tieren schätzt man die beiden **Seehund-Arten:** der Gemeine Seehund *(Common Seal,*

Seehunde

Phoca vitulina) und die Kegelrobbe *(Horsehead Seal, Halichoerus grypus)*. Die Fischer sind nicht gut auf diese Tiere zu sprechen, denn angeblich zerreißen sie die Netze, und da sie sich von Fischen ernähren, dezimieren sie angeblich den Bestand. Dass dafür allerdings die Überschreitung der Fangquoten und illegale Fangmethoden verantwortlich sind, wollen die Fischer nicht wahrhaben. Anfang der 1980er Jahre töteten Fischer von Achill Island über 120 Kegelrobben auf den unbewohnten Inishkea-Inseln. Irische Mitglieder der Organisation *Sea Shepherd* schlugen deshalb 1982 dort ein Lager auf und schliefen zwischen den Robben. Im Oktober des gleichen Jahres verbot daraufhin die irische Regierung die Jagd auf Kegelrobben in der Irischen See.

Immer wieder werden tote, im Wasser verendete **Wale** *(Whales)* an die Küste gespült, doch zu Gesicht bekommt man lebende Riesensäuger so gut wie nie. Dagegen zeigen sich **Tümmler** *(Bottle-nosed Dolphin, Tursiops truncatus)* und die neugierigen, in sozialen Verbänden lebenden **Delfine** *(Dolphin, Delphinus delphis)* des öfteren.

Viele **Fischarten** kommen vor der Küste vor. Wohl fühlen sich im warmen Golfstrom der Seebarsch *(Bass, Roccus labrax)* und die Meeräsche *(Grey Mullet, Mugil spec.)*. In kälteren Gefilden leben Hering *(Herring, Clupea spec.)*, Kabeljau *(Cod, Gadus morua)*, Scholle *(Plaice,*

Pleuronectes platessa), Seezunge *(Sole, Solea solea)*, Schellfisch *(Haddock, Melanogrammus aeglefinus)* und Sprotte *(Sprattus sprattus)*.

Für all diese Arten werfen die irischen Fischer – und nicht nur sie – ihre Netze aus. Selbst spanische Trawler „wildern" in den irischen Hoheitsgewässern, machen gute Fänge und zahlen daher die Strafen, wenn sie einmal von einem der Kriegsschiffe der irischen Marine aufgebracht werden.

Obwohl die Hochseeangler Jagd auf **Haie** *(Shark)* machen, muss der Schwimmer keine Sorge vor einer Hai-Attacke haben. Zwar kommt sogar der über 9 m lang werdende Riesenhai *(Cetorhinus maximus)* vor, doch der ernährt sich von pflanzlicher Rohkost. Auch die fünf anderen hier vorkommenden Hai-Arten gelten als ungefährlich.

Alle Arten von **Krustentieren** sind vor der Küste vertreten, so etwa Langusten *(Spiny Lobster, Palinurus elephas)*, Taschenkrebse *(Rockdwelling Crab, Cancer pagurus)* und Hummer *(Lobster, Homarus vulgaris)*.

Süßwasserfische

In den vielen Binnenseen und dem Flusssystem des Shannon findet der Besucher gute Bestände an Forellen *(Salmo trutta lacustris)*, Lachs *(Salmo salar)*, Hecht *(Esox lucius)*, Brasse *(Abramis brasa)* und die Schleie *(Tinca tinca)* – kein Wunder also, dass es die Hobby-Angler auf die grüne Insel zieht.

[>] Viehwirtschaft in Kerry

Umweltschutz

Um es gleich vorweg zu sagen: Irland ist unter ökologischen Gesichtspunkten sicherlich das intakteste Land Europas – doch muss man mittlerweile fragen: Wie lange noch? Denn schenkt man Umfragen Glauben, so sind die Iren von allen Europäern innerhalb der EU am wenigsten am Umweltschutz interessiert.

Da verkamen in den vergangenen Jahren EU-Normen zur Ökologie – innerhalb Europas ohnehin nicht gerade ein Parkett, auf dem Europa-Politiker Furore machen – schon zur Farce, wenn die Regierung in Dublin höhere **Ausnahmeregelungen** mit dem Hinweis forderte, dass Irland bekanntermaßen ja keine Umweltbelastung habe. So akzeptierten die Brüsseler Beamten doch tatsächlich – offensichtlich beeindruckt von diesem Argument – einen höheren Bleigehalt im Treibstoff. Mit ähnlich perfider Strategie schafften es die politischen Drahtzieher, dass das Kohlekraftwerk *Moneypoint* am Shannon einen höheren Schwefeldioxyd-Ausstoß in die Luft ablassen durfte, als es die EU-Richtlinien vorsahen; die irische Delegation hatte damit argumentiert, dass die Luft auf der Grünen Insel – wie ja jedermann wisse – noch sauber sei.

So kann man es tatsächlich auf den Punkt bringen: Dass Irlands Natur noch weitgehend gesund ist, verdanken die Bewohner des Landes nicht ihrem Umwelt-Engagement, sondern der in der Vergangenheit mangelnden Gelegenheit, ihr Land zu zerstören. Und es hat den Anschein, dass die Iren diesem Manko nun verstärkt beikommen wollen. Fabriken stoßen ihre Emissionen ungefiltert in die Luft und leiten die Abwässer in Seen und Flüsse, auf dem Lande verschandelt der sogenannte *Bungalow Blitz,* eine Welle von einförmigen Flachbauten, die Natur und zersiedelt die Landschaft, und die Hochleistungslandwirtschaft überdüngt die Böden und lässt die Silagebrühe einer Intensiv-Großviehhaltung in Bäche und Seen laufen. Gegen alles das unternahm der irische Staat lange Zeit nur wenig. Sehr zur Freude der Industrie gibt es kaum oder nur unzureichende behördliche Auflagen für den Umweltschutz.

Vor allem die **Intensivierung im Agrarsektor** steht nicht mehr im Einklang mit den Erfordernissen der Natur. Noch in den 1960er Jahren gingen die irischen Farmer mit ihrer rezyklierenden Form der Landwirtschaft und mit naturschonenden Bewirtschaftungsmethoden sorgsam mit dem verfügbaren Boden um. Schaut man sich an, was in den letzten 40 Jahren geschehen ist, so muss man sich doch ernsthaft Sorgen um das ökologische Musterland Irland machen. Denn seitdem hat sich der Verbrauch von Stickstoff vervierzehnfacht; über die Bodenauswaschungen gelangt dieses Düngemittel in Flüsse und Seen, von denen manche bereits von der Eutrophierung (Nährstoffanreicherung in einem Gewässer und damit verbundenes übermäßiges sowie schädliches Pflanzenwachstum) bedroht sind.

Pestizide und Insektizide werden in Irland reichlich und intensiv gespritzt. Viele Tier- und Pflanzenarten sind durch die chemische Keule in Bedrohung geraten; so stehen etwa 30 Vogelarten und mehr als 120 Pflanzenarten vor dem Aussterben.

Insgesamt wurden in den letzten 40 Jahren 1,2 Mio. ha feuchter Flächen drainiert, sodass viele Lebensräume von Tie-

600IRL tii

ren und Pflanzen restlos zerstört wurden. Besonders diese Maßnahme war höchst unsinnig, da eine Ertragssteigerung der Landwirtschaft aufgrund der schlechten Böden so gut wie gar nicht stattgefunden hat. Häufig wurden auch Bäche und Flüsse begradigt, wodurch die Futterzufuhr der Fische und ihre geschützten Brutstätten vernichtet wurden. Auch durch die intensive Ausbeutung der Moore ist der Wasserhaushalt örtlich aus dem Tritt geraten.

Glücklicherweise gibt es – unter ökologischen Gesichtspunkten gesehen – kaum eine umweltzerstörende Schwerindustrie in Irland, doch auch die **Leichtindustrie** hinterlässt jährlich eine Abfallmenge von über 2,5 Mio. Tonnen, des Weiteren fallen derzeit Jahr für Jahr 90.000 Tonnen an Giftmüll an.

Immerhin gibt es einige bescheidene Fortschritte. 14,8 % der Elektrizität wird mittlerweile durch **erneuerbare Energien** gedeckt, wodurch man sich im europäischen Mittelfeld befindet. Vorbei sind zudem die Zeiten, als dem Kunden in Supermärkten dünne Plastiktüten in großer Zahl aufgedrängt wurden: Irland hat als erstes Land 2002 eine **Steuer auf Plastiktüten** eingeführt, die derzeit 0,24 € beträgt und die Nutzung von Plastiktüten um 90 % gesenkt hat. Die als *Plastax* bezeichneten Einnahmen kommen Umweltprojekten zu Gute.

Bevölkerung

Irland dürfte wohl das Land Europas sein, das innerhalb der letzten 150 Jahre einen **Bevölkerungsrückgang** ohnegleichen erlebt hat. Schuld daran trug ganz wesentlich die Große Hungersnot (1845–1851; vgl. Kap. Geschichte), in der über 1 Mio. Menschen ums Leben kamen und eine weitere Million in den „schwimmenden Särgen“ *(coffin ships)* hauptsächlich nach Amerika auswanderte. Lebten 1845, am Vorabend der *Great Famine,* 8,5 Mio. Menschen auf der Insel, so zählte die Statistik sechs Jahre später, 1851, nur noch 6,5 Mio. Einwohner; 1971 waren es 4,4 Mio. Iren und 1997 lebten nur noch rund 3,8 Mio. Iren in der Republik. Bedenkt man, dass in den USA fast 40 Mio. irischstämmige Personen eine neue Heimat gefunden haben (in Kanada übrigens ca. 1 Mio.), so wird das gigantische Migrationsausmaß überdeutlich.

Durch den **Wirtschaftsboom** zwischen 1995 und 2007 kam die Emigration zum Erliegen. Viele irische **Emigranten kehrten zurück** in die Heimat und mit ihnen unzählige Immigranten aus aller Welt. 2011 lebten 4,6 Millionen Menschen in der Republik.

Jung sind die Iren im Vergleich zu den Deutschen: 28,4 % der Bevölkerung ist unter 15 Jahren alt. Seit 1970 ist die **Geburtenziffer** leicht nach unten gegangen und rangiert bei 14 Geburten pro 1000 Einwohner (vorher 22); aufgrund besserer medizinischer Versorgung sank auch die **Sterbeziffer** entsprechend. Bei der Säuglingssterblichkeit hat Irland weltweit einen der geringsten Werte: 0,4 %! Die statistische **Lebenserwartung** liegt bei den Männern bei 78 Jahren, Frauen leben statistisch 4½ Jahre länger.

Die Republik Irland hat im Vergleich zum restlichen Europa eine **niedrige Scheidungsrate.** Das kann zum Teil aber auch daran liegen, dass man fünf Jahre getrennt leben muss, bevor man sich scheiden lassen kann. Die **Geburtenrate**

077IRL tii

Überweidung ist ein weitverbreitetes Problem

Die Travellers – die Fahrenden Irlands

In den Außenbezirken der großen Städte, vor allem aber am Straßenrand außerhalb der Ortschaften, sieht der Besucher nicht mehr so häufig wie noch Mitte der 1990er Jahre ab und an Wohnwagensiedlungen, vor denen sich Schrott- und Altmetallberge türmen – hier hausen die *Tinker,* die Zigeuner Irlands. Entgegen weitverbreiteter Ansicht gehören die *Tinker* nicht zu den Sinti oder Roma, sie sind vielmehr eine rein irische Gruppe, die bereits Ende des 12. Jh. erste urkundliche Erwähnung fand. Irlands Nomaden – auch *Travellers* oder *Itinerants* genannt, denn der Begriff *Tinker* gilt als diskriminierend – haben ihren Ursprung wahrscheinlich in den frühen Enteignungen der Engländer. Diese landlosen Bauern zogen durchs Land und boten den weitgehend selbstversorgenden Farmern all die Dinge an, die auf einem Hof nicht produziert werden konnten. Sie verdingten sich auch als Kesselflicker (daher der Name *Tinker*), Schmiede, Erntehelfer, oder Weber. So entstanden zwischen den irischen Bauern und den Fahrenden gegenseitige Handelsbeziehungen und Abhängigkeiten, doch konfliktfrei war das Zusammenleben zwischen beiden Gruppen nie. Wann immer Sündenböcke gesucht wurden, fand man sie in der Minderheit der *Travellers.*

So entstand als eine Art Schutzmechanismus das *Shelta,* eine **eigene schriftlose Sprache,** die auf einem Gemisch von englischen und gälischen Wörtern basiert.

Während der **großen Hungersnot** im letzten Jahrhundert schlossen sich viele Tagelöhner, landlose Bauern oder vertriebene Pächter den Fahrenden Irlands an. Nach wie vor funktionierte das jahrhundertealte Prinzip, wonach die Bauern auf ihren Gehöften mit Dienstleistungen und Waren aller Art beliefert wurden. Jede Traveller-Großfamilie versorgte innerhalb einer bestimmten Region die Gehöfte. So war sichergestellt, dass sich die einzelnen Gruppen untereinander keine Konkurrenz machten.

Nach dem Zweiten Weltkrieg änderte sich die Situation rapide. Die zunehmende Mechanisierung der Landwirtschaft machte Erntehelfer unnnötig. An Stelle von Metallwaren hielt Plastik Einzug in die Haushalte. Auch in den kleinsten Orten öffneten Supermärkte ihre Pforten – der gesamte Handels-und Dienstleistungsbereich der *Tinker* löste sich innerhalb weniger Jahre auf.

Heute leben denn die meisten der rund 20.000 *Travellers* von der mageren Sozialhilfe. Im Straßenbild von Dublin sieht man Tinker-Frauen mit ihrem in eine Decke gewickelten Kleinkind auf der Straße sitzen und betteln. Die Männer sammeln Altmetall und Schrott. Sie versuchen so, an der Wegwerfgesellschaft der Gegenwart zu partizipieren.

Mitte der 1960er Jahre begann die Regierung mit einem zaghaften Programm zur **Sesshaftwerdung** und baute *Itinerant settlements* – diese jedoch weitab von jeder sozialen Infrastruktur.

1984 haben Mitglieder der *Travellers* die **Selbsthilfegruppe** *Minceir Misli* ins Leben gerufen, um auf das klägliche Versagen der Regierung aufmerksam zu machen und um eigene Integrationsprogramme zu verwirklichen. Vor allem im Bildungs- und Gesundheitsbereich sieht es bei den Fahrenden Irlands dramatisch aus. Nur die Hälfte aller Kinder geht zur Schule. Die Erwachsenen haben eine um über zehn Jahre kürzere Lebenserwartung als die restlichen Iren, und die Kindersterblichkeit hat Ausmaße, die denen der Dritten Welt gleicht – ein Drittel aller Kinder stirbt innerhalb der ersten zehn Lebensjahre.

In fast allen irischen **Pubs** werden die Fahrenden übrigens **nicht bedient;** wenn ein Wirt es dennoch tut, so macht er bald pleite, denn dann gilt seine Kneipe als Kesselflicker-Pub und die Gäste bleiben aus. Aufsehen erregte 1996 der Fall der Wirtin *Mary Reilly,* die einen Pub in der Nähe von Galway betrieb. Wie selbstverständlich servierte sie auch den Travellers ein Guinness und ließ in ihrer Kneipe auch eine Hochzeit der Fahrenden ausrichten. Das reichte aus, um ein Gericht zu veranlassen, ihr eine Verlängerung der Schanklizenz zu verweigern.

Trish Hegarty, einer der Kämpfer für die Rechte der Travellers, erklärte: „Irland hat sich angewöhnt, den Missbrauch von Menschenrechten überall in der Welt anzuprangern – recht so! Nur vergisst es dabei, wie diese Rechte im eigenen Land gehandhabt werden."

ist laut einer Studie von 2010 mit 2,07 Kindern europaweit sehr hoch (zum Vergleich D/A/CH: 1,39/1,44/1,52 Kinder). 2011 gab es 4000 gleichgeschlechtliche Paare, was einen Anstieg von 100 % seit der Volkszählung von 2006 bedeutet. 230 dieser Paare hatten Kinder. Das Durchschnittalter, in dem Frauen ihr erstes Kind bekommen, ist jedoch mit 32 Jahren vergleichsweise hoch (D/A/CH: 29/29/31).

Entgegen den gängigen Klischees haben auch die Iren in der Hauptsache **braune Haare,** rothaarige Iren und Irinnen sind nur eine Minderheit, wenngleich sie im Straßenbild – vielleicht weil der ausländische Besucher genauer hinsieht – häufiger auffallen als hierzulande. Eine Studie der amerikanischen *Harvard University* im Jahre 1940 unter 10.000 männlichen Iren ergab, dass 10 % rothaarig waren, davon 5 % rotbraun.

Durchschnittlich leben laut irischer Volkszählung von 2011 rund 67 Menschen pro Quadratkilometer (D/A/CH: 231/99,5/184), doch das Stadt-Land-Gefälle zeigt auch in Irland einen recht hohen **Urbanitätsgrad;** insgesamt wohnen 60 % aller Bewohner in den Städten. Diese, zählt man das urbanisiserte Umland hinzu, machen gerade einmal 2,4 % der Landmasse der Republik Irland aus. In ländlichen Gebieten leben auf einem Quadratkilometer im Durchschnitt 26 Personen, in urbanisierten Regionen hingegen 1736. In der Metropole konzentrieren sich die Sitze von Handel, Banken, Dienstleistungsbranchen und Versicherungen, der Großraum Dublin zählt mittlerweile über eine Mio. Menschen. Ein weiterer beträchtlicher Anteil der Bevölkerung lebt in den Städten Cork, Limerick, Waterford und Galway.

Bildungswesen

Die **Schulpflicht** beginnt in Irland mit sechs Jahren und endet frühestens mit 15, wenn man bis dahin drei Jahre an einer Sekundarschule absolviert hat. Die meisten Eltern schicken ihre Kinder bereits mit vier Jahren in die Schule. Die irischen Grundschulen bieten für Kinder ab vier Kindergarten-ähnliche Klassen namens *Junior Infants* und ab fünf *Senior Infants* an.

Ab dem Alter von sechs besuchen die Kinder dann normalerweise die erste

078IRL tii

Klasse. Die **Grundschule** endet mit der sechsten Klasse. Es gibt verschiedene Arten von Grundschulen *(primary schools)*: Staatlich finanziert werden die *national schools,* die meist unter Leitung der katholischen Kirche oder gelegentlich der anglikanischen *Church of Ireland* stehen; multikonfessionelle Schulen, die weltanschaulich neutraler und von unabhängigen Vereinen geleitet werden, sowie *Gaelscoileanna,* die außerhalb der irischsprachigen Gaeltacht-Gebiete Gälisch als Unterrichtssprache sprechen und ebenfalls von meist lokal entstandenen Vereinen geleitet werden. Daneben gibt es Schulen, die unabhängig vom Staat sind und Schulgebühren nehmen *(preparatory schools).* Diese sind oft religiös orientiert.

Im **Sekundarbereich** *(secondary schools)* gibt es wiederum verschiedene Schultypen, die sich darin unterscheiden, in welchem Ausmaß der Staat die Kosten trägt und in wie weit die Kirchen auf sie Einfluss haben. Schulgebühren gibt es keine, abgesehen von einigen wenigen Privatschulen. Alle Schulen bieten die gleichen Abschlüsse an. Auch im Sekundarbereich gibt es außerhalb der Gaeltacht-Gebiete Schulen, in denen Gälisch die Unterrichtssprache ist *(Gaelcholáistí).* Sie werden von etwa 3 % der irischen Schüler besucht und gehen meist auf lokale Initiativen zurück. In der Sekundarschule durchlaufen die Schüler zunächst den *Junior Cycle,* der drei Jahre dauert und an dessen Ende man die Prüfung für das *Junior Certificate* macht (etwa vergleichbar mit der Mittleren Reife in Deutschland). Danach bieten viele Schulen ein *Transition Year* an, das jede Schule nach Belieben und örtlichen Bedürfnissen entsprechend organisieren kann. Teilweise gibt es für die 15- bis 16-Jährigen Kurse zu verschiedenen Themen, teilweise machen sie Praktika oder Projekte. Nach dem *Junior Cycle* oder dem *Transition Year* kann man dann mit dem zweijährigen *Senior Cycle* fortfahren. Dies ist freiwillig, da die Schulpflicht nach dem *Junior Cycle* endet. Diejenigen, die weiter die Schulbank drücken, schließen zwischen 17 bis 19 ihre Schullaufbahn mit dem *Leaving Certificate* (vergleichbar dem Abitur in Deutschland) ab.

In den **Gaeltacht-Gebieten** ist der gesamte Schulunterricht in Grund- und Sekundarschulen auf Gälisch.

Eine akademische Ausbildung erlangen die Schulabsolventen an den Universitäten der Grünen Insel. Die älteste Hochschule des Landes, das **Trinity College** (auch als *University of Dublin* bekannt) in Dublin, wurde 1591 von der englischen Königin *Elisabeth I.* gegründet und stand in jenen Tagen natürlich nur den protestantischen Studenten offen. Katholiken durften erst 1793 in die Hörsäle und noch für weitere 70 Jahre fanden sie zu Stipendien und Studienabschlüssen keinen Zugang. Dennoch hat das *Trinity College* für die Befreiungsgeschichte des Landes eine große Rolle gespielt. Hier bekam eine ganze Anzahl von politisch aktiven Studenten, die später dann gegen die Briten kämpften, eine fundierte Ausbildung. Heutzutage sind über 16.000 Studenten am *Trinity College* eingeschrieben.

[<] Das berühmte Trinity College in Dublin

1908 entstand die **National University of Ireland** *(NUI)*, ein Verband weitgehend unabhängiger Universitäten, deren Abschlüsse und Diplome aber vom NUI-Verband vergeben werden. Zu diesem Verband gehören die Hochschulen *University College Dublin (UCD), University College Cork (UCC), NUI Galway* und *NUI Maynooth* sowie weitere spezialisierte Hochschulen (z.B. das *National College of Art and Design* in Dublin oder das *Shannon College of Hotel Management*). Insgesamt gibt es in der Republik Irland 38 Institutionen, die einen Hochschulabschluss anbieten. Die **jüngsten Universitäten** sind *Dublin City University* und die *University of Limerick*. Beide bekamen ihren Universitätsstatus 1989, nachdem sie in den 1970er Jahren als Hochschulen für technische Ausbildung gegründet wurden. An irischen Universitäten fallen **Studiengebühren** von derzeit 2250 € pro Jahr an.

Irische Sportarten

Fußball

Nachdem sich die irische **Fußballnationalmannschaft** 2002 zum wiederholten Male für die Weltmeisterschaft qualifizieren und wie schon in der Vergangenheit große Achtungserfolge erringen konnte, wird *Soccer* immer beliebter auf der Grünen Insel. Da verwundert es nicht, dass allen Ernstes vor der WM das Bildungs- und Arbeitsministerium sowie natürlich die Lehrergewerkschaft gefordert hatten, die Arbeitszeiten nach den Spielplänen der WM-Kicker auszurichten. So kurios wie dies klingt, ist es gar nicht, denn während internationaler Begegnungen bricht in Dublin ohnehin der öffentliche Nahverkehr zusammen, weil auch die Busfahrer die Spiele vor dem Fernseher verfolgen möchten.

Mit der *Soccer*-Begeisterung bekommt die Grüne Insel leider auch deren negativen Auswirkungen zu spüren. Fehlgeleitete **Fußballfans** randalieren auch in Irland und liefern sich Straßenschlachten mit den Ordnungshütern. Eher ein Bonmot am Rande ist es da, dass die italienische Zeitung *La Republicca* herausgefunden haben will, woher sich der englische Begriff des gewalttätigen Fußballfans, *Hooligan,* ableitet. Nämlich angeblich nach einer – für alles Schlechte in England müssen noch immer die Iren herhalten – berüchtigten Straßenbande namens *Hooley's Gang,* die gegen Ende des letzten Jahrhunderts das Londoner Armen- und Einwandererviertel East End unsicher machte ...

Hurling

Wenngleich also der Fußball auf dem Vormarsch ist, so stehen die Iren doch in erster Linie zu zwei ganz eigenen Sportarten, dem *Hurling* und dem *Gaelic Football.* Das *Hurling-Spiel* reicht bis in die **mystische Vergangenheit** der Kelten zurück. Schon der große Held *Cú Chulainn (vgl.* Tour 6, Irlands Sagen) soll es nicht nur gespielt, sondern in jungen Jahren auch als Kampftechnik angewandt haben. Und in dem Liebesepos „Grainne und Diarmuid" wird erzählt, dass *Grainne* den magischen Liebesfleck an *Darmuid* sah, während dieser *Hurling* spielte – da war es um ihre Gefühle geschehen.

Im Jahre 1884 wurde die **Gaelic Athletic Association** *(GAA)* mit dem Ziel gegründet, die alten irischen Sportarten vor dem Vergessen zu retten, um damit natürlich auch die kulturelle Eigenständigkeit gegenüber den englischen Besatzern zu demonstrieren. Kein geringerer als *Charles Stewart Parnell* (s. Tour 2, Exkurs) übernahm die Schirmherrschaft über den Verband – ein Zeichen dafür, welch ein Politikum die GAA darstellte. Worum also geht es beim *Hurling?*

Hurling ist ein dem Rasenhockey verwandtes **Mannschaftsspiel** und soll der schnellste Ballsport überhaupt sein. Zwei Mannschaften mit jeweils 15 Spielern stehen sich gegenüber und versuchen, einen Ball (innen ein Korkkern, außen mit Leder überzogen, 4 cm Durchmesser) ins nicht bewachte gegnerische Tor zu treiben. Wichtigstes Hilfsmittel ist eine Art Hockeyschläger, *camán* auf Gälisch und *hurley* auf Englisch genannt, ein etwa ein Meter langer Schläger, der am unteren Ende eine abgerundete Vertiefung für den Ball aufweist. Mit dem Hurley, aber auch mit der Hand oder dem Fuß versuchen die Spieler nun, durch die Korkkugel Tore und damit Punkte zu erzielen. Ein Tor besteht aus zwei ca. 6 m hohen und 7 m auseinanderstehenden Pfosten, die in einer Höhe von 2,40 m eine Querlatte aufweisen. Fliegt der Ball über dieser Querlatte durch das Tor, so gibt es einen Punkt, bringt die Mannschaft aber die Korkkugel unter der Latte durchs Ziel, so hat sie drei Punkte auf ihrem Konto. Das recht verletzungsintensive Spiel hat zwei Halbzeiten zu jeweils 35 Minuten.

Hurling-Stadion in Dublin City

079IRL tii

Auch Frauen sind dem *Hurling* zugetan, das – schwingen die Damen den Schläger – **Camogie** heißt, die gleichen Regeln aufweist, aber nur 25 Minuten pro Halbzeit dauert.

Die als **Gaelic Games** bezeichneten irischen Sportarten sind übrigens reine Amateursportarten, auch wenn das ganze Land die Spiele verfolgt. Anders als etwa berühmte Fußballer müssen die Spieler also auch einen normalen Beruf ausüben. Als Kompromiss dürfen sie mittlerweile aber auch Geld durch Werbung verdienen.

Gaelic Football

Auch beim gälischen Fußball *(Gaelic Football)*, dem beliebtesten Sportart Irlands, stehen sich jeweils 15 Akteure auf einem Hurling-Spielfeld gegenüber und versuchen mit Händen und Füßen, den Ball ins gegnerische, allerdings bewachte Tor zu bringen. Die Punkte erreicht man auf die gleiche Weise wie beim *Hurling*. Es ist verboten, den Ball mit den Händen vom Boden aufzunehmen, auch darf man ihn nicht länger als vier Schritte in den Händen halten, dann muss der Spieler ihn werfen, weiterkicken oder aber die Technik des *Toe-to-Hand* anwenden. Dabei wird der Ball – während des Laufes und unter den Attacken der Gegner – auf die eigene Fußspitze geworfen und von dort in die Hände zurückgekickt. Das komplizierte Regelwerk hat man erst im Jahre 1989 vereinheitlicht.

Jedes Jahr im September finden die *Hurling*- und die *Gaelic-Football*-**Endausscheidungen** im Croke-Park-Stadion von Dublin statt; die Karten dafür sind schon Monate vorher ausverkauft.

Medien

Printmedien

Selbstverständlich garantieren die irischen Gesetze eine Presse- und Meinungsfreiheit. Zu bemängeln ist allerdings, dass es auf der Grünen Insel kein Geheimhaltungsrecht für Journalisten gibt.

In Irland erscheinen drei seriöse **Tageszeitungen** sowie fünf **Boulevardzeitungen** mit nationaler Verbreitung.

Zusätzlich zu diesen national verbreiteten Tageszeitungen kommen noch einmal lokale **Tages- und Wochenblätter** in den Handel, von denen der 1766 gegründete *Limerick Chronicle* die älteste Zeitung auf der Insel ist.

Von den erwähnten landesweit vertriebenen seriösen Zeitungen ist der *Irish Independent* mit Abstand das konservativste Blatt und gilt als Sprachrohr des rechten Flügels der konservativen *Fine Gael* Partei. Die *Irish Times*, im 19. Jahrhundert als Sprachrohr der angloirischen Elite entstanden, ist mittlerweile die Stimme des liberalen Irlands. Sie hat, nach dem *Irish Independent*, die meisten Leser und ist im Besitz einer Stiftung, die die Unabhängigkeit des Blattes sichern soll. Die dritte seriöse Zeitung ist der konservative *Irish Examiner*, der aus dem

⊡ In der Grafton Street in Dublin

080IRL hg

Cork Examiner hervorging und nach wie vor die meisten seiner Leser im Süden der Insel hat.

Britische Tageszeitungen werden auch in Irland vielerorts vertrieben und gelesen: Die Zeitungen *The Times* und *The Independent* haben übrigens wenig mit ihren irischen Namensvettern gemein: Die britische *Times* ist konservativ, der britische *Independent* hingegen linksliberal. Der *Guardian* ist von der inhaltlichen Ausrichtung mit der *Irish Times* vergleichbar, die auch des öfteren Guardian-Artikel veröffentlicht.

Vor allem die dicken **Sonntagszeitungen** von der Nachbarinsel erfreuen sich als Alternative zu den nicht so ausführlichen irischen Sonntagsblättern großer Beliebtheit. Die *Sunday Times* hat eine irische Ausgabe, die sich nur geringfügig von der britischen Ausgabe unterscheidet und einige Artikel von irischem Interesse enthält. Bei den *Irish News,* auf die man gelegentlich stößt, handelt es sich um eine nordirische Zeitung, die eine gemäßigte nationalistische Richtung vertritt und für die Vereinigung beider Teile Irlands mit friedlichen Mitteln eintritt.

Unerfreulich ist der Vorstoß der **britischen Massenblätter** auf dem irischen Zeitungsmarkt. Von allen Tageszeitungen hat der englische *Star* die höchste Auflage, die *Sun, Daily Mail* und *Daily Mirror* stehen kaum nach und versorgen die Leser mit Ekelnachrichten. Hinzu kommt, dass diese der *Gutter Press* (Gossenpresse) zugehörigen Druckerzeugnisse weitaus billiger sind als beispielweise die *Irish Times.*

Radio und Fernsehen

Die staatliche Rundfunk- und Fernsehgesellschaft **Raidió Teilifís Éireann** *(RTÉ)* unterliegt nach dem *Broadcasting Authority Act* aus dem Jahre 1960 recht stark der Kontrolle von Parlament und Regierung, doch gehören die unerfreulichen Zensurmaßnahmen der 1950er Jahre glücklicherweise der Vergangenheit an. *RTÉ* ist eine öffentliche Körperschaft und finanziert sich durch Gebühren sowie durch Einnahmen aus Werbung.

Trotzdem ist der Etat des Senders chronisch defizitär, und so flimmern kaum Eigenproduktionen über die Mattscheibe. Stattdessen muss der Fernsehzuschauer mit englischen und vor allem amerikanischen *Soap Operas* vorliebnehmen, die weitreichenden Einfluss auf die irische Gesellschaft genommen haben. Glaubt man den Soziologen der Grünen Insel, so ist der in den letzten Jahren ausufernde sogenannte *Bungalow Blitz,* die Zersiedelung der Landschaft durch amerikanisch inspirierte Flachbauten, eine Reaktion auf die amerikanischen Serien.

Sehr gut dagegen ist die Hauptausgabe der Nachrichten von *RTÉ*, die leider, wie die Serien und Spielfilme, von Werbespots unterbrochen wird. Selbstverständlich lassen sich auch sämtliche **britische Fernsehsender** in der Republik Irland empfangen.

RTÉ betreibt die Fernsehsender *RTÉ One* und *Two* sowie – ausschließlich digital ausgestrahlt – den Nachrichtensender *RTÉ News* und den Kinderkanal *RTÉ jr.* **TV3** ist ein Privatsender und **TG4** ein gälischsprachiger Kanal, der auch englischsprachige Spielfilme sendet, die aber auf Gälisch angekündigt werden. Nachts strahlt *TG4* die französischsprachigen Nachrichten des Satellitensenders *France 24* aus.

Gut und oft informativ sind auch die **Radioprogramme** von *RTÉ Radio 1.* In den morgendlichen Sendungen mit Hörerbeteiligung, in denen Hörer anrufen und aktuelle Themen und Alltägliches diskutieren, kann man viel über die Befindlichkeiten im Land erfahren und sich in das irische Englisch einhören. Daneben tummelt sich eine Vielzahl von kleineren und größeren privaten Stationen. Das von *RTÉ* betriebene *Raidió na Gaeltachta* produziert gälischsprachige Lokalprogramme für die Gaeltacht-Gebiete und auch Sendungen für den Rest der Republik.

Staat und Verwaltung

Irland ist seit dem Jahr 1921 ein von Großbritannien unabhängiger Staat und entsprechend der Verfassung von 1937 eine **parlamentarische Demokratie.** Viele Begriffe der irischen Politik existieren ausschließlich auf Gälisch, auch wenn Englisch geschrieben oder gesprochen wird (was meistens der Fall ist).

Staatsoberhaupt ist der **Präsident,** der für sieben Jahre und maximal zwei Amtsperioden direkt vom Volk gewählt wird. Große politische Machtbefugnisse hat der irische Präsident nicht. Wie auch in Deutschland übt er nach seiner Wahl aber hauptsächlich repräsentative Aufgaben aus.

Das **Parlament** setzt sich aus dem Abgeordnetenhaus und dem Senat zusammen. Im Abgeordnetenhaus sitzen 166 auf fünf Jahre gewählte Parlamentarier.

Im Senat kommen **60 Senatoren** zu Wort; elf davon ernennt der Regierungschef (sodass zumeist sichergestellt ist, dass die Regierung auch im Senat über eine Mehrheit verfügt), sechs Senatoren entsenden die Universitäten, und 43 Mitglieder der Kammer werden nach berufsspezifischen Kandidatenlisten gewählt. Für maximal 90 Tage kann der Senat Gesetzesvorhaben der Regierung blockieren, faktisch also liegt die Macht im Staate beim Abgeordnetenhaus und der Regierung.

Die seit 2011 regierende Koalition aus *Fine Gael* und *Labour* hat versprochen, den Senat abzuschaffen und erhofft sich davon Einsparungen. Dies wird von der Oppositionspartei *Fianna Fáil* abgelehnt.

Der **Premierminister** ernennt die Minister seines Kabinetts und verfügt insgesamt über eine äußerst starke politische Autorität. Lediglich die Verfassung beschränkt die Machtbefugnis dieser Exekutive. Opposition und Parlament haben keinen sonderlich starken Status innerhalb der politischen Alltagsarbeit, parlamentarische Ausschüsse existieren nicht, und für die Annahme einer Gesetzesvorlage genügt die einfache Stimmenmehrheit (Abstimmungsniederlagen der Regierung sind somit außerordentlich selten). Die irische Regierungsform folgt also fast ganz der politischen Struktur Großbritanniens.

Bis ins 17. Jahrhundert existierte das **traditionelle irische Brehonenrecht** („Recht der Richter"), in dem die Gesetze durch die ländlich geprägte Sippenstruktur, die überlieferten Vorstellungen sowie nach einem mündlich tradierten Gewohnheitsrecht eingesetzt wurden. Seitdem hat sich das **britischer Tradition folgende Rechtswesen** in Irland durchgesetzt. Nach einem ausgeklügelten Berufungssystem gehen die Straf- und Zivilprozessfälle vom *District Court* weiter zum *Circuit Court,* zum *High Court* in Dublin und landen schließlich beim Obersten Gericht, dem *Supreme Court.* Sieht man einmal von unbedeutenden Zivilrechtsfällen ab, so setzt sich das Gericht aus dem Richter und zwölf Geschworenen zusammen.

Wie sehr der Einfluss der katholischen Kirche in das politische Leben der Iren eingreift, verdeutlicht das in der Verfassung festgeschriebene **Verbot der Abtreibung.**

Bis 1998 stand in der Verfassung, dass **Nordirland** Bestandteil des irischen Staates sei. In Folge des nordirischen Friedensprozesses heißt es nun, nach einer Volksabstimmung 1999, dass eine Wiedervereinigung dann zustande kommen soll, wenn die Bürger in beiden Teilen der Insel dies mehrheitlich wollen. Zudem wird festgeschrieben, dass Nordiren ein Recht auf die irische Staatsbürgerschaft haben.

Irlands **Nationalflagge** ist grün, weiß, orange (von links nach rechts). Grün symbolisiert die Katholiken, Orange die Protestanten und Weiß die Versöhnung beider Gruppen. Das nationale Symbol ist die Harfe; daneben sieht man häufig das dreiblättrige Kleeblatt, das an den Heiligen *Patrick* und seine Dreifaltigkeitsdeutung erinnert. Aus der Zeit der Unabhängigkeitsbewegung (1907) datiert die Nationalhymne, die folgerichtig in ihrem nur auf Gälisch gesungenen Text sehr kämpferisch daherkommt:

Der Osteraufstand von 1916

Das herausragende Ereignis der jüngeren irischen Geschichte ist ganz zweifellos der Osteraufstand von 1916, der bis zum heutigen Tag ein einigendes Element der irischen Gesellschaft ist.

Initiiert wurde die Rebellion für eine unabhängige irische Republik von einer kleinen Gruppe innerhalb der *Irish Volunteers,* die Unterstützung vom sozialistischen Führer der *Irish Citizen Army, James Conolly,* bekamen. Zur **Führungsgruppe** gehörten *Patrick Pearse, Thomas MacDonagh, Joseph Plunkett* und *Tom Clarke.* Sie hatten jedoch keine militärische Ausbildung, sondern waren Lehrer oder wie *Pearse* Dichter.

Vom ersten Tag an stand die gesamte **Planung** unter keinem guten Stern. Die Verschwörer – es war mitten im ersten Weltkrieg – wurden von Deutschland unterstützt; die Briten hatten jedoch den Funkcode des Gegners geknackt und wussten aus aufgefangenen Meldungen, dass in Irland große Ereignisse ihre Schatten vorauswarfen. Als die britische Marine dann vor der Küste von Kerry einen Frachter aufbrachte, der bei Nacht und Nebel 20.000 deutsche Gewehre und die entsprechende Munition löschte, glaubte die britische Führung allerdings nicht mehr, dass Gefahr im Verzuge sei. Da die außerhalb von Dublin stationierten Truppen nun nicht mit Waffen versorgt werden konnten, war der eigentliche militärische Führer der *Irish Volunteers, Eoinn MacNeill,* gegen einen Aufstand und musste von den Verschwörern um *Pearse* festgesetzt werden. Schwere Bedenken äußerte auch ein weiteres Führungsmitglied, *Michael O'Rahilly,* der dann aber die Haltung einnahm: „Ich habe mitgeholfen, die Uhr aufzuziehen, jetzt will ich sie auch schlagen hören!" (*William Butler Yeats* hat ihm Jahre später diese Worte in den Mund gelegt.)

Am Ostermontag, dem **Tag des Aufstandes,** zogen aus allen Himmelsrichtungen irische Truppen nach Dublin ein; eine Gruppe von rund 50 Aktivisten kaperte eine Straßenbahn, und einer hielt dem Fahrer eine Pistole an den Kopf, damit er sie auf schnellstem Weg in die Innenstadt brachte. Der Anführer des Trupps zahlte inzwischen den korrekten Fahrpreis für seine Männer beim Schaffner. Während die Aufständischen in der ganzen Stadt Schlüsselstellungen besetzten, verlas *Patrick Pearse vor* dem Hauptpostamt von Dublin die **Unabhängigkeitsproklamation.**

Die Briten brachten am nächsten Tag Truppen auf die Insel, die nach Dublin vorrückten und in den folgenden Tagen die Stadt zurückeroberten. Am Freitag beschossen sie das Postamt, *Michael O'Rahilly* unternahm mit einigen Männern einen Ausfall und wurde dabei getötet. Danach gab *Patrick Pearse* auf. 300 Zivilisten, 60 Aufständische und 130 britische Soldaten waren ums Leben gekommen.

Der Osteraufstand war bei den Dublinern äußerst unbeliebt und hätte bis heute nicht so ein Echo in der Öffentlichkeit gefunden, wenn die **Reaktion der Briten** nicht dermaßen brutal gewesen wäre. Drei Tage nach dem Ende der Revolte wurden *Patrick Pearse, Tom Clarke* und *Thomas MacDonagh* im Hof des Gefängnisses *Kilmainham* erschossen. Einige Wochen später starben *Willie Pearse,* der Bruder von Patrick, der nichts mit dem Aufstand zu tun hatte, *Joseph Plunkett* und zwei weitere Anführer der Rebellion unter den Kugeln des Erschießungskommandos. *Plunkett* hatte wenige Stunden zuvor in der Gefängniskapelle seine Jugendliebe geheiratet, ein privates Abschiednehmen von 10 Minuten war beiden nicht gestattet worden.

Diese **Hinrichtungen** reichten den Briten noch nicht; in den folgenden Tagen kamen weitere 70 Männer – viele davon, die wie *Willie Pearse* unschuldig waren – vor die Erschießungskommandos im Hof des Dubliner Gefängnisses. Als Letzter starb dort am 12. Mai 1916 *James Conolly;* er war während der Kämpfe schwer verwundet worden, konnte nicht stehen und wurde in einem Stuhl erschossen.

Das Vorgehen des britischen Staates gegen eine kleine Gruppe von Idealisten mutete exzessiv an und half mit, das Klima zu schaffen, in dem es wenige Jahre später zum **Unabhängigkeitskrieg** kam.

„Soldaten sind wir, mit unserem Leben treten wir für Irland ein."

Heutzutage besitzt Irland jedoch nur eine kleine **Freiwilligenarmee** von rund 30.000 Mann. Der Verteidigungshaushalt beträgt – erfreulich zu erfahren – gerade einmal 5 % des gesamten Etats, und in der NATO ist die Republik auch nicht – wenngleich konservative irische Strategen eine Aufstockung der Streitkräfte und eine Mitgliedschaft im nordatlantischen Verteidigungsbündnis fordern. Von viel größerer Bedeutung sind die Armeekontingente, die Irland für die UN-Friedenstruppen ins Ausland entsendet. Für die innere Sicherheit sorgt eine rund 100.000 Mann starke **Polizeitruppe** *(Garda Siochana).*

In der irischen Parteienlandschaft dominiert seit 1950 ein **Dreiparteiensystem** aus *Fianna Fáil, Fine Gael* und *Labour.* Die **Fine Gael** (Familie der Gälen), ging aus jenem Flügel der Partei *Sinn Féin* und der paramilitärischen *IRA* hervor, die 1921 nach dem irischen Unabhängigkeitskrieg um des Friedens Willen einem Kompromiss mit Großbritannien zustimmten, was zu einem Bürgerkrieg mit dem anderen Flügel von *Sinn Féin* und der *IRA* führte. Heute ist *Fine Gael* Mitte-rechts zu verorten. Die Gegner des Kompromisses unterlagen 1923 nach einem blutigen Bürgerkrieg. Nach Hinrichtungen und Haftstrafen spalten sich die Vertragsgegner erneut: Jene, die nun im Rahmen des neuen irischen Staates ihre Ziele mit politischen Mitteln verfolgen wollte, gründeten 1927 **Fianna Fáil** (Soldaten Irlands, auch Soldaten des Schicksals). Die heutige Partei **Sinn Féin** geht auf die Fraktion zurück, die sowohl Nordirland als auch den durch den Kompromiss mit Großbritannien zustandegekommenen irischen Staat als illegal betrachtete. *Fianna Fáil* ist heute ebenfalls Mitte-rechts zu verorten, in Wirtschaftsfragen etwas links von *Fine Gael.* Allerdings ist *Fianna Fáil* wertkonservativer als *Fine Gael.* Sie steht der katholischen Kirche näher und ist nationalistischer als die Konkurrenzpartei. *Fine Gael* hat seine traditionelle Wählerbasis in den Städten, *Fianna Fáil* hingegen auf dem Land. Beide Parteien dominierten bis vor wenigen Jahren die irische Politik, mit *Labour* als Zünglein an der Waage. Die Unterschiede zwischen *Fianna Fáil* und *Fine Gael* sind vergleichsweise gering und die Wahlentscheidung hing oft primär davon ab, welche Seite die Eltern, Großeltern oder Urgroßeltern im irischen Bürgerkrieg unterstützten. *Fianna Fáil* war aber seit ihrem ersten Wahlerfolg 1932 meist die stärkste Partei des Staates und erlangte selten weniger als 40 % der irischen Wählerstimmen.

Wirtschaft

Wirtschaftspolitik

Nachdem Irland im Jahre 1921 die Unabhängigkeit von Großbritannien erreicht hatte, war zwar die politische Souveränität erkämpft, doch in wirtschaftlicher Hinsicht blieb die Grüne Insel weiter ein **Kolonialland.** Das meiste Kapital lag in den Händen weniger Protestanten, die Katholiken verfügten kaum über finanzielle Mittel zum Aufbau einer unabhängigen Industrie.

Als 1932 die *Fianna-Fáil-Partei* des charismatischen *Éamon de Valera* an die Regierung kam, postulierte sie die **Politik der wirtschaftlichen Selbstversorgung** und schützte die kleine produzierende Industrie durch hohe Zölle. Mit klaren Worten umriss *de Valera* seine ökonomischen Zukunftsvisionen: „... dass so viele Familien wie möglich auf dem Lande leben können, so dass die Lebensmittel, die wir essen, die Kleidung, die wir tragen, die Häuser, in denen wir leben, und die Artikel des täglichen Gebrauchs im Leben unseres Volkes alle so weit, wie vernünftigerweise möglich mit irischer Arbeitskraft und aus irischen Materialien hergestellt werden. Ein vereinigtes Irland, ein freies Irland, das sich selbst versorgt und auf sich selbst vertraut."

De Valeras Regierung weigerte sich auch, die im Vertrag von 1921 ausgehandelten *Land Annuities,* das Pachtgeld der irischen Grundbesitzer, an die britische Regierung, abzuführen. Die Engländer reagierten prompt und belegten irische Importe mit einer 40 %igen Einfuhrsteuer, so dass der Handel mit der einstigen Besatzermacht zum Erliegen kam. Dieser *Wirtschaftskrieg* wurde einige Jahre später durch eine Übereinkunft abgemildert; Irland konnte seine Quoten für nach Großbritannien importierte Rinder unter der Voraussetzung erhöhen, dass die irische Regierung ihren gesamten Kohlebedarf durch Käufe in Großbritannien decken würde. 1938 räumte Großbritannien seine Militärstützpunkte in Irland und beendete auch den Wirtschaftsbann.

Bis nach dem Zweiten Weltkrieg förderte die irische Regierung mit aller Macht die industrielle Entwicklung durch **die Einrichtung halbstaatlicher Organisationen** wie beispielsweise der

Agricultural Credit Corporation oder des *Electricity Supply Board.*

All diese Anstrengungen führten zwar zu einer schrittweisen Verbesserung, von realem wirtschaftlichen Wachstum und einer Anhebung des Lebensstandards konnte jedoch immer noch nicht die Rede sein. Zu Tausenden emigrierten die jungen Iren ins Ausland; 1961 zeigten die Bevölkerungzahlen einen absoluten Tiefststand von 2,8 Mio. Einwohnern.

Ein **neues Wirtschaftskonzept** musste her, wollte der Staat nicht innerhalb kürzester Zeit von innen her ausbluten. Die von *Éamon de Valera* forcierte Selbstversorgung wurde aufgegeben, und die Insel öffnete sich den Weltmärkten. Parallel dazu lief ein Industrieansiedlungsprogramm mit starken Steuervorteilen an und lockte ausländische Kapitalgeber ins Land.

Die 1960er Jahre bescherten den Iren ein **Wirtschaftswunder** und damit auch endlich einen höheren Lebensstandard. 500 neue Industriebetriebe, davon allein 350 ausländische, hatten sich erfolgreich etabliert, Jahr für Jahr stieg die industrielle Produktion um rund 7 % an, und das verarbeitende Gewerbe beschäftigte die zuvor nie erreichte Zahl von über 213.000 Menschen.

Auch der Export hatte sich verfünffacht, Großbritannien blieb nicht mehr das einzige Empfängerland irischer Waren; die kontinentaleuropäischen Staaten sowie auch die USA und Kanada kamen hinzu, und Irland war bereit, in die noch junge **EWG** einzutreten. In einem Referendum sprachen sich 83 % der Bevölkerung für einen Beitritt aus, und im Jahre 1973 wurde Irland (im gleichen Jahr übrigens auch Großbritannien) Mitglied im gemeinsamen europäischen Markt.

Wie nicht anders zu erwarten, **boomte die Wirtschaft** noch einmal: Das Bruttosozialprodukt stieg Jahr für Jahr um 4 %, die industrielle Produktion gar um 40 %, die Beschäftigungszahlen erreichten in der Industrie einen Spitzenwert von über 270.000, und im Dienstleistungssektor fanden über 600.000 Menschen Arbeit. Auch in der Landwirtschaft stiegen die Erträge dank verbesserter Anbaumethoden und zunehmender Mechanisierung. Die Emigration wurde gestoppt, und vorsichtig kamen die ersten Rückwanderer in die Heimat. Die Bevölkerung stieg wieder an.

Bekanntlich entwickelt sich jedoch die Wirtschaft in zyklischen Wechseln von **Rezession** und Aufschwung, und in den 1980er Jahren war es erst einmal aus mit den fortschreitenden Wachstumszahlen. Irland erreichte die höchste Inflationsrate in Europa (20 %), und auch die Arbeitslosigkeit nahm wieder zu und damit auch die Bereitschaft der jungen Iren zur Emigration.

Die Wirtschaftskrise war vor allem dadurch entstanden, dass die Staatseinnahmen in keinem Verhältnis zu den wachsenden Ausgaben standen; dieses Defizit wurde von der Regierung über Jahre mit Krediten gestopft.

1982 leitete eine neue Koalitionsregierung aus *Fine Gael* und *Labour* unter dem Premierminister *Garret Fitzgerald* das Ende der sogenannten **Guinness-Ökonomie** ein, unter der man folgendes zu verstehen hat: Der weitaus größte Teil der staatlichen Ausgaben floss dabei in die Sozialfürsorge und die Arbeitslosenunterstützung. Diese an die Bedürftigen ausgezahlten Gelder wurden wiederum zum größten Teil in *Guinness* angelegt, sodass ein großer Teil der Sozialfürsorge in Form der Alkoholsteuer in den Staatssäckel zurückfloss.

Ab Mitte der 1990er Jahre erlebte Irland einen **beispiellosen ökonomischen Aufschwung** und die Medien sprachen in Anspielung auf die ostasiatischen Märkte auch vom „keltischen Tiger". Zwischen 1995 und 2004 wuchs die irische Wirtschaft im Durchschnitt pro Jahr um 7 %. Die Iren konnten dadurch ihren Lebensstandard auf das damalige nordeuropäische Niveau anheben. Dieses enorme Wirtschaftswachstum war auf eine Politik zurückgegangen, welche die Unternehmenssteuern – 1993 noch bei 40 %, 2007 bei 12,5 % – gesenkt, Freihandelszonen eingerichtet und von EU-Geldern profitiert hat. Zu den niedrigen Abgaben kamen viele gut ausgebildete junge Leute, ein flexibler, an den Erfordernissen der Arbeitgeber angepasster Arbeitsmarkt, nur wenig bürokratische Hindernisse und nur wenige Beschränkungen durch den Umweltschutz. Waren 1990 noch über 20 % der Iren erwerbslos, waren es 2004 nur noch rund 4,3 %, und diese Quote lag unter dem EU-Durchschnitt. Die Emigration war völlig zum Erliegen gekommen, viele Iren wanderten wieder in ihr Herkunftsland zurück und zum erstenmal seit vielen Jahrzehnten war die Bevölkerung wieder über die vier Millionen-Marke geklettert (2006: 4,2 Mio.).

Dieser, für die Iren so erfreuliche wirtschaftliche Aufschwung hatte jedoch auch seine **Nachteile,** denn mit dem Wirtschaftswachstum hat die Infrastruktur auf der Grünen Insel leider nicht mitgehalten. Sieht man vom strukturschwachen Nordwesten ab, dessen Straßen und Häfen mit EU-Geldern ausgebaut wurden, so sind im weitaus größten Teil Irlands die **Verkehrswege** noch immer nicht komplett modernisiert. Die Zahl der Privatwagen aber hatte sich explosionsartig vermehrt. Sah man bis in die 1990er Jahre grundsätzlich nur Kleinwagen japanischer Provenienz, so findet man heute viele Mittelklasse-Pkw, aber auch Pkw der Marken *Porsche, BMW* und *Mercedes* auf den Straßen. Und die sind oft noch schmal, holprig und kurvenreich. Selbst außerhalb der Städte und Dörfer gibt es Staus, ein Lkw oder ein Traktor zieht eine kilometerlange langsame Blechlawine hinter sich her. Nur wenige Orte und Städte haben eine Umgehungsstraße, jeglicher Verkehr quält sich durch die Zentren, was für Bewohner wie Autofahrer eine große Belastung darstellt. Zwar ist in den vergangenen Jahren viel Geld in die Infrastruktur geflossen und überall wird gebaut, doch ist das Straßennetz in weiten Teilen noch immer unzureichend.

Der Wirtschaftsboom der vergangenen Jahre hatte auch auch negative Folgen: **Hohe Inflation, Umweltverschmutzung,** die **Zersiedelung** von Städten und Landschaften durch einen ungehemmten Eigenheimbau, massive Verkehrsprobleme und völlig unterfinanzierte öffentliche Dienstleistungen.

Dieses mehr als zehn Jahre andauernde, exorbitant hohe Wirtschaftswachstum hat mit Beginn der **weltweiten Finanzkrise** Ende des Jahres 2007 Irland fast an den Abgrund eines Staatsbankrotts gebracht. „Alles was für die Wirtschaft schief gehen konnte, ist schief gegangen", konstatierte im August 2008 *Dan McLaughlin,* Chefvolkswirt der *Bank of Ireland.* Die völlige Deregulierung der irischen Wirtschafts- und Finanzsysteme, in der die Teilnehmer ohne jegliche Kontrolle und getrieben von Gier einem ungehemmten Kapitalismus frönen konnten, hat das Land mittlerweile völlig ruiniert. Auslöser für den Untergang waren gerade die Faktoren, die den rasanten Aufschwung möglich gemacht hatten: die große Abhängigkeit von US-amerikanischen Investoren und Exporten, der unkontrollierte Finanzsektor und der enorme Bauboom.

Die von den niedrigen Steuern angelockten US-Investoren haben sich zurückgezogen und bauen Arbeitsplätze ab, die fehlende Regulierung des Finanzplatzes Dublin erwies sich nun als rufschädigend und das **Ende des Immobilienrausches** ließ die Banken kollabieren.

Die Folge war ein rapider Anstieg der **Arbeitslosigkeit** und ein enormes Wegbrechen der Steuereinnahmen. Die Staatsausgaben waren nicht mehr finanzierbar und die EU drängte Irland zu schmerzenden Sparmaßnahmen, was zu **Protesten** in der Bevölkerung führte.

Bodenschätze

Irland ist arm an Bodenschätzen. In geringen Mengen werden Erz, Blei, Zink und Silber sowie Kupfer, Quecksilber und Pyrit abgebaut; ein kleines Erdgasvorkommen im Süden bei Kinsale trägt einen Teil der Energieversorgung; auch Erdöl ist vor der Küste entdeckt worden.

Industrie

Die Industrie trägt mit 38 % zum Bruttosozialprodukt bei und konnte in den letzten Jahrzehnten große Produktivitätssteigerungen erzielen.

Viele **ausländische Investoren** ließen sich in Irland nieder, das immer wieder mit seinen Standortvorteilen – gelegen zwischen Europa und Nordamerika – warb. Deutsche Unternehmen in Irland liegen mit 150 Betrieben nach den USA und Großbritannien an dritter Stelle der ausländischen Investoren. So verwundert es nicht, dass die Industrie auf Kapitalimport basiert und dabei stark **exportorientiert** ist.

Hauptproduktionszweige sind die Nahrungs- und Genussmittelindustrie, Metallverarbeitung und Maschinenbau, die chemische sowie die elektronische Industrie. Die weitaus meisten Produktionsanlagen reihen sich rund um die Metropole Dublin, aber auch Cork sowie die Areale rund um den Shannon-Flughafen (bei Limerick) gehören zu den **Standorten.** Zunehmende Probleme bereitet der irischen Ökonomie die **Kapitalabwanderung** der einstigen Investoren in renditeträchtigere Länder.

Das nationale **Elektrizitätsunternehmen** versucht zuallererst einmal, die heimischen Torfvorkommen auszubeuten und für die Stromgewinnung in Torfkraftwerken zu nutzen (vgl. Kap. Flora). Auf der Basis von Torf und kleineren Erdgaslagerstätten deckt Irland 38 % seines Energiebedarfs. Importierte Kohle und auf den Weltmärkten teuer erkauftes Erdöl vervollständigen die Energieversorgung des Landes.

Glücklicherweise gibt es **kein Atomkraftwerk** in Irland; die Gründe dafür liegen jedoch nicht in einer besonders ausgeprägten Form des Umweltschutzes, sondern gehen auf die chronisch defizitäre Staatskasse zurück. Erfolgversprechend verliefen erste Tests zur Nutzung der **Windenergie.** Vor einigen Jahren

81IRL tii

hat man vor den Küsten Irlands zudem **Erdöllager** entdeckt. Mangels staatlicher Finanzkraft werden sie jedoch noch nicht ausgebeutet.

Auf Schafe trifft man in Irland fast überall

Landwirtschaft

Obwohl Irland heutzutage beileibe kein Agrarland mehr ist, hat die Landwirtschaft doch noch immer großen Anteil am Bruttosozialprodukt, zu dem die irischen Bauern mit rund 4 % beitragen. 70 % der Staatsflächen werden agrarisch genutzt, und die **Intensivierung** der Landwirtschaft schreitet stetig fort, wie die rapide steigenden Düngemittelzahlen beweisen.

Dennoch ist Irland noch weit von einer hochindustrialisierten Agrarproduktion, wie sie beispielsweise in den Niederlanden oder auch in Deutschland zu beobachten ist, entfernt. Dazu tragen auch die im **Verhältnis kleinen Betriebsgrößen** bei: 60 % aller Farmer beackern nur zwischen 10 und 50 Hektar große Flächen; auf dem Kontinent jedoch gelten 30 bis 80 Hektar Ackerland als gewinnbringend.

Im Westen der Insel floriert die **Rinderzucht,** wobei die auf den kargen Böden aufgewachsenen Kälber ihre Endmast auf den satten Weiden im Osten bekommen. Im Süden dominiert die **Milchviehhaltung** und die damit verbundene Molkereiwirtschaft.

Angebaut werden auf der Grünen Insel hauptsächlich Kartoffeln, Zuckerrüben, Futter- und Braugerste; von dieser Braugerste nimmt die Guinness-Brauerei jährlich den weitaus größten Teil ab. Weit über die Hälfte der landwirtschaftlichen Produktion geht in bereits verarbeiteter Form in den **Export.**

Irlands Landwirtschaft sind vor allem die Zahlungen der **EU-Bürokratie** zugute gekommen. Viele Bauern bewirtschaften heute ihren eigenen Grund und Boden, die weitaus meisten haben sich in teils recht großen **Genossenschaften** zusammengeschlossen.

Fischerei

Noch immer rückständig ist die Fischerei. Dies mag vor allem mit der traditionellen **Abneigung der Iren** zu tun haben, die Fisch seit den Tagen der Großen Hungersnot als ein Arme-Leute-Essen betrachten. Bis zum Ende des Zweiten Weltkriegs übten fast nur die Kleinbauern eine **periodische Fischerei** aus, die jeweils von November bis April dauerte. In dieser Zeit konnten die Felder nicht bestellt werden.

Erst durch die Gründung eines Fischereiamtes *(Bord Iascaigh Mhara),* durch den damit verbundenen Ausbau der Fischerhäfen und durch die Förderung moderner Fangmethoden ist in den letzten Jahren eine **Steigerung der Fangergebnisse** erzielt worden. Leider „wildern" vor allem spanische Trawler in den irischen Hoheitsgewässern, überfischen mit ihren hochmodernen Fabrikschiffen die Bestände und müssen immer wieder von der kleinen irischen Marine abgedrängt werden.

Gefangen werden vor allem Heringe und Makrelen, weiterhin Kabeljau, Schellfisch und Scholle. Fast vollständig in den Export gehen Leckerbissen wie Seezunge, Seeteufel, Hummer, Garnelen und Austern.

Da der Atlantik vor der irischen Westküste als noch weitgehend ökologisch intakt eingestuft wird, haben die irischen Meeresfrüchte weithin einen guten Ruf.

Von der kleinen **Binnenfischerei,** die ohnehin von den Sportanglern dominiert wird, kommen Lachs, Forellen und Aal in die Angebotspaletten der Restaurants und Geschäfte.

Dienstleistungssektor

Die weitaus meisten Iren – fast 60 % – finden Arbeit und Lohn im Dienstleistungssektor. Der Staat ist natürlich der größte Arbeitgeber; 60.000 Menschen schaffen in der öffentlichen Verwaltung, weitere 65.000 Beschäftigte zählen die staatlichen und halbstaatlichen Unternehmen.

601IRL tii

In der Provinz Munster

Tourismus

Ein ganz wesentlicher **Devisenbringer** für die Grüne Insel ist der Tourismus. Stetig wird auch die **touristische Infrastruktur** ausgebaut, vor allem in den strukturschwachen Gaeltacht-Gebieten ist der Tourismus oftmals die einzige Hoffnung für die armen Bewohner.

Fáilte Ireland, die irische Fremdenverkehrsbehörde, schrieb über die Bedeutung des deutschen Marktes: „Unser größter Markt auf dem Festland (also die Bundesrepublik) gehört auch zu den am schnellsten wachsenden. Nur Nordamerikaner geben im Durchschnitt mehr Geld in ihrem Irland-Urlaub aus. Fast 30 % aller Besucher und 35 % der reinen Urlauber vom europäischen Festland kommen aus Deutschland. Die letzteren sind weitgehend jung und aktiv; zwei Drittel von ihnen sind zwischen 19 und 44 Jahre alt, fast die Hälfte sind jünger als 35 Jahre. Damit bieten sie Entwicklungsmöglichkeiten für einen Wiederkehrer-Markt.“ Diese Hoffnung der Iren hat sich erfüllt, denn so stieg in den letzten beiden Jahrzehnten die Zahl derjenigen, die ein zweites Mal nach Irland reisten, von 30 % auf 40 % an.

Mehr als die Hälfte aller Deutschen kommt zwischen Juni und August auf die Grüne Insel. Der Süden und der Südwesten, also die **Regionen Cork und**

Kerry, sind die beliebtesten Ziele, dicht gefolgt von **Dublin.** Selbstverständlich erweisen sich die Deutschen auch in Irland zum einen an Kultur interessiert, zum anderen – als die zweitstärksten Alkoholtrinker Europas – an den Pubs. 29 % aller trinkfesten Bundesbürger stürmte allabendlich in die *Popular Music Pubs,* 70 % stürzten ihr Lager oder Guinness in einem *Traditional Music Pub* durch ihre Kehlen.

Religion

Geschichte

In der Mitte des 5. Jh. wurde Irland christianisiert. Dies wird meist dem **Heiligen Patrick** zugeschrieben. Allerdings bezweifeln Historiker heute, dass eine einzige Person für die Übernahme des neuen Glaubens durch die Iren verantwortlich ist. Eher setzte er sich allmählich durch kulturelle Kontakte mit dem Römischen Reich durch. Vermutlich hat *Patrick* aber existiert, es sind von ihm verfasste biografische Texte auf Latein erhalten. Er stammte aus der römischen Provinz Britannien (vermutlich aus dem heutigen Wales), wurde von Iren entführt und musste als Sklave Schafe und Schweine hüten. Eines Tages konnte er fliehen. Zurück in Britannien, wurde er Priester. Schließlich erkannte er, dass seine Berufung war, die Iren zu bekehren, und er kehrte auf die Grüne Insel zurück.

Die vielen **frühchristlichen Klosteranlagen,** wie etwa Glendalough oder Monasterboice, mit ihren charakteristischen Rundtürmen, zeigen dem Irland-Besucher noch heute die schnelle Verbreitung des Christentums in Irland. Das Mönchsdasein muss in jenen frühen Tagen recht attraktiv gewesen sein, denn aus kleinen, unbedeutenden Abteien entwickelten sich oftmals innerhalb weniger Jahrzehnte ausgedehnte und reichbevölkerte Klosterstädte; Studierende aus ganz Europa fanden ihren Weg in die großen Abteien, in denen nicht nur die heiligen Schriften, sondern auch die großen Philosophen der Antike gelesen wurden.

Da die Bekehrung friedlich verlief und den Missionaren kein „rotes Martyrium" drohte, unterzogen sich viele fromme Männer dem sogenannten „grünen Martyrium" und erbauten auf den der Küste vorgelagerten kleinen und einsamen Eilanden **Einsiedeleien,** um sich dort ganz dem Gebet an Gott zu widmen. Die rauhe Felseninsel Skellig Island bewahrt noch heute guterhaltene Sakralgebäude sowie die Bienenkorbhütten der Eremiten aus jener Zeit (vgl. Tour 4).

Nachdem ganz Irland zum Christentum bekehrt war, setzte unter den gläubigen Brüdern ein **Missionierungsdrang** ein; im Zuge des „weißen Martyriums" wanderten viele Mönche nach England und auf den Kontinent, um Gottes Wort über das ganze alte Europa zu bringen. Überall gründeten sie neue kirchliche Zentren und brachten neben dem neuen Glauben den bekehrten Brüdern und Schwestern auch die klassischen Philosophen und ihre Schriften nahe. Ab dem 9. Jahrhundert, nachdem die Bekehrungswelle abgeebbt war, dienten viele irische Mönche den kontinentalen Herrschern als geistliche wie auch als weltliche Berater.

Irische Heilige

Unter den vielen frühchristlichen Mönchen befindet sich neben **St. Patrick** eine ganze Anzahl heiliger Männer, auf deren Name der Irland-Besucher immer wieder stoßen wird:

Um das Jahr 490 zog sich als einer der ersten frommen Brüder der **hl. Enda** auf die damals nur dünn besiedelte Aran-Insel Inishmore (vgl. Tour 5) zurück, um ein Leben in Entsagung und Einsamkeit zu führen. Seine große Gelehrsamkeit war jedoch nur allzu bekannt, und so folgten ihm viele Schüler nach, die Abtei entwickelte sich zu einer theologischen Lehrstätte, deren Ruhm bis auf den Kontinent drang.

Viele hervorragende Schüler des *hl. Enda* taten es ihrem Ziehvater nach und gründeten ebenfalls neue kirchliche Zentren. So auch der **hl. Ciaran,** der sich um das Jahr 548 am Shannon niederließ und die bekannte Klosterstadt Clonmacnoise (vgl. Tour 8) ins Leben rief, die rasch derartig berühmt werden sollte, dass man sie als die „Universität des Westens" bezeichnete.

Nicht minder erfolgreich war der **hl. Kevin,** der in den Wicklow Mountains die Einsiedelei Glendalough (vgl. Tour 2) gründete. Auch ihm folgten zahlreiche Schüler, sodass der heilige Ort rasch zu einer bedeutenden Klosterstadt anwuchs und den Beinamen „Rom des Westens" bekam.

Auch Frauen taten sich im neuen Glauben hervor. So gründete die **hl. Brigid** um das Jahr 490 in Kildare ein großes Doppelkloster für fromme Brüder und Schwestern. Schenkt man der Überlieferung Glauben, so soll in dem *Firehouse* der Abtei fast 1000 Jahre lang ein ewiges Feuer gebrannt haben (was wohl auf einen vorchristlichen Kult zurückging). Noch heute flechten die Iren aus Stroh die sogenannten Brigittenkreuze, die als schützendes Symbol gelten, in vielen Haushalten zu finden sind, aber auch Autos zieren.

Zu Recht berühmt für seine Missionierungsreisen ist der **hl. Brendan,** der im 5. Jh. in einem Lederboot gen Westen aufbrach, den Atlantik überquerte und möglicherweise die Küste Kanadas erreichte; so wenigstens teilt es eine Chronik aus dem 9. Jh. über die neun Jahre dauernde Reise von *Brendan, the Navigator* mit (vgl. Tour 4).

Ebenfalls weithin bekannt sind zwei frühchristliche Männer mit Namen *Columban.* **Columban der Ältere** (um 521 oder um 543–597), von vielen Gläubigen auch *Columcille* (Taube der Kirchen) genannt, entzweite sich mit dem irischen Hochkönig und führte seine Mannen gegen ihn in die Schlacht. *Columban* siegte zwar, doch forderte der Kampf 3000 Tote. Um Buße zu tun, begab sich der gläubige Mann auf Missionierungsreise und landete um das Jahr 563 auf der schottischen Insel Iona, wo er ein Kloster gründete und eine erfolgreiche Bekehrungsarbeit aufnahm.

Columban der Jüngere (um 540–615) reiste von Irland aus auf den Kontinent, ließ sich vorübergehend am Hofe von Burgund nieder und gründete dann die Klöster Annegray und Luxeuil. Zu-

▷ Skurrile Verkleidungen bei der St. Patrick's Parade in Dublin

sammen mit seinen wenigen treuen Gefährten zog es ihn dann den Rhein hinauf bis zum Bodensee, von dort über die Alpen nach Norditalien. In der Lombardei rief er die Abtei Bobbio ins Leben, wo er auch starb.

Katholische Bevölkerung

Beeindruckend sind heutzutage die Zahlen, die die irische katholische Kirche vorlegen kann: 84 % der Bewohner in der Republik sind katholisch, fast 35 % der Katholiken in beiden Teilen Irlands besuchen laut einer Studie der *Associa-*

082IRL tii

tion of Catholic Priests von 2012 einmal wöchentlich die Messe, 3 % gehen gar mehrfach in der Woche zum Gottesdienst. Die **starke Religiosität** wird auch dem Besucher auffallen, wenn er an Sonntagvormittagen die Ortskerne recht leer findet, rund um die Kirche von Autos zugeparkte Bürgersteige erblickt und am Ende der Messe eine Masse an Kirchgängern im besten Tuche aus dem Gotteshaus strömen sieht.

Auch bei Überlandfahrten blickt man immer wieder auf große Marienstatuen oder Kreuzigungsszenen. Nicht selten knien dann zumeist Frauen vor den heiligen Statuen und sind tief im Gebet versunken.

In der St. Iberius Church in Wexford

Kirche und Staat

Die Iren sind gläubig, und Kirche und Staat sind auf das engste verknüpft. So heißt es in der Präambel zur **Verfassung:** „Im Namen der Allerheiligsten Dreifaltigkeit, in der jede Autorität ihren Ursprung hat und auf die sich, als dem letzten Ziel unseres Lebens, alle Handlungen von Menschen und Staaten zu beziehen haben; in Demut eingedenk aller Verpflichtungen gegenüber unserem göttlichen Herrn, Jesus Christus, der unsere Vorväter durch die Heimsuchungen vieler Jahrhunderte hindurch am Leben gehalten hat."

Solche Sätze werden denjenigen mehr als erschrecken, der von einer Trennung von Staat und Kirche überzeugt ist. 1937 wurde in der irischen Verfassung die „besondere Position" der Kirche festgehalten und als „Religion der großen Mehrheit ihrer Bürger" sowie als „Wächter des Glaubens" beschrieben. Dieser heftig umstrittene Verfassungsartikel erfuhr dann 1972 eine Änderung.

Wie tief die Kirche in das private und intime Leben der irischen Männer und Frauen eingreift und wie eng sie dabei mit dem Staat verbunden ist, zeigt sich mehr als deutlich bei den Gesetzen zur Familienplanung. Erst 1985 wurde entgegen der vehementen Attacke der Kirchenväter der **Verkauf von Verhütungsmitteln** freigegeben, über 45 Jahre war die Weitergabe gesetzlich verboten. So revolutionär war der Schritt, dass sich viele Apotheker auf dem Lande weigerten, in ihrem Laden Kontrazeptiva zu führen.

Erschwerend kommt noch hinzu, dass die Regierung für den Verkauf von Verhütungsmitteln eine Lizenz verlangt, die der Händler beim Gesundheitsministerium beantragen muss; selbst private Familienplanungskliniken sind davon nicht ausgenommen.

Die irischen Frauenbewegungen beklagen, dass es noch schlimmer in bezug auf öffentliche Informationen zur **Abtreibung** aussieht. Irland ist neben Chile das einzige Land der Welt, in dem die Abtreibung von der Verfassung verboten wird.

So werden wohl weiter Jahr für Jahr nach Schätzungen zwischen 4000 und 10.000 Frauen die einsame Reise nach England in eine Abtreibungsklinik antreten müssen.

Um ungewollte Schwangerschaften zu verhüten, gab die *Irish Independent* ihren Lesern den folgenden guten Ratschlag: „Be good – and if you can't be good be careful". Mit anderen Worten: „Sei brav, aber wenn es dir nicht gelingt, dann pass wenigstens auf."

Ebenfalls war es laut irischer Verfassung noch bis 1995 verboten, eine Gesetzgebung einzuführen, die die **Ehescheidung** zulässt.

Anfang 2009 kam heraus, dass in den 1950er und -60er Jahren rund 15.000 Kinder und Jugendliche, die in 200 katholischen Heimen untergebracht waren, von ihren Betreuern vergewaltigt und geprügelt wurden. Zwölfjährige mussten bis zu 12 Stunden ohne Pause Torf stechen, die Kinder bekamen teilweise nur ungenügend zu essen und wurden über Jahre auf eine sadistische Weise gequält, dass einem die Haare zu Berge stehen. Die Betroffenen haben sich nun organisiert, fordern Entschädigung, und eine staatliche Untersuchungskommission hat einen Bericht vorgelegt, der unter **www.childabuse commission.ie** im Internet einzusehen ist. Es steht zu hoffen, dass sich der Einfluss der katholischen Kirche, nach dem Staat eine der mächtigsten Organisationen in Irland, auf sämtliche Alltagsbereiche nun auf ein normales Maß reduziert.

Die gälische Sprache

B & Bs und Pubs in Irland tragen manchmal seltsame, unaussprechliche Namen, und wenn man in Irland die Nachrichten auf Englisch hört oder Zeitung liest, stößt man auf Begriffe wie *Taoiseach, Tánaiste, Oireachtas, Fianna Fáil* oder *Fine Gael* (zur Bedeutung, siehe „Staat und Verwaltung"). Man sieht diese Sprache, die nicht im Entferntesten wie Englisch klingt, auf Hinweis-, Straßen- und Ortsschildern, man hört sie in Durchsagen im Zug oder in Flugzeugen irischer Fluggesellschaften, gelegentlich im Autoradio, wenn man nach einem Sender sucht oder wenn man im Hotel oder B & B durch die Fernsehkanäle zappt. Der Irlandbesucher ist auf das Gälische gestoßen. Laut Verfassung ist Gälisch die **Nationalsprache,** während Englisch als „eine zweite offizielle Sprache" anerkannt wird.

Mit Englisch kommt der Reisende aber dennoch gut zurecht, wenn er sich ins irische Englisch eingehört hat. Die Bevölkerung ist in erster Linie englischsprachig. Es gibt keine Iren, die nicht fließend Englisch sprechen. Aber noch bis ins 19. Jahrhundert sprach die Mehrheit der Inselbevölkerung Gälisch und viele kein oder nur gebrochenes Englisch. In jenem Jahrhundert ging der Gebrauch der Sprache jedoch rapide zurück und es wurde zu einem der Ziele des irischen Nationalismus, die **Sprache wiederzubeleben.** Der 1921 gegründete irische Staat schrieb sich dieses Ziel in die Verfassung.

Übrigens ist in Irland auf Englisch die Bezeichnung „Gaelic" unüblich, man spricht normalerweise vom Irischen, **„Irish".** Wenn Iren das Wort „Gaelic" benutzen, dann passen sie sich dem Sprachgebrauch vieler Touristen an, um sicherzugehen, dass der Gesprächspartner weiß, wovon man spricht. Bei der Volksabstimmung im Jahr 2011 gaben 41,4 % der Iren an, Gälisch sprechen zu können. Von diesen 1,77 Millionen Personen benutzen nach eigenen Angaben aber nur 1,8 % die Sprache jeden Tag.

Gälisch hat in einigen abgelegenen Regionen bis heute überlebt. Diese nicht zusammenhängenden Gebiete werden kollektiv als **Gaeltacht** bezeichnet. Sie erfahren eine besondere wirtschaftliche Förderung, um die weitere Abwanderung und damit das Aussterben der Sprache dort zu verhindern. In Gaeltacht-Gebieten sind die Hinweis- und Ortsschilder ausschließlich auf Gälisch, weshalb wir im Reisehandbuch die Ortsnamen in den entsprechenden Kapiteln zweisprachig angeben. Zudem befindet

Gälisch – eine keltische Sprache

Die irische Sprache gehört zur Familie der keltischen Sprachen. Sie ist eng mit Schottisch-Gälisch verwandt, was im 5. Jahrhundert von Iren nach Schottland gebracht wurde. Die Nähe beider Sprachen zueinander ist etwa mit Niederländisch und Deutsch vergleichbar. Ebenfalls zur keltischen Sprachfamilie gehören das Walisische in Wales und Bretonisch in der Bretagne. Beide Sprachen sind dem Gälischen grammatikalisch sehr ähnlich, aber Irischsprecher können kein Walisisch oder Bretonisch verstehen. Eine Ähnlichkeit zum Englischen besteht nicht, sieht man einmal von den vielen englischen Wörtern ab, die mittlerweile wegen des langen Kontakts beider Sprachen im Irischen benutzt werden.

sich im Anhang dieses Buches eine Liste wichtiger Ortsnamen in beiden Sprachen.

Der Schulunterricht in den Schulen der Gaeltacht ist irischsprachig. Nichtsdestotrotz konnte der Rückgang auch dort nicht aufgehalten werden: 68,5 % der Bevölkerung der Gaeltacht-Gebiete gaben bei der Volkszählung 2011 an, Gälisch sprechen zu können und 24 % gaben an, es täglich zu sprechen. Allerdings gibt es gewaltige Unterschiede zwischen den Gaeltacht-Gebieten: Seit den 1950er Jahren, als die Grenzen definiert wurden, ist der Gebrauch in einigen Regionen stark zurückgegangen. In manchen Gaeltacht-Gebieten sprechen nur noch wenige ältere Menschen Irisch als Muttersprache, anderswo wachsen aber auch noch die Kinder mit Irisch als erster Sprache auf. Durch wachsende Mobilität und moderne Medien lernen heutzutage jedoch auch sie sehr schnell und ohne viel bewusstes Zutun der Eltern Englisch.

Gälisch ist ein **Pflichtfach** in allen Schulen der Republik und es gibt zudem – auf Elterninitiative – im ganzen Land irischsprachige Schulen, in denen die Kinder zu Beginn intensiv Gälisch lernen, was dort dann auch die Unterrichtssprache ist (siehe „Bildungswesen"). Neben den Muttersprachlern in der Gaeltacht sind Schüler, die Gälisch gelernt und ein hohes Niveau erreicht haben, wichtige **Träger der modernen irischsprachigen Kultur.** Sie gehören ebenso wie Muttersprachler zum Zielpublikum irischsprachiger Literatur und der Radio- und Fernsehsendungen der Sender *Raidió na Gaeltachta* und *TG4* (siehe „Medien"). In vielen Städten gibt es Clubs für Irischsprecher und -schüler. Wer linguistisch interessiert ist und ein bisschen Gälisch lernt (z.B. mit dem im Reise-Know-How Verlag in der Kauderwelsch-Reihe erschienen Sprechführer „Irisch-Gälisch – Wort für Wort") ist dort stets wilkommen. Man sollte sein Bier aber auf Gälisch bestellen und grüßen können.

Mittlerweile hat sich gezeigt, dass das traditionelle Ziel der „Re-Gälisierung" Irlands unrealistisch ist. Das Ziel irischer Sprachpolitik ist es heute, aus Irland ein **zweisprachiges Land** zu machen, in dem eine kleine Minderheit darin unterstützt wird, ihr Leben so weit wie möglich auf Gälisch zu leben, während alle Iren zumindest einfache Sätze in der Sprache verstehen und eine Ahnung haben sollten, wie Wörter ausgesprochen werden.

Baukunst

Vorchristliche Ära

Zu den ältesten Zeugnissen der Grünen Insel zählen die in der Zeit von 7000–2000 v. Chr. aus großen Steinblöcken errichteten **Megalithgräber.** Mehrere aufrecht stehende, tonnenschwere Steine bilden einen kleinen Raum, der von einem schweren, nach hinten sich absenkenden Deckstein überdacht wird. Bei den größeren Kammergräbern führt ein von Steinblöcken gesäumter Gang ins Innere einer Grabkammer; berühmt ist das Grab von Newgrange (vgl. Tour 1).

Aus der Bronzezeit (2000–500 v. Chr.) datieren einige wenige **Steinkreise,** die wohl zu kultischen Zwecken errichtet wurden. Auch die ab und an zu findenden einzeln stehenden Blöcke, die **Menhire** (gäl.: *Gallain),* hatten wohl eine religiöskultische Bedeutung.

Während der Eisenzeit und in der ersten christlichen Epoche (500 v. Chr. bis 400 n. Chr.) entstanden auf der gesamten Insel zum Schutz vor Überfällen die **Steinforts** *(Ring Forts;* gäl.: *Rath);* mehr als 30.000 dieser Anlagen hat man in Irland gezählt. Zu den eindrucksvollsten Befestigungen dieser Art gehört zweifellos das gut restaurierte Grainach an Aileach im Norden Irlands (vgl. Tour 7).

Ebenfalls der Verteidigung dienten sogenannte **Landzungenbefestigungen** *(Promontary Forts;* gäl.: *Dun),* auf einer ins Meer ragenden kleinen Halbinsel oder auf einer Steilklippe (*Promontary* = Vorgebirge) errichtete Schutzanlagen. Im Süden der Dingle-Halbinsel vermittelt das Dunbeg Fort (vgl. Tour 4) eine Vorstellung von dieser Befestigungstechnik, und, spektakulär auf einer Klippe gelegen, beeindruckt das Dun Aenghus auf der Aran-Insel Inishmore den Besucher (vgl. Tour 5). Auch die sogenannten **Crannogs,** auf Pfählen errichtete künstliche Inseln mit einem Palisadenzaun, dienten dem Schutz eines Clans.

Frühchristliche Ära

Aus der frühchristlichen Ära Irlands (400–1170 n. Chr.) ist eine ganze Reihe von Bauten erhalten geblieben, wenngleich die vielen **Bienenkorbhütten** *(Beehive Huts)* der frommen Brüder aus vergänglichem Material errichtet wurden und daher kaum noch erhalten sind. Aus Flechtwerk, Lehm und Holz errichteten die Mönche ihre Klausen, und nur dort, wo diese Materialien nicht zur Verfügung standen, baute man die Bienenkorbhütten (gälisch: *Clochan)* aus Bruchsteinen.

Die **ersten Kirchen,** eher kleine Bethäuser *(Oratory),* erinnern an auf den Kopf gestellte Boote und hatten neben der Eingangstür und einem schmalen Fenster an der Altarseite keinerlei Lichtöffnungen; gut erhalten ist das Gallarus Oratory auf der Dingle-Halbinsel (vgl. Tour 4).

Aus einfachen Standsteinen, in die im oberen Drittel ein Kreuz eingeritzt war, haben sich die berühmten **irischen Hochkreuze** entwickelt, die etwa ab dem 9. Jh. mit reichem Figurenschmuck ausgestattet wurden. Die in rechteckigen Feldern angeordneten Reliefszenen zeigen Begebenheiten aus dem Alten oder Neuen Testament, sehr häufig wundersame Heilungen oder die Errettung aus einer Notsituation. Häufig sieht man *Paulus* und *Antonius,* die frommen Einsiedler, die in der östlichen Wüste Ägyptens ein nur dem Herrn dienendes Leben führten und große Vorbilder der irischen Eremiten waren. Im Mittelpunkt der Darstellungen steht die christliche Erlösungsbotschaft: Auf der Westseite sieht man *Jesus* am Kreuze, auf der Ostseite am Tage des Jüngsten Gerichts.

Die Hochkreuze wurden meist aus Sandstein hergestellt, dort, wo harter Granit genommen werden musste, sind die Figurengruppen weniger detailgetreu ausgearbeitet und haben in Ansätzen fast abstrakt anmutenden Charakter.

Während man Hochkreuze vereinzelt auch in Großbritannien antrifft, ist der **Rundturm** eine originär irische Architekturform. Diese in der Regel inmitten von Klosteranlagen stehenden *Round towers* sind schmale, runde und sich nach oben zum konisch geformten Spitzdach verjüngende, elegante Türme, die bis zu 30 m aufragen. Die Türme entstanden wahrscheinlich nach den ersten Wikingereinfällen, dienten als Ausguck und letzte Zufluchtsstätte. Die Eingangstür lag etwa 3 m über dem Bodenniveau, schmale Leitern führten zu in der Regel fünf Stockwerken. In Friedenszeiten rief man die Mönche mittels einer Glocke im Turm zur heiligen Messe. Nachdem das monastisch geprägte Christentum auf der Grünen Insel von den Prinzipien der

Hochkreuz in Clonmacnoise

084IRL tii

römischen Kirche abgelöst worden war – nicht mehr Äbte standen einer Klostergemeinschaft vor, sondern Bischöfe leiteten die Gläubigen – setzten sich die **Einflüsse der Romanik** langsam durch. Den Iren war dieser Stil jedoch zu monumental, so dass sie ihn abwandelten und einen eigenen, zurückhaltenderen **iro-romanischen Baustil** pflegten. Im 12. Jh. rief der Bischof von Armagh die Zisterzienser ins Land, die mit einer Reihe von Klosterneugründungen wiederum veränderte Bauweisen einführten. Burgundische Architekten gestalteten nach kontinentalen Maßstäben beispielsweise die Abtei Mellifont (vgl. Tour 1), in der sich die europäischen Klosterprinzipien wiederfinden: Neben dem Wohntrakt und der Kirche, die in der Regel als *Cathedral* bezeichnet wird, befinden sich ein Refektorium und ein Kreuzgang.

Normannische Epoche

Nach der Eroberung Irlands durch die Anglo-Normannen entstanden auf der Insel erste Burgbefestigungen. Aus der einfachen **Motte** – ein künstlich aufgeschütteter, ovaler Hügel mit hölzernem Wohnturm und durch Palisaden geschützt –, der Schutzanlage des frühnormannischen Adels, entwickelten sich die gedrungenen, von dicken Steinmauern geschützten **Turmbauten,** die man heute allerorten noch findet.

Die Normannen brachten die **gotischen Einflüsse** ins Land, doch zeigt die irische Gotik im Verhältnis zu den kontinentalen Bauten bescheidene Ausmaße.

Die gewaltsame Unterdrückung der Iren während der folgenden Jahrhunderte ließ keine bedeutende Entwicklung in Architektur und Kunst zu. Erst im **17. Jh.** setzte in Dublin mit der verstärkten Etablierung der Engländer eine **neue Bautätigkeit** ein, in den folgenden zwei Jahrhunderten entstanden prachtvolle Stadtpaläste im georgianischen Stil sowie eine ganze Anzahl öffentlicher Bauten, und Dublin wandelte sich zur zweitgrößten Stadt des britischen Empire.

Epoche des Freiheitskampfes

Mit dem beginnenden Freiheitskampf der Iren gegen die britische Staatsmacht und der damit verbundenen Emanzipation des katholischen Glaubens wurden im 19. Jahrhundert viele neue Kirchen erbaut, in denen vor allem die **Glasmalkunst** dominierte. Architekten verschiedener Nationalitäten arbeiteten in Irland und brachten auch den Jugendstil auf die Grüne Insel.

Gegenwart

In den letzten Jahren machten vor allem die **Kahlschlagsanierer** von sich reden, die beispielsweise aus Dublin eine autogerechte Stadt machen wollten und in ihrem Eifer historisch gewachsene Stadtviertel mit intakten sozialen Beziehungen einfach vernichteten.

Irische Musik

Im kulturellen Bereich ist es zuallererst die irische Musik, die die vielen Besucher der Grünen Insel interessiert – hat doch die *Irish Folk Music* längst ihren Siegeszug auch in Deutschland angetreten. Gleiches gilt für Rock-Musik irischer Provenienz, die regelmäßig an der oberen Spitze der Charts zu finden ist.

Die **klassische irische Musik** ist zum einen eine reine Instrumentalmusik, die als Begleitung für Tänze gespielt wird, zum anderen ein zumeist unbegleiteter Gesang.

Folk Music dagegen umfasst eine ganze Reihe von Musikstücken und Liedern, die aus unterschiedlichen Epochen stammen, unterschiedliche Inhalte transportieren und sowohl in Gälisch als auch in Englisch gesungen werden. Eine klare Abgrenzung zu finden ist schwierig, aber wohl auch nicht nötig.

Viele alte, noch heute gesungene Lieder und Melodien gehen auf die Barden des Mittelalters zurück, die häufig beißende Ironie in ihre Stücke einflochten. Diese vielfach über die Jahrhunderte nur mündlich überlieferten Lieder werden in gälischer Sprache vorgetragen; englische Texte sind erst seit Mitte des 19. Jh. bekannt.

Begleitet wird der Gesang vom Spiel auf den folgenden **traditionellen Musikinstrumenten:** die mehr als 40-saitige Harfe, der mit dem Ellbogen betriebene Dudelsack *(Uillean pipes),* Violine *(Fiddle),* Blechflöte *(Tin whistle)* und die

Abendliche Trad Session im O'Donoghue's Club in Dublin

085IRL tii

Bódhran-Trommel, ein runder, mit Ziegenleder bespannter Holzrahmen; Gitarre, Banjo und Akkordeon vervollständigen ein Ensemble. Auch heute noch werden viele Lieder ohne Musikbegleitung vorgetragen.

Am letzten Augustwochenende eines jeden Jahres findet jeweils in einer anderen Stadt das **All Ireland Fleadh** (sprich: fla), ein großes, drei Tage währendes Folk Festival statt; in den Pubs und auf den Straßen wird getanzt, gesungen und musiziert – nicht nur Profis sind geladen mitzumachen. Jedes Jahr im November findet das **Ennis Trad Festival** in Ennis statt, und im Verlauf eines Sommers bietet Irland seinen Besuchern eine Vielzahl solcher Veranstaltungen in unterschiedlichen Städten und Dörfern.

Das **Nationale Volkstheater** *Siamsa* in Tralee bringt mehrmals wöchentlich während der Saison irische Stücke auf die Bühne. Und ebenfalls während des Sommers finden in 49 Zentren sogenannte **Seisiun-Folkabende** statt.

Ausführliche Informationen zu den Veranstaltungen erhält man beim **Dachverband der irischen Folklore-Vereinigungen:**

- **Comhaltas Ceoltoirí Éireann,**
Culturlann na hÉireann,
32 Belgrave Square, Monkstown, Co. Dublin,
Tel. (01) 2800295, Fax 2803759,
www.comhaltas.com.

Bei dem reichen Musikangebot in den vielen **Singing Pubs** ist es verwunderlich zu hören, dass vor rund 60 Jahren die irische Musikszene in einem desolaten Zustand war. Ausgerechnet die irische Regierung war für diese Situation verantwortlich. Im Zuge der Unabhängigkeit bemühte man sich auf allen Ebenen, die kulturellen Wurzeln zu finden und neu zu beleben. Eine regierungsamtliche Kommission legte fest, welche Tänze, Lieder und Melodien als „irisch" und welche als „unirisch" zu bezeichnen wären. Genauso erging es verschiedenen Instrumenten – Schlagzeug, Banjo und Klavier fanden nicht das Wohlwollen der offiziellen Musikexperten. Solche Maßnahmen waren natürlich nicht geeignet, eine Musiktradition neu und innovativ aufleben zu lassen.

1951 gründete eine Anzahl von Künstlern den **Verband der irischen Musiker** und machte sich daran, ein erstes Festival zu organisieren. Der Erfolg dieses *Fleadh Cheoil* (Musikfest) verblüffte die Initiatoren genauso wie die Zuhörer, und in einer freieren Atmosphäre entwickelten junge wie alte Musiker neue Stile und Arrangements. Hinzu kam nun der **Einfluss irischstämmiger Amerikaner,** die, von den Songs eines *Woody Guthrie* und des jungen *Bob Dylan* inspiriert, dazu übergingen, amerikanische Musikelemente mit den alten heimatlichen Balladen zu verknüpfen. Großen Erfolg damit hatten die *Clancy Brothers,* und auch in Irland machte ihre Musik Furore.

Auf der Grünen Insel begann der leider früh verstorbene Komponist *Sean O'Riada* (1931–1971) mit ausgesuchten traditionellen Musikern, **neue Stilelemente** zu entwickeln; aus dieser Vereinigung von Musikern ging die spätere, sehr erfolgreiche Gruppe *The Chieftains* hervor. Unermüdlich begannen nun Künstler wie *Davy Spillane, Christy Moore* und Gruppen wie *Planxty* und die in Deutschland sehr bekannten *Dubliners,* weitere Elemente – teilweise aus

Irische Schriftsteller von Weltruhm

James Joyce

Als einer der ganz großen irischen Literaten gilt *James Joyce*, dessen Monumentalwerk „Ulysses" eine literarische Revolution hervorrief.

Geboren am 2. Februar 1882, kam der Knabe bald in die Zucht eines Jesuitenkollegs, weigerte sich jedoch nach Abschluss seiner Schulausbildung, dem Orden beizutreten und studierte statt dessen Literatur und Sprachen in Dublin. Nachdem er seinen Magisterabschluss gemacht hatte, begann er 1902 ein Medizinstudium, das er jedoch nicht beendete. 1904 verließ er mit seiner Lebensgefährtin *Nora Barnacle* (die er erst 1931 heiratete) Irland und schlug sich in Triest, Rom, Paris und Zürich als Sprachlehrer und Schriftsteller durchs Leben. 1907 erschien der Gedichtband „Kammermusik".

Um 1913 wurde *Ezra Pound* auf *Joyce* aufmerksam, förderte intensiv das literarische Genie und sorgte für die Publikation der Werke. Ein Jahr später erschienen die „Dubliner Geschichten". Zwischen 1914 und 1922 schrieb *Joyce* sein Meisterwerk „Ulysses" nieder. Nicht so sehr der Romaninhalt – die Wünsche, Vorstellungen und Sorgen von drei Personen im Ablauf eines einzigen Tages –, sondern die schriftstellerische Montagetechnik aus Vor- und Rückblenden sowie ständig wechselnden Erzählweisen fasziniert den Leser. Aufgrund der rückhaltlosen Offenheit des Dichters stand das Werk zeitweise auf dem Index. 1939 erschien „Finnegans Wake" („Finnegans Erwachen"), *Joyce'* Alterswerk.

Schwere Depressionen und ein fast lebenslanger exzessiver Alkoholkonsum ruinierten die körperliche und seelische Verfassung des großen irischen Schriftstellers, der am 13. Januar 1941 in Zürich starb.

Werke in deutscher Übersetzung

- **Gesammelte Werke.** Frankfurter Ausgabe, Redaktion K. Reichert, 1969.
- **Dubliner Geschichten.** Übersetzt von *D. E. Zimmer,* 1969.
- **Briefe.** Hg. von *R. Ellmann,* übersetzt von *K. H. Hansen,* 3 Bd., 1969–1974.
- **Stephen der Held.** Ein Porträt des Künstlers als junger Mann. Übersetzt von *K. Reichert,* 1971.
- **Kleine Schriften.** Übersetzt von *K. Marschall,* 2 Bd., 1974–1981.
- **Ulysses.** Übersetzt von *Hans Wollschläger,* 2 Bd., 1975.

George Bernard Shaw

Nicht minder berühmt ist der Satiriker *George Bernard Shaw,* der am 26. Juli 1856 als protestantischer Ire in Dublin das Licht der Welt erblickte. In seinen „16 selbstbiographischen Skizzen" gab er die folgende Betrachtung seiner Herkunft: „Herabkömmling; Landedelleute verarmt; Vater mittellos und erfolglos; pensionierter Beamter, der Getreidehändler wird, ohne kaufmännische Kenntnisse. Außerdem Trinker." Folgerichtig mied *Shaw* den Alkohol und lebte abstinent. (Dies war den Textern einer deutschen Werbeagentur offensichtlich unbekannt, als sie Ende 1990 in einem großen deutschen Wochenmagazin eine ganzseitige Anzeige für irischen Whiskey schalteten; darauf sah man *Shaw,* wie er sich gedankenversunken über den weißen Bart strich, und in der Werbebotschaft – ein Zitat andeutend – hieß es: „Whiskey ist flüssiger Sonnenschein!" Woher mag er das wohl gewusst haben?)

Erzogen in einer Proletarierschule, flüchtete er 1876 vor einer Kontorlehre und arbeitete als

Journalist in London, ein „Pfuscherberuf", wie er einmal feststellte. *Shaw* war Mitbegründer der Fabian Society, die einen gemäßigten Sozialismus propagierte.

1889 wurde er als Kritiker entdeckt und begann mit seiner literarischen Arbeit. Mittels Ironie und Satire entlarvte er die Moral der Gesellschaft und forderte einen vom *Common Sense* geprägten Menschen. 1925 ehrte man ihn für sein Werk mit dem Nobelpreis für Literatur.

Shaw starb am 2. November 1950 in Ayot St. Lawrence, Hertfordshire.

Werke in deutscher Übersetzung

- Bisher nur einzelne Dramen übersetzt von *Annemarie* und *Heinrich Böll, M. Walser, H. G. Michelsen.*

William Butler Yeats

Am 13. Juni 1865 wurde in Sandymount bei Dublin *William Butler Yeats* geboren. Aufgewachsen unter der Obhut der Großeltern in der rauhen Landschaft Nordwest-Irlands und inmitten von Bauern und kleinen Grundbesitzern lebend, blieb er sein Leben lang dem irischen Volksglauben verbunden.

1902 erschien sein Drama „Cathleen ni Houlihan", in dem die Schutzgöttin Irlands für die Befreiung des Landes kämpft; der Einakter hatte Einfluss auf die Gründung des irischen Nationaltheaters (Abbey Theatre) in Dublin (vgl. Kap. Dublin), das *Yeats* bis zu seinem Tod leitete. 1923 bekam der Dichter den Nobelpreis. Am 28. Januar 1939 starb er in einem kleinen Dorf bei Nizza.

Werke in deutscher Übersetzung

- **Gesammelte Werke.** Hg. von W. Vordtriede, 1970.

Samuel Beckett

Samuel Beckett, einer der Hauptvertreter des absurden Theaters, wurde am 13. April 1906 in Dublin geboren und wuchs in einem bürgerlich-protestantischen Elternhaus auf. 1923 begann er am Trinity College mit dem Studium der Romanistik, 1928 siedelte er nach Paris über und arbeitete als Englischlehrer an der Ecole Normale Supérieure. Dort lernte er *James Joyce* kennen, der ihn zum Schreiben ermutigte; es entstanden erste Gedichte und Kurzgeschichten sowie zwei Essays über *Joyce* und *Marcel Proust.* Nach einem Aufenthalt in Deutschland ließ er sich 1937 endgültig in Paris nieder, lebte dort am Rande des Existenzminimums unter schweren Depressionen und Alkoholexzessen, bis er die Pianistin *Suzanne Dechevaux-Dumesnil* kennen lernte.

1940 trat er der Résistance bei, musste sich aber alsbald auf der Flucht vor der Gestapo nach Südfrankreich zurückziehen. In Roussillon begann er mit der Arbeit an seinem Roman „Watt", den er 1946 in Paris abschloss. Ende der 40er Jahre entstanden seine Hauptwerke: die Romantrilogie „Molloy" sowie die Theaterstücke „Warten auf Godot" und „Endspiel".

Mit „Warten auf Godot" ist der Dramatiker weltberühmt geworden und hat dem absurden Theater zum Durchbruch verholfen.

1969 erhielt der große irische Dramatiker den Nobelpreis „für eine Dichtung, die in neuen Formen des Romans und des Dramas aus der Verlassenheit des modernen Menschen ihre künstlerische Überhöhung erreicht". *Beckett* nahm an der Verleihung jedoch nicht teil und verschenkte das Preisgeld. Er starb am 22. Dezember 1989 in Paris.

Werke in deutscher Übersetzung

- **Gesammelte Werke.** Hg. von *E. Tophoven* und *K. Birkenbauer,* 1976.

Jonathan Swift

Als Kinderbuchautor heutzutage missverstanden wird *Jonathan Swift,* am 30. November 1667 ebenfalls in Dublin geboren. Seine Mutter, eine fast mittellose Witwe, konnte den Sohn nur unter großen finanziellen Belastungen auf die Universität schicken, wo *J. Swift* Theologie studierte. Dort wurde ihm nur per Gnadenakt das Baccalaureat zuerkannt – der streitbare und eigensinnige Student hatte sich geweigert, scholastische Logik zu büffeln, die er für Unsinn hielt.

Zehn Jahre arbeitete *Swift* als Sekretär für den englischen Politiker Sir *William Temple,* kehrte nach Irland zurück und übernahm eine Stelle als Vikar von Laracor. Hier publizierte er seine ersten satirischen Schriften, in denen er aktuelle Konflikte und ihre Akteure ironisch attackierte.

Ab 1710 lehnte er sich politisch an die englischen Torys an und leitete die Zeitung „The Examiner". Drei Jahre später erhielt er das Amt des Dekans der St.-Patrick-Kathedrale in Dublin. Ab 1724 setzte er seine spitze Feder für das unterdrückte Irland ein und wurde deshalb vom irischen Volk hoch geachtet.

1726 erschien der vierte Teil von „Gullivers Reisen". Als Reisebericht verschlüsselt und im Stil kindlicher Naivität geschrieben, geißelt *Swift* die Niederträchtigkeit der Menschen. Alle vier Bände, die zwischen 1721 und 1726 publiziert wurden, erschienen zunächst anonym, da der Autor Repressalien befürchtete. Später überarbeiteten verschiedene Verlagslektoren den „Gulliver" und stellten die rein abenteuerliche Seite in den Vordergrund, das anklagende Werk avancierte zur beliebten Jugendlektüre. Swift starb am 19.10.1745 in Dublin.

Werke in deutscher Übersetzung

- **Ausgewählte Werke.** Übersetzt von *G. Graustein* und *O. Wilck,* hg. von *A. Schlösser, 3* Bd., 1982.
- **Gullivers Reisen.** Übersetzt von *H. J. Real* und *H. J. Vienken,* 1987.

Sean O'Casey

Von allen irischen Autoren hat wohl *Sean O'Casey* (eigentlich *John Casey*) das stärkste politische Engagement an den Tag gelegt.

O'Casey wurde 1880 als Kind protestantischer Eltern in Dublin geboren. Der Vater starb früh, und die Mutter hielt die Familie wirtschaftlich in einigermaßen geordneten Bahnen. Nach nur drei Jahren Schulbesuch verdiente *Sean* sein Geld als Hilfsarbeiter und bildete sich anhand der Bibel, *Shakespeares* Werken und Publikationen, unter anderen, von *Darwin* und *Shaw* autodidaktisch weiter.

Im Jahre 1903 schloss er sich der Gälischen Liga an, die jedoch aufgrund ihrer bürgerlichen Einstellung nicht zu seiner politischen Heimat werden konnte. 1913 unterstützte *O'Casey* den Streik der irischen Transportgewerkschaft und avancierte zum ersten Sekretär der *Irish Citizen Army.* Am Osteraufstand von 1916 beteiligte er sich nicht, da er ine internationale, vom Proletariat getragene Lösung anstrebte. Baldschloss er sich der Sozialistischen Partei Irlands an.

1918 publizierte er die satirischen Lieder „Songs of the Wren", Erfolg hatte er 1923 mit dem Theaterstück „The Shadow of the Gunman". Die Stücke „Juno and the Paycock" und „The Plough and the Stars" brachten internationalen Ruhm.

Beim letztgenannten Stück kam es zu einem Theaterskandal, und *O'Casey* ging nach Großbritannien ins Exil. In England entstanden weitere agitatorische Stücke. *O'Casey* starb 1964 im Alter von 84 Jahren.

Werke in deutscher Übersetzung

- **Autobiographie.** 6 Bd., übersetzt von *W. Beyer* und *G. Goyert,* 1965–1969.
- **Purpurstaub.** Übersetzt von *H. Bauerl* und *G. Simmgen,* 1971.
- **Dubliner Trilogie. Der Schatten eines Rebellen. Juno und der Pfau. Der Pflug und die Sterne.** Übersetzt von *W. Canaris,* 1972.

der Rockmusik – in ihre Arrangements einfließen zu lassen. Die Musiker entdeckten das Schlagzeug, ließen ihre Klänge über Verstärker laufen und entnahmen aus dem Jazz das Saxophon.

Ab den 1980er Jahren dann beeinflusste eine sehr erfolgreiche originär **irische Rockmusik** die kontinentale Musikszene: Gruppen und Interpreten wie *Van Morrison, Rory Gallagher,* die *Boomtown Rats,* die *Cranberries* und vor allem *U2* sowie die Sängerin *Sinead O'Connor* eroberten die Plattengeschäfte.

Bildende Künste

Hervorragende künstlerische Leistungen erbrachten die keltischen Mönche bei der Gestaltung der heiligen Schriften. Ein Meisterwerk der **irischen Buchkunst** stellt das *Book of Kells* dar, in dessen Illustration erstmalig im Abendland die Muttergottes mit dem Christuskind abgebildet wurde. Mehrere Schreiber haben wahrscheinlich zwischen 790 und 820 im Columban-Kloster auf der schottischen Insel Iona mit der Arbeit an diesem Band begonnen und sind dann vor den räuberischen Wikingern nach Kells in Irland geflohen. Bei den Darstellungen befreiten sich die frommen Künstler weitgehend von einer realistischen Darstellungsweise und gaben ihren Glaubensvorstellungen freien Ausdruck.

Ansonsten haben die bildenden Künste in Irland noch eine **recht junge Tradition** und gehen auf die Zeit von 1850 bis in die Tage des ersten Weltkriegs zurück. Damals verließen viele irische Maler und Bildhauer die Grüne Insel und ließen sich vor allem in Frankreich und Belgien nieder, um dort in einer losen Gruppe Studien zu betreiben und eigene Stile zu entwickeln.

Unter der Bezeichnung **The Irish Impressionists** sind diese Künstler heute bekannt; dazu gehören u.a. *Roderic O'Connor* (1863–1940), *John Lavery* (1856–1941), *Walter Osborne* (1859–1903), *Mainie Jellet* (1896–1943) und *Evie Hone* (1894–1955). Trotz ihrer Arbeiten gelangte die kontinental-europäische, speziell die französisch beeinflusste Malerei nur langsam nach Irland.

Heutzutage lassen sich die irischen Künstler sowohl von einem starken Geschichtsbewusstsein als auch von einem tiefen Gegenwartsverständnis leiten. Die Anfang der 1990er Jahre stattgefundene Ausstellung **Irish Art of the Eighties** machte deutlich, wie die zeitgenössischen Meister irische Probleme der achtziger Jahre in ihren Arbeiten thematisierten. Zu den bedeutenden zeitgenössischen Künstlern zählen u.a. *Patrick Hall* (1935), *Michael Cullen* (1946), *Patrick Graham* (1943), *Brian Bourke* (1936), *Ann Madden* (1932) und *Brian Maguire* (1951).

Daten zur Geschichte

Vorchristliche Zeit (7000 v. Chr.–um 400 n. Chr.)

um 7000–6500 v. Chr.

Die ersten Siedler erreichen die Insel – vermutlich aus Schottland kommend.

Erste Siedlungen entstehen im Nordosten des Landes, von dort dringen die Einwohner langsam ins Inselinnere vor. Jagd und Fischfang bilden die Lebensgrundlagen.

um 4500 v. Chr.

Landwirtschaft ergänzt die Nahrungsgrundlage der Bewohner der Insel. Die Töpferei entsteht. Hügelgräber wie **Newgrange** geben einen Einblick in die Religiosität jener Zeit.

um 1200–700 v. Chr.

Das Gälische setzt sich in Irland durch und verdrängt die bisherige(n) Sprache(n). Irland wird, anders als ein Großteil der britischen Nachbarinsel zwischen 43 und 410 n. Chr., nie Teil des Römischen Reichs. Dennoch geht die Kultur Roms nicht spurlos an Irland vorbei, wovon die Funde römischer Münzen und Artefakte an der Ostküste zeugen. Das gälische Schreibsystem *Ogham*, das zu jener Zeit entsteht, ist vermutlich vom lateinischen Alphabet inspiriert.

Frühchristliche Zeit (um 400–1170)

5. Jh.

Das **Christentum** setzt sich in Irland durch. Der Missionar *Patricius* aus dem römischen Britannien schildert in zwei auf Latein verfassten Briefen, wie er erst von irischen Piraten entführt wird und später aus der Sklaverei dort entkommt. Zurück in Britannien, hat er die Vision, nach Irland zurückkehren zu müssen, um den rechten Glauben auf die Insel zu bringen. Er wird später zum Schutzheiligen der Insel, dem **heiligen Patrick.**

5.–9. Jh.

Klöster entstehen und entwickeln sich zu den kulturellen und Machtzentren der Insel. Die Mönche produzieren zahlreiche Schriften, erst auf Latein, bald aber auch auf Gälisch. Anderswo ist es noch undenkbar, in der Volkssprache (etwa Deutsch oder Englisch) zu schreiben. Irische Mönche ziehen als Missionare nach Großbritannien und auf den europäischen Koninent und verbreiten das Christentum.

ab 800

Irische Klöster entlang der Küste werden wiederholt von **Wikingern** aus Skandinavien überfallen und geplündert.

um 850

Wikinger lassen sich in Irland nieder und gründen Siedlungen, z.B. **Dublin.** Aus diesen Siedlungen entstehen die ersten Städte der Insel.

1014

In der **Schlacht von Clontarf** (bei Dublin) siegen die Iren unter ihrem Hochkönig *Brian Boru* über ein Wikinger-Heer. *Brian Boru* kommt bei den Kämpfen ums Leben. Die Vorherrschaft der Wikinger in Irland ist gebrochen.

1152

In der **Synode von Kells/Mellifont** kommt es zu einer Neuorganisation der irischen Kirche; Bistümer werden gegründet.

Normannische Epoche (1169–1534)

Die Normannen, die 1066 mit *Wilhelm dem Eroberer (William the Conqueror)* die Macht in England übernommen haben, setzen von Wales nach Irland über und erbeuten weite Landstriche.

1169

Mit dem Ziel, seine Vorherrschaft zu sichern, ruft der König der irischen Provinz Leinster, *Diarmait Mac Murchada*, den normannischen König Englands, *Heinrich II.*, um Hilfe an. Der ist zwar nicht interessiert, erlaubt dem irischen Adligen aber, unter seinen normannischen Gefolgsleuten um Unterstützung zu werben. *Richard Fitz Gilbert de Clare*, auch als **Strongbow** bekannt, willigt ein. Die Gegenleistung: die Hand von *Diarmaits* Tochter und die Thronfolge in Leinster. *Strongbow* erobert Leinster und wird nach *Diarmaits* Tod König von Leinster.

1171

Heinrich II. befürchtet das Entstehen eines konkurrierenden normannischen Königreichs auf der Nachbarinsel und landet dort mit einer Armee. Er wird von *Strongbow* und vielen irischen Königen als Herrscher anerkannt und beginnt damit den Anspruch der englischen Krone auf Irland.

1210

Heinrichs Sohn *Johann Ohneland (John Lackland)*, Bruder von *Richard Löwenherz*, besucht Irland, um den **anglo-normannischen Einfluss** weiter zu stärken. Während der folgenden 50 Jahre fallen mehr als zwei Drittel des Landes unter die Herrschaft des anglo-normannischen Adels, in den restlichen Teilen der Insel regieren die irischen Adligen. Jedoch werden die neuen Herren rasch assimiliert, und während der zweiten Hälfte des 13. Jh. verlieren sie an Einfluss.

1261

In der **Schlacht von Calann** (bei Kenmare) setzen die Iren Zeichen für einen Widerstand gegen die Normannen. Diese werden darüber hinaus noch durch eine Pestepidemie geschwächt.

1366

Mit den **Statuten von Kilkenny** versucht die englische Krone die Gälisierung der anglo-normannischen Oberschicht zu stoppen; u.a. werden den Adligen der Gebrauch der gälischen Sprache sowie Ehen mit Irischstämmigen verboten. Diese Maßnahme kann aber die allmähliche Gälisierung der Anglo-Normannen in Irland nicht stoppen.

15. Jh.

Der Einfluss der englischen Krone nimmt ab und die anglo-normannischen Adligen sprechen eher Gälisch als Französisch oder Englisch. Sie sind kulturell kaum noch vom irisch-gälischen Adel zu unterscheiden.

Das Wiedererstarken der englischen Herrschaft (1534–1848)

1534

Heinrich VIII. (1509–1547) von England spaltet die englische Kirche von der katholischen. Um zu verhindern, dass der Papst und das katholische Europa Irland als Machtbasis gegen ihn nutzen, ist er bestrebt, seine Kontrolle über Irland zu stärken.

1541

Heinrich nimmt den Titel **„König von Irland"** an. Bis dahin trugen englische Könige den Titel „Lord of Ireland".

1558–1607

Unter Heinrichs Tochter *Elisabeth I.* werden die Iren weiterhin religiös und politisch unterdrückt. Irlands Norden (die Provinz Ulster) widersetzt sich erfolgreich für einige Zeit. Ein **Aufstand der Adligen von Ulster** wird 1603 vom neuen König *Jakob I.* (der gleichzeitig *Jakob VI.* von Schottland ist, englisch: *James*) niedergeschlagen. 1607 fliehen diese Adligen heimlich ins Exil.

1609

In dem als *Plantation* bezeichneten **Besiedlungsprogramm** werden Protestanten aus England und vor allem Schottland in Nordirland angesiedelt, um so den Einfluss der englischen Krone dort zu stärken. Dies ist die Wurzel des noch im 21. Jahrhundert schwelenden Nordirlandkonfliktes.

1649

England wird Republik und der englische Lord Protector, **Oliver Cromwell,** schlägt den seit 1641 gärenden Aufstand der irischen Katholiken brutal und grausam nieder. Sie hatten sich bei ihrem Aufstand auch erklärt, für den englischen König *Karl I. (Charles I.)* und gegen das englische Parlament zu kämpfen.

1690

Schlacht am Fluss Boyne, in der sich zwei Konkurrenten um den englischen Thron gegenüberstehen; der Katholik *Jakob II.* (englisch: *James II.*) wird von den katholischen Iren gegen den Protestanten *Wilhelm von Oranien* unterstützt, der die siegreichen Truppen befehligt.

1691

Englische Strafgesetze *(Penal laws)* schließen irische Katholiken vom Recht auf Landbesitz aus; englische und schottische Protestanten übernehmen weite Teile der Insel und reißen die politische Macht an sich *(Protestant ascendancy).* Viele Iren verzweifeln und wandern aus; für die in der Heimat Verbliebenen übernimmt die katholische Kirche die Führung. **Verschärfte Handelsgesetze** (Ausfuhrverbot für Wollwaren) machen aus Irland das größte Armenhaus Europas.

1782–1800

Großbritannien erkennt ein irisches Parlament mit mehr Selbstständigkeit an; allerdings sitzen nur Protestanten in dieser Versammlung, die von *Henry Grattan* geführt wird; **die protestantische Freiwilligenbewegung** *(Volunteers' movement)* kann schließlich doch handelspolitische und verfassungsrechtliche Verbesserungen für das irische Volk erreichen.

1798

Unter dem Einfluss der Französischen Revolution verlangen die „Vereinigten Iren" *(United Irishmen)* unter Führung von **Theobald Wolfe Tone** die Einführung der Republik in Irland. *Tone* wird von den Engländern verhaftet, verübt Selbstmord und geht als Märtyrer in die irische Geschichte ein.

1801

Der **Act of Union** tritt in Kraft. Das irische Parlament wurde im Vorjahr aufgelöst und Irland hat nun 100 Abgeordnete im Londoner Parlament zu Westminster. Die Insel ist seitdem rechtlich kein eigenständiges Königreich mehr, sondern Teil des Vereinigten Königreichs von Großbritannien und Irland.

1823

Daniel O'Connell gründet die *Catholic Association* und schafft damit eine Massenbewegung; bei den *Monster Meetings* demonstrieren bis zu 250.000 Menschen für die rechtliche Gleichstellung von Katholiken.

Die Kartoffel und die Große Hungersnot

Als sicher gilt, dass im Jahre 1577 dem englischen Freibeuter *Sir Francis Drake* in Peru die ersten Kartoffeln angeboten wurden. Elf Jahre später, 1588, spülten die Wellen aus einigen Wracks der geschlagenen Spanischen Armada **die ersten Knollenfrüchte** an die Küste Westirlands, und bereits um 1625 war die Kartoffel das Hauptnahrungsmittel auf der Grünen Insel. Die nahrhafte Knolle aus dem südamerikanischen Hochland entpuppte sich als ideale Feldfrucht für die Iren. Da die Böden fast auf der gesamten Insel äußerst schlecht waren, die Engländer die Bevölkerung zudem in die unfruchtbarsten Gebiete abgedrängt hatten, konnte nur mit dieser genügsamen Knolle eine Nahrungsmittelsteigerung vorgenommen werden.

Die Kartoffel, *Solanum tuberosum,* wuchs ursprünglich in hohen Bergregionen, war an karge Böden, lange Nächte mit niedrigen Temperaturen und an trockene Zeiten gewöhnt. Auch im feuchten und kalten Irland mit seinen relativ langen Tagen und den armen Böden fand die Knolle ideale Wachstumsbedingungen.

Hinzu kam, dass man für den **Kartoffelanbau** keinerlei Werkzeuge benötigte, denn notfalls reichten zum Ernten die eigenen Hände aus, die Feldfrucht musste nicht, wie beispielsweise das Getreide, gedroschen werden, ein Torffeuer und ein Wassertopf waren alles, um direkt eine nahrhafte Mahlzeit auf den Tisch zu bringen.

Schnell hatten die Iren auch die effektivste und zeitsparendste Art herausgefunden, wie man die Knolle pflanzt: In einem **Hügelbeet** nämlich, das auf jedem beliebigen Boden anlegbar ist. Das Gelände muss nicht flach und eben sein, auch Steine stören nicht, und da sich das Beet selbst entwässert, ist ein Berghang ebenso geeignet wie eine sumpfige Region. Auf einen Streifen Land legt man irgendeinen Dünger, Seetang oder Torf, verteilt darauf die Knollen und gräbt rechts und links einen Graben, dessen Erde man über die Kartoffeln häuft – fertig ist das Hügelbeet.

Schon die **Erträge** eines halben Morgens reichten aus, eine Familie über das Jahr zu bringen, vorausgesetzt, dass zusätzlich Milch, ab und an Fleisch oder Fisch, Speck und Käse zur Verfügung standen. Des weiteren war solch ein Hügelbeet gegen Frost immun, und wenn keine Lagermöglichkeiten vorhanden waren, diente es auch noch als Miete für die ausgewachsenen Knollen, die täglich nach Bedarf herausgeholt wurden und in den Kochtopf wanderten.

Da die Iren ihre Felder also nicht beackerten, sondern die ausgegrabene Grasnarbe einfach umgekehrt auf die Knollen und den Dünger häuften, nannten die Engländer diese Beetanlage *Lazy Bed* und drückten damit ihre Verachtung gegenüber den „faulen" Inselbewohnern aus. Die arroganten Briten wussten natürlich nicht, dass im peruanischen Hochland diese Hügelbeettechnik bereits vor Jahrhunderten entwickelt worden war und als besonders ideal für die Zucht von Kartoffeln galt.

Mit dem neuen Nahrungsmittel begann eine **Bevölkerungsexplosion,** die in Europa ihresgleichen suchte. 1660, rund 35 Jahre nach Einführung der Kartoffel, lebten 500.000 Iren auf der Grünen Insel, 28 Jahre später hatte sich die Bevölkerung auf 1,25 Mio. mehr als verdoppelt. Von 1760 dann bis zum Jahre 1840 wuchs die Bevölkerung von 1,5 Mio. auf 9 Mio. an – eine Steigerung von 600 % in nur 80 Jahren. (Eine schier unglaubliche Zahl, wenn man sich vor Augen hält, dass Irland heutzutage gerade einmal 3,5 Mio. Einwohner zählt.)

Ohne die Kartoffel hätte das Land maximal 5 Mio. Iren mit Nahrung versorgen können, das jedoch auch nur, wenn es einen organisierten Getreidehandel gegeben hätte, den man in jenen Tagen auf der Grünen Insel jedoch nicht kannte. Zudem waren in diesen Jahren die Preise für Weizen und Roggen sehr hoch, die armen Iren hätten die hohen Forderungen gar nicht bezahlen können.

Da nun also ein ganzes Volk von einer einzigen Feldfrucht abhängig war, brachte eine Missernte die Bevölkerung in eine **lebensbedrohliche Situation,** und die irischen Chroniken berichten von schlimmen Zeiten: Zwischen 1724 und 1749 kam es fünfmal zu einem Ernteausfall, die Jahre zwischen 1750 und 1774 waren ebenfalls von fünf Missernten betroffen, in zwei Jahren war es gar so schlecht, dass man von einer Hungersnot sprach; Hilfsmaßnahmen wurden unternommen, und die wenigen Getreideexporte stellte man ein.

Zwischen 1775 und 1799 kam es wiederum in fünf Jahren zu Missernten und zwischen 1800 und 1824 forderten neun Hungerjahre ihren Tribut. Allein 1821 starben 250.000 Menschen aufgrund fehlender Nahrungsmittel sowie durch **Cholera** und **Typhus.** Zwischen 1829 und 1845, dem Jahr, in dem die Große Hungersnot begann, hatte es in einem Zeitraum von 17 Jahren nur fünf normale Ernten gegeben. Die irische Bevölkerung stand permanent am Rande des Hungertodes.

Wie kam es zu solcherart verheerenden Ernteausfällen? Wie jede andere Feldfrucht, so konnte auch die Kartoffel von Schädlingen befallen werden. Um das Jahr 1750 tauchte zum erstenmal die **Trockenfäule** auf. Die eingelagerten, scheinbar gesunden Knollen wurden von einem Pilz, dem *Fusarium caeruleum,* befallen; die Kartoffeln trockneten aus, schrumpften zusammen und waren schließlich nur noch eine ungenießbare holzähnliche Masse. Man stelle sich das Entsetzen der Bauern vor, die im Juli/August zufrieden ihre scheinbar gesunde Ernte einlagerten und dann um Weihnachten feststellten, dass sie bis zum nächsten Herbst nichts mehr zu essen hatten.

1770 kam zu diesem Pilzbefall die **Kräuselkrankheit** hinzu, die sich die folgenden 40 Jahre epidemisch ausbreitete. Hierbei handelte es sich um eine Virusinfektion, die von Blattläusen übertragen wurde. Der Virus verhinderte das Wachstum der Pflanzen, und ohne dass es erkennbar gewesen wäre, konnten bis zu 70 % eines Feldes infiziert sein. Auch hier muss das Entsetzen der Bauern groß gewesen sein, wenn sie auf scheinbar gesunden Acker ernten wollten.

1795 machte der **Schimmelpilz** *Botrytis cinerea* die Hoffnungen der Farmer zunichte; der Pilz schlug sich auf den Pflanzen nieder und entzog ihnen die Feuchtigkeit, so dass sie austrockneten und schrumpften.

Es sollte jedoch noch schlimmer kommen. 1833 trat die **Schwarzfäule** auf, deren Erreger erst die Blätter befiehl und dann die Knolle vernichtete; wenn kranke und gesunde Kartoffeln gemeinsam gelagert wurden, so steckten die infizierten Knollen auch die noch nicht befallenen Früchte an.

Die wahre Katastrophe aber, **die Große Hungersnot der Jahre 1845–1851,** verursachte die

Braunfäule oder auch der sogenannte **Brand,** ausgelöst durch den Pilz *Phrytophthora infestans.* Im Juni 1845 sichtete man diesen Kartoffelkiller erstmals auf der Isle of Wight, am 1. August waren bereits alle europäischen Länder betroffen, Irland selbstverständlich auch.

Wie bei den anderen Kartoffelkrankheiten auch, deutete bei der Braunfäule im Juni, Juli und August des Jahres 1845 nichts auf einen möglichen Ernteausfall hin. Die Bauern hatten hinzugelernt, inspizierten regelmäßig ihre Pflanzen und sahen einem guten Ertrag entgegen. Keine der gefürchteten Krankheiten war bisher aufgetreten, und die Iren schauten voller Optimismus in die Zukunft. Da jedoch wurden die Felder innerhalb weniger Tage plötzlich braun, dann schwarz und stanken entsetzlich, die gesamte Ernte war auf einen Schlag vernichtet. In den folgenden sechs Jahren starben über eine Million Menschen an Hunger, eine weitere Million wanderte aus und schiffte sich auf den überfüllten „Kartoffelsärgen" nach Amerika ein.

Im schlimmsten Jahr der großen Hungersnot kam auch noch die **Cholera** hinzu, 36.000 Menschen starben an der Seuche. „Die Sterbenden trugen die Toten", so heißt es in einem Bericht. Dem Ausmaß der Katastrophe konnte sich auch der britische Premier *Rohert Peel* nicht verschließen, und er erklärte öffentlich: „Wieviel Diarrhö, blutigen Ausfluss, Dysenterie muss ein Volk ertragen, bis man beschließt, ihm mit Nahrung zu helfen?" Diese Worte kosteten ihn sein Amt, Ende des Jahres 1845 musste er, gezwungen vom Parlament, seinen Hut nehmen. Der Schatzmeister seiner Majestät, *Charles Trevelyan,* blieb auf seinem Posten; er hatte die Hungersnot als eine Strafe Gottes für ein rebellisches und undankbares Land bezeichnet und die Hilfsgelder so weit wie möglich heruntergedrückt.

Der Schock der Hungersnot war so groß, dass die **Massenauswanderung** über viele Jahrzehnte weiter anhielt und die Bevölkerungszahlen dramatisch nach unten gingen.

Friedrich Engels, der im Jahre 1856 eine Reise durch Irland unternahm, zeigte sich von den **Auswirkungen der Hungersnot** mehr als betroffen. In einem Brief an *Marx* schrieb er: „Eigentümlich sind in dem Land die Ruinen. Im ganzen Westen, besonders aber in der Gegend von Galway, ist das Land mit solchen verfallenen Bauernhäusern bedeckt, die meist erst seit 1846 verlassen sind. Ich habe nie geglaubt, dass eine Hungersnot eine so handgreifliche Realität haben könne. Ganze Dörfer sind verödet, und dazwischen dann die prächtigen Parks der kleinen Landlords, fast die Einzigen, die dort noch wohnen. Hungersnot, Auswanderung und *Clearances* zusammen haben das fertiggebracht. Dabei nicht einmal Vieh auf den Feldern; das Land ist eine komplette Wüste, die niemand haben will."

1829

O'Connell, mittlerweile Parlamentsabgeordneter, erreicht die **Aufhebung der anti-katholischen Gesetze;** auch Katholiken können nun ins britische Parlament einziehen.

1845–1851

The Great Famine, **die Große Hungersnot,** fordert eine Million Opfer, eine weitere Million Menschen wandert aus. Insgesamt verringert sich die Bevölkerung Irlands von anfangs 8,6 Mio. auf nur noch 6 Mio. Einwohner.

Kampf um nationale Unabhängigkeit

1848

Der **Aufstand des Young Ireland Movement,** dessen protestantische Mitglieder einen Staat mit religiöser Toleranz fordern, scheitert.

1858

Irische Einwanderer gründen in den USA den Geheimbund der **Irish Republican Brotherhood** um Irlands Unabhängigkeit zu erreichen.

1870

Isaac Butt gründet die **Home-Rule-Bewegung,** die eine irische Selbstverwaltung fordert.

1879

Michael Davitt gründet die **Land League,** die „Land-Liga", um irische Bauern vor Wucherzinsen zu schützen.

1885

Charles Stewart Parnell, seit 1875 Abgeordneter im britischen Unterhaus, avanciert zum Führer der irischen Nationalisten. Seine Forderung nach einem eigenen Parlament wird – obwohl bereits vom britischen Unterhaus abgesegnet – vom Oberhaus torpediert. Viele Protestanten in den nördlichen Grafschaften der Insel haben Angst davor, von Katholiken regiert zu werden, dementsprechend sind sie gegen die Ziele der *Home-Rule-Bewegung.*

1893

Gründung der Gaelic League (Gälische Liga), die sich um die gälische Sprache und die gälische Literatur bemüht.

1905

Gründung der Gruppe Sinn Féin (dt.: Wir selbst), die eine politische und ökonomische Selbstverantwortung fordert und den passiven Widerstand gegen die Briten organisiert.

1913

In Dublin konstituieren sich die **Irish Volunteers** („Irischen Freiwilligen") mit der Forderung nach *Home Rule.*

1916

Am 24. April rufen die „Irischen Freiwilligen" in Dublin die Republik aus; die Briten schlagen diesen als **„Osteraufstand"** bekannten Unabhängigkeitsversuch brutal nieder und exekutieren die Führer des Freiheitskampfes.

1919

Die irischen Unterhausabgeordneten gründen in Dublin ein eigenes Parlament *(Dáil Éireann),* rufen die **Unabhängigkeit der Insel** aus und etablieren eine Regierung unter *Éamon de Valera.*

1919–1921

Unabhängigkeitskrieg gegen die Briten, getragen von der *Irish Republican Army (IRA).*

1920

Das britische Parlament schafft eine Gesetzesvorlage, die zwei unterschiedliche **Home-Rule-Systeme** vorsieht, eins für die sechs nördlichen Grafschaften (das heutige Nordirland) und eins für den restlichen Teil der Insel.

1921

Am 6. Dezember unterzeichnen die Führer der Unabhängigkeitsbewegung einen Vertrag, wonach Irland ein **„Dominion“** mit dem gleichen Status wie Kanada wird. In erster Linie bedeutet dies, dass der britische Monarch auch den Titel „König von Irland“ trägt und irische Abgeordnete einen symbolischen Treueeid auf ihn leisten müssen. Nach der Teilung der Insel in den irischen Freistaat und den bei Großbritannien verbleibenden Teil im Norden nimmt am 22. Juni das nordirische Parlament in Belfast seine Arbeit auf. Die Protestanten beherrschen das öffentliche Leben in Verwaltung und Wirtschaft, die katholisch-irische Bevölkerung ist von ökonomischen und administrativen Aktivitäten ausgeschlossen.

Das unabhängige Irland

1922

Arthur Griffith (1871–1922) wird **erster Ministerpräsident;** nach seinem Tod im gleichen Jahr übt *William Thomas Cosgrave* (1880–1965) das Amt bis zum Jahre 1932 aus.

1921–1923

Bewaffneter Kampf der Freistaatgegner um *Éamon de Valera* gegen die Regierung *Cosgrave;* über 4000 Menschen kommen ums Leben; die Regierung überlebt die Rebellion politisch, lässt jedoch mehr politische Gegner hinrichten als die Briten während des Unabhängigkeitskrieges; ein breiter Riss zieht sich nun durch die irische Gesellschaft.

1926

Gründung der Fianna-Fáil-Partei („Soldaten Irlands“ oder „Soldaten des Schicksals“) unter Führung von *Éamon de Valera.*

1932

Wahlsieg der *Fianna Fáil,* **Éamon de Valera** hat das Amt des Ministerpräsidenten bis 1948 inne.

1937

Irland gibt sich eine neue Verfassung und erklärt sich zu einem souveränen, unabhängigen und demokratischen Staat mit der Bezeichnung **Eire** (Gälisch: Irland) dem ab nun ein Staatspräsident vorsteht.

1939–1945

Im Zweiten Weltkrieg bleibt Irland neutral. Weder will man Großbritannien offen unterstützen noch das Deutsche Reich verärgern. Hinter den Kulissen kooperiert Irland aber mit seinem mächtigen Nachbarn und gibt geheimdienstliche Informationen weiter. Deutsche Piloten, die in Irland oder in irischen Gewässern abstürzen, werden – anders als britische – interniert.

1949

Mit *Fianna Fáil* in der Opposition, veranlasst eine **große Koalition** mehrerer Parteien den Austritt Irlands aus dem Commenwealth und die Umbenennung in Republik Irland. In erster Linie dient dieser Schritt der Regierungskoalition dazu, den eigenen Patriotismus unter Beweis zu stellen.

1955

Irland wird **Mitglied bei den Vereinten Nationen** *(UNO).*

1967

Nach dem Vorbild der amerikanischen Bürgerrechtsbewegung formiert sich auch in Nordirland ein **Civil Rights Movement,** das von der herrschenden Minderheit massiv bekämpft wird. Bei Protestaktionen schützt die *RUC,* die

Royal Ulster Constabulary, die Katholiken kaum gegen die Übergriffe von militanten Protestanten.

1969

Bei einem provozierenden Marsch der protestantischen *Apprentice Boys* durch die katholischen Stadtviertel von Derry brechen **Aufstände** aus. Die katholischen Quartiere werden im wahrsten Sinne des Wortes belagert; die irische Republik schickt Armee-Einheiten an die Grenze zu Nordirland und lässt Feldlazarette errichten, um den Verwundeten medizinische Hilfe zu leisten. Am 14. August schickt die Londoner Regierung Soldaten nach Nordirland.

1972

Bei dem berüchtigten **Blutsonntag** *(Bloody Sunday)* von Derry erschießen britische Truppen am 31. Januar 13 friedliche und unbewaffnete Katholiken, der Bürgerkrieg in Nordirland bricht aus.

1973

Über 80 % der Iren sind für einen **Beitritt zur Europäischen Wirtschaftsgemeinschaft** *(EWG),* der am 1. Januar auch erfolgt.

1978

Der **Europäische Gerichtshof** spricht die Regierung von Großbritannien schuldig, gegen die Menschrechte zu verstoßen, und prangert die inhumane Behandlung von IRA-Häftlingen in den Gefängnissen an.

1979

Weithin grassierende Arbeitslosigkeit, 10 % aller Iren sind ohne Beschäftigung.

1985

Mit knapper Mehrheit entscheiden sich im Parlament die Abgeordneten für die **Einführung empfängnisverhütender Mittel** und widersetzen sich damit dem Einfluss der katholischen Kirche.

1986

Die Einführung und Legalisierung der **Ehescheidung** wird in einem Referendum mit großer Mehrheit abgelehnt.

1987

Die Arbeitslosigkeit steigt weiter unaufhaltsam, und eine weitere **Auswanderungswelle** – die größte seit Jahrzehnten – rollt an.

1990

Mary Robinson wird gegen den Einfluss der Kirche zur ersten irischen Präsidentin gewählt. Die Arbeitslosigkeit erreicht die 20 %-Marke.

1994

Im Herbst 1994 erklärt *Gery Adams,* der Vorsitzende der *Sinn-Féin-Partei* und damit der politische Kopf der *IRA,* einseitig einen **Waffenstillstand.**

1995/96

Das **Verbot der Ehescheidung** wird in der Republik aufgehoben.

Die *IRA* kündigt wegen der halbherzigen Haltung der britischen Regierung in den Friedensgesprächen den Waffenstillstand auf und legt mit einer gigantischen **Bombe** das Stadtzentrum von Manchester in Schutt und Asche.

1997

Die bei den Iren sehr beliebte linksliberale Präsidentin *Mary Robinson* wechselt als Hochkommissarin für Menschenrechte zu den Vereinten Nationen. Ihre Nachfolgerin wird die konservative Nordirin **Mary MacAleese.** Nach dem Wahlsieg der *Labour Party* in Großbritannien werden Allparteiengespräche über Nordirland aufgenommen. Zum ersten Mal sitzen Vertreter der Protestanten und Katholiken an einem Tisch. Trotz dieser Verhandlungen kommt es zu Mordanschlägen der beiden verfeindeten Gruppen.

1998

Zu Ostern gelingt endlich ein Durchbruch bei den nordirischen Friedensverhandlungen.

1999

Um **das nordirische Friedensabkommen** umzusetzen, muss die Republik Irland ihren Anspruch auf das Territorium Nordirlands in ihrer Verfassung aufgeben. 94 % der irischen Wähler stimmen dieser Verfassungsänderung zu.

2002

Der **Euro** wird offizielles Zahlungsmittel und ersetzt das Irische Pfund.

2004

Seit dem 1. Januar 2004 besteht in Irland ein **Rauchverbot** an sämtlichen Arbeitsplätzen. Damit darf auch nicht mehr in Pubs und Restaurants geraucht werden.

2005

Im Juli erklärt die **IRA,** dass sie alle bewaffneten Aktivitäten aufgibt, ihre Waffen zerstört und nur noch auf politischem Gebiet Einfluss nehmen will.

2007

Seit fast einem Jahrzehnt boomt die irische Wirtschaft. Das Wirtschaftswachstum liegt bei 7 % pro Jahr, weshalb die Republik Irland in Anlehnung an die schnell wachsenden ostasiatischen Volkswirtschaften als **„Celtic Tiger“** bezeichnet wird. Die Grüne Insel hat zum ersten Mal wieder über 4 Millionen Einwohner, was daran liegt, dass die Emigration zum Erliegen gekommen ist und viele Auswanderer zurück in die Heimat kommen – zusammen mit vielen Arbeitsimmigranten aus aller Welt, vor allem aber aus Polen.

2008

Die **weltweite Wirtschaftskrise** führt zu einem abrupten Ende des irischen Wirtschaftswunders. Das Bruttosozialprodukt fällt um gewaltige 17 %. Die Staatsausgaben sind nicht mehr finanzierbar und die EU drängt der Republik Irland einen harten Sparkurs auf, der zu Unmut und Protesten in der Bevölkerung führt.

2009

Im Juni demonstrieren Tausende von Iren, die während ihrer Kinder- und Jugendzeit in den 1950er und -60er Jahren in **katholischen Heimen** untergebracht waren und nun Entschädigung für damals erlittene Vergewaltigungen und Quälereien fordern. Der Untersuchungsbericht der Regierung ist im Internet unter www.childabusecommission.ie einzusehen.

Februar 2011

Fianna Fáil, die stärkste politische Partei für fast ein Jahrhundert, die selten weniger als 40 % der Stimmen erlangte, wird bei der Parlamentswahl 2011 von nur noch 17 % der Iren gewählt. Die Koalition von *Fianna Fáil,* der *Green Party* und den *Progressive Democrats* wird durch eine Koalition von *Fine Gael* und *Labour* abgelöst. **Enda Kenny** von *Fine Gael* wird zum neuen *Taoiseach* (Premierminister).

Mai 2011

Königin Elizabeth II. besucht als erste britische Monarchin das unabhängige Irland. Ihr Besuch erweist sich als voller Erfolg: Bei einem Staatsempfang bei der Präsidentin *Mary McAleese* beginnt die ganz in der irischen Nationalfarbe Grün gekleidete Königin ihre Rede auf Gälisch und die Fernsehkameras zeigen, wie die Präsidentin mehrmals deutlich das Wort „wow“ artikuliert. Die Ansprache, in der *Elizabeth II.* ihr Bedauern über „Dinge, von denen wir wünschten, dass wir sie anders oder gar nicht getan hätten“ ausdrückt, wird von allen Seiten des politischen Spektrums positiv aufgenommen.

Mai 2011

Der Besuch des amerikanischen Präsidenten **Barack Obama** eine Woche nach dem Staatsbesuch der Königin bietet mehr Abwechslung vom Alltag in der Wirtschaftskrise. Obama besucht auch den kleinen Ort Moneygall an der Hauptstraße von Dublin nach Limerick, von wo sein irischer Vorfahre *Joseph Kearney* 1849 nach Ohio auswanderte. Obamas irische Wurzeln sind in Irland schon seit 2008 durch das Lied „There's No One As Irish As Barack O'Bama“ von *Hardy Drew and the Nancy Boys* bekannt.

November 2011

Der linke Politiker **Michael D. Higgins** *(Labour)* wird vom Volk in das repräsentative Amt des Staatspräsidenten gewählt.

Juni 2012

Königin Elizabeth II. trifft im Jahr ihres Thronjubiläums bei einer Wohltätigkeitsveranstaltung in Belfast den Sinn-Féin-Politiker *Martin McGuinness.* Es kommt zu einem **historischen Handschlag.** Die Königin verlor 1979 ihren Cousin zweiten Grades, *Lord Louis Mountbatten,* durch einen Anschlag der *IRA*. Diesen Anschlag soll *McGuinness* als IRA-Kommandant geleitet haben.

GARDA
GARDA
www.garda.ie
GARDA

Anhang

Polizei heißt in Irland „GARDA"

152IRL hg

Literaturtipps

Hinweise auf Werke berühmter irischer Autoren finden sich im Exkurs „Irische Schriftsteller von Weltruhm". Zur Einstimmung auf den Irland-Besuch seien die folgenden Bücher empfohlen:

Über das Land

- **Irland – ein Reise-Lesebuch,** *Volker Bartsch,* Hamburg. (Bilder und Texte stimmen auf den Besuch der Grünen Insel ein.)
- **Irisches Tagebuch,** *Heinrich Böll,* München. („Es gibt dieses Irland: Wer aber hinfährt und es nicht findet, hat keine Ersatzansprüche an den Autor", so schreibt *Heinrich Böll* in den ersten Zeilen.)
- **Wanderungen in Irland,** *Henry V. Morton.* (Kurz nach Gründung des Freistaates bereiste der englische Schriftsteller *Henry V. Morton* als einer der ersten Touristen das unabhängige Irland.)
- **Mein irisches Tagebuch,** *Ralph Giordano,* Köln.
- **The Brendan Voyage,** *Tim Severin,* Verlag Gill & Macmillan. (*Tim Severin* berichtet über seine Fahrt mit einem lederbespannten Boot über den Nordatlantik von Irland nach Neufundland.)
- **KulturSchock Irland, Nordirland,** *Astrid Fieß, Lars Kabel,* Reise Know-How Verlag, Bielefeld. Mit Irland verbinden viele Menschen Klischees: die grüne Insel, das Land der Kelten, Kampf zwischen Protestanten und Katholiken, Step Dance, Auswanderung usw. Dieses Buch geht den Klischees ohne Romantisierung auf den Grund und deckt die Wurzeln der heutigen irischen Gesellschaft auf.
- **CityTrip Dublin,** *Hans-Günter Semsek, Astrid Fieß, Lars Kabel,* Reise Know-How Verlag, Bielefeld. Irlands Hauptstadt hat sich zu einer der lebendigsten Städte Europas entwickelt. Dieser kompakte Dublin-Reiseführer führt zu sämtlichen Sehenswürdigkeiten in Dublin und lohnenden Ausflugszielen in der Umgebung.

Geschichte

- **Geschichte Irlands,** *James C. Becket,* Stuttgart. (Ein Abriss der irischen Geschichte.)
- **Granuaile – The Life and Times of Grace O'Malley,** *Anne Chambers,* Dublin. (Über Leben und Zeit der Piratin *Grace O'Malley.*)
- **Geschichte Irlands,** *Jürgen Elvert,* München. (Eine interessant geschriebene Darstellung der irischen Geschichte.)

Märchen und Sagen

- **Irischer Zaubergarten,** *Frederik Hetmann,* München. (Märchen, Sagen und Geschichten von der Grünen Insel.)
- **Keltische Sagen aus Irland,** *Martin Löpelmann,* München.

Sprache

- **Irisch-Gälisch – Wort für Wort** und **Irish Slang – echt irisches Englisch,** Kauderwelsch Bände 90 und 191, Reise Know-How Verlag, Bielefeld. Zum Band „Irisch-Gälisch" ist beim Verlag sowohl ein **AusspracheTrainer** erhältlich, der die wichtigsten Sätze und Redewendungen auf Audio-CD hörbar macht, als auch ein **Kauderwelsch digital.** Hier sind Buch und Tonmaterial auf einer CD-ROM für den heimischen PC kombiniert.

Zeitschriften, Landkarten

- **Irland Journal,** erscheint viermal im Jahr; zu beziehen über: *Verlag Irland Journal,* Dorfstraße 7, 47447 Moers, Tel. 02841 31863.
- **Irland (1:350.000),** diese Landkarte erscheint in der Landkartenserie world mapping project™ bei Reise Know-How. Kennzeichnend ist die hochwertige, klare und moderne kartografische Darstellung.

Ortsverzeichnis Englisch – Gälisch

Ardara	Ard an Rátha
Athlone	Baile Átha Luain
Bantry	Beanntraí
Blarney	An Bhlarna
Cahersiveen	Cathair Saidhbhín
Carrick-on-Suir	Carraig na Siúire
Clifden	An Clochán
Cork	Corcaigh
Dingle	An Daingean
Donegal	Dún na nGall
Drogheda	Droichead Átha
Dublin	Baile Átha Cliath
Ennis	Inis
Galway	Gaillimh
Glenbeigh	Gleann Beithe
Glengarriff	An Gleann Garbh
Glenties	Na Gleannta
Kells	Ceanannas
Kenmare	Neidín
Kilkee	Cill Chaoi
Kilkenny	Cill Chainnigh
Killarney	Cill Airne
Killorglin	Cill Orglan
Killybegs	Na Cealla Beaga
Kinsale	Cionn tSáile
Letterkenny	Leitir Ceanainn
Limerick	Luimneach
Lisdoonvarna	Lios Dúin Bhearna
Listowel	Lios Tuathail
New Ross	Ros Mhic Thriúin
Oughterard	Uachtar Ard
Rosslare	Ros Láir
Roundstone	Cloch na Rón
Schull	An Scoil
Skerries	Na Sceirí
Skibbereen	An Sciobairín
Sligo	Sligeach
Spiddal	An Spidéal
Tralee	Trá Lí
Tramore	Trá Mhór
Waterford	Port Láirge
Wexford	Loch Garman

Ortsverzeichnis Gälisch – Englisch

An Scoil	Schull
Ard an Rátha	Ardara
Baile Átha Cliath	Dublin
Baile Átha Luain	Athlone
Beanntraí	Bantry
An Bhlarna	Blarney
Carraig na Siúire	Carrick-on-Suir
Cathair Saidhbhín	Caherciveen
Na Cealla Beaga	Killybegs
Ceanannas	Kells
Cill Airne	Killarney
Cill Chainnigh	Kilkenny
Cill Chaoi	Kilkee
Cill Orglan	Killorglin
Cionn tSáile	Kinsale
An Clochán	Clifden
Cloch na Rón	Roundstone
Corcaigh	Cork
An Daingean	Dingle
Droichead Átha	Drogheda
Dún na nGall	Donegal
Gaillimh	Galway
Gleann Beithe	Glenbeigh
An Gleann Garbh	Glengarriff
Na Gleannta	Glenties
Inis	Ennis
Leitir Ceanainn	Letterkenny
Lios Dúin Bhearna	Lisdoonvarna
Lios Tuathail	Listowel
Loch Garman	Wexford
Luimneach	Limerick
Neidín	Kenmare
Port Láirge	Waterford
Ros Mhic Thriúin	New Ross
Ros Láir	Rosslare
Na Sceirí	Skerries
An Sciobairín	Skibbereen
Sligeach	Sligo
An Spidéal	Spiddal
Trá Lí	Tralee
Trá Mhór	Tramore
Uachtar Ard	Oughterard

HILFE!

Dieser Reiseführer ist gespickt mit unzähligen Adressen, Preisen, Tipps und Infos. Nur vor Ort kann überprüft werden, was noch stimmt, was sich verändert hat, ob Preise gestiegen oder gefallen sind, ob ein Hotel, ein Restaurant immer noch empfehlenswert ist oder nicht mehr, ob ein Ziel noch oder jetzt erreichbar ist, ob es eine lohnende Alternative gibt usw.

Unsere Autoren sind zwar stetig unterwegs und versuchen, alle zwei Jahre eine komplette Aktualisierung zu erstellen, aber auf die Mithilfe von Reisenden können sie nicht verzichten.

Darum: Schreiben Sie uns, was sich geändert hat, was besser sein könnte, was gestrichen bzw. ergänzt werden soll. Nur so bleibt dieses Buch immer aktuell und zuverlässig. Wenn sich die Infos direkt auf das Buch beziehen, würde die Seitenangabe uns die Arbeit sehr erleichtern. Gut verwertbare Informationen belohnt der Verlag mit einem Sprechführer Ihrer Wahl aus der über 220 Bände umfassenden Reihe „Kauderwelsch". Bitte schreiben Sie an:

Reise Know-How Verlag | Peter Rump GmbH
Postfach 140666 | D-33626 Bielefeld | oder per E-Mail an: info@reise-know-how.de

Danke!

THE TEMPLE BAR
WM. FLANNERY
LIVE MUSIC DAILY
Kauderwelsch
Irisch-Gälisch
Wort für Wort
Liam De Paor
REISE KNOW-HOW
Kauderwelsch
Irish Slang
Irish Slang
echt irisches Englisch

Register

E

F

G

T

U

V

W

Y, Z

Der Autor

Hans-Günter Semsek studierte Soziologie und Philosophie, einige Zeit auch in London. Danach arbeitete er mehrere Jahre als wissenschaftlicher Angestellter an der Universität Bielefeld, war lange Zeit Lektor in einem Verlag und war anschließend als freier Journalist und Autor tätig.

1967 kam er zum erstenmal nach London und besuchte in den folgenden Jahren alle Regionen der Britischen Insel. Nach vielen Reisen in außereuropäische Länder wandte er sich in der letzten Zeit wieder stärker England, Wales und Schottland zu.

Der Autor hat Zeitschriftenartikel, Bücher und Radiobeiträge über Ägypten, London, Irland, Schottland und England publiziert, darunter die Reiseführer „England – der Süden", „England – Norden und Mitte", „Cornwall" und „London" sowie „CityTrip London" und „CityTrip Dublin", die ebenfalls bei Reise Know-How erschienen sind.

Im Jahr 2011 ist Hans-Günter Semsek verstorben.

Redakteure dieser Auflage

Die Redakteure dieser Auflage, **Astrid Fieß** und **Lars Kabel,** studierten neben Anglistik (A.F.) und Europäischer Ethnologie (L.K.) auch Deutsche Sprachwissenschaft und Keltologie (die Philologie des Gälischen, Walisischen und Bretonischen) an der Universität Freiburg. Keltologie studierten sie außerdem an irischen Universitäten. Sie lebten und arbeiteten lange Zeit in Irland und wohnen inzwischen in Birmingham, Großbritannien, wo sie als Lehrer für Fremdsprachen im Sekundarschulbereich arbeiten. Beide Autoren haben mehrere Aufsätze zu irischen Themen veröffentlicht. Im Reise Know-How Verlag erschien von *Lars Kabel* der Sprechführer „Irisch-Gälisch – Wort für Wort" und von beiden Autoren gemeinsam „KulturSchock Irland/Nordirland".

Fotografen des Tourism Ireland Imagery (tii)

Jaap van den Beukel, Norbert Eisele-Hein, Chris Hill, Jonathan Hession, Eoghan Kavanagh, Roger Kinkead, Holger Leue, Nutan, Alan O'Connor. Wir danken für die freundliche Abdruckgenehmigung.

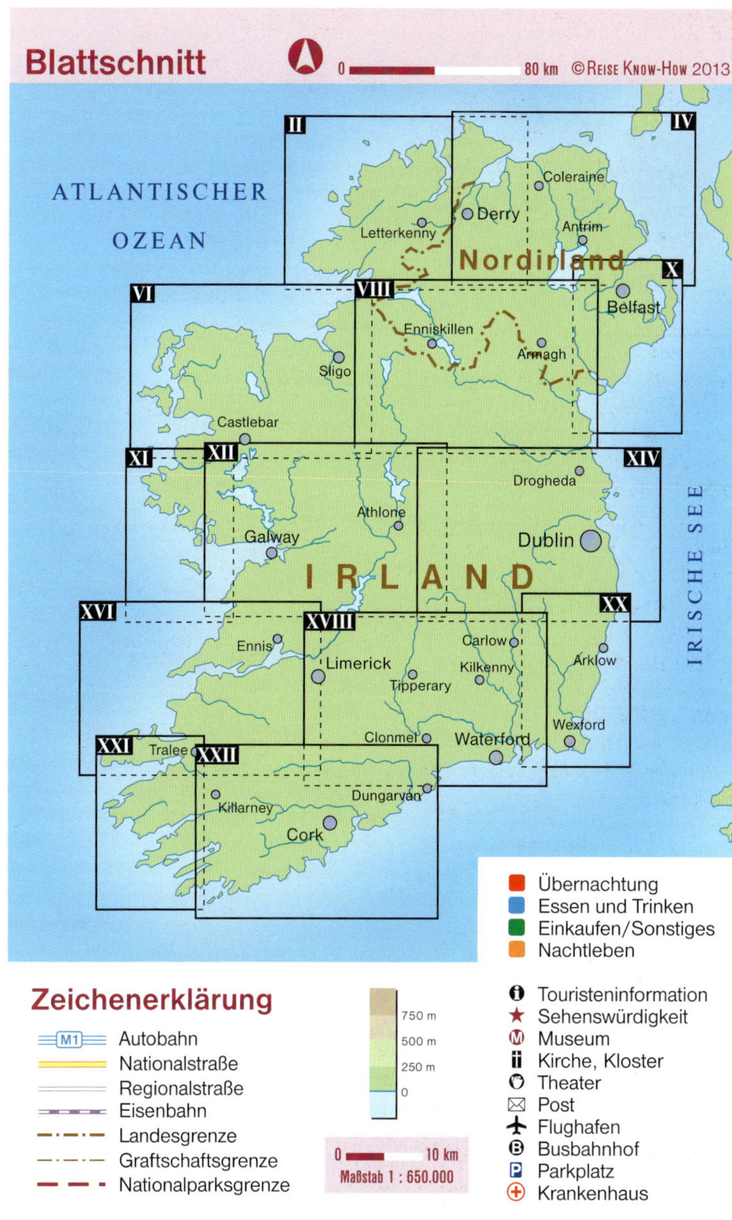
Blattschnitt
0 80 km
©Reise Know-How 2013
ATLANTISCHER
OZEAN
IRISCHE SEE
II
IV
VI
VIII
X
XI
XII
XIV
XVI
XVIII
XX
XXI
XXII
Nordirland
IRLAND
Coleraine
Derry
Letterkenny
Antrim
Belfast
Enniskillen
Armagh
Sligo
Castlebar
Drogheda
Athlone
Galway
Dublin
Ennis
Carlow
Arklow
Limerick
Kilkenny
Tipperary
Wexford
Clonmel
Waterford
Tralee
Dungarvan
Killarney
Cork
Übernachtung
Essen und Trinken
Einkaufen/Sonstiges
Nachtleben
Zeichenerklärung
M1
Autobahn
Nationalstraße
Regionalstraße
Eisenbahn
Landesgrenze
Graftschaftsgrenze
Nationalparksgrenze
750 m
500 m
250 m
0
0 10 km
Maßstab 1 : 650.000
Touristeninformation
Sehenswürdigkeit
Museum
Kirche, Kloster
Theater
Post
Flughafen
Busbahnhof
Parkplatz
Krankenhaus

II
A
B
ATLANTIK
Derry
Nord-irland
Belfast
Sligo
Dublin
Galway
IRLAND
IRISCHE SEE
Limerick
Waterford
Cork
ATLANTISCHER OZEAN
Tory Island
Tory Sound
Horn Head
Rinnafaghla Head
Inishbeg
Inishdooey
Dunfanaghy
Downings
Inishbofin
Bloody Forehead
Ballymore
Falcarragh
Creeslough
Meenaclady
Inishsirrer
Muckish Mtn 670
Gortahork
Gola Island
The Stag Rocks
Derrybeg
Owey Island
Bunbeg
Gweedore
Errigal Mtn 752
Kincaslough
Annagary
Crolly
Dunlewy
Derry Veagh Mountains
Glenveagh-Nationalpark
Church Hill
Leabgarrow
Burtonport
Arranmore Island
683 Slieve Snaght Mountain
Dunglow
Glendowan
Maghery
Doocharry
Kingarrow
DONEGA
Gweebarra Bay
Lake Finn
Fintown
Cloghan
Aghla Mtn.
Dawros Head
Portnoo
Maas
568
Altnapaste
Laughros More Bay
Glenties
Ardara
Blue Stuck Mountains
547
Rossan Point
Glencolumbkille
Lake Eske
Rathlin O´Birne Island
Malin Beg
601 Slieve League
Carrick
Kilkar
Largy
Killybegs
Milltown
Frosses
Donegal
Mountcharles
Laghy
Lough Derg
Carrigan Head
Muckros Head
Drumanoo Head
Dunkineely
Donegal Bay
Ballintra
St. John's Point
Ballure
2
3
VIII

10 km
©Reise Know-How 2013
Malin Head
Carrickaveol
Glengad Head
Malin
Dunmore Head
Fanad Head
Dunaff Head
Ballyliffin
Rinmore Point
Clonmany
Carndonagh
Balbane Head
Inishowen Head
Gleneely
Slieve Snaght 615
Greencastle
Tawny
Portsalon
Drumfree
Glentother
Mulligan Point
Carrickart
Fanad-Peninsula
Laugh Swilly
Mauville
Cranford
Carrowkeel
Laugh Foyle
Articlave
Buncrana
Carrowkeel
Glebe
Millford
Rathmullan
Bolea
Ray
Inch Island
Burnfoot
Limavady
Kilmacrenan
Rathmelton
Londonderry (Derry)
Eglinton
Bridge End
Drumsurn
Ellistrin
Newtown Cunningham
Baranailt
Letterkenny
Manor-cunningham
New Buildings
The Cross
Scriggan
Saint Johnstown
Bready
LONDONDERRY (DERRY)
Carn
Drumoghill
Claudy
Feeny
Newmills
Raphoe
Ballymagorry
Park
Dunnamanagh
Artigarvan
Ballynamallaght
Sawel Mtn 678
Moneyneany
Stranorlar
Lifford
Strabane
Sperrin Mountains
Castlefinn
Ballyboffey
Clady
Cranagh
Sperrin
Draperstown
Plumbridge
Barnes Gap 442
420
NORDIRLAND
Ardstraw
Castlederg
Newtonstewart
Gortin
Killen
Mullaghcarn 752
Greencastle
Dunnamore
Killeter
Mountjoy
Mountfield
Creggan
Cookstown
TYRONE
Drumquin
Omagh
The Rock
Carrickmore
Pomeroy
Sixmilecross
Cappagh
Carland
Clonelly
Ederney
Lack
Beragh
Donaghmore

IV
A
B
Mullin Head
White Strand Bay
Carrickaveol
Glengad Head
Malin
Dunmore Head
Ballyliffin
Clonmany
Carndonagh
Gleneely
Balbane Head
Inishowen Head
Greencastle
Mulligan Point
Slieve Snaght 615
Glentother
Mauville
Port-stewart
Portrush
Ramore Head
Benbane Head
White Park Bay
Bushmills
Revallagh
The Dark Arch
Derrykeighan
Articlave
Coleraine
Ballybogy
Laugh Foyle
Buncrana
Carrowkeel
Glebe
Bolea
Ballymoney
Burnfoot
Londonderry (Derry)
Limavady
Bridge End
Eglinton
Baranailt
Drumsurn
New Buildings
The Cross
Scriggan
LONDONDERRY (DERRY)
Bready
Claudy
Feeny
Carn
Swatragh
Ballymagorry
Dunnamanagh
Park
Artigarvan
Ballynamallaght
Sawel Mtn 678
Maghera
Strabane
Sperrin Mountains
Moneyneany
Tobermore
Bellaghy
Sperrin
Drapers-town
Plumbridge
Cranagh
Toome
TYRONE
Slieve Gallion 678
Magherafelt
Staffordstown
Newtonstewart
Gortin
Moneymore
Ballyronan
Greencastle
Dunnamore
Coagh
Mountjoy
Mountfield
Lough Neagh
Creggan
Cookstown
Ardboe
Omagh
The Rock
Carrickmore
Pomeroy
Stewartstown
Sixmilecross
Beragh
Cappagh
Carland
IX
1
2
3

0 10 km
©Reise Know-How 2013
SCHOTTLAND
North Channel
Rudha's Mharaichie
Carskiey
Macharioch
Brunerican Bay
Core Point
Sanda Island
Mull of Kintyre
Rathlin Island
Bull Pt
Church Bay
Sound
Rue Pt
Ballintoy
Benmore Head
Ballycastle Bay
Murlough Bay
Ballycastle
Ballyvoy
Torr Head
Knocklaid 514
Runabay Head
Cushendun
Armoy
Cushendall
Orra Head 508
Red Bay
Trostan 551
Loughguile
Carron Point
Corkey
ANTRIM
Hunters Point
Carnlough
Straidkilly Point
Clogh
Newtown-Crommelin
Glenarm
Drumnagreagh Port
The Hullin Rocks
Glarryford
The Sheddings
Ballygalley
Broughshane
Coastguard Station
Ballymen
Agnews Hill
Larne
Island Magee
Moorfields
Kilwaughter
Glynn
Larne L.
Kells
Whitesides Corner
Glenoe
Black Head
Ballynure
Randalstown
Ballyclare
Carrickfergus
Whitehead
Antrim
Newtonabbey
Belfast Lough
Grey Pt
Helen's Bay
Groomsport
Light House/Mew/ Portland Island
Foreland Point
Holywood
Donaghadee
Loanends
Bungor
Crumlin
Belfast
Newtownards
Glenavy
Dundonald
Ballyferis Point
Dunmurry
Long Rock
Greyabbey
ATLANTK
Derry
Nordirland
Sligo
Belfast
Dublin
Galway
IRLAND
Limerick
Waterford
Cork
IRISCHE SEE
C
D
1
2
3
X

VI
A
B
ATLANTISCHER OZEAN
ATLANTK
Derry
Nordirland
Belfast
Sligo
Dublin
Galway
IRLAND
IRISCHE SEE
Limerick
Waterford
Cork
Benwee Head
Doovinalla
Kid Island
Portacloy
Illanmaster
Belderg Harbour
Minnaun
Bunatrahir Bay
Downpatrick Head
Erris Head
Broad Haven
Belderg
Gortmore
Sruwaddacon Bay
Maumakeogh 377
Rathlackan
Doonamo Pt
Corclogh
Knocknalina
Glenamoy
Carrowmore
Annagh Head
Belmullet
Knocknalower
R314
R313
Kilcon
Slieve Fyagh 330
Trawmore Bay
Carrowmore Lake
Bunnahowen
Mullet-
Elly Bay
Doolough Point
Furnought 150
R315
Inishkea
Bangor
2
Aghleam
Kanfinalta
Gweesalia
N59
Bellacorrick
Maumy Kelly 365
Crossmolina
Blacksod Point
Slieve Alp 328
719
Peninsula
Blacksod Bay
Lough
Ridge Pt
Nephin Beg 627
R312
Saddle Head
Slievemore 671
Ballycroy
Bullaunmore 386
Lahardaun
Nephin 806
Croaghaun 665
Achill
Glennamong 627
R316
Dooagh
Keel
Birreencorragh 697
Achill Head
R319
Pontoon
Keem Strand
Island
711
Buckoogh 587
Lough Feeagh
Beltra
R317
Dooega
Sraheens
Dooega Head
Furnace Lough
MAYO
Corraun Hill 540
Beltra L.
Portnahally Bay
Newport
Castlebar
Achillbeg Island
Gubbaun Pt
Newport Bay
Gubacarrigan
R311
3
Clare Island
Clew Bay
Westport Bay
Westport Quay
Westport
N5
Belcarra
Old Head
Ballyhean
Roonagh Quay
Croagh Patrick 762
Murrisk
R330
Killavally
Louisburgh
Aghagower
N84
Inishturk
Roonah
Liscarney
Killadoon
XI
Srah
Partry

0
10 km
©Reise Know-How 2013
C
D
Donegal Bay
Belleek
Bundoran
Mullaghmore
Roskeeragh Pt
Inishmurray
Balloor
L. Melvin
Kinlaugh
R281
Cliffony
Streedagh Pt
Grange
R280
Cullumore
N15
Cloghboley
Carney
Drumcliff
LEITRIM
Sligo Bay
Rosses Point
N16
Lurganboy
Gurteen
R291
Benwee Head
Lenadoon Point
Easky
Carrownabinna Pt
Strandhill
Sligo
Fivemileburne
R286
Killala Bay
Rathlee
Dromore West
R292
R286
Gortgarrigan
R297
Kilglass
Skreen
L. Gill
Dromahair
R280
Bartragh Island
Templeboy
N59
Ballysadare Bay
N4
R287
Killala
Owenbeg
Beltra
Belladrihit
R287
Killarga
Inishcrone
R298
Culleens
Ballysadare
R290
R289
R314
R297
Corbally
Coolaney
Collooney
Ballintogher
Ballygawley
R280
Castleconor
Carroweden
Drumfin
R284
Ballina
SLIGO
Ballynacarrow
Riverstown
2
Bunnyconnellan
Carrowmore
R293
Geevagh
Garrycloonagh
R294
Lavagh
BALLYMOTE
VIII
Cloonacool
N17
Castlebaldwin
Newtown
Achonry
Cloonkeevy
Kilmactranny
Attymass
R294
Tobercurry
R296
L. Arrow
R310
Kesh
N4
Aclare
Banada
Bunnanaddan
Killavil
Knockmore
Corlee
R295
Crossna
Moylaugh
R294
R293
Ballinafad
Callin
Doocastle
Lough Key
Foxford
Killasser
Curry
Gorteen
R285
L. Cullin
Roosky
Mullaghroe
Callow
Cloonfinish
Cloontia
R294
R294
Kilmore
N26
N5
Charlestown
Garracastle
Cloonlough
Boyle
Swinford
L. Gara
R361
N59
N58
Barnalyra
Monasteraden
Croghan
Bellavery
R375
N17
Tawnyinah
Ballaghadereen
Kingsland
R320
Callow
R370
Turlaugh
Kilkelly
R325
Kilmovee
N5
Lurgan
Ballinameen
R321
Tibohine
N61
R322
R325
Frenchpark
Manulla
R324
Kiltamagh
Moyne
R369
Mantua
3
N17
R293
R361
Aghamore
R326
R325
Bellanagare
R320
R323
N83
R293
N60
ROSCOMMON
Cloonyquin
Mayo
R323
Knock
Ballyhaunis
Lissalway
N5
Bekan
Castlerear
R367
Ballyglass
N60
N60
R361
Casleplunket
Trien
N61
Claremorris
N83
Ballinlaugh
Ballintober
XII
C
R327
Garranlahan
Annagh
D
Carrowduff
Four Mile Ho

VIII
A
B
II
VII
1
2
3
Omagh
TYRONE
FERMANAGH
LEITRIM
CAVAN
LONGFORD
Doorin Pt.
Bunlin Barr
Donalgan Bay
Ballintra
Ballure
Ballyshannon
Bundoran
Kinlough
Lough Melvin
Pettigo
Clonelly
Ederney
Lack
Seskinore
Dromore
Fintona
Lower Lough Erne
Lisnarrick
Irvinestone
Kilskeery
Tempo
Fivemiletown
Enniskillen
Tamlaght
Brookeborough
Maguiresbridge
Lisnaskea
Donagh
Newtownbutler
Letterbreen
Bellanalleck
Mackan
Upper Lough Erne
Manorhamilton
Glenboy
Glenfarne
Gortgarrigan
Dromahair
Tober
Dowra
Swanlinbar
Derrylin
Teemore
Drumkeeran
Lough Allen
Bawnboy
Ballyconnell
Belturbet
Geevagh
Ballyfarnon
Keadew
Drumshanbo
Ballinamore
Garadice L.
Newtown
Ballyhaise
Lough Key
Crossna
Leitrim
Fennagh
Killashandra
Lough Oughter
Cavan
Boyle
Carrick-on-Shannon
Carrigallen
Aghavas
Crossdoney
Mohill
Croghan
Arvagh
Ballanagh
Leggah
Gortletteragh
Hill Street
Dromod
Lough Gowna
Kilnaleck
Elphin
Roosky
Aghnacliff
Kilcogy
Mantua
Drumlish
Granard
Lough Sheelin
Tulsk
Stokestown
Scramoge
Termonbarry
Longford
Finnea
N 15
N 3
N 16
N 4
N 61
N 5
N 54
A 35
A 47
A 46
A 32
A 4
A 34
A 509
R232
R233
R231
R280
R282
R286
R289
R200
R207
R206
R202
R199
R205
R204
R208
R284
R285
R201
R198
R212
R370
R368
R369
R371
R367
R194
R396
R394
R154
B50
B84
B72
B4
B80
B168
B122
B107
B123
B46
B82
B52
B81
B 108
B 143
B 197

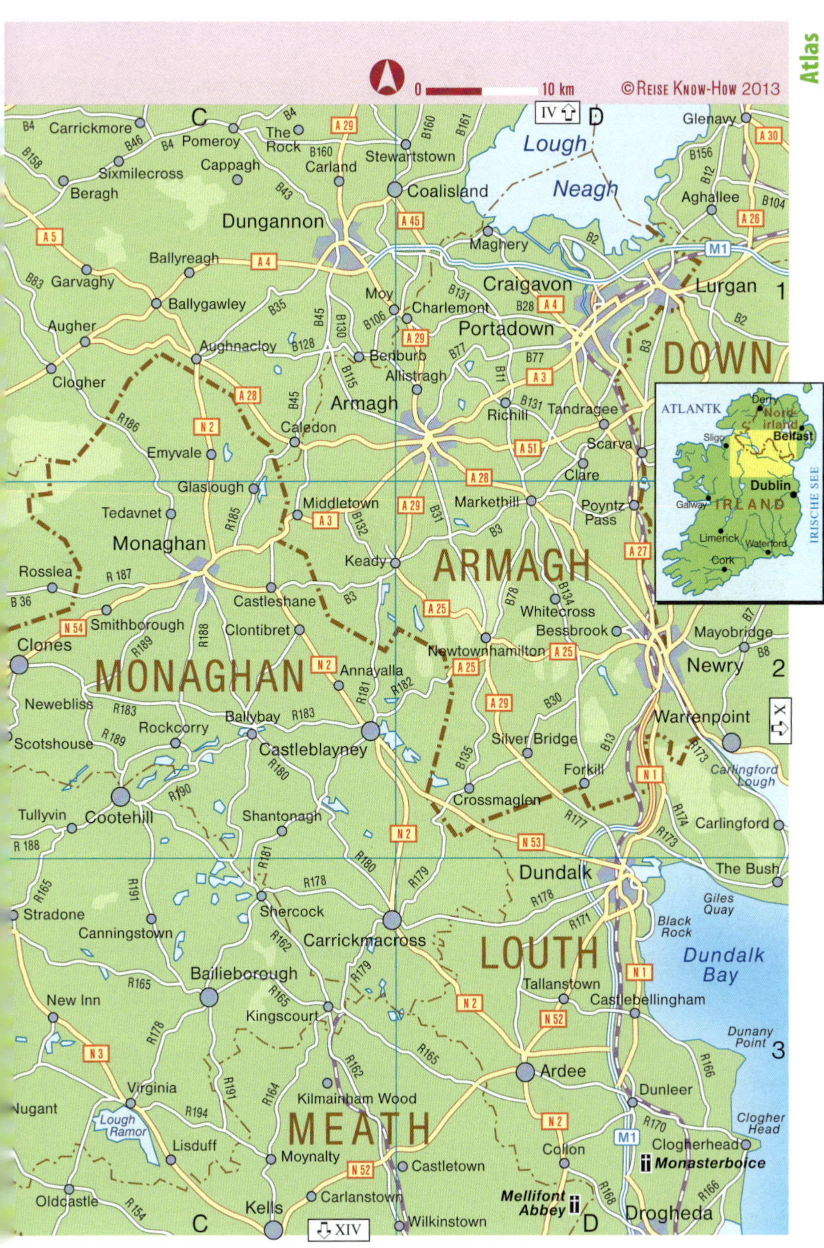
©Reise Know-How 2013
0 10 km
Lough Neagh
Dungannon
Coalisland
Craigavon
Lurgan
Portadown
Armagh
DOWN
ARMAGH
MONAGHAN
Monaghan
Newry
Warrenpoint
Carlingford Lough
Dundalk
LOUTH
Dundalk Bay
Carrickmacross
Castleblayney
Clones
Cootehill
Bailieborough
Ardee
MEATH
Kells
Drogheda
Monasterboice
Mellifont Abbey
ATLANTK
IRLAND
IRISCHE SEE
Belfast
Dublin

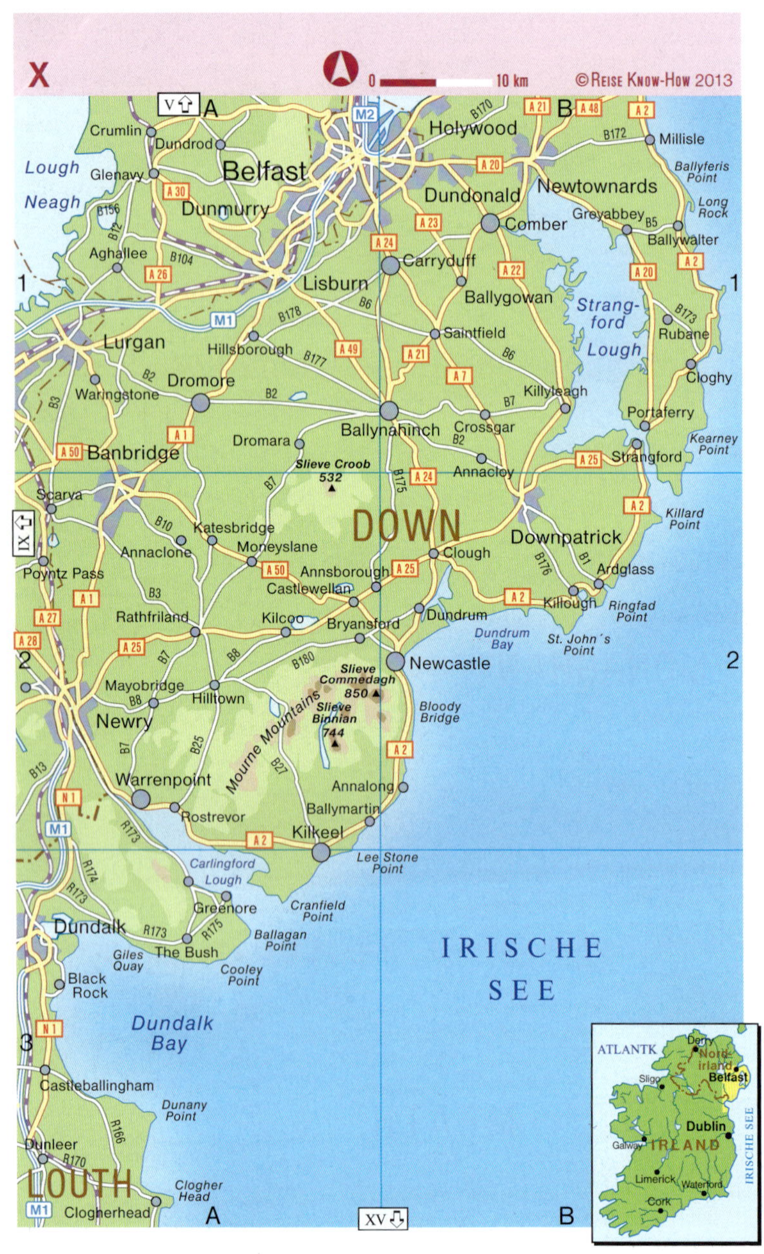
X
©Reise Know-How 2013
0 10 km
Belfast
Holywood
Newtownards
Dundonald
Comber
Millisle
Ballyferis Point
Long Rock
Greyabbey
Ballywalter
Crumlin
Dundrod
Lough Neagh
Glenavy
Dunmurry
Aghallee
Carryduff
Lisburn
Ballygowan
Strangford Lough
Rubane
Cloghy
Lurgan
Hillsborough
Saintfield
Killyleagh
Portaferry
Waringstone
Dromore
Ballynahinch
Crossgar
Kearney Point
Banbridge
Dromara
Slieve Croob 532
Annacloy
Strangford
Scarva
DOWN
Killard Point
Katesbridge
Moneyslane
Annaclone
Clough
Downpatrick
Poyntz Pass
Annsborough
Castlewellan
Ardglass
Killough
Ringfad Point
Rathfriland
Kilcoo
Bryansford
Dundrum
Dundrum Bay
St. John´s Point
Newcastle
Mayobridge
Slieve Commedagh 850
Hilltown
Newry
Mourne Mountains
Slieve Binnian 744
Bloody Bridge
Warrenpoint
Annalong
Rostrevor
Ballymartin
Kilkeel
Lee Stone Point
Carlingford Lough
Greenore
Cranfield Point
Dundalk
The Bush
Ballagan Point
Giles Quay
Black Rock
Cooley Point
IRISCHE SEE
Dundalk Bay
Castleballingham
Dunany Point
Dunleer
LOUTH
Clogher Head
Clogherhead
ATLANTK
Derry
Nordirland
Belfast
Sligo
Dublin
Galway
IRLAND
Limerick
Waterford
Cork
IRISCHE SEE

XI
0 10 km
© Reise Know-How 2013
VI
XII
XVI
C
D
1
2
3
Inishturk
Killadon
Cregganbaun
N 59
Inishbofin
Clew Bay
Mweelrea 817
R335
Delphi
MAYO
Toormakeady
Maumtrasna 673
Leenaun
Kylemore Abbey
Letterfrack
Cloghbrack
R336
R344
Connemara-Nationalpark
R345
Clifden
Connemara Heritage & History Centre
Cornamona
Maam Cross
R341
R340
Ballyconneely
R342
GALWAY
Oughterard
Roundstone
Carna
Kilkieran
R374
R343
Lettermullan
Carraroe
Inveran
Golam Head
Castle Pt
ATLANTISCHER OZEAN
Rock Islands
Onaght
Inishmore
Galway Bay
Kilmurvy
Kilronan
Aran Islands
Killeany
Inishmaan
Ailladie
R477
R479
Inisheer
Doolin
Fisherstreet
R478
CLARE
Hags Head
Liscannor
Lehinch
Liscannor Bay
ATLANTK
Derry
Nord-irland
Belfast
Sligo
Dublin
Galway
IRLAND
IRISCHE SEE
Limerick
Waterford
Cork

XII
VI
A
B
Liscarney
N 59
Srah
R330
Partry
N 84
Claremorris
N 60
N 83
N 17
R327
Hollymount
Irishtown
Cloonfad
Toormakeady
Partry Mountains
MAYO
R331
R328
R360
Maumtrasna
673
Ballinrobe
Milltown
Dunmore
Lough
Mask
Kilmaine
Foxhall
Neale
R332
577
Cloghbrack
Cong
Cross
N 83
R328
R345
Cornamona
R334
N 84
Tuam
660
Lough
Corrib
R333
Belclare
R332
Barnaderg
Maam Cross
Headford
356
Oughterard
N 63
Skehanagh
346
N 59
N 17
R339
R340
R336
290
R347
Claregalway
Moycullan
N 84
R339
Attymon
Galway
Athenry
R374
M6
R348
R348
Rossaveal
Carraroe
Barna
Oranmore
Inveran
R336
Spiddal
N 6
N 18
R349
Craughwell
XI
Galway Bay
Loughrea
R347
Black Head
Ballyvaghan Bay
N 67
Kinvara
N 18
N 66
GA
317
Ballyvaughan
Inishmaan
Slievecarran
324
Thoor Ballylee
305
358
Slieve Elva
343
Aran Islands
Ailladie
R477
The Burren
Aillwee Cave
Coole Park
Gort
Slieve Aughty
Derrybrien
Inisheer
Lisdoonvarna
3
CLARE
R480
Doolin
R479
R476
M18
R478
Kilfenora
Cliffs of Moher
N 67
R481
R476
Killinaboy
R460
Maghera
400
300
Hags Head
Liscannor
Caher
Cancregga
Ennistimon
Corrofin
N 18
Crusheen
R462
R461
Feakle
Liscannor Bay
Lehnich
N 85
Mauricesmills
R476
R468
N 67
A
XVII
Barefield
B
1
2

0
10 km
©Reise Know-How 2013
C
D
VII
XIV
XVIII
1
2
3
ROSCOMMON
LONGFORD
WESTMEATH
OFFALY
TIPPERARY
LAOIS
LWAY
Longford
Edgeworthtown
Cloondara
Curraghroe
Four Mile Ho
Ballymoe
Ballyclare
Killashee
Danesfort
Carrickboy
Keenagh
Corlea
Roscommon
Glennamaddy
Fuerty
Creegs
Athleague
Ballygar
Newbridge
Mount Bellew Bridge
Lecarrow
Ballymahon
Auburn
Drumraney
Lough Ree
Curraghboy
Kiltoom
Brideswell
Dysart
Caltra
Ahascragh
Ballymacward
Athlone
Moate
Cornafulla
Ballydangan
Clonmacnoise
Ballynahown
Clara
Ballycumber
New Inn
Ballinasloe
Aughrim
Shannonbridge
Ferbane
Grand Canal
River Shannon
Laurencetown
Cloghan
Blue Ball
Ballydavid
Banagher
Kilcormac
Killimor
Ballycrossaun
Abbey
Portumna
Birr
Kinnitty
Clareen
Power´s Cross
Carrigahorig
Terryglass
Woodford
Gorteeny
Borrisokane
Coolbaun
Roscrea
Pike of Rush Hall
Slieve Bloom Mts
486
526
376
Mountains
Whitegate
Lough Derg
Mountshannon
Cloughjordan
Dromineer
Gerrykennedy
Scardiff
N 61
N 60
N 63
N 55
N 6
M6
N 80
N 62
N 52
N 65
N 7
R361
R367
R368
R371
R364
R362
R363
R357
R358
R359
R348
R350
R355
R356
R444
R436
R437
R421
R422
R439
R440
R489
R438
R351
R353
R352
R492
R493
R491
R490
R495
R434
R435
R391
R392
R393
R395
R397
ATLANTK
IRISCHE SEE
IRLAND
Derry
Nord-irland
Belfast
Sligo
Dublin
Galway
Limerick
Waterford
Cork

XIV

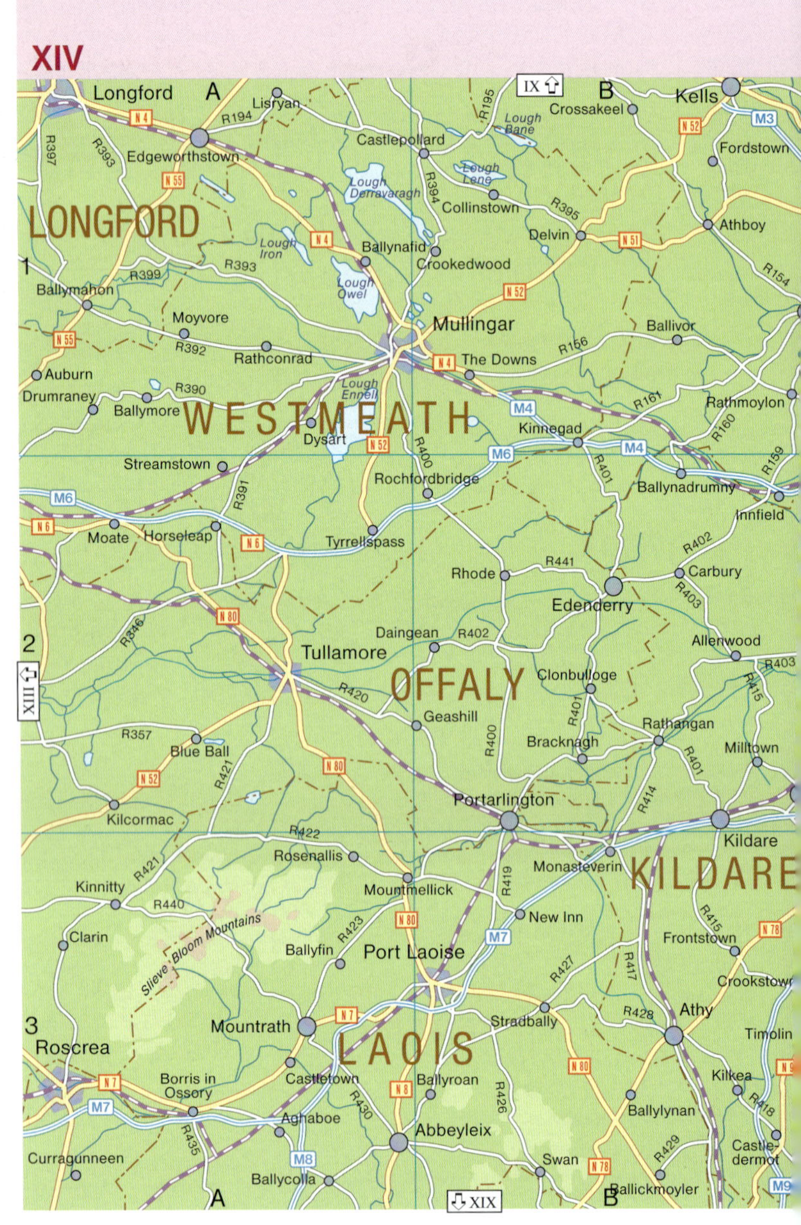
Longford
A
B
Kells
Lisryan
IX
Crossakeel
Edgeworthstown
Castlepollard
Lough Bane
Fordstown
Lough Derravaragh
Lough Lene
Collinstown
LONGFORD
Lough Iron
Ballynafid
Delvin
Athboy
Crookedwood
1
Ballymahon
Lough Owel
Moyvore
Mullingar
Ballivor
Rathconrad
The Downs
Auburn
Drumraney
Ballymore
Lough Ennell
Rathmoylon
WESTMEATH
Kinnegad
Dysart
Streamstown
Rochfordbridge
Ballynadrumny
Innfield
Moate
Horseleap
Tyrrellspass
Carbury
Rhode
Edenderry
2
Daingean
Allenwood
Tullamore
OFFALY
Clonbullogе
XIII
Geashill
Rathangan
Blue Ball
Bracknagh
Milltown
Portarlington
Kilcormac
Kildare
Rosenallis
Monasterevin
KILDARE
Kinnitty
Mountmellick
New Inn
Clarin
Slieve Bloom Mountains
Frontstown
Ballyfin
Port Laoise
Crookstown
3
Mountrath
Stradbally
Athy
Roscrea
LAOIS
Timolin
Borris in Ossory
Castletown
Ballyroan
Kilkea
Aghaboe
Abbeyleix
Ballylynan
Castledermot
Curragunneen
Swan
Ballycolla
Ballickmoyler
XIX
N4
N55
N52
N51
N6
N80
N7
N8
N78
M3
M4
M6
M7
M8
R194
R195
R397
R393
R394
R395
R399
R392
R390
R154
R156
R161
R160
R159
R391
R400
R401
R402
R403
R441
R346
R420
R357
R421
R422
R440
R423
R419
R415
R414
R417
R427
R428
R418
R426
R430
R435
R429

10 km
©Reise Know-How 2013
Drogheda
Newgrange
Navan
Hill of Tara
Tara
MEATH
Trim
Balbriggan
Skerries
Swords
Malahide Castle
Malahide
Howth
DUBLIN
Dublin Bay
IRISCHE SEE
Dun Laoghaire
Bray
Naas
Greystones
Kippure 752
Djouce Mt 724
Mullaghcleevaun 847
Tonelagee 816
Table Mt 699
Glendalough
Wicklow Mountains
WICKLOW
Wicklow
Lugnaquilla Mt 924
Keadeen Mt 651
Rathdrum
Avondale Forest Park
ATLANTIK
Belfast
Dublin
IRLAND
Cork
Galway
Limerick

XX

XVI
A
B
ATLANTK
Derry
Nord-
irland
Belfast
Sligo
Dublin
Galway
IRLAND
Limerick
Waterford
Cork
IRISCHE SEE
ATLANTISCHER
OZEAN
Donegal Point
Kilkee
Castle Point
Tullig Point
R487
R488
Feeard
Carrigaholt
Kilbaha
Loop Head
Dunmore Head
Leck Point
Ballybunnioin
Mouth of the Shannon
Kilmore
Ballyduff
Ballynyskreena
R551
Kerry Head
Causeway
Lixnaw
Ballyheige
R556
Ballyheige Bay
Lerrig
Magharee Islands
Ardfert
Abbeydorney
2
Brandon Point
Rough Point
Drehidasillagh
Fahamore
Brandon Head
Brandon
Brandon Bay
Tralee Bay
R558
Fenit
Tralee
Brandon Mt 950
Kilcummin
Castlegregory
N 86
Ballydavid Head
Feohanagh
Cloghane
Stradbally Mt 824
R560
Baurtregaun 851
Camp
N 70
Sybil Head
Smerwick
Ballydavid
O'Connor Pass
3
Dingle-Peninsula
Castlemaine
Clogher Head
R559
R561
Dunquin
Ventry
Dingle
Anascaul
Inch
N 23
Lispole
Castlemaine Harbour
Milltown
Fahan
Great Blasket Island
Slea Head
Parkmore Point
Bull's Head
Acres Point
Killorglin
R56
Dingle Bay
Inish-Vickillane
Glenbeigh
Beaufort
XXI

0
10 km
©Reise Know-How 2013
XII
CLARE
LIMERICK
KERRY
CORK
Ennis
Limerick
Shannon
Milltown Malbay
Kilrush
Quin Abbey
Craggaunowen Castle
Bunratty Castle & Folk Park
Foynes
Askeaton
Adare
Rathkeale
Newcastle
Listowel
Abbeyfeale
Charleville
Castleisland
Kerry Airport
Killarney
Newmarket
Kanturk
Mallow
Millstreet
XVIII
XXII

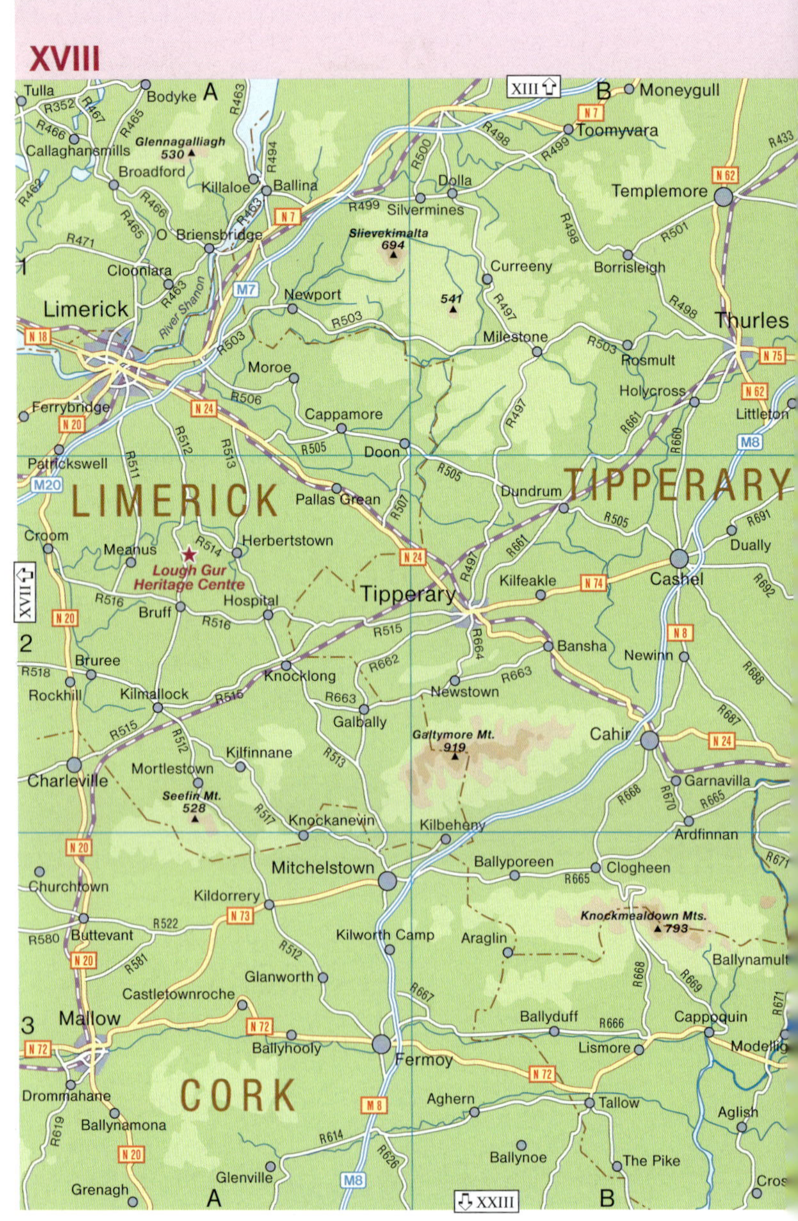
XVIII
XIII
XVII
XXIII
LIMERICK
TIPPERARY
CORK
Limerick
Tipperary
Thurles
Cashel
Cahir
Charleville
Mitchelstown
Mallow
Fermoy
Templemore
Lough Gur Heritage Centre
Glennagalliagh 530
Slievekimalta 694
Galtymore Mt. 919
Seefin Mt. 528
Knockmealdown Mts. 793
River Shannon

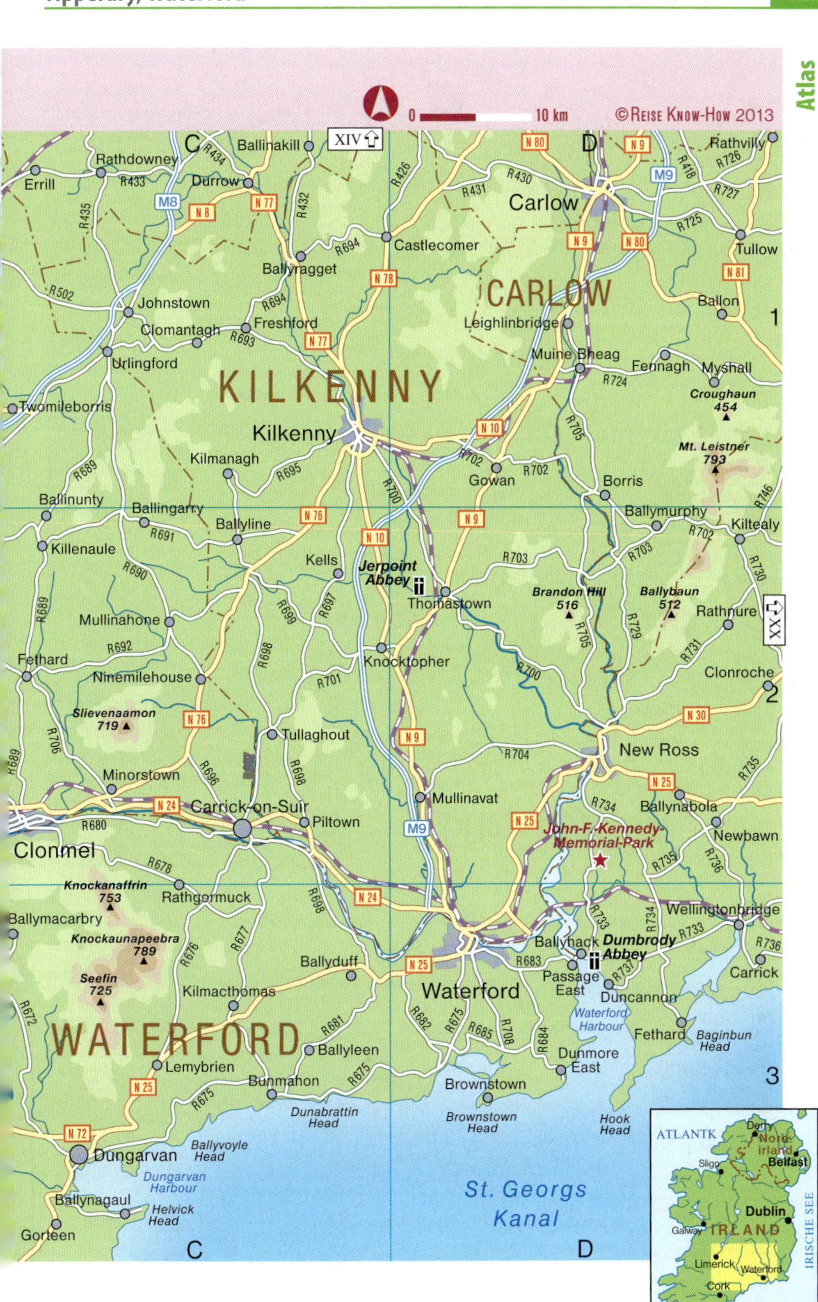
©Reise Know-How 2013
0 10 km
Carlow
CARLOW
KILKENNY
Kilkenny
Castlecomer
Ballyragget
Freshford
Johnstown
Urlingford
Twomileborris
Rathdowney
Durrow
Ballinakill
Errill
Leighlinbridge
Muine Bheag
Tullow
Rathvilly
Ballon
Fennagh
Myshall
Croughaun 454
Mt. Leistner 793
Borris
Gowan
Kilmanagh
Ballinunty
Ballingarry
Ballyline
Killenaule
Kells
Jerpoint Abbey
Thomastown
Brandon Hill 516
Ballybaun 512
Ballymurphy
Kiltealy
Rathnure
Mullinahone
Fethard
Ninemilehouse
Knocktopher
Clonroche
Slievenaamon 719
Tullaghout
New Ross
Minorstown
Carrick-on-Suir
Piltown
Mullinavat
Ballynabola
Newbawn
John-F.-Kennedy-Memorial-Park
Clonmel
Knockanaffrin 753
Rathgormuck
Ballymacarbry
Knockaunapeebra 789
Seefin 725
Wellingtonbridge
Ballyhack
Dumbrody Abbey
Passage East
Duncannon
Carrick
Ballyduff
Waterford
Kilmacthomas
WATERFORD
Waterford Harbour
Fethard
Baginbun Head
Ballyleen
Dunmore East
Lemybrien
Bunmahon
Brownstown
Brownstown Head
Hook Head
Dunabrattin Head
Dungarvan
Ballyvoyle Head
Dungarvan Harbour
Ballynagaul
Helvick Head
Gorteen
St. Georgs Kanal
ATLANTK
Derry
Nord-irland
Belfast
Sligo
Dublin
Galway
IRLAND
IRISCHE SEE
Limerick
Waterford
Cork

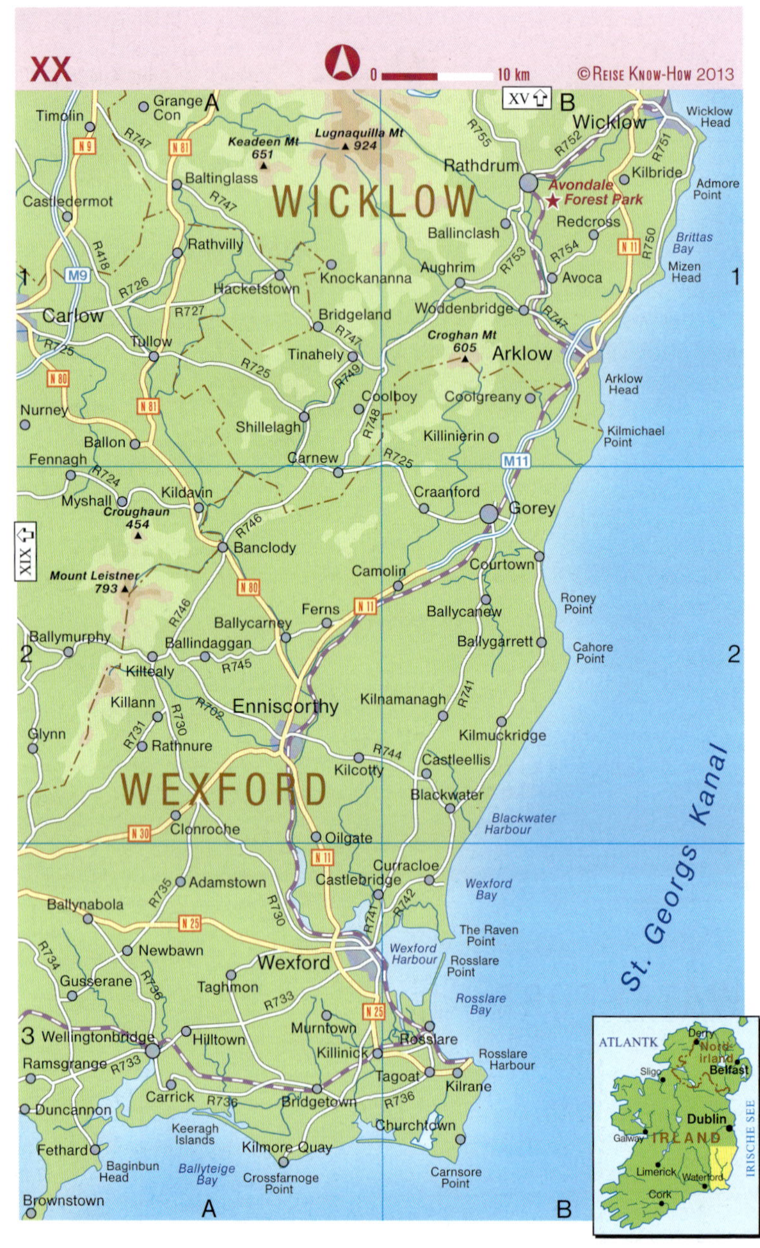
XX
0 10 km
©Reise Know-How 2013
WICKLOW
WEXFORD
Wicklow
Rathdrum
Arklow
Gorey
Carlow
Enniscorthy
Wexford
Rosslare
Wicklow Head
Kilbride
Admore Point
Avondale Forest Park
Redcross
Brittas Bay
Mizen Head
Avoca
Aughrim
Ballinclash
Woodenbridge
Croghan Mt 605
Lugnaquilla Mt 924
Keadeen Mt 651
Grange Con
Timolin
Baltinglass
Castledermot
Rathvilly
Hacketstown
Knockananna
Bridgeland
Tinahely
Tullow
Coolboy
Coolgreany
Arklow Head
Kilmichael Point
Shillelagh
Killinierin
Carnew
Craanford
Nurney
Ballon
Fennagh
Myshall
Kildavin
Croughaun 454
Bunclody
Camolin
Courtown
Mount Leistner 793
Ferns
Ballycanew
Roney Point
Ballycarney
Ballygarrett
Cahore Point
Ballymurphy
Ballindaggan
Kiltealy
Killann
Kilnamanagh
Kilmuckridge
Glynn
Rathnure
Kilcotty
Castleellis
Blackwater
Blackwater Harbour
Clonroche
Oilgate
Curracloe
Castlebridge
Wexford Bay
Adamstown
Ballynabola
The Raven Point
Newbawn
Wexford Harbour
Rosslare Point
Gusserane
Taghmon
Rosslare Bay
Murntown
Wellingtonbridge
Hilltown
Killinick
Rosslare Harbour
Ramsgrange
Tagoat
Kilrane
Carrick
Bridgetown
Duncannon
Churchtown
Keeragh Islands
Kilmore Quay
Fethard
Baginbun Head
Ballyteige Bay
Crossfarnoge Point
Carnsore Point
Brownstown
St. Georgs Kanal
XV
XIX
A
B
1
2
3
N9
N81
N80
N11
N30
N25
M9
M11
R747
R755
R752
R751
R750
R753
R754
R418
R726
R727
R725
R749
R748
R724
R746
R745
R702
R730
R731
R744
R741
R735
R741
R742
R734
R736
R733
ATLANTK
Derry
Nordirland
Belfast
Sligo
Dublin
Galway
IRLAND
Limerick
Waterford
Cork
IRISCHE SEE

XXI
0 10 km
©Reise Know-How 2013
XVI
Castlegregory
Tralee
Tralee Bay
Brandon Mt 950
Ballydavid Head
Feohanagh
Cloghane
Stradbally Mt 824
Baurtregaun 851
Camp
Currans
Smerwick
Ballydavid
O'Connor Pass
Castlemaine
Dunquin
Ventry
Dingle
Anascaul
Inch
Flerries
Lispole
Castlemaine Harbour
Milltown
Fahan
Slea Head
Parkmore Point
Bull´s Head
Acres Point
Ballyhar
Killorglin
Dingle Bay
Glenbeigh
Beaufort
King´s Head
Ring of Kerry
Gap of Dunloe
Lough Leane
Knocknadobar 688
Carrauntoohil 1041
Purple Mt 832
Teermoyle Mt 772
Boheeshil
Doulus Head
Caherciveen
Kerry-
Mullaghanattin 771
Fogher Cliff
Knightstown
Valentia Island
KERRY
Finnararagh 663
Portmagee
Bray Head
Peninsula
Kenmare
Skellig Michael
Caherbarnagh 673
Templenoe
Ballynahow
Waterville
Sneem
Puffin Island
Ballinskelligs
Lough Currane
Ring of Beara
St.Finan´s Bay
Ballinskelligs Bay
Staigue Fort
Tuosist
Bolus Head
Hog´s Head
Caherdaniel
Coomnadiha 642
Lauragh
XXII
Beara-
Scariff Island
Lamb´s Head
Kenmare River
Glengarriff
Ardgroom
Peninsula
Hungry Hill 685
Coulagh Bay
Eyeries
Adrigole
Cod´s Head
Castletownbere
Whiddy Island
Garnish Bay
Allihies
Rerrin
Bear Island
Bantry Bay
Dursey Island
Durrus
Doonbeg Head
Ahakista
Crow Head
Black Ball Head
Kilcrohane
CORK
Sheep´s Head
Mizen-Peninsula
Schull
Dunmanus Bay
Toormore
Lowertown
Three Castle Head
Goleen
ATLANTISCHER OZEAN
Mizen Head
Crookhaven
Clear Island
ATLANTK
Derry
Nordirland
Sligo
Belfast
Dublin
Galway
IRLAND
IRISCHE SEE
Limerick
Waterford
Cork
N 86
N 21
N 70
N 22
N 72
N 71
R559
R560
R561
R563
R565
R566
R567
R568
R569
R571
R572
R573
R574
R575
R591
R592
A
B
1
2
3

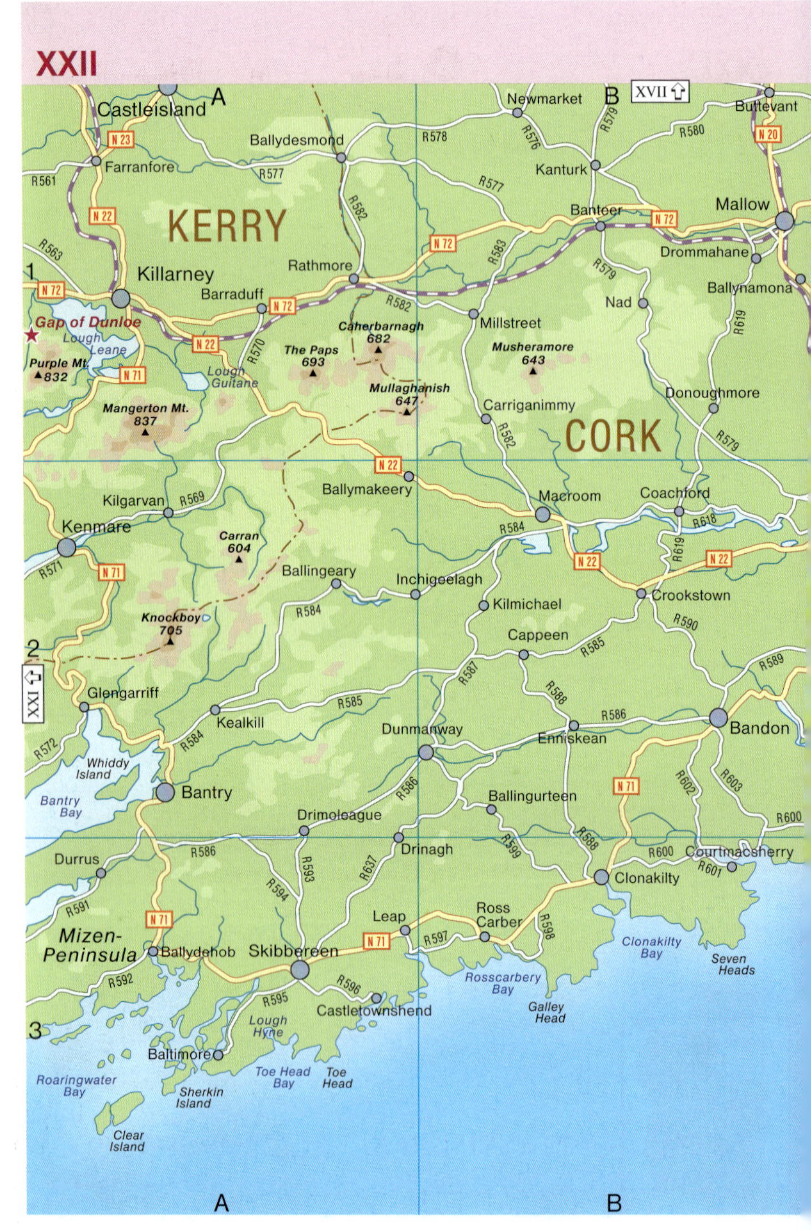
XXII
Castleisland
Farranfore
Ballydesmond
Newmarket
Kanturk
Buttevant
Mallow
Banteer
Drommahane
Ballynamona
Nad
KERRY
Killarney
Barraduff
Rathmore
Millstreet
Gap of Dunloe
Lough Leane
Purple Mt. 832
Lough Guitane
The Paps 693
Caherbarnagh 682
Mullaghanish 647
Musheramore 643
Mangerton Mt. 837
Carriganimmy
Donoughmore
CORK
Ballymakeery
Macroom
Coachford
Kilgarvan
Kenmare
Carran 604
Ballingeary
Inchigeelagh
Kilmichael
Crookstown
Knockboy 705
Cappeen
Glengarriff
Kealkill
Dunmanway
Enniskean
Bandon
Whiddy Island
Bantry
Bantry Bay
Ballingurteen
Drimoleague
Drinagh
Durrus
Courtmacsherry
Clonakilty
Mizen-Peninsula
Ballydehob
Skibbereen
Leap
Ross Carber
Clonakilty Bay
Seven Heads
Rosscarbery Bay
Galley Head
Castletownshend
Lough Hyne
Baltimore
Roaringwater Bay
Sherkin Island
Toe Head Bay
Toe Head
Clear Island
XVII
XXI
A
B
1
2
3
N 23
N 22
N 72
N 71
N 20
R561
R563
R577
R578
R576
R579
R580
R582
R583
R570
R569
R571
R584
R618
R619
R590
R585
R587
R588
R589
R586
R572
R602
R603
R600
R601
R599
R593
R594
R637
R591
R597
R598
R592
R595
R596

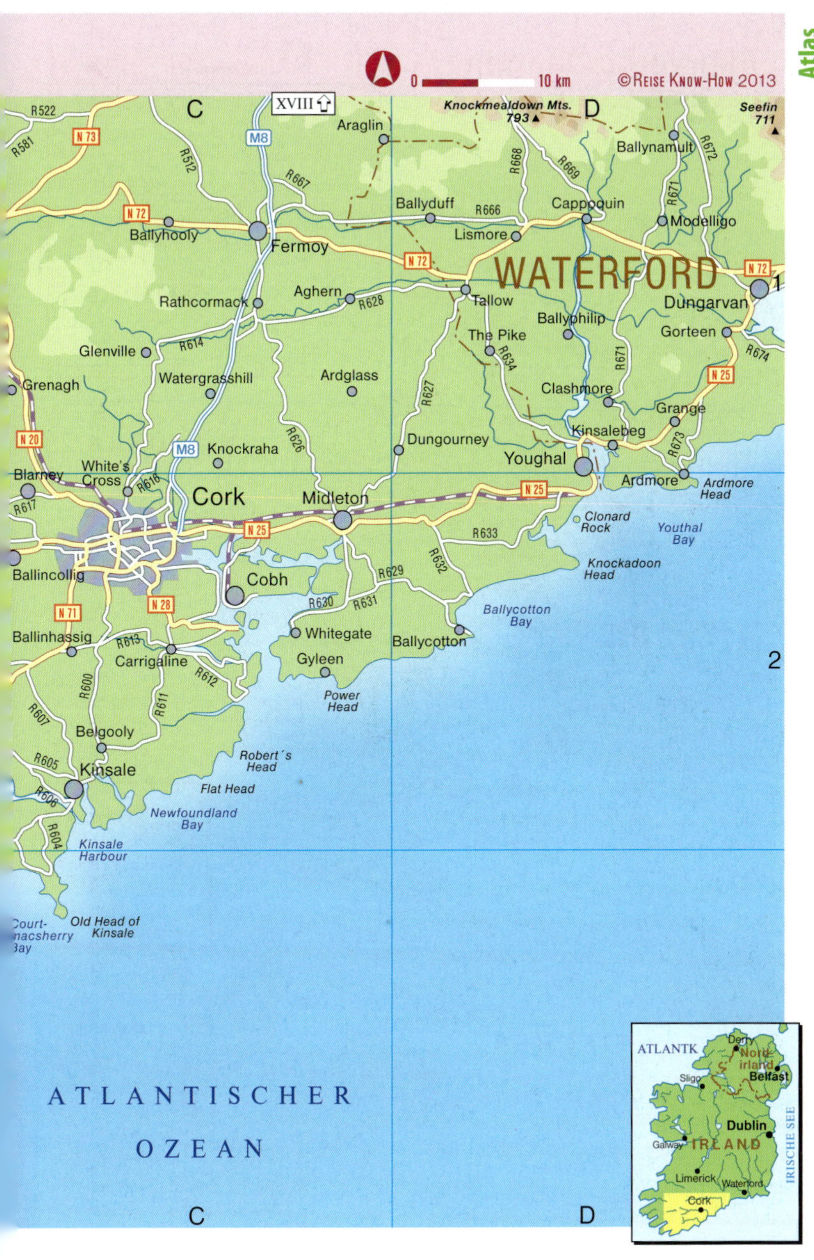

©Reise Know-How 2013
0
10 km
XVIII
C
D
1
2
Knockmealdown Mts.
793
Seefin
711
Araglin
Ballynamult
Ballyduff
Cappoquin
Modelligo
Ballyhooly
Fermoy
Lismore
WATERFORD
Dungarvan
Rathcormack
Aghern
Tallow
Ballyphilip
Gorteen
Glenville
The Pike
Grenagh
Watergrasshill
Ardglass
Clashmore
Grange
Kinsalebeg
Knockraha
Dungourney
Youghal
Blarney
White's Cross
Ardmore
Ardmore Head
Cork
Midleton
Clonard Rock
Youthal Bay
Ballincollig
Cobh
Knockadoon Head
Ballycotton Bay
Ballinhassig
Whitegate
Ballycotton
Carrigaline
Gyleen
Power Head
Belgooly
Robert´s Head
Kinsale
Flat Head
Newfoundland Bay
Kinsale Harbour
Old Head of Kinsale
Court-macsherry Bay
ATLANTISCHER OZEAN
N 73
N 72
N 20
N 25
N 71
N 28
M8
R522
R581
R512
R667
R668
R669
R672
R671
R666
R628
R614
R634
R627
R626
R674
R673
R616
R617
R633
R632
R629
R630
R631
R613
R612
R600
R611
R607
R605
R606
R604
ATLANTK
Derry
Nord-irland
Belfast
Sligo
Dublin
Galway
IRLAND
Limerick
Waterford
Cork
IRISCHE SEE

Fährverbindungen
©Reise Know-How 2013
0
200 km
London
Vlissingen
Ramsgate
Zeebrugge
Sheerness
Dover
Oostende
Folkestone
Belgien
Dunkerque
Eurotunnel
Calais
Newhaven
Boulogne
Frankreich
100 km
Dieppe
Edinburgh
Glasgow
Nordsee
Londonderry
Larne
Stranraer
Newcastle
Belfast
Hull
IRL
Dublin
Liverpool
Holyhead
Dun Laoghaire
Limerick
UK
Hoek van Holland
Rosslare
Cork
Fishguard
Pembroke
Harwich
Swansea
London
Dover
Zeebrugge
Southampton
Portsmouth
Calais
Poole
Plymouth
Dieppe
Cherbourg
Le Havre
Paris
Atlantischer
Ozean
Roscoff
F